Points de vue – Sichtweisen

Deutsch-Französisches Institut (Hrsg.)
Institut Franco-Allemand (éd.)

Das Buch ist nach den drei weitgehend gleich gebliebenen Ausgaben von 2008, 2010 und 2012 vollständig überarbeitet worden. Neue Kapitel, neue Informationen und Ergänzungen waren aufgrund der dynamischen Entwicklungen unserer Gesellschaften erforderlich. Die insgesamt 11 Kapitel des Buchs wurden von unterschiedlichen Mitarbeitern und Mitarbeiterinnen des dfi verfasst:

Frank Baasner: Kap. 1, 2, 8, 9, 10 und die Einführung
Stefan Seidendorf: Kap. 3
Dominik Grillmayer: Kap. 4, 5, 7
Eileen Keller: Kap. 6
Bénédicte King: Kap. 11

Die Informationen beziehen sich auf das Jahresende 2021.

Le livre a été entièrement révisé après les trois éditions de 2008, 2010 et 2012, qui étaient restées en grande partie identiques. De nouveaux chapitres, de nouvelles informations et des compléments ont été nécessaires en raison des évolutions dynamiques de nos sociétés. Les 11 chapitres du livre ont été rédigés par différents collaborateurs et collaboratrices du dfi :

Frank Baasner : chapitres 1, 2, 8, 9, 10 et l'introduction.
Stefan Seidendorf : chap. 3
Dominik Grillmayer : chap. 4, 5, 7
Eileen Keller : chap. 6
Bénédicte King : chap. 11

Les informations se réfèrent à la fin de l'année 2021.

ISBN : 978-3-95879-133-6

Gestaltung, Layout / Mise en page et composition :
Werbeagentur Gaebler, Linz am Rhein
Gesamtherstellung / Impression :
Plump Druck & Medien, Rheinbreitbach

Points de vue – Sichtweisen

France – Allemagne, un regard comparé
Deutschland – Frankreich, ein vergleichender Blick

kürschners

Einführung

Vorwort

Unsere Zielsetzung

Die letzte Auflage dieses Buches stammt aus dem Jahr 2012. Seither hat sich in der deutschen und französischen Gesellschaft, in Europa und in der Welt sehr viel verändert. Die Nachfrage nach einer Neuauflage ist groß, deshalb haben wir uns für eine völlige Neubearbeitung entschieden. Das Grundanliegen der Publikation bleibt jedoch unverändert: solide Informationen, praxisnahe Beispiele zu den Unterschieden und Gemeinsamkeiten in unseren beiden Ländern, zur deutsch-französischen Zusammenarbeit und weiterführende Tipps für alle Leserinnen und Leser, im Bildungssystem, in der Politik, in der Wirtschaft, in den Medien.

Das Netz der deutsch-französischen Beziehungen ist dichter und vielfältiger als in jeder anderen bilateralen Beziehung. Die Erfolge der deutsch-französischen Kooperation dürfen jedoch eine einfache Wahrheit nie vergessen lassen: Die Zusammenarbeit ist kein Selbstläufer. Beide Staaten sind in vielerlei Hinsicht völlig unterschiedlich organisiert. Die Praktiken der Arbeitswelt sind verschieden, die alltäglichen Gewohnheiten sind nicht nur für junge Menschen immer wieder gewöhnungsbedürftig. Man kann es überspitzt auf den Punkt bringen: Trotz der positiven Grundeinstellung, die Deutsche und Franzosen einander entgegenbringen, wissen sie herzlich wenig voneinander. Zu oft

Introduction

Préface

Notre objectif

La dernière édition de ce livre date de 2012, et depuis, beaucoup de choses ont changé dans la société allemande et française, en Europe et dans le monde. La demande d'une nouvelle édition est très forte, c'est pourquoi nous avons décidé de retravailler le livre de fond en comble. Cependant, l'objectif de base de la publication reste inchangé : des informations solides, des exemples pratiques sur les différences et les similitudes de nos deux pays, sur la coopération franco-allemande et des conseils supplémentaires pour tous les lecteurs, dans le système éducatif, en politique, dans les affaires, dans les médias.

Le réseau des relations franco-allemandes est plus dense et plus diversifié que dans toute autre relation bilatérale. Cependant, les succès de la coopération franco-allemande ne doivent jamais nous faire oublier une vérité simple : La coopération ne va pas de soi. Les deux États sont organisés de manière totalement différente à de nombreux égards. Les pratiques du monde du travail sont différentes, il faut s'adapter aux habitudes quotidiennes, un défi pas seulement pour les jeunes. On peut le dire de manière simplifiée en un mot : Malgré l'attitude de base positive que les Allemands et les Français ont les uns envers les autres, ils savent très peu de choses les uns sur les autres. Trop souvent, des projets de coopération bien intentionnés échouent à cause de l'incompréhension, et trop souvent, des personnes

scheitern gut gemeinte Kooperationsvorhaben an der Unkenntnis, und zu oft sind motivierte Menschen frustriert, weil sie Kooperationen aufgrund geringer Kenntnisse mit zu hohen Erwartungshaltungen beginnen. Oft bleibt man in der gegenseitigen Wahrnehmung oberflächlich, man reproduziert damit nur die pauschalen Vorstellungen, die mit der gelebten Wirklichkeit im Land nicht viel zu tun haben. Man wird Vorurteile nicht ganz auflösen können und viele Stereotype haben einen wahren Kern, aber es ist möglich, die Wahrnehmung zu verfeinern und die Urteile zu differenzieren. Deshalb haben wir uns 2008 entschlossen, ein einführendes Buch als vergleichende Landeskunde zu schreiben, das grundlegende Informationen, Analysen und Kommentare in allgemeinverständlicher Sprache in Deutsch und Französisch zur Verfügung stellt. Der Erfolg von bisher drei Auflagen hat gezeigt, dass unser Buch einem reellen Bedarf entspricht. Der vergleichende Blick durchzieht das ganze Buch, es wird dadurch zu einer Darstellung der gesellschaftlichen Aktualität in beiden Ländern. Es hat den Anspruch, allen Akteuren der deutsch-französischen Zusammenarbeit eine Orientierungshilfe an die Hand zu geben.

motivées sont frustrées parce qu'elles se lancent dans des projets de coopération avec des attentes trop élevées en raison de leur manque de connaissances. Souvent, les gens restent superficiels dans leurs perceptions mutuelles; ils ne font que reproduire des idées générales qui n'ont pas grand-chose à voir avec la réalité vécue dans le pays. On ne pourra pas dissoudre complètement les préjugés et de nombreux stéréotypes ont un fond de vérité, mais il est possible d'affiner les perceptions et de différencier les jugements. C'est pourquoi nous avons décidé en 2008 d'écrire un livre d'introduction sous forme d'étude comparative des deux pays fournissant des informations de base, des analyses et des commentaires dans un langage compréhensible en allemand et en français. Le succès de trois éditions jusqu'à présent a montré que notre livre répond à un réel besoin. La vision comparative imprègne l'ensemble du livre, ce qui en fait une présentation de la situation actuelle dans les deux pays. Il vise à fournir une orientation à tous les acteurs de la coopération franco-allemande.

Dieses Symbol verweist auf historische oder zeitgenössische Persönlichkeiten, die für die Entwicklung der Gesellschaft oder die deutsch-französische Kooperation besondere Bedeutung haben.
Ce symbole renvoie à des personnalités historiques ou contemporaines importantes en Allemagne, en France, ou dans la coopération franco-allemande.

Hier werden zahlreiche politische Ämter, offizielle Institutionen und private Initiativen vorgestellt, welche die stabile Grundlage der deutsch-französischen Kooperation bilden.
Cette rubrique présente les institutions officielles et des organisations publiques ou privées qui forment le tissu de la coopération franco-allemande.

Unser Zielpublikum

Tausende von Deutschen und Franzosen sind alltäglich und dauerhaft im deutsch-französischen Austausch engagiert. Viele sind notwendigerweise innerhalb dieser Kooperation tätig, denn in vielen Bereichen der Wirtschaft geht ohne den Handelspartner nichts. Von Schülerinnen und Schülern über Lehrerinnen und Lehrer, Gemeinderäte, Landesbeamte, Studierende und die Professorenschaft bis hin zum Bürgermeister, Technikerinnen, Ingenieure, Managerinnen, Funktionäre und Politikerinnen müssen sich zahllose Bürgerinnen und Bürger mit der soziopolitischen Realität des Partners auseinandersetzen. Damit man die praktischen Fragen zur aktuellen Situation des anderen (und eigenen) Landes schnell beantworten kann, haben wir ein leicht verständliches, für alle Berufs- und Altersgruppen sinnvoll nutzbares Buch zusammengestellt. Unsere Publikation wendet sich an all diejenigen, die sich für das andere Land interessieren, die im deutsch-französischen Austausch aktiv sind oder über das andere Land unterrichten wollen. Die Leserinnen und Leser können bei der Lektüre von einer Sprache in die andere wechseln. Die beiden Fassungen sind bewusst nicht völlig identisch – es geht nicht um eine bloße Übersetzungsübung. Manche Tatsachen und Beobachtungen sind in der einen Sprache ausführlicher erläutert als in der anderen, manche Information wird nur in einer Sprache gegeben.

Notre public cible

Des milliers d'Allemands et de Français participent aux échanges franco-allemands de manière quotidienne et permanente. Beaucoup sont nécessairement actifs dans le cadre de cette coopération, car dans de nombreux domaines de l'économie, rien ne fonctionne sans le partenaire commercial. Des écoliers aux enseignants, en passant par les conseillers municipaux, les fonctionnaires d'État, les étudiants et le corps professoral, les maires, les techniciens, les ingénieurs, les gestionnaires, les fonctionnaires et les politiciens, d'innombrables citoyens sont confrontés à la réalité sociopolitique de leur partenaire. Pour les aider à répondre rapidement à des questions pratiques sur la situation actuelle dans l'autre pays (et le leur), nous avons élaboré un ouvrage facile à comprendre et utile pour tous les professionnels et toutes les tranches d'âge. Notre publication s'adresse à tous ceux qui s'intéressent à l'autre pays, qui sont actifs dans les échanges franco-allemands ou qui veulent enseigner la réalité de l'autre pays.

Les lecteurs peuvent passer d'une langue à l'autre en cours de lecture. Les deux versions ne sont délibérément pas totalement identiques - il ne s'agit pas d'un simple exercice de traduction. Certains faits et observations sont expliqués plus en détail dans une langue que dans l'autre, certaines informations ne sont données que dans une seule langue.

Unsere Arbeitsweise

Wie soll man die Aktualität in Politik, Wirtschaft, Gesellschaft und Kultur zweier Länder und dazu noch die wichtigsten Unterschiede in einem lesbaren Buch beschreiben? Statistiken alleine bringen wenig Erkenntnis, rein subjektive Eindrücke ohne Faktenbasis halten nicht lange stand. Das Buch versucht, eine Kombination aus Fakten, vergleichenden Analysen und erlebter subjektiver Wirklichkeit in Worte zu fassen. Damit die Subjektivität, die jede Analyse gesellschaftlicher Praxis in sich trägt, nicht beliebig wird, haben das Buch mehrere Autorinnen und Autoren mit ganz unterschiedlichen Hintergründen und Lebenserfahrungen geschrieben. Große Teile der Belegschaft des Deutsch-Französischen Instituts sind an der Entstehung der neuen Fassung beteiligt gewesen, als Autorin oder Autor, als kritische Leserin und Leser. Die Fachbibliothek mit ihrem großen Fundus, mit der Datenbank und dem Pressearchiv hat wesentlichen Anteil an der Entstehung des Buchs.

Jeder Leserin und jedem Leser steht es frei, die eigenen Erfahrungen und Kenntnisse mit den hier dargestellten Aspekten des Lebens in Deutschland und Frankreich zu vergleichen und zu kontrastieren. Wenn wir zu Diskussionen über unsere Gesellschaften anregen, haben wir eine wichtige Zielsetzung des Projekts erreicht.

Notre façon de travailler

Comment décrire l'actualité de la politique, de l'économie, de la société et de la culture de deux pays et, en outre, les différences les plus importantes dans un livre lisible ? Les statistiques seules n'enseignent pas grand-chose, les impressions purement subjectives sans base factuelle ne tiennent pas longtemps. Le livre tente de mettre en mots une combinaison de faits, d'analyses comparatives et de réalités subjectives vécues. Pour éviter que la subjectivité dont est porteuse toute analyse de la pratique sociale ne devienne arbitraire, l'ouvrage a été rédigé par plusieurs auteurs aux parcours et expériences de vie très différents. Une grande partie du personnel de l'Institut franco-allemand a été impliquée dans la création de la nouvelle version, en tant qu'auteurs et lecteurs critiques. La bibliothèque spécialisée, avec sa grande collection, sa base de données et ses archives de presse, a joué un rôle important dans la création de ce livre.

Chaque lecteur est libre de comparer et d'opposer ses propres expériences et connaissances aux aspects de la vie en Allemagne et en France présentés ici. Si nous stimulons la discussion sur nos sociétés, nous aurons atteint un objectif important du projet.

Statistiken, Graphiken, Internetquellen oder Worterklärungen geben objektive Informationen und ergänzen den fortlaufenden Text.

Les statistiques, graphiques, sites internet ou explications sémantiques proposent des informations concrètes qui complètent les textes des différents chapitres.

„Gendergerechte Sprache – écriture inclusive"

Es ist ein in Frankreich wie in Deutschland sehr aktuelles Thema, emotional besetzt und heiß diskutiert: Kann durch eine Änderung der Orthographie- und Ausspracheregelung mehr „Gendergerechtigkeit" in der Sprache hergestellt werden?
Sprache bildet Welt ab und gestaltet sie gleichzeitig aktiv mit. Es ist völlig legitim, die sprachlichen Formen und Stereotype daraufhin zu befragen, ob sie Menschen aufgrund ihres Geschlechts bestimmte vordefinierte soziale Rollen zuweisen (z. B. die Krankenschwester). Die Forderung nach gendergerechter Sprache geht aber noch erheblich weiter und sieht im Gebrauch des generischen Maskulinums Ungleichbehandlung und Unterdrückung. Sogar der Gebrauch der jeweils femininen und männlichen Variante wird als unzureichend kritisiert, weil damit dritte Formen der Diversität ausgeschlossen werden. Daher wird der Gebrauch des Binnensternchens („Schüler*innen") oder des Unterstrichs „Schüler_innen") gefordert.
Die für Orthographieregelung in Deutschland zuständigen Stellen haben sich noch keine abschließende Meinung dazu gebildet. Für die Zulassung von Schulbüchern wird der gendergerechte Umgang mit allen behandelten Themen als Voraussetzung genannt, wobei aber die „sprachliche Richtigkeit" gewahrt werden muss. Ausschlaggebend ist im deutschen System der Rat für deutsche Rechtschreibung. Dieser empfiehlt eine Vielzahl von Varianten, die sprachlichen Möglichkeiten zur angemessenen Repräsentation von Geschlechtergerechtigkeit zu nutzen (www.rechtschreibrat.com). Asteriske oder Unterstriche werden nicht empfohlen.
In Frankreich hat im Frühjahr 2021 das Erziehungsministerium per Erlass festgelegt, dass in allen schulischen Belangen auf die inklusive Schreibweise mit dem „point médian - Zwischenpunkt" verzichtet werden muss (z. B. un.e apprenti.e). Der Bildungsminister hat im gleichen Kontext aber durchaus empfohlen, z. B. bei Berufsbezeichnungen jeweils auch die weibliche Form zu verwenden.
In diesem Buch, das auch im schulischen Kontext zum Einsatz kommt, haben wir uns entschlossen, den Empfehlungen des Rats der Rechtschreibung ebenso zu folgen wie den Vorschlägen des französischen Erziehungsministeriums. Da unterschiedliche Autorinnen und Autoren an den Kapiteln gearbeitet haben, ist der Sprachgebrauch nicht völlig kohärent, sondern kann punktuell variieren - ein Beleg für die Tatsache, dass sich die beiden Sprachen Deutsch und Französisch lebendig entwickeln und viele Möglichkeiten eröffnen, um auf Gendergerechtigkeit zu achten.

« Écriture inclusive – gendergerechte Sprache » .

Il s'agit d'un sujet d'actualité en France comme en Allemagne, chargé d'émotions et faisant l'objet de vifs débats : Peut-on établir plus de « justice de genre » dans la langue en changeant les règles d'orthographe et de prononciation ?
La langue dépeint le monde et, en même temps, le façonne activement. Il est parfaitement légitime d'analyser les formes linguistiques et les stéréotypes pour savoir s'ils assignent aux personnes certains rôles sociaux prédéfinis sur la base de leur sexe (chauffeur, pour donner un exemple).
Cependant, l'ambition de l'écriture dite « inclusive » va beaucoup plus loin et considère l'utilisation du masculin générique comme une inégalité de traitement et une oppression. Même l'utilisation des variantes féminines et masculines est critiquée comme insuffisante car elle exclut d'autres formes de diversité. Par conséquent, dans le débat allemand certains exigent l'utilisation de l'astérisque interne (« Schüler*in », « élève », ou du soulignement « Schüler_in »).
Les institutions responsables de la réglementation de l'orthographe en Allemagne n'ont pas encore formulé d'avis définitif à ce sujet. Pour l'approbation des manuels, tous les sujets abordés doivent être traités de façon équitable par rapport aux genres, bien que la « correction linguistique » doive être maintenue. L'instance décisive dans le système allemand est le *Conseil pour l'orthographe allemande*. Celui-ci recommande une variété de façons d'utiliser les possibilités linguistiques pour la représentation appropriée des genres (www.rechtschreibrat.com).
Les astérisques ou les traits de soulignement ne sont pas recommandés.
En France, le ministère de l'Éducation nationale a publié au printemps 2021 un décret stipulant que l'orthographe inclusive avec le « point médian » (par exemple un.e apprenti.e). doit être supprimée dans toutes les publications dans le contexte scolaire. Dans le même contexte, le ministre de l'éducation a toutefois recommandé que, par exemple, la forme féminine soit également utilisée pour les titres professionnels.
Dans ce livre, qui peut être utilisé dans le contexte scolaire, nous avons décidé de suivre les recommandations du *Conseil de l'orthographe* ainsi que les suggestions du ministère français de l'Éducation nationale. Étant donné que différentes personnes, collaboratrices et collaborateurs du dfi, ont travaillé sur les chapitres, l'utilisation de la langue n'est pas complètement cohérente, mais peut varier à certains moments - preuve que les deux langues, l'allemand et le français, se développent de manière vivante et offrent de nombreuses possibilités de prêter attention à l'égalité des sexes.

01

Das politische System

Parlamentarische Demokratien in Europa

Die Mitgliedstaaten der Europäischen Union teilen einige politische Grundüberzeugungen. Im Prinzip sind sich alle Mitglieder darin einig, dass nur die demokratische Regierungsform für Europa in Frage kommt. Der erste Grundsatz ist die Gewaltenteilung in Legislative (gesetzgebende Gewalt), Exekutive (die ausführende Regierungsgewalt) und Judikative (die unabhängige Gerichtsbarkeit). Dabei ist es gleichgültig, ob ein Land als Republik oder als konstitutionelle Monarchie regiert wird. Zu den Mindestanforderungen gehört zudem eine unabhängige und freie Presse, die zur Gestaltung der öffentlichen Meinung beiträgt. Was uns selbstverständlich scheint, ist das Ergebnis von Jahrhunderte langen Kämpfen: die Gleichheit vor dem Gesetz, gleiches Wahlrecht für alle, Wahrung der Menschenrechte und Minderheitenschutz. Alle Mitgliedstaaten der EU müssen diese Kriterien erfüllen und der Beitritt zur Union setzt die Einhaltung dieser Grundwerte voraus.

Allerdings kann man seit einigen Jahren beobachten, dass einzelne Mitgliedstaaten zu autokratischen Regierungsformen

Le système politique

Les démocraties parlementaires en Europe

Les États membres de l'Union européenne ont en commun un certain nombre de principes fondamentaux. Certes, chaque pays a sa propre histoire et se construit sur un ensemble de traditions qui lui sont propres. Toutefois, tous les pays membres s'accordent pour définir le régime démocratique comme le seul régime politique acceptable en Europe. Le premier principe fondamental est la séparation des pouvoirs entre pouvoir législatif (initiative et adoption des textes de lois), pouvoir exécutif (gestion de la politique courante de l'État) et pouvoir judiciaire (garant du respect de l'application de la loi). Au nombre des exigences minimales, l'on compte aussi la liberté et l'indépendance de la presse, qui contribue à la formation de l'opinion publique. Ce qui aujourd'hui nous semble une évidence est en fait le résultat de siècles de combats : l'égalité de tous devant la loi, l'égalité d'accès au droit de vote, la défense des Droits de l'Homme, la protection des minorités. Tous les États membres de l'UE sont contraints de remplir ces critères et l'adhésion de nouveaux membres est conditionnée par le respect de ces valeurs fondamentales. Et pourtant on peut observer, depuis un

Einführung des allgemeinen Wahlrechts: Für Männer in Deutschland 1867/71, in Frankreich 1848; für Frauen in Deutschland 1919, in Frankreich 1944.

Introduction du suffrage universel : en Allemagne pour les citoyens masculins en 1867/71, pour les femmes en 1919 ; en France pour les citoyens masculins en 1848 et pour les femmes en 1944.

« On ne saurait fonder le suffrage universel sur autre chose que sur cette faculté universellement répandue de dire non ou de dire oui. » Jean-Paul Sartre

neigen und immer wieder ausprobieren, wie weit die EU die Infragestellung der gemeinsamen Rechtsprinzipien durchgehen lässt. Zumindest von den Vertragstexten her sind alle Mitglieder gezwungen, sich an die gemeinsam vereinbarten Regeln zu halten.

Für alle Bürgerinnen und Bürger Europas ist es trotz dieser neueren Tendenzen selbstverständlich, dass sie in regelmäßigen Abständen ein nationales Parlament wählen und damit ihr wichtigstes demokratisches Grundrecht ausüben. Dabei gehen sie davon aus, dass es mehrere demokratische Parteien zur Auswahl gibt, die ihrerseits um die Stimmen werben. Die Bürgerinnen und Bürger können sich in der Presse, im Radio, im Fernsehen oder in Online-Medien über die Politik in ihrem Land informieren. Ebenso klar ist allen Europäern, dass sie im Zweifelsfall ihre Rechte vor Gericht einklagen können. So gesehen leben alle Europäerinnen und Europäer in einem gemeinsamen politischen System.

certain nombre d'années, que quelques États membres penchent vers des régimes autocratiques et ne cessent de tester jusqu'où ils peuvent aller avant que l'Union européenne n'intervienne de façon conséquente. Les traités européens obligent en effet tous les membres à respecter les règles établies d'un commun accord.

Malgré ces tendances récentes, il va de soi, au sein de l'Union européenne, que les citoyens de chaque État membre sont appelés, à intervalle régulier, à élire un parlement national, exerçant ainsi leur droit démocratique premier. Lors des élections sont représentés plusieurs partis politiques démocratiques qui font chacun leur propre campagne d'information pour recueillir le maximum de voix auprès des électeurs. Tout citoyen peut s'informer par voie de presse, par la radio, la télévision ou les médias en ligne sur la politique dans son pays. De même, il est évident pour tout Européen qu'il peut faire valoir ses droits devant un tribunal. De ce point de vue, tous les citoyens européens vivent dans un même système politique.

Der französische Philosoph Montesquieu (1689-1755) hat mit seinen Schriften erheblichen Einfluss auf die politische Theorie der Moderne gehabt. Sein Werk, das auf die Autoren der französischen Verfassung von 1791 großen Einfluss hatte, begründet die Gewaltenteilung in legislative, exekutive und judikative Gewalt und damit die Prinzipien jeder Demokratie.

Charles Louis de Secondat, baron de La Brède et de Montesquieu (1689-1755) est un philosophe français, dont les écrits ont eu une influence majeure sur le développement de la pensée politique moderne. Son œuvre, qui inspira les auteurs de la Constitution française de 1791, est à l'origine du principe de séparation des pouvoirs législatif, exécutif et judiciaire, base de toute démocratie.

© Wikipedia.org

Wenn man genauer hinsieht, kann man jedoch schnell erhebliche Unterschiede ausmachen. In vielen Ländern hat sich die Monarchie gehalten, und diese genießt in den jeweiligen Staaten ein hohes Ansehen. Andere Länder sind seit langem als Republik organisiert und legen großen Wert darauf. Einige sind stark zentralisiert, andere eher föderal organisiert. Es stellt sich heraus, dass gerade Deutschland und Frankreich in vielen Punkten sehr unterschiedlich sind. Die Unterschiede sind so groß, dass man manchmal sogar von völlig entgegengesetzten politischen Systemen spricht. Die Unterschiede, die in diesem Kapitel dargestellt und erläutert werden, beziehen sich sowohl auf die Merkmale des politischen Systems als auch auf die politische Kultur und damit auf die Wahrnehmungsgewohnheiten sowie die Erwartungshaltungen der Bürgerinnen und Bürger gegenüber ihrem Staat.

Cependant, si l'on examine de plus près la situation dans chaque pays, l'on constate rapidement de grandes différences. Ainsi, le régime monarchique perdure encore dans beaucoup de pays et les citoyens des États concernés sont majoritairement partisans de cette tradition. D'autres pays, en revanche, vivent depuis très longtemps sous un régime républicain et y sont très attachés. Certains États sont très centralisés, d'autres plutôt organisés sur une base fédérale. Un examen approfondi révèle de grandes différences tout particulièrement entre la France et l'Allemagne. Les écarts sont tels que l'on parle parfois de systèmes politiques contraires. Les différences présentées et expliquées dans ce chapitre portent aussi bien sur les spécificités propres à chaque système politique que sur la culture politique de chaque pays et donc sur la perception de l'État par les citoyennes et citoyens et leurs attentes vis-à-vis de celui-ci.

i

Die Weimarer Verfassung galt während der Weimarer Republik (1918-1933) und war die erste demokratische Verfassung für Deutschland. Sie begründete eine parlamentarisch-demokratische und föderative Republik, in der die „Staatsgewalt vom Volke" ausging.

La Constitution de Weimar était à la base de la République de Weimar (1918 – 1933), elle est la première constitution démocratique pour l'Allemagne unifiée. Elle définit une République démocratique, parlementaire et fédérale, dans laquelle le « pouvoir de l'Etat émane du peuple ».

Die Verfassungen

Das politische System Deutschlands basiert auf dem Grundgesetz von 1949. Man hatte den Namen „Grundgesetz" und nicht „Verfassung" gewählt, weil man auf eine

Les textes constitutionnels

Le système politique allemand repose sur la Loi fondamentale – *Grundgesetz* – de 1949. À l'époque, les rédacteurs du texte ont préféré le titre de « Loi fondamentale » à celui de

Frankreich befindet sich momentan in der V. Republik. Die I. Republik (1792-1795) wurde während der Revolution ausgerufen, die II. Republik (1848-1852) folgte auf die Februar-Revolution von 1848, die sehr lange dauernde III. Republik (1871-1940) wurde nach dem Deutsch-Französischen Krieg 1871 ausgerufen. Während der deutschen Besatzung im II. Weltkrieg ab 1940 wurde die Republik außer Kraft gesetzt. In der Nachkriegszeit galt von 1946-1958 die Verfassung der IV. Republik. Staatspräsident de Gaulle war der politische Vater der V. Republik, die seit 1958 die Grundlage der französischen Politik bildet.

La France se trouve actuellement sous la Vème République. La Ière République (1792-1795) fut proclamée pendant la Révolution, la IIème République (1848-1852) suivait la révolution de 1848. La IIIème République fut proclamée suite à la guerre franco-allemande en 1871 et dura jusqu'en 1940. Pendant l'occupation allemande la République fut suspendue à partir de 1940. Après la guerre la France connut la IVème République (1946-1958). La Vème République, qui est la base constitutionnelle de la France depuis 1958, fut le projet politique de Charles de Gaulle, Président de la République.

baldige Wiedervereinigung in Freiheit und Selbstbestimmung hoffte und sich erst dann eine Verfassung geben wollte.

Von 1949 bis 1990 war Deutschland geteilt, die Deutsche Demokratische Republik (DDR) seit 1961 zudem durch die Berliner Mauer und eine harte Grenze zur Bundesrepublik Deutschland (BRD) abgeschottet, deren Überwindung lebensgefährlich war. Die DDR war als kommunistischer Einheitsstaat organisiert, die Bürgerinnen und Bürger einer Diktatur mit dauernder Überwachung unterworfen. Die friedliche Revolution von 1989 beendete dieses Regime. Die fünf neuen Bundesländer auf dem Territorium der ehemaligen DDR sind dem Grundgesetz am 3. Oktober 1990 beigetreten, das sich bewährt hatte und seither für ganz Deutschland gilt.

Frankreich lebt zur Zeit unter der Verfassung der V. Republik. Diese Verfassung war von Charles de Gaulle am 4. Oktober 1958 durchgesetzt worden, um die Regierbarkeit des Landes zu gewährleisten. In den vorangehenden Verfassungen hatte das Parlament so große Befugnisse gegenüber

« Constitution », espérant assister rapidement, dans un esprit de liberté et d'autodétermination, à la réunification de leur pays. La Loi fondamentale n'était donc qu'un texte provisoire, destiné un jour à être remplacé par une Constitution.

L'Allemagne a été divisée de 1949 à 1990 en la République démocratique allemande (RDA) dans la partie Est et la République fédérale d'Allemagne (RFA) à l'Ouest. Suite à un exode important de citoyens de la RDA vers l'ouest, la frontière entre ces deux parties de l'Allemagne a été rendue quasi infranchissable en 1961, et avec la construction du mur de Berlin l'Allemagne de l'Est a pratiquement enfermé sa population. La RDA était organisée comme un État unitaire communiste, ses citoyens étant soumis à une dictature avec une surveillance constante. La révolution pacifique de 1989 a mis fin à ce régime. Les cinq nouveaux *Länder* sur le territoire de l'ancienne RDA ont adhéré à la Loi fondamentale le 3 octobre 1990, qui avait fait ses preuves et qui s'applique depuis à l'ensemble de l'Allemagne.

der Exekutive erhalten, dass die Regierungen bei schwankenden parlamentarischen Mehrheiten keinen klaren Kurs verfolgen konnten. Die schwach entwickelten Parteien waren auch nicht in der Lage, Stabilität zu garantieren, weshalb de Gaulle und sein Premierminister Michel Debré die Rechte des Präsidenten stärken wollten. Heute gibt es in Frankreich eine schon länger anhaltende Debatte zur Notwendigkeit einer Verfassungsreform, um die zentrale Machtposition des Präsidenten durch eine Stärkung des Parlaments auszubalancieren.

Die Exekutive

Wer die Aktualität verfolgt, hat sich daran gewöhnt, bei den regelmäßigen deutsch-französischen Gipfeltreffen Bundeskanzler und Staatspräsidenten gemeinsam auf den Bildern zu sehen. Aber auch hier gilt: der zweite Blick lohnt sich. Denn neben dem Staatspräsidenten sitzt bei vielen Pressekonferenzen die französische Premierministerin. Der deutsche Bundespräsident

La France, quant à elle, vit à l'heure actuelle sous le régime de la Vème République. La Constitution de la Vème République, dont le Général de Gaulle fut l'instigateur, fut promulguée le 4 octobre 1958 afin de renforcer l'autorité de l'État. En effet, les constitutions précédentes accordaient des droits beaucoup plus larges au Parlement (au détriment du pouvoir exécutif), si bien que les gouvernements ne pouvaient suivre une ligne politique bien arrêtée. Les partis politiques, faibles, ne pouvaient garantir aucune stabilité : c'est ce qui a incité De Gaulle et son Premier Ministre, Michel Debré, à vouloir renforcer les pouvoirs du Président. Actuellement, on assiste en France à un débat, lancé il y a quelques années déjà, sur la nécessité d'une réforme constitutionnelle afin de contrebalancer le fort pouvoir exécutif du président par un renforcement du Parlement.

Le pouvoir exécutif

Pour qui suit l'actualité, il est désormais habituel de voir apparaître le Chancelier allemand et le Président de la République française

© Bundesregierung / Ernst Schwahn

Charles de Gaulle und Konrad Adenauer am Tag der Unterzeichung des Elysée-Vertrages (22.01.1963).

Charles de Gaulle et Konrad Adenauer lors de la signature du traité de l'Elysée.

© Bundesregierung / Richard Schulze-Vorberg

Helmut Kohl und François Mitterrand, Verdun 1984.

Helmut Kohl et François Mitterrand à Verdun en 1984.

hingegen hat bei den Regierungstreffen keine Aufgabe. Was in den veröffentlichten Bildern zum Ausdruck kommt, deutet auf unterschiedliche Rollenverteilungen in der Exekutive hin.

Der deutsche Bundeskanzler

Der Bundeskanzler bildet gemeinsam mit den Bundesministern die Regierung der Bundesrepublik Deutschland. Er leitet die Sitzungen des Bundeskabinetts und hat das Recht, seine Minister dem Bundespräsidenten zur Ernennung oder zur Entlassung vorzuschlagen. Vor allem aber hat das Kanzleramt die so genannte Richtlinienkompetenz, mit der die großen Linien der Politik vorgegeben werden. An diese Richtlinien müssen sich alle Minister halten.

Im Übrigen ist die Unabhängigkeit der Bundesminister im deutschen System relativ groß. Die Minister sind für ihren Bereich persönlich verantwortlich. Wenn ein bestimmtes Thema behandelt wird (z. B. Jugend), dann ist das jeweils zuständige Ministerium (in diesem Fall das Ministeri-

côte à côte sur les images publiées à l'occasion de chaque sommet franco-allemand. Là encore, il est intéressant de s'attarder sur ces images officielles. Ainsi, à l'occasion de bon nombre d'événements publics, l'on peut voir le Premier Ministre français aux côtés du Président de la République. Le Président de la République fédérale d'Allemagne, quant à lui, n'exerce aucune fonction lors des rencontres inter-gouvernementales. Ce que ces images mettent en exergue, c'est une différence entre les deux pays dans la répartition des rôles au niveau du pouvoir exécutif.

Le Chancelier fédéral allemand

Le Chancelier fédéral et les ministres fédéraux constituent le gouvernement de la République fédérale allemande. Le Chancelier préside les séances du Conseil des Ministres. Il choisit ses ministres : il les propose au Président fédéral pour nomination ou révocation. La position de force du Chancelier repose avant tout sur sa compétence à fixer les lignes directrices de la politique gouvernementale. Chaque ministre est tenu de res-

François Hollande und Angela Merkel bei der 50-Jahrfeier der Rede de Gaulles an die deutsche Jugend in Ludwigsburg.

François Hollande et Angela Merkel lors des célébrations des 50 ans du discours de Charles de Gaulle à la jeunesse allemande à Ludwigsburg.

Angela Merkel und Emmanuel Macron bei der Unterzeichnung des Aachener Vertrags.

Angela Merkel et Emmanuel Macron lors de la signature du traité d'Aix-la-Chapelle.

1963 wurde unter Staatspräsident de Gaulle und Bundeskanzler Adenauer der deutsch-französische Freundschaftsvertrag („Elysée-Vertrag“) geschlossen, der die Grundlage für intensive und dauerhafte Kooperation zwischen beiden Ländern bildet. Genau 56 Jahre später wurde in Aachen ein zweiter deutsch-französischer Freundschaftsvertrag von Bundeskanzlerin Merkel und Präsident Macron unterzeichnet. Beide Staaten vereinbaren in vielen Bereichen eine noch engere Zusammenarbeit und bekennen sich zur europäischen Integration. Zum ersten Mal wird in diesem Vertrag auch die kommunale Ebene der deutsch-französischen Zusammenarbeit ausdrücklich erwähnt und gefördert.

En 1963, le Président de la République de Gaulle et le Chancelier allemand Adenauer signèrent le traité d'amitié franco-allemand, intitulé « Traité de l'Elysée », qui est à la base de la coopération étroite et durable entre les deux pays. Exactement 56 ans plus tard, le Président Macron et la Chancelière Merkel signent à Aix-la-Chapelle un nouveau traité franco-allemand. Les deux Etats s'engagent à intensifier leur coopération dans beaucoup de domaines et confirment leur engagement pour l'intégration européenne. Pour la première fois le niveau communal de la coopération franco-allemande est expressément mentionné et mis en valeur dans ce traité.

um für Familie, Senioren, Frauen und Jugend) „federführend“. Damit ist gemeint, dass die Hauptverantwortung und die Entscheidungsgewalt bei diesem Ministerium liegen, auch wenn andere Ministerien (z.B. das Bildungsministerium) betroffen sind und daher ein Wörtchen mitzureden haben. Diese Form der Organisation der Zuständigkeit nennt man „Ressortprinzip“. Dessen ungeachtet kann der jeweilige Regierungschef in einigen Politikbereichen Einfluss geltend machen, was in den letzten Jahren vor allem in der Europapolitik der Fall gewesen ist.

Der Bundeskanzler oder die Bundeskanzlerin wird vom Deutschen Bundestag gewählt und ist diesem gegenüber verantwortlich. Ein Wechsel im Amt des Kanzlers ist nur nach Neuwahlen möglich oder wenn ein anderer Kandidat, eine andere Kandidatin im Bundestag eine Mehrheit gegen den amtierenden Kanzler vorweisen kann. Dieses Verfahren nennt man „konstruktives Misstrauensvotum“.

pecter ces lignes directrices. Dans le système allemand, l'indépendance des ministres fédéraux est cependant relativement grande. Les ministres sont personnellement responsables de la bonne marche de leur domaine. Lorsqu'un thème particulier doit être traité (par exemple celui de la jeunesse), c'est le ministère correspondant (dans ce cas le Ministère de la Famille, des Personnes âgées, de la Femme et de la Jeunesse) qui est compétent. En d'autres termes, le ministère en question a le pouvoir de décision et en porte la responsabilité et ce, même si d'autres ministères (par exemple le Ministère de l'Education) sont concernés par ce thème et consultés lors de la prise de décision. Ce principe d'autonomie de chaque ministre pour les affaires de son ministère est dénommé *Ressortprinzip*. Toutefois, le chef du gouvernement peut faire valoir son influence dans certains domaines politiques. Ces dernières années, on a pu observer ce phénomène dans le domaine de la politique européenne.

Der französische Staatspräsident

Im Vergleich zum deutschen Kanzler bzw. Kanzlerin hat der französische Staatspräsident (bisher gab es nur männliche Amtsinhaber) wesentlich mehr Macht. Er wird in direkter Wahl alle 5 Jahre vom Volk gewählt und hat somit eine unmittelbare Legitimation, unabhängig von der jeweiligen Mehrheit im Parlament. Die Wahl erfolgt nach dem Mehrheitssystem: Im ersten Wahlgang können beliebig viele Kandidaten aufgestellt werden, die dann eine gewisse Prozentzahl von Stimmen auf sich vereinen. Die beiden Kandidaten mit den meisten Stimmen kommen in den zweiten Wahlgang, der den neuen Präsidenten ermittelt.

Der Präsident ist die zentrale Figur der gesamten Verfassung und wird von den Bürgern als Garant der republikanischen Werte und der nationalen Einheit angesehen. Er leitet nicht nur die Kabinettssitzungen der Regierung, sondern hat auch Rechte, die er ganz alleine ausüben kann. Dazu gehören die Ernennung und Entlassung des Premierministers, die Möglichkeit, das Parlament aufzulösen, die Möglichkeit, ein

Le Chancelier fédéral est élu par le *Bundestag*, aussi est-il responsable en première ligne vis-à-vis de celui-ci. Un changement de chancelier en cours de mandat n'est possible que dans le cadre d'élections anticipées ou à la suite d'un « vote de défiance constructif », c'est-à-dire si le *Bundestag* élit, à la majorité de ses membres, un successeur au Chancelier au pouvoir.

Le Président de la République française

Comparés à ceux du Chancelier allemand, les pouvoirs du Président de la République française (jusqu'à l'heure actuelle il n'y a pas eu de femme dans cette fonction) sont beaucoup plus étendus. Celui-ci est élu tous les cinq ans par les citoyens, au suffrage universel direct, ce qui lui confère une légitimité directe, indépendante de toute majorité parlementaire. L'élection se fait au scrutin majoritaire à deux tours. Au premier tour, le nombre de candidats n'est pas limité : au dépouillement, le calcul se fait en pourcentage de voix obtenues par chaque candidat. Ne participent au second tour que les deux candidats ayant remporté le plus de voix.

Das Kabinett ≠ le cabinet

„Das Kabinett" ist die Gesamtheit der Mitglieder einer Regierung – auf Französisch « le conseil des ministres ».

Le „Kabinett" en allemand correspond au « Conseil des ministres » qui comprend tous les membres d'un gouvernement.

« Le cabinet » auf Französisch bezeichnet die Gruppe von engen Mitarbeitern und Beratern eines Ministers (oder Premierministers), die eng in seine Arbeit eingebunden sind. Es handelt sich um politische Posten, die von der eigentlichen Ministerialverwaltung zu unterscheiden sind („les services"). Eine richtige Übersetzung gibt es nicht, man könnte höchstens von einem sehr großen Ministerbüro sprechen. Ein „cabinet" kann bis zu 30 Mitarbeiter haben.

„Le cabinet" désigne le groupe de collaborateurs et de conseillers qui entourent un ministre (ou le Premier Ministre). Il s'agit de postes « politiques » qu'il ne faut pas confondre avec l'administration ministérielle (« les services »). Il n'y a pas d'équivalent en allemand. On pourrait à la rigueur parler d'un très grand « Ministerbüro », dont la taille et la fonction sont pourtant différentes.

Referendum anzusetzen, die Verfügung über die Streitkräfte und damit über den Einsatz von Atomwaffen sowie die Ratifizierung von internationalen Verträgen. Überhaupt hat der Präsident auf dem internationalen Parkett die dominierende Rolle, obwohl das von der Verfassung gar nicht ausdrücklich vorgesehen ist. Seit de Gaulle wird aber nicht in Frage gestellt, dass der Präsident in Sicherheits- und außenpolitischen Fragen alleine entscheidet - man spricht hier vom *domaine réservé* des Präsidenten.

Diese Machtfülle zeigt deutlich, dass der Präsident das Herzstück der Exekutive ist. Gleichzeitig aber scheint er über den Parteien zu schweben, denn er wird direkt vom Volk gewählt und muss nicht unbedingt eine Mehrheit im Parlament haben. Wenn man die Ansprachen sieht und hört, die der Präsident in unregelmäßigen Abständen an „sein Volk" richtet, kann man etwas von diesem besonderen Verhältnis zwischen dem Präsidenten und dem Volk spüren: erhabener Ton, allumfassende Gestik, die Sorge um das Allgemeinwohl der Nation und Verständnis für die Sorgen der Bürger, auch wenn diese sich als Kritik an der eigenen, vom Präsidenten eingesetzten Regierung äußern. Allerdings zieht diese Machtfülle auch die Unzufriedenheit der Bürgerinnen und Bürger auf sich – die letzten Präsidenten Frankreichs hatten keine besonders hohen Zustimmungswerte.

Der Premierminister

Der Premierminister ist der Regierungschef (in dieser Funktion gab es bisher nur zwei Frauen, Edith Cresson 1991 und die aktuelle Premierministerin Elisabeth Borne).

Le Président est la figure centrale de la Constitution ; il est considéré par les citoyens comme le garant des valeurs républicaines et de l'unité nationale. Non seulement il préside les réunions du Conseil des ministres, mais il détient aussi des pouvoirs qui lui sont propres. Ainsi, il est le seul à pouvoir nommer et révoquer le Premier Ministre, dissoudre l'Assemblée nationale et signer les traités internationaux. De surcroît, il est le chef des armées et détient ainsi la mainmise sur l'utilisation de la force atomique. Sur la scène internationale, il joue le premier rôle, bien que cela ne soit pas expressément prévu par la Constitution. Depuis De Gaulle, le pouvoir du Président de la République de décider seul des questions de sécurité et en matière d'affaires étrangères n'a jamais été remis en question : il s'agit là des « domaines réservés » du Président.

Cette concentration de pouvoirs dans les mains du Président montre clairement que celui-ci constitue le cœur de l'exécutif. Paradoxalement, il semble se situer au-dessus des partis, puisqu'il est élu directement par le peuple et n'a pas besoin de disposer d'une majorité au Parlement. Une analyse des allocutions télévisées que le Président de la République adresse à intervalles irréguliers à « son peuple », permet de mieux saisir la relation particulière qui le lie aux citoyens : ton solennel, gestuelle ample, souci du bien-être de la nation et compréhension des préoccupations des citoyens, même lorsque celles-ci se révèlent être des critiques envers le gouvernement qu'il a lui-même mis en place.

Le Premier Ministre

Le Premier Ministre est le Chef du gouvernement (la première femme dans cette fonc-

Emmanuel Macron,
Président
seit/depuis 2017

Olaf Scholz,
Bundeskanzler
seit/depuis 2021

© Bundesregierung / Jesco Denzel

Allerdings haben wir festgestellt, dass der Staatspräsident der eigentlich entscheidende Teil der Exekutive ist. Aufgrund dieser Aufgabenteilung spricht man von „doppelköpfiger Exekutive". Der Premierminister wird vom Staatspräsidenten ernannt und auch entlassen, aber er braucht zum Regieren eine Mehrheit in der „niederen" Parlamentskammer (die *Assemblée nationale* heißt auch *chambre basse*), denn diese kann ihm das Vertrauen entziehen. Die Stellung des Premierministers gegenüber den anderen Ministern ist deutlich herausgehoben, denn sobald mehr als ein Ministerium von einem Vorgang betroffen ist, übernimmt „Matignon" (der Dienstsitz des Premierministers) die Oberaufsicht. Anders als beim deutschen Prinzip des federführenden Ressorts machen die Ministerien die Sache nicht unter sich aus, sondern der Premierminister bekommt die Macht, zwischen unterschiedlichen Standpunkten oder Interessen zu entscheiden. In vielen Fällen müssen Entscheidungen aus Matignon dann nochmals vom Staats-

tion a été Edith Cresson en 1991, l' actuelle Première Minister est Elisabeth Borne). Toutefois, ainsi que nous l'avons constaté ci-dessus, le véritable représentant de l'exécutif est le Président de la République. Cette répartition des fonctions amène à parler d'un « exécutif à deux têtes ». Le Premier Ministre est nommé et révoqué par le Chef de l'État. Pour gouverner, il doit cependant disposer d'une majorité à l'Assemblée Nationale. En effet, celle-ci peut lui retirer sa confiance. Le Premier Ministre ne préside pas les réunions du Conseil des Ministres qui se tiennent tous les mercredis : c'est le rôle du Chef de l'État. Toutefois, sa position est clairement supérieure à celle des autres ministres. En effet, dès que la gestion d'un dossier concerne plusieurs ministères, « Matignon » (le siège du Premier Ministre) en assure la direction. À la différence du *Ressortprinzip* allemand, les ministères ne sont pas compétents pour décider entre eux des dossiers : le Premier Ministre a la primauté et il lui revient de trancher entre des points de vue ou des intérêts divergents. Très souvent, les décisions prises

chef im Elysée-Palast abgesegnet werden – ähnlich wie im deutschen System, wo das Kanzleramt ein „Machtwort" sprechen und die Richtlinienkompetenz ins Feld führen kann.

Es hat Fälle gegeben, in denen der jeweilige Premierminister viel populärer war als der amtierende Präsident, es gab aber auch den gegenteiligen Fall, wo der Premierminister den Unmut zu spüren bekam, während der Präsident eine Rolle als über den Parteien stehender Schiedsrichter einnahm.

Die beiden Teile der Exekutive hängen von zwei unterschiedlichen Wahlen ab. Die Parlamentswahl folgt auf die Präsidentschaftswahlen oder nach der Auflösung der *Assemblée Nationale* während einer Wahlperiode. Der Präsident ernennt den Premierminister auf Grundlage der parlamentarischen Mehrheiten. Solange Präsident und Premier demselben politischen Lager angehören, kann das System gut funktionieren. Nun ist es aber vorgekommen, dass die Mehrheit im Parlament nicht mit der politischen Zugehörigkeit des Präsidenten übereinstimmt. Unter Staatspräsident Mitterrand und auch unter Präsident Chirac gab es diese Situation, die man *cohabitation* nennt. In diesem Fall kommt es zu der merkwürdigen Situation, dass der Staatspräsident die Kabinettssitzungen leitet, obwohl die gesamte Regierung zum politischen Gegner gehört. Auf internationalem Parkett treten dann gewöhnlich Präsident und Premierminister gemeinsam auf und bemühen sich, in wichtigen Fragen dieselbe Meinung zu vertreten.

par Matignon doivent ensuite être soumises pour approbation au Chef de l'État, à l'Élysée. En cela, le système français est comparable au système allemand qui accorde au Chancelier le droit de trancher en cas de litige, faisant ainsi entrer en jeu sa compétence pour la définition des lignes directrices.

Il y a eu des gouvernements en France dont le Premier Ministre était bien plus populaire que le Président en fonction, mais on a pu également assister à des situations inverses où l'opinion publique s'est retournée contre le Premier Ministre et où le Président a joué le rôle d'un arbitre impartial au-dessus des partis.

La désignation des deux têtes de l'exécutif se fait à l'occasion de deux élections distinctes. Les élections parlementaires suivent l'élection présidentielle, ou bien suite à la dissolution de l'Assemblée Nationale. Le Président de la République nomme le Premier Ministre en fonction de la majorité parlementaire. Aussi longtemps que le Président et son Premier Ministre sont issus du même parti, le système fonctionne bien. Cependant, il arrive que la majorité au Parlement ne soit pas détenue par le camp auquel appartient le Président. Cette situation particulière, appelée « cohabitation », s'est déjà produite sous le mandat des Présidents Mitterrand et Chirac. Dans un régime de cohabitation, le Président dirige les réunions d'un Conseil des Ministres composé exclusivement de membres du parti adverse au sien. Sur la scène internationale, la France est alors représentée par le Président et le Premier Ministre qui, sur les questions de fond, s'efforcent de défendre la même position.

Der deutsche Bundespräsident

Das Staatsoberhaupt der Bundesrepublik Deutschland ist der Bundespräsident – eine Bundespräsidentin hat es bisher noch nicht gegeben. Er wird von der Bundesversammlung alle 5 Jahre gewählt. Die Bundesversammlung, die einzig und allein zur Wahl des Bundespräsidenten zusammentritt, besteht aus den Abgeordneten des Bundestages und aus genauso vielen Vertretern der Bundesländer. Die Bundesländer können über die Parteien auch Delegierte benennen, die nicht Mitglied des Landtags, sondern Persönlichkeiten der Zivilgesellschaft sind. Der Bundespräsident kann einmal wiedergewählt werden.

Er hat in erster Linie repräsentative Aufgaben und ist nicht direkt Teil der Exekutive. Als Staatsoberhaupt hat er aber in der Außenpolitik wichtige Funktionen wahrzunehmen. Im Namen der Bundesrepublik unterzeichnet er Verträge mit anderen Staaten, empfängt und entsendet die Botschafter. In der Regel nimmt er diese Aufgaben in enger Abstimmung mit der jeweiligen Regierung wahr, unabhängig davon, ob sie ihm politisch nahesteht oder nicht. Der Bundespräsident steht also deutlich über den politischen Parteien und vertritt die Gesamtinteressen des Landes. Ohne seine Unterschrift tritt kein Gesetz in Kraft, und er kann alle Gesetze auf ihre Verfassungskonformität überprüfen lassen.

Wenn seine politische Macht also begrenzt ist und sein Einfluss eher im Hintergrund wirkt, hat er dennoch eine wichtige Bedeutung für die Öffentlichkeit. Viele Bundespräsidenten haben ihre Rolle als eine moralische Aufgabe verstanden und sich in großen, weithin beachteten Reden an

Le Président fédéral allemand

Le Président fédéral est le premier représentant de la République fédérale d'Allemagne, le chef de l'État. Il est élu tous les cinq ans par l'Assemblée fédérale, organe constitutionnel qui ne se réunit qu'à cette fin. Elle se compose des députés du *Bundestag* et d'un nombre équivalent de délégués élus par les parlements des *Länder*. D'éminentes personnalités de la société civile peuvent être nommées à l'Assemblée fédérale bien qu'elles ne soient pas membres d'un Parlement de *Land*. Le Président ne peut être réélu qu'une seule fois. Ses attributions sont essentiellement représentatives, il ne fait pas directement partie de l'exécutif. En tant que premier représentant de l'État, il assume cependant d'importantes fonctions en politique extérieure. Au nom de la République fédérale, il signe les traités avec les pays étrangers, il accrédite et reçoit les ambassadeurs. En règle générale, il exerce ses fonctions en étroite concertation avec le gouvernement, que celui-ci soit ou non de la même sensibilité politique que le Président. Le Président fédéral est clairement indépendant des partis politiques et représente ainsi les intérêts communs de la nation. Aucune loi ne peut entrer en vigueur sans sa signature et il a le devoir de vérifier la conformité de chaque loi à la Constitution.

Même si ses pouvoirs politiques sont limités et même si son influence s'exerce plutôt au second plan, il joue un rôle essentiel vis-à-vis de l'opinion publique. Il représente une autorité morale pour les citoyens. De nombreux présidents fédéraux ont ainsi saisi l'occasion de leurs discours à la nation pour exercer cette autorité. Parmi les plus célèbres discours, citons ici le discours dit « *Ruckrede* » (« Discours secousse » d'avril 1997) de Roman

Frank-Walter Steinmeier ist der 12. Bundespräsident. Er wurde 2022 für weitere 5 Jahre gewählt.

Réélu en 2022 pour un deuxième mandat de 5 ans, Frank-Walter Steinmeier est le 12ème Président de la République fédérale d'Allemagne.

© Bundesregierung / Steffen Kugler

die gesamte Nation gewandt – als Beispiele mögen die „Ruckrede" von Roman Herzog oder die Rede zum 8. Mai von Richard von Weizsäcker gelten. Auch der amtierende Bundespräsident Frank-Walter Steinmeier hat durch sein Handeln und seine Reden große Aufmerksamkeit erlangt, etwa durch seine Rede vom 28. Oktober 2022 „Alles stärken, was uns verbindet"

Die Legislative

Die gesetzgebende Macht liegt in den parlamentarischen Demokratien beim Volk und den von ihm gewählten Abgeordneten. In den meisten Ländern gibt es zwei Kammern, so auch in Deutschland und Frankreich. Im deutschen Föderalismus liegt ein Teil der gesetzgebenden Gewalt bei den Länderparlamenten. Neben der repräsentativen Demokratie, bei der die Gesetze durch die Parlamente erarbeitet werden, gibt es in vielen Ländern auch Formen der partizipativen Demokratie, deren Bedeutung in den letzten Jahren stark zugenommen hat.

Das französische Parlament

Das Parlament besteht aus zwei Kammern, der *Assemblée nationale* und dem *Sénat*. Die Wahlen zur ersten Kammer erfolgen alle 5 Jahre in einer Mehrheitswahl. In jedem Wahlkreis gibt es einen ersten Durchgang,

Herzog ou le « Discours du 8 mai » de Richard von Weizsäcker (1985). L'actuel Président fédéral, Frank-Walter Steinmeier, a également pu acquérir grâce à ses actes et à ses discours une grande notoriété parmi les citoyens, notamment par le discours « Renforcer tout ce qui nous unit » du 28 octobre 2022.

Le pouvoir législatif

Dans les démocraties parlementaires, le pouvoir législatif repose entre les mains du peuple et des députés qu'il élit. Dans la plupart des pays, et c'est le cas en France et en Allemagne, il existe deux chambres. Dans le système fédéral allemand, les parlements des *Länder* détiennent aussi une partie du pouvoir législatif. Parallèlement au système de démocratie représentative, dans lequel le Parlement fait les lois, beaucoup de pays pratiquent aussi d'autres formes de démocratie participative, une tendance qui a monté en puissance ces dernières années.

Le parlement français

Le Parlement se compose de deux chambres : l'Assemblée nationale et le Sénat. Les membres de l'Assemblée nationale sont élus tous les cinq ans au scrutin uninominal majoritaire à deux tours. Pour être élu dès le premier tour dans sa circonscription, un candidat doit obtenir la majorité absolue des suffrages exprimés. Si aucun candidat n'est

bei dem zur Direktwahl die absolute Mehrheit erforderlich ist. Alle Kandidatinnen und Kandidaten, die im ersten Durchgang mindestens 12,5 % aller Wahlberechtigten des Wahlkreises für sich gewonnen haben, können in der zweiten Runde antreten, wobei dann eine einfache Mehrheit genügt. Oft einigen sich die Parteien, die sich politisch nahestehen, auf den aussichtsreichsten Kandidaten, um so das eigene Lager zu stärken. Insgesamt gibt es 577 Wahlkreise und folglich ebenso viele Abgeordnete. Die *Assemblée* kann vom Staatspräsidenten jederzeit aufgelöst werden. Der Sitz der *Assemblée* ist der Palais Bourbon, ursprünglich ein Palast der Königsfamilie, wo schon unter der Revolution ab 1798 parlamentarische Versammlungen stattfanden.

Die Macht der Nationalversammlung ist durch bestimmte Vorrechte der Regierung begrenzt. So legt diese die Tagesordnung in der Nationalversammlung fest. Zudem kann die Exekutive die Mitsprache des Parlaments bei der Gesetzgebung umgehen, indem stattdessen Dekrete erlassen werden, die sofort in Kraft treten. Im Artikel 49 der Verfassung, der das Verhältnis zwischen Regierung und Parlament regelt, wird in

élu au premier tour, tous les candidats ayant obtenu un nombre de suffrages au moins égal à 12,5 % des électeurs inscrits peuvent se présenter au second tour. Pour être élu au second tour, la majorité relative suffit. Bien souvent, les candidats de courants politiques proches s'allient derrière celui d'entre eux qui a le plus de chances d'être élu, et ce afin de consolider la position de leur camp. Le pays est composé de 577 circonscriptions et l'Assemblée compte par conséquent autant de députés. L'Assemblée peut être dissoute à n'importe quel moment par le Président de la République. Le siège de la chambre basse est le Palais Bourbon – à l'origine un palais de la famille royale – où siégeaient déjà des élus pendant la Révolution française.

En comparaison avec d'autres démocraties européennes, le pouvoir du Parlement français, et surtout celui de l'Assemblée Nationale, est relativement limité. Le gouvernement peut gouverner par le biais de décrets et donc éviter le processus législatif normal. Le gouvernement intervient également quand il s'agit d'établir l'ordre du jour à l'Assemblée Nationale. L'article 49.3 de la constitution, qui traite des rapports entre le parlement et le gouvernement, donne de larges

i

Avec son discours sur le 8 mai 1945, le président von Weizsäcker définit pour la première fois ce jour, qui scella la victoire des alliés sur l'Allemagne nazie, comme une libération du peuple allemand.
La *Ruckrede* (discours secousse) de Roman Herzog, prononcé à Berlin à le 26 avril 1997, visait à accélérer la prise de conscience du fait que l'Allemagne ne s'adaptait pas assez rapidement aux changements de sa propre société et aux transformations mondiales.
„Hier herrscht ganz überwiegend Mutlosigkeit, Krisenszenarien werden gepflegt. Ein Gefühl der Lähmung liegt über unserer Gesellschaft".

Absatz 3 festgelegt, dass die Regierung einen Gesetzestext ohne Abstimmung in der *Assemblée* in Kraft setzen kann. Nur wenn die Opposition eine Mehrheit für ein Misstrauensvotum gegen die Regierung vorweist, kann die Anwendung dieses Artikels verhindert werden. Die Nutzung dieses Verfahrens, das der Regierung große Macht für eine schnelle Gesetzgebung in die Hand gibt, wird oft kritisiert, vor allem wenn zu oft davon Gebrauch gemacht wird und somit das Parlament um seine legislativen Rechte gebracht wird.
Die zweite Kammer im französischen parlamentarischen System heißt *Sénat.* Die Amtszeit der 348 Senatoren beträgt 6 Jahre, wobei alle drei Jahre die Hälfte neu gewählt wird, wodurch eine kontinuierliche Veränderung in der Zusammensetzung des Senats entsteht. Die Wahl der Senatoren erfolgt durch 162.000 Wahlmänner und -frauen, ist also eine indirekte Wahl, bei der die Gewählten aus den Gebietskörperschaften, also den Gemeinden, den Departements und den Regionen mitwirken. Der Senat gilt daher auch als Interessenvertretung des ländlichen Frankreichs. Er kann Gesetzesvorschläge einbringen und er wirkt an allen Gesetzgebungsverfahren durch Beratung oder Änderungsvorschläge mit. Im Zweifelsfall hat allerdings die Nationalversammlung das letzte Wort. Nur bei Verfassungsänderungen hat der Senat ein Vetorecht. Es ist auffällig, dass im französischen System viele ehemalige Minister

pouvoirs au gouvernement. Il stipule que le Premier ministre peut engager la responsabilité du Gouvernement devant l'Assemblée nationale sur le vote d'un projet de loi. Dans ce cas, ce projet est considéré comme adopté sans débat et sans vote, sauf si une motion de censure, déposée dans les vingt-quatre heures qui suivent, réunit une majorité absolue des parlementaires.
Le Sénat constitue la seconde chambre dans le système parlementaire français. En son sein sont représentés les communes, les départements et les régions. Les sénateurs sont élus pour un mandat de six ans. Le Sénat est renouvelé par moitié tous les trois ans, ce qui implique une régulière modification de sa composition. Les élections se font au suffrage universel indirect, exercé par un collège électoral qui compte 162 000 membres. Ce collège est composé de députés, de conseillers départementaux et régionaux et de délégués des conseils municipaux. A cause de cette élection indirecte, la chambre haute est souvent considérée comme la représentation de la France des territoires. Le Sénat dispose de l'initiative législative, qui peut se traduire par le dépôt de propositions de lois. Grâce à son droit de conseil et d'amendement, il participe à toutes les procédures législatives. En cas de désaccord entre les deux chambres, l'Assemblée nationale statue cependant en dernier. Le Sénat ne dispose du droit de veto que dans le cadre d'une procédure de révision de la Constitution. Il est très courant de voir d'anciens ministres

---

Welche Farbe hat das Parlament?

Die deutschen Abgeordneten sitzen in blauen Sesseln, ihre französischen Kollegen tagen in rotem Samt.

Quelle couleur pour le Parlement?

Les députés français siègent dans du velours rouge, leurs collègues allemands ont des fauteuils bleus.

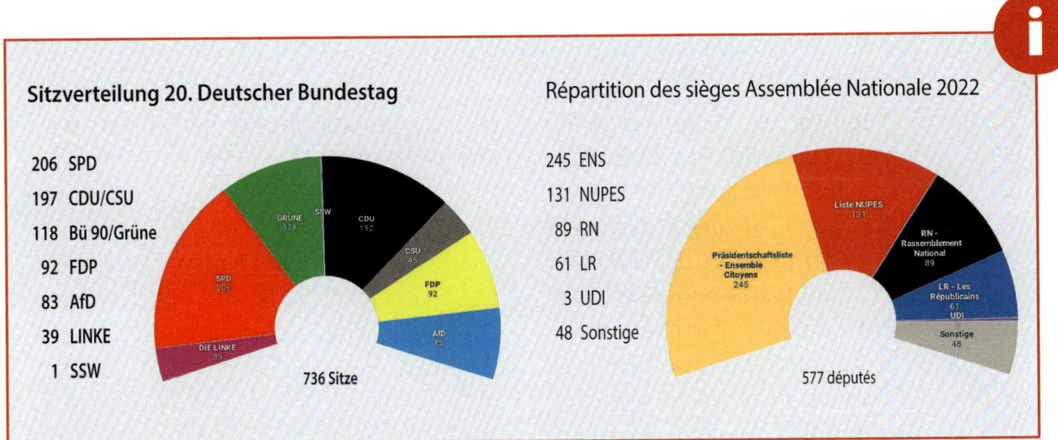

oder auch Premierminister ihre Karriere als Mitglied des Senats fortsetzen, auch wenn ihre Partei nicht an der Macht ist. Der Senat macht somit bisweilen den Eindruck, er habe auch die Funktion, den *notables* Frankreichs einen Ort des politischen Einflusses zu gewährleisten.

Das deutsche Parlament

Der Deutsche Bundestag wird alle 4 Jahre gewählt. Bei der Wahl zum Bundestag, die eine Mischung aus Mehrheits- und Verhältniswahlrecht darstellt, hat jeder zwei Stimmen. Mit der ersten Stimme wählt man den Kandidaten aus seinem eigenen Wahlkreis. Wer von diesen Erststimmen in einem Wahlkreis die einfache Mehrheit hat, zieht mit einem so genannten Direktmandat auf jeden Fall in den Bundestag ein. Die zweite Stimme gilt der Landesliste einer Partei, d.h. einer Liste von Personen, die für eine bestimmte Partei in einer bestimmten hierarchischen Ordnung kandidieren. Hier gilt das Verhältniswahlrecht: Je nach prozentualem Anteil von Zweitstimmen ziehen mehr oder weniger der Kandidaten von der Landesliste in den Bundestag ein. Der Bundestag setzt sich also zur Hälfte (299 Sitze) aus den direkt gewählten

ou Premiers Ministres poursuivre leur carrière politique au Sénat, même lorsque leur parti n'est plus au pouvoir. Le Sénat donne ainsi l'impression de servir de plateforme aux « notables » de France pour continuer d'exercer leur influence politique.

Le pouvoir législatif en Allemagne

Les élections du Parlement allemand, le *Bundestag*, se font tous les quatre ans. Les élections au *Bundestag* procèdent d'une combinaison de suffrage majoritaire et de suffrage proportionnel. Chaque électeur possède deux voix. Avec la première voix, il élit le candidat de sa circonscription à la majorité relative, ce qui signifie que le candidat qui obtient le plus de voix rentre par mandat direct au *Bundestag*. Avec sa seconde voix, l'électeur choisit la liste d'un parti qui nomme ses candidats à l'échelon de chaque *Land* fédéré selon une hiérarchie déterminée. Le vote se fait dans ce cas au scrutin proportionnel : les candidats d'une liste sont élus ou non au *Bundestag* en fonction du pourcentage de secondes voix que la liste a obtenu. Le *Bundestag* se compose pour moitié (299 sièges) de députés élus directement dans les circonscriptions et pour moitié (299) de députés élus sur les listes de *Land*. La répartition des pourcentages

Abgeordneten und zur Hälfte (ebenfalls 299) aus den Landeslisten zusammen. Der entscheidende Faktor für die Sitzverteilung im Bundestag ist der prozentuale Anteil, den die Parteien in den Ländern bekommen haben. Wenn nun eine Partei mehr Direktmandate erhalten hat, als ihr eigentlich prozentual nach Zweitstimmen in dem Bundesland zustehen würden, darf trotzdem jeder direkt gewählte Abgeordnete sein Mandat behalten – sozusagen zusätzlich zur Gesamtzahl der Abgeordneten. In diesem Fall spricht man von Überhangmandaten. Wer in seinem Wahlkreis direkt gewählt wird, darf auch dann sein Mandat behalten, wenn seine Partei weniger als die laut Grundgesetz erforderlichen 5 % der Stimmen erhält und daher nicht in den Bundestag einzieht.

Damit die Sitzverteilung im Bundestag trotz der Überhangsmandate dem prozentualen Stimmenanteil der Parteien entspricht, wird die Gesamtzahl der Sitze im Bundestag durch sogenannte Ausgleichsmandate aufgestockt. Daher sitzen im 20. Bundestag 736 Abgeordnete, also 138 mehr als eigentlich vorgesehen. Angesichts der stetig gestiegenen Anzahl an Abgeordneten sollen die Sitze im Bundestag durch Änderungen des Wahlrechts ab 2024 begrenzt werden.

Der Bundestag diskutiert über Gesetzesvorhaben und stimmt über die Gesetze ab. Er wählt den Kanzler und kontrolliert die Regierung. Im Bundestag finden die wichtigsten politischen Debatten statt, dort werden die gegensätzlichen Standpunkte der verschiedenen Parteien vorgetragen. Die praktische Arbeit im Parlament, d.h. die Vorbereitung von Gesetzestexten,

de secondes voix obtenus par les partis dans chaque *Land* constitue le facteur déterminant pour l'attribution des sièges au *Bundestag*. Si dans un *Land*, un parti obtient plus de mandats directs qu'il ne lui en revient en fonction de son pourcentage de voix, chaque député élu directement peut conserver son mandat. Dans ce cas, on parle de « mandats excédentaires ». Un député élu directement garde aussi son mandat même si son parti n'a pas réussi à franchir la barre des 5 % préscrite par la constitution. Par conséquent, le nombre total de sièges au *Bundestag* peut varier. Ainsi, le 20ème *Bundestag* compte 736 députés, donc 138 de plus que prévu à l'origine. Compte tenu du nombre toujours croissant de députés, le nombre de sièges sera limité à partir de 2024 par une réforme du système électoral.

Le *Bundestag* discute et vote les lois. Il élit le chancelier et contrôle le gouvernement. L'assemblée plénière du *Bundestag* est le forum des grands débats politiques, lors desquels les représentants des divers partis expriment leurs points de vue, aussi divergents soient-ils. Le travail de fond, c'est-à-dire la préparation des textes de lois, est effectué en commission parlementaire. Celles-ci sont au nombre de 25 en Allemagne contre 8 seulement en France, auxquelles s'ajoute la commission aux affaires européennes. Les membres de ces commissions sont issus des différents groupes parlementaires et peuvent, pour réaliser ces travaux préparatoires, consulter des experts. La commission budgétaire joue un rôle décisif, car c'est en son sein qu'est discuté le projet de budget fédéral, donc l'ensemble des dépenses de l'Etat, sur lequel le *Bundestag* doit ensuite délibérer.

La dissolution prématurée du *Bundestag* n'est possible qu'à titre exceptionnel. Le Parlement

Im Jahr 2019 wurde nicht nur der neue deutsch-französische Vertrag unterzeichnet, sondern auch ein Abkommen zwischen dem Bundestag und der *Assemblée Nationale*. Beide Kammern nehmen sich vor, ihre Zusammenarbeit zu vertiefen. Die größte Neuerung ist die Schaffung einer „Deutsch-Französischen Parlamentarischen Versammlung". Ihr gehören jeweils 50 Vertreter des Bundestages und der *Assemblée* an. Die Versammlung tagt mindestens zweimal jährlich und behandelt Themen, die in beiden Ländern auf der politischen Agenda stehen. Die Versammlung kann Minister beider Regierungen zu Anhörungen einladen. Ziel der Initiative ist eine bessere Koordinierung der Gesetzgebungsverfahren, vor allem bei der Umsetzung europäischer Direktiven in nationales Recht.

Die bisherige deutsch-französische Parlamentariergruppe pflegt auch weiterhin die Beziehungen zwischen den Abgeordneten.

En 2019 fut signé, outre le nouveau traité franco-allemand, un accord entre l'Assemblée Nationale et le *Bundestag*. Les deux chambres expriment leur intention d'intensifier leur coopération. La plus grande nouveauté est la création d'une « Assemblée Parlementaire Franco-Allemande », composée de 50 représentants du *Bundestag* et de l'Assemblée respectivement. Cette nouvelle Assemblée siège au moins deux fois par an et traite de sujets qui sont sur l'agenda politique dans les deux pays. L'Assemblée peut inviter des ministres des deux gouvernements pour des auditions. L'objectif de cette initiative est une meilleure coordination des processus législatifs, notamment concernant la transposition en droit national des directives européennes.

Le traditionnel groupe d'amitié France-Allemagne à l'Assemblée Nationale continue à entretenir les rapports entre parlementaires des deux chambres.

geschieht in den Ausschüssen, von denen es 25 gibt (in Frankreich sind es 8 ständige sowie der EU-Ausschuss). Die Mitglieder dieser Ausschüsse stammen aus verschiedenen Parteien und können während ihrer Beratungen Experten befragen. Besonders wichtig ist der Haushaltsausschuss, denn hier wird über die Gesamtausgaben des Staates, den Bundeshaushalt beraten, der vom Bundestag genehmigt werden muss. Der Bundestag kann nicht ohne weiteres aufgelöst werden, er hat kein Selbstauflösungsrecht. In letzter Instanz kann nur der Bundespräsident die Entscheidung über vorgezogene Neuwahlen fällen. Diese Regelung ist vor dem Hintergrund der instabilen parlamentarischen Verhältnisse der Weimarer Republik zu verstehen. Das System der Bundesrepublik zielt auf

lui-même ne dispose pas du droit d'auto-dissolution. En dernier recours, seul le Président fédéral peut décider de la tenue ou non d'élections anticipées. Cette réglementation a été instaurée en réaction à la constante instabilité politique de la République de Weimar. Le système politique de la République fédérale vise désormais à garantir la plus grande stabilité parlementaire possible.

Le *Bundesrat* constitue la seconde chambre. Il représente les 16 *Länder* et est constitué de membres des gouvernements de chaque *Land*. Il compte en tout 69 sièges et voix : la majorité est donc atteinte avec 35 voix. Le nombre de voix varie d'un *Land* à l'autre en fonction du nombre d'habitants (critère démographique : plus le *Land* est grand, plus il a de voix). Pour les petits *Länder*, il existe cependant un nombre de voix minimum.

Stimmenverteilung im Bundesrat / Répartition des voix au *Bundesrat*

Bundesland	Stimmen
Baden-Württemberg	6
Bayern	6
Berlin	4
Brandenburg	4
Bremen	3
Hamburg	3
Hessen	5
Mecklenburg-Vorpommern	3

Bundesland	Stimmen
Niedersachsen	6
Nordrhein-Westfalen	6
Rheinland-Pfalz	4
Saarland	3
Sachsen	4
Sachsen-Anhalt	4
Schleswig-Holstein	4
Thüringen	4

eine möglichst große parlamentarische Stabilität.

Die zweite deutsche Kammer heißt Bundesrat. In dieser Länderkammer, die sich aus Vertretern der 16 Landesregierungen zusammensetzt, gibt es insgesamt 69 Sitze und Stimmen. Die Mehrheit ist also mit 35 Stimmen gegeben. Die Anzahl der Stimmen variiert von Bundesland zu Bundesland. Dabei gibt es einen demographischen Faktor (großes Bundesland – viele Stimmen), aber auch die kleinen Länder haben eine Mindestanzahl von Stimmen. Das Grundgesetz, in dem diese Aufteilung festgelegt wurde, wollte vermeiden, dass die Interessen der kleinen Länder von den großen Bundesländern ignoriert werden, und gleichzeitig verhindern, dass die kleinen die Entscheidungen der größeren blockieren können. Die Stimmenanzahl variiert von 3 bis 6 Stimmen, obwohl die Einwohnerzahl von 682.000 (Bremen) bis fast 18 Millionen (Nordrhein-Westfalen) reicht.

Über den Bundesrat wirken die Länder an der Bundesgesetzgebung mit. Es ist also kein Länderparlament, sondern eine gemeinsame Bundesinstitution. Viele Ge-

Les rédacteurs de la Loi fondamentale, dans laquelle est fixée cette répartition, voulaient non seulement éviter que les intérêts des petits *Länder* soient ignorés par les grands *Länder*, mais aussi que les petits *Länder* puissent bloquer les décisions des grands. Le nombre de voix va de trois à six, bien que le nombre d'habitants s'étende de 682 000 (Brême) à presque 18 millions (Rhénanie du Nord-Westphalie). Par leur représentation au *Bundesrat,* les *Länder* apportent leur concours à la législation fédérale. Le *Bundesrat* n'est donc pas un Parlement des *Länder*, mais une véritable institution fédérale. Une partie des lois de la République fédérale est votée non seulement par le *Bundestag*, mais aussi par le *Bundesrat.* Ainsi, dès que la compétence ou les budgets des *Länder* sont concernés, le *Bundesrat* a un pouvoir de co-décision. De cette situation découle un double problème : les intérêts des *Länder* ne s'accordent pas toujours avec ceux de la Fédération, même lorsque le gouvernement d'un *Land* et le gouvernement fédéral suivent la même ligne politique. La situation se complique encore lorsque la majorité au *Bundesrat* et celle du *Bundestag* sont de cou-

setze der Bundesrepublik müssen nicht nur vom Bundestag, sondern auch vom Bundesrat beschlossen werden. Sobald Länderkompetenzen oder die Haushalte der Länder betroffen sind, hat der Bundesrat ein Mitentscheidungsrecht. Dies führt zu einem doppelten Problem: Länderinteressen und Bundesinteressen stimmen nicht immer überein, selbst wenn einzelne Landesregierungen und die Bundesregierung dieselbe politische Richtung vertreten. Besonders kompliziert wird es, wenn die Mehrheit im Bundesrat eine andere politische Couleur hat als die Bundesregierung. Dann nämlich kann die Mehrheit der Gesetzgebungsverfahren blockiert oder erheblich hinausgezögert werden.

Die Judikative

In einem Rechtsstaat gehört die wechselseitige Kontrolle der verschiedenen Verfassungsorgane zum Grundprinzip. Besonderes Gewicht in diesem Kontrollverfahren haben die Verfassungsgerichte (in Deutschland das Bundesverfassungsgericht, in Frankreich der Verfassungsrat), die über die Einhaltung der Verfassung wachen müssen.

Das Grundgesetz schreibt dem Bundesverfassungsgericht erhebliche Macht zu – vor dem Hintergrund der jüngeren deutschen Geschichte schien es sinnvoll, die Politik einer Kontrolle zu unterstellen. Jeder Bürger hat das Recht, sich an die Landesgerichte (und in letzter Instanz an das Bundesverfassungsgericht in Karlsruhe) zu wenden, sobald er sich in seinen in der Verfassung verbrieften Grundwerten beeinträchtigt fühlt. Auch öffentliche Organe wie ein Bundesland, die Regierung, eine Mehrheit der

leur politique opposée : le processus législatif peut alors être en grande partie bloqué ou retardé.

Le pouvoir judiciaire

Dans un État de droit, le contrôle mutuel des différents organes constitutionnels est un principe fondamental. Le système de contrôle repose tout particulièrement sur les tribunaux constitutionnels (en Allemagne la Cour constitutionnelle fédérale, en France le Conseil constitutionnel) qui veillent au respect de la Constitution. La Loi fondamentale octroie de larges pouvoirs à la Cour constitutionnelle fédérale allemande. En effet, au regard de l'histoire récente, il a semblé judicieux aux pères de la Loi fondamentale de juguler les pouvoirs politiques au sein de l'État. Quiconque se considère lésé dans ses droits fondamentaux peut faire appel au tribunal compétent du *Land* (et en dernier ressort adresser un recours à la Cour constitutionnelle fédérale). De même, les organes publics tels qu'un *Land,* le gouvernement fédéral, les députés ou les tribunaux eux-mêmes peuvent saisir la Cour constitutionnelle fédérale. Par son pouvoir de décision fondamental, « Karlsruhe » (siège de la Cour constitutionnelle) ne se limite donc pas à vérifier la conformité constitutionnelle des nouvelles lois, mais influence très fortement la politique allemande. La Cour constitutionnelle a régulièrement statué sur des thèmes d'une grande portée sociale tels que l'avortement, les charges et contributions sociales ou les objectifs politiques pour lutter contre le rechauffement climatique : les gouvernements fédéraux de tous les courants politiques ont dû se plier aux décisions des juges de « Karlsruhe ».

Abgeordneten oder die Gerichte können das Verfassungsgericht anrufen. Durch seine Grundsatzentscheidungen hat Karlsruhe die deutsche Politik sehr stark beeinflusst, hat also mehr getan, als nur die neuen Gesetze auf ihre Verfassungskonformität zu überprüfen. Zu brisanten gesellschaftlichen Themen wie Abtreibung, die Abgabenlast der Bürger oder die Klimaschutzziele hat das Bundesverfassungsgericht das letzte Wort gesprochen – die jeweilige Regierung muss die gültigen Gesetze der Grundsatzentscheidung anpassen. Damit rückt das Bundesverfassungsgericht bis zu einem gewissen Grad in die Rolle der Legislative.

Mit dem *Conseil constitutionnel* ist in der französischen Verfassung von 1958 ein ganz neues Organ geschaffen worden. Die 9 Mitglieder werden je zu einem Drittel vom Staatspräsidenten und den Präsidenten von Nationalversammlung und Senat für 9 Jahre ernannt. Zudem sind die ehemaligen Staatspräsidenten automatisch Mitglied im Verfassungsrat. Dieser hat die Aufgabe, die allgemeinen Wahlen und Referenden zu überwachen, die Gewaltenteilung zwischen Regierung und Par-

En France, c'est la Constitution de 1958 qui a créé le Conseil constitutionnel en tant que nouvel organe. Le Conseil constitutionnel est composé de neuf membres : trois sont nommés par le Président de la République, trois par le Président de l'Assemblée nationale et trois par le Président du Sénat. Leur mandat est de neuf ans. Siègent également d'office au Conseil constitutionnel les anciens Présidents de la République. Le Conseil constitutionnel assure une fonction de contrôle – contrôle des consultations nationales (élections et référendums), contrôle de constitutionnalité des lois. Il est aussi le garant de la répartition des pouvoirs entre Parlement et gouvernement. Cependant, jusqu'en 1974, seuls le Président de la République, le Premier Ministre et les Présidents des deux chambres parlementaires pouvaient saisir le Conseil constitutionnel. Depuis 1974, le Conseil peut aussi être saisi par 60 députés ou 60 sénateurs pour effectuer un contrôle des lois. Depuis 2008, les tribunaux peuvent également saisir le Conseil constitutionnel. Parmi les 9 membres actuels il y a trois femmes – la première juge constitutionnelle fut Noëlle Lenoir en 1992.

i

Die großen Referenden in Frankreich:
De Gaulle, 27.4.1969 über die Schaffung von Regionen und über eine Reform des Senats. Nach der Ablehnung (52,4 % dagegen) tritt de Gaulle zurück.
Mitterrand, 20.9.1992 über den EU-Vertrag von Maastricht, mit dem u.a. die Schaffung einer gemeinsamen Währung vereinbart wird. Dank des großen persönlichen Engagements Mitterrands geht das Referendum positiv aus, wenn auch nur mit 51 %.
Chirac, 29.5.2005 über den Verfassungsvertrag für die Europäische Union, über 54 % stimmen dagegen, wodurch der europäische Einigungsprozess in eine schwere Krise gerät.

lament zu gewährleisten und schließlich die Verfassungsmäßigkeit der Gesetze zu prüfen. Allerdings konnten bis 1974 nur der Staatspräsident, der Premierminister und die Präsidenten der beiden Kammern das Verfassungsgericht anrufen. 1974 änderte sich das: 60 Abgeordnete der Nationalversammlung oder 60 Senatoren können Gesetze daraufhin überprüfen lassen, ob sie der Verfassung entsprechen. Seit 2008 können auch die obersten Gerichte den Verfassungsrat anrufen. Unter den 9 ernannten Mitgliedern sind aktuell 3 Frauen, das erste weibliche Mitglied im Verfassungsrat war 1992 Noëlle Lenoir.

Formen partizipativer Demokratie

Neben der parlamentarischen, repräsentativen Demokratie gibt es andere Formen der demokratischen Teilhabe. Die klassische Form direkter Demokratie ist das Referendum, das vor allem in Frankreich wichtig ist. Bei einem Referendum geht es um eine bestimmte Frage, zu der sich die Bürgerinnen und Bürger äußern sollen. Das größte Problem dieser Form direkter Demokratie ist, dass die Bürger die Gelegenheit nutzen können, um ihrer allgemeinen Stimmung und ihrem Unmut Ausdruck zu verleihen. Ein Referendum läuft immer Gefahr, zur Abstimmung über die Regierung (oder einzelne Personen) und nicht über die eigentliche Sachfrage zu werden. Trotzdem hat das Referendum einen hohen Stellenwert in der französischen politischen Kultur. Im Zuge der Dezentralisierung ist daher auch den Gebietskörperschaften seit kurzem das Recht zugestanden, Refe-

Formes de démocratie participative

Outre la démocratie parlementaire et représentative, il existe d'autres formes de participation démocratique. La forme classique de démocratie directe est le référendum, qui est particulièrement important en France. Le référendum porte sur une question spécifique sur laquelle les citoyens sont invités à donner leur avis. Le plus grand problème de cette forme de démocratie directe est que les citoyens peuvent profiter de l'occasion pour exprimer leur état d'esprit général et leur mécontentement. Un référendum court toujours le risque de devenir un vote sur le gouvernement (ou les individus) plutôt que sur la question de fond proprement dite. Néanmoins, le référendum a une grande valeur dans la culture politique française. Dans le cadre de la décentralisation, les collectivités territoriales ont donc récemment obtenu le droit d'organiser des référendums de nature décisionnelle sur toutes les questions qui relèvent de leurs compétences. Les citoyens, quant à eux, peuvent utiliser leur droit de pétition pour mettre des questions importantes à l'ordre du jour des organes compétents.

La Loi fondamentale allemande ne prévoit pas de référendum. L'expérience historique de la République de Weimar suggère une certaine réticence à utiliser la démocratie directe. Au niveau fédéral, des référendums ne sont organisés que si le territoire fédéral doit être réorganisé (par exemple, la fusion d'États fédérés). Après 1989 et à la suite de nombreux mouvements de citoyens dans les années 1980, la démocratie directe a pourtant pris son envol en Allemagne. Depuis lors, les 16 Länder ont tous introduit

renden mit Entscheidungscharakter zu allen Themen abzuhalten, die in ihre Zuständigkeit fallen. Die Bürgerinnen und Bürger ihrerseits können durch ihr Petitionsrecht wichtige Themen auf die Tagesordnung der zuständigen Gremien bringen.
Im deutschen Grundgesetz sind Volksabstimmungen nicht vorgesehen. Die historischen Erfahrungen der Weimarer Republik legen eine gewisse Zurückhaltung bei direkter Demokratie nahe. Auf Bundesebene gibt es nur eine Volksbefragung, wenn das Bundesgebiet neu gegliedert werden soll (z.B. die Zusammenlegung von Bundesländern). Nach 1989 und in Folge vieler Bürgerbewegungen der 80er Jahre hat die direkte Demokratie in Deutschland einen Aufschwung erlebt. Seitdem haben alle 16 Bundesländer die Volksgesetzgebung sowie Bürgerbegehren eingeführt – allerdings unterliegen diese gewissen Einschränkungen. So sind Themen wie Steuern, Besoldung oder öffentliche Haushalte ausgeschlossen.
In den letzten Jahren sind neue Formen partizipativer Demokratie entstanden und

une législation populaire ainsi que des pétitions de citoyens - bien que celles-ci soient soumises à certaines restrictions. Ainsi, des sujets tels que les impôts, les salaires ou les budgets publics sont exclus.
Ces dernières années, de nouvelles formes de démocratie participative sont apparues et ont été appliquées en Allemagne et en France. Une offre de participation très large en France a été le Grand débat en réaction au mouvement de protestation des gilets jaunes. Des lettres manuscrites aux cahiers de doléances dans les mairies en passant par les pétitions sur Internet, les citoyens ont eu la possibilité d'exprimer leurs souhaits et leurs opinions sur des sujets spécifiques. Les conventions de citoyens sont un autre instrument utilisé dans toute l'Europe. Ici, un groupe de citoyens est constitué par tirage au sort pour traiter un ensemble de questions spécifiques. Ce principe sert à créer une image de l'opinion et à développer des arguments rationnels basés sur des informations. Il ne s'agit donc pas d'une prise de décision directe comme dans le cas du référendum. Ces formes de participation

Bien que l'Allemagne ne connaisse pas de référendum au niveau national, une forme de participation directe des citoyens s'est créée, parfois avec des conséquences lourdes pour l'histoire politique de l'Allemagne. Pendant les années 80, les « mouvements de citoyens » *(Bürgerbewegung)* se sont formés à propos des sujets de l'environnement, de l'anti-nucléaire et du désarmement. Le parti des Verts a été porté par ces mouvements. Pendant les dernières années du régime de la RDA, plusieurs groupes de citoyens ont su organiser leur opposition au régime en formant des mouvements collectifs qui ont eu, à l'étranger d'abord puis à l'intérieur de la RDA, une écoute telle qu'ils ont fortement contribué à la chute du régime communiste.

auch in Deutschland und Frankreich zur Anwendung gekommen. Ein sehr breites Partizipationsangebot in Frankreich war der *Grand débat* als Reaktion auf die Protestbewegung der Gelbwesten. Vom handschriftlichen Brief über Beschwerdehefte in den Rathäusern bis zur Internetpetition hatten alle Bürgerinnen und Bürger die Möglichkeit, ihre Wünsche und Meinungen zu bestimmten Themenfeldern zu äußern. Ein weiteres Instrument, das in ganz Europa Verwendung gefunden hat, sind Bürgerkonvente. Dabei wird eine Gruppe von Bürgern nach dem Zufallsprinzip ausgewählt, um sich mit einem bestimmten Themenkomplex zu befassen. Dieses Prinzip dient der Erstellung eines Meinungsbildes und der Entwicklung von Sachargumenten, es handelt sich also nicht um eine direkte Entscheidung wie im Fall des Referendums. Partizipationsformen gibt es schon seit Längerem auf kommunaler Ebene, wo die Bürger über Projekte mitentscheiden sollen, von denen sie direkt betroffen sind. Die genannten Formen demokratischer Partizipation ersetzen nicht die parlamentarische Demokratie, sind aber der Versuch, politische Entscheidungen breiter zu diskutieren und damit zu legitimieren.

Die Parteien

In parlamentarischen Demokratien sind politische Parteien unverzichtbarer Bestandteil des Systems. Sie gruppieren und bündeln die verschiedenen Meinungen und Grundüberzeugungen zu aussagekräftigen Programmen. Gleichzeitig tragen sie zur Stabilität der repräsentativen

existent depuis un certain temps au niveau municipal, où les citoyens sont invités à participer aux décisions concernant les projets qui les concernent directement. Les formes de participation démocratique susmentionnées ne remplacent pas la démocratie parlementaire, mais constituent une tentative de débattre plus largement des décisions politiques et donc de les légitimer.

Les partis

Les partis politiques constituent l'un des piliers fondamentaux de toute démocratie parlementaire. Ils rassemblent et lient entre eux, au sein d'un programme politique spécifique, différents points de vue et convictions fondamentales. Dans le même temps, ils contribuent à assurer la stabilité des démocraties représentatives, qui à la différence des systèmes de démocratie directe, n'établissent pas de lien direct entre le sommet de l'État et les citoyens. Les partis représentent ainsi un des échelons intermédiaires du pouvoir. En France comme en Allemagne, les partis sont évoqués dans la Constitution. Ainsi, l'article 21 de la Loi fondamentale stipule : « Les partis concourent à la formation de la volonté politique du peuple ». L'article 4 de la Constitution française de la Vème République précise : « Les partis et groupements politiques concourent à l'expression du suffrage. Ils se forment et exercent leur activité librement. Ils doivent respecter les principes de la souveraineté nationale et de la démocratie. » Toutefois, les partis politiques jouent un rôle très différent en France et en Allemagne.

Christlich-Demokratische Union Deutschlands
Président du parti : Friedrich Merz ; adhérents : 384.000 ; fondé en juin 1945

Christlich-Soziale Union in Bayern
Président du parti : Markus Söder ; adhérents : 139.000 ; fondé en octobre 1945

Sozialdemokratische Partei Deutschlands
Présidents du parti : Saskia Esken et Lars Klingbeil ; adhérents : 394.000 ; fondé le 23 mai 1863 (ADAV) et le 8 août 1869 (SDAP), fusionnés le 27 mai 1875

Bündnis 90/DIE GRÜNEN
Présidents du parti : Ricarda Lang et Omid Nouripour ; adhérents : 125.000 ; fondé le 13 janvier 1980 (Die Grünen) et le 21 septembre 1991 (Bündnis 90), fusionnés le 14 mai 1993

Freie Demokratische Partei
Président du parti : Christian Lindner ; adhérents : 77.000 ; fondé 11 décembre 1948

DIE LINKE
Présidents du parti : Susanne Hennig-Wellsow et Janine Wissler ; adhérents : 60.000 ; fondé le 16 juin 2007

Alternative für Deutschland
Président du parti : Tino Chrupalla ; adhérents : 32.000 ; fondé le 6 fevrier 2013

Demokratien bei, die eben nur teilweise wie direkte Demokratie funktionieren, wo zwischen der Staatsspitze und dem Volk ein unmittelbares Verhältnis besteht. Die Parteien gehören somit zu den Zwischengewalten.

Sowohl in Frankreich als auch in Deutschland werden die Parteien in der Verfassung erwähnt. Artikel 21 des Grundgesetzes legt fest: „Die Parteien wirken bei der politischen Willensbildung des Volkes mit". In Artikel 4 der französischen Verfassung der V. Republik heißt es: „Parteien und politische Gruppierungen wirken bei den Wahlen mit. Ihre Gründung und die Ausübung ihrer Tätigkeiten erfolgen frei. Sie haben die Grundsätze der nationalen

Les partis politiques en Allemagne

Actuellement, sept formations politiques sont représentées au Bundestag. Il faut cependant noter que la CDU (présente dans 15 Länder) et la CSU (qui existe uniquement en Bavière) ne forment qu'un seul groupe parlementaire. Les partis politiques les plus importants ont été fondés après la Seconde Guerre mondiale. Toutefois, l'actuel SPD se considère comme l'héritier du SPD d'autrefois qui fut interdit en 1933 par Hitler. En 1979, un nouveau parti a fait son apparition à l'échelle fédérale : *Die Grünen* (les Verts). Ce parti est né de l'initiative et de l'action de plusieurs mouvements citoyens, ce qui illustre bien le fait que les partis politiques sont ancrés dans la société. En 1993, *Die Grünen* ont fusionné avec *Bündnis*

Souveränität und der Demokratie zu beachten."
In der gesellschaftlichen Realität und im politischen System spielen jedoch die Parteien in Deutschland und Frankreich unterschiedliche Rollen.

Die Parteien in Deutschland

Im heutigen Bundestag sind 7 Parteien vertreten, wobei die CDU und bayerische CSU eine gemeinsame Fraktion bilden. Die übrigen Parteien sind auf Bundesebene nicht relevant, schaffen aber manchmal den Einzug in ein Länderparlament. Die meisten wichtigen Parteien sind nach dem Kriegsende 1945 neu gegründet worden, wobei die SPD sich als Nachfolgepartei der früheren SPD versteht, die 1933 unter Hitler verboten wurde. 1979 kam die Partei der Grünen auf Bundesebene neu hinzu. Diese Partei war aus vielen Bürgerbewegungen hervorgegangen, ist also ein gutes Beispiel für die Tatsache, dass im deutschen System die Parteien tief in der Gesellschaft verwurzelt sind. 1993 hat sich die Partei der Grünen mit der ostdeutschen Bürgerrechtsbewegung Bündnis 90 zusammengeschlossen. Das Parteienbündnis Die Linke ist eine Verbindung aus der PDS, die auf die Sozialistische Einheitspartei Deutschlands (SED), die Staatspartei in der DDR, gefolgt ist, und einer linken

90 (Alliance 90), mouvement pour les droits civiques de l'ancienne Allemagne de l'Est. *Die Linke* (Parti de Gauche) est issue du rapprochement entre le PDS – parti communiste, successeur du SED, le Parti socialiste unifié de l'Allemagne de l'Est – et les sécessionnistes de la gauche du SPD qui ont fondé le WASG (Alternative électorale pour l'emploi et la justice sociale). En 2017, un nouveau parti, positionné à droite sur l'échiquier politique, a fait son entrée au Bundestag : le AfD *(Alternative für Deutschland)*.
Les partis sont très largement implantés dans la société allemande. Ils sont relativement bien subventionnés par l'État et peuvent de surcroît compter sur de nombreux membres qui, par leurs cotisations, contribuent eux aussi au financement du travail des partis. Ainsi, le SPD compte encore environ 395.000 membres, même si le parti a perdu plus de la moitié de ses membres depuis 1990. La CDU et la CSU arrivent ensemble à un total de 523.000 membres, les Verts ont continuellement gagné des membres et arrivent actuellement à plus de 125.000 inscrits – des chiffres qui font rêver les partis politiques français ! Les partis ne représentent pas seulement la force décisive dans l'attribution des mandats, mais participent aussi au processus décisionnel dans beaucoup d'autres domaines qui touchent la société. Ainsi, les organes de surveillance des médias publics comptent dans

„Ohne die CDU kein Adenauer, ohne die SPD kein Willy Brandt (...). Umgekehrt aber ohne de Gaulle keine gaullistische Partei, oft unter neuem Namen."
Alfred Grosser, *Wie anders ist Frankreich?* München 2005, S. 80.
« Pas d'Adenauer ou de Kohl sans existence préalable du parti chrétien-démocrate, pas de Willy Brandt sans parti social-démocrate. [...] En France, pas de parti gaulliste (sous tous ses noms successifs) sans de Gaulle. »
Alfred Grosser, *La France, semblable et différente*, 2005, p. 78.

Politische Parteien in Frankreich

Die Mitgliederzahlen in Frankreich beruhen auf Schätzungen und Eigendarstellungen der Parteien. Es gibt keine formalisierten und kontrollierten Prozesse für die Mitgliedschaft.

Les Républicains
Vorsitzender: Eric Ciotti; 91.000 Mitglieder;
gegründet 2015 als Nachfolgepartei der UMP (gegründet 2002)

Renaissance (früher La Republique en marche)
Generalsekretär : Stéphane Séjourné, 418.000 Mitglieder;
gegründet 2016, umbenannt September 2022

La France insoumise
Koordinator: Manuel Bompard;, mehr als 600.000 Mitglieder;
gegründet 2016 von Jean-Luc Mélenchon

Parti socialiste
Erster Sekretär: Olivier Faure; 102.000 Mitglieder;
gegründet 1969

Rassemblement National
Vorsitzende: Jordan Bardella; 20.000 Mitglieder;
gegründet 1972 als Front National, 2018 als RN

Europe Ècologie Les Verts
Generalsekretärin: Marine Tondelier; 11.100 Mitglieder;
gegründet 2010

Mouvement démocrate (Modem)
Vorsitzender: François Bayrou; 7.000 Mitglieder;
gegründet 2007

Union des démocrates et indépendants (UDI)
Vorsitzender: Jean-Christophe Lagarde; Mitglieder: 4.000;
gegründet 2012

Abspaltung von der SPD, die unter dem Namen WASG (Wahlalternative für Arbeit und soziale Gerechtigkeit) firmiert. 2017 ist auf dem rechten Flügel des politischen Spektrums eine neue Partei in den Bundestag eingezogen, die AfD (Alternative für Deutschland).
Die Parteien haben in der deutschen Gesellschaft eine starke Stellung. Sie werden von staatlicher Seite gut finanziert und können zudem auf die zahlreichen Mitglieder zählen, die mit ihren Beiträgen zur Finanzierung der Parteienarbeit beitragen. Die SPD hat heute noch ca. 395.000 Mitglieder, obwohl sie damit gegenüber 1990 mehr als die Hälfte verloren hat. CDU/CSU kommen zusammen auf ca. 523.000 Mitglieder. Bündnis90/Die Grünen haben in den letzten Jahren kontinuierlich Mitglieder gewonnen und zählen heute mehr als 125.000. Das sind Zahlen, von denen französische Parteien nur träumen können. Die Parteien sind aber nicht nur bei der Vergabe von Mandaten die entscheidende Kraft, sondern reden auch in vielen anderen Bereichen der Gesellschaft mit. Die Aufsichtsgremien der öffentlichen Medien sind von Persönlichkeiten gebildet, bei denen man auf die jeweilige Parteizugehörigkeit oder -sympathie genau achtet. Dies führt dazu, dass sich die Mitglieder und Mandatsträger der (großen) Parteien kennen und respektieren. In vielen Situationen, in den parlamentarischen Ausschüssen genauso wie in gesellschaftlichen Gremien, haben sie gelernt, gemeinsam die politische Verantwortung zu tragen. Die Verflechtung zwischen den Parteien führt auch dazu, dass es bei Regierungswechseln keinen so totalen Bruch gibt wie oft in Frankreich,

leur rang des personnalités dont on peut clairement identifier l'appartenance politique. Par conséquent, les membres et les élus des (grands) partis se connaissent et se respectent. Dans beaucoup de situations, ils ont appris à assumer ensemble la responsabilité politique. L'imbrication des partis politiques entre eux est telle que les changements de gouvernement ne provoquent pas de rupture fondamentale comme c'est souvent le cas en France. En effet, les partis représentés au *Bundestag* sont informés des projets de lois du gouvernement précédent et ont été régulièrement en contact avec les membres du gouvernement grâce au travail effectué en commun au sein des commissions. Ce système garantit une certaine continuité du travail, même lorsque l'orientation politique du gouvernement change.
En Allemagne, les partis offrent l'une des multiples possibilités de faire carrière. Pour qui vise un poste à haute responsabilité en politique ou dans l'administration, l'adhésion à un parti joue un rôle d'accélérateur. Dès lors commence ce que l'on appelle communément *l'Ochsentour* (forme de parcours initiatique politique), métaphore évoquant le long chemin qui mène de l'engagement actif dans les campagnes électorales au niveau local à la représentation au sein de très nombreux organes et groupes de travail du parti jusqu'à (après un temps assez long) la nomination au poste visé. Depuis quelques années, le nombre de jeunes candidats qui entrent au *Landtag* ou au *Bundestag* augmente. Il semble donc que la durée du fameux *Ochsentour* diminue dans certains cas. Ceci peut aussi s'expliquer par le fait que les partis ne comptent parfois pas assez de jeunes membres prêts à emprun-

Informationen über Deutschland / Informations sur l'Allemagne

www.tatsachen-ueber-deutschland.de *Handbuch mit Infos über Deutschland*

www.deutschland.de *dieses offizielle Portal wird vom Presse- und Informationsamt der Bundesregierung gestaltet*

www.bund.de *ist die offizielle Homepage der deutschen Verwaltung*

www.germany.travel/de/startseite.html *Deutsche Zentrale für Tourismus*

Politische Institutionen / Institutions politiques

www.bundesregierung.de

www.bundeskanzler.de

www.bundespraesident.de

www.bundestag.de

www.bundesrat.de

www.bundesverfassungsgericht.de

www.dashboard-deutschland.de

Informations sur la France / Informationen über Frankreich

www.viepublique.fr *Infos sur l'actualité en France*

www.service-public.fr *site officiel de l'administration française*

www.france.fr *site touristique*

www.insee.fr *Institut national de la statistique et des études économiques*

Institutions politiques / Politische Institutionen

www.elysee.fr

www.gouvernement.fr

www.assemblee-nationale.fr

www.senat.fr

www.lecese.fr

www.conseil-constitutionnel.fr

Frankreich in Deutschland / Deutschland in Frankreich

www.de.ambafrance.org *Seite der französischen Botschaft in Deutschland*

www.ffa-dff.org *Seite des Centre d'Information et de Documentation de l'Ambassade d'Allemagne*

www.allemagneenfrance.diplo.de *Seite der deutschen Botschaft in Frankreich*

denn die wichtigen Parteien kennen die Gesetzesvorhaben der alten Regierung, haben persönliche Kontakte durch die Arbeit in vielen Kommissionen und können so eine gewisse Kontinuität garantieren, auch wenn die politische Richtung eine andere ist.
Parteien sind in Deutschland eine der vielen Möglichkeiten, Karriere zu machen. Wer ein hohes Amt in Politik oder auch in der hohen Verwaltung anstrebt, kann seinen Weg beschleunigen, wenn er in eine Partei eintritt. Dann beginnt die so genannte „Ochsentour", der lange Weg vom Wahlkampf am Stammtisch und an der Plakatwand über unzählige Parteigremien und -arbeitsgruppen, bis schließlich nach einer gewissen Zeit die Nominierung erfolgt. In den letzten Jahren haben es mehr junge Kandidaten geschafft als früher, für den Landtag oder Bundestag aufgestellt zu werden. Die Ochsentour scheint sich also manchmal zu verkürzen, was auch damit zusammenhängen kann, dass nicht immer genug junge Mitglieder einer Partei bereit sind, diesen Weg auf sich zu nehmen. Um den Anteil weiblicher Abgeordneter zu erhöhen (er liegt z. Z. bei ca. 30 % im Bundestag) haben einige Parteien begonnen, Quotenregelungen bei der Kandidatenaufstellung einzuführen.

Die Parteien in Frankreich

Die gesellschaftliche Verankerung der politischen Parteien ist in Frankreich geringer als in Deutschland. Ein Blick auf die Mitgliederzahlen zeigt, dass die Akzeptanz bei den Bürgern nicht so groß ist. Ein zweiter Unterschied ist die relative Unbeständigkeit: Parteien in Frankreich ändern bisweilen den Namen, die verschiedenen

ter cette voie longue et difficile. Pour augmenter le pourcentage de députés féminins (actuellement environ 30 % des députés au *Bundestag* sont des femmes) quelques partis ont introduit des quotas dans les listes proposées aux électeurs.

Les partis politiques en France

L'ancrage des partis dans la société est beaucoup plus faible en France qu'en Allemagne. Un coup d'œil sur le nombre d'adhérents suffit pour constater que les partis sont moins soutenus par les citoyens français. Autre différence : la relative instabilité des partis politiques en France. Ainsi, ceux-ci changent parfois de nom, les diverses formations politiques se rassemblent puis se séparent pour s'allier avec d'autres, certains courants au sein des partis établis acquièrent leur autonomie et deviennent eux-mêmes des partis. Au sein des grands partis, il existe des mouvances très fortement polarisées qui disposent d'une autonomie d'action bien plus large que celle des différents courants au sein des grands partis allemands. L'ensemble de ces phénomènes propres aux partis français est lié à une tendance de fond, que l'on peut expliquer ainsi : dans le système français, les partis sont d'abord identifiés par les personnalités qui les représentent, personnalités qui elles-mêmes incarnent des idées, des valeurs, des contenus. Les citoyens connaissent les noms des différents leaders et lors des débats politiques, ces mêmes noms sont très fréquemment cités, souvent pour qualifier les positions politiques que défendent ces personnalités. L'opinion publique ne considère pas nécessairement les partis comme une force capable de contribuer à la formation

Strömungen gruppieren sich neu oder Abspaltungen von etablierten Parteien machen sich selbständig. Innerhalb eigentlich großer Parteien gibt es sehr stark polarisierte Strömungen, die ein größeres Eigenleben führen als die unterschiedlichen Flügel innerhalb der großen deutschen Parteien. Alle genannten Phänomene hängen mit einer grundlegenden Tendenz zusammen, die man so beschreiben kann: Im französischen System werden Parteien zuerst mit bestimmten Individuen, mit „Köpfen" identifiziert, die ihrerseits für bestimmte Inhalte stehen. Die Bürger kennen die Namen der jeweiligen Leader, und deshalb werden in der politischen Debatte diese Namen oft genannt, womit man dann bestimmte von ihnen vertretene Positionen meint.

Von der breiten Öffentlichkeit werden die Parteien nicht unbedingt als diejenigen Kräfte angesehen, die den Willen des Volkes kanalisieren und damit, wie es im deutschen Grundgesetz heißt, zur Willensbildung beitragen.

Die Parteienlandschaft ist in Frankreich unübersichtlich. Bis zur Wahl Emmanuel Macrons konnte man zwischen den beiden großen Lagern „rechts" und „links" unterscheiden, die in ihrer gegensätzlichen Blockbildung durch das Mehrheitswahlrecht immer wieder gestärkt wurden. Der Kern des linken Blocks bestand aus der früher sehr starken kommunistischen Partei (PC) und den Sozialisten (PS), die erst unter Präsident Mitterrand zur stärksten Kraft der Linken wurden. Der rechte Block wurde für lange Zeit von der gaullistischen Partei angeführt und dominiert, die vor allem dem legendären General de Gaulle

de la volonté politique du peuple, ainsi que le stipule par exemple la Loi fondamentale allemande.

Le paysage politique français, en ce qui concerne les partis, est somme toute assez confus. Jusqu'á l'élection d'Emmanuel Macron, on pouvait établir une distinction entre deux grands camps : la « droite » et la « gauche ». La formation de ces deux blocs opposés se trouvait encore renforcée par le mode de scrutin majoritaire. Le cœur de la « gauche » était constitué par le Parti communiste (PC), autrefois très puissant, et le Parti Socialiste (PS), devenu majoritaire dans la gauche sous l'ère Mitterrand. Pendant très longtemps, la « droite » a été dominée par le parti gaulliste, dont l'objectif était à l'origine d'assurer une majorité parlementaire au légendaire Général de Gaulle. Le parti a par la suite pris le nom de RPR, Rassemblement pour la République, constituant dès lors avec l'UDF, parti démocratique de centre-droit, le camp de la droite. En 2002, suite à une fusion et un changement de dénomination, l'UMP (Union pour un mouvement populaire) était devenu la force centrale à droite. Aujourd'hui, ce groupement s'appelle Les Républicains mais a perdu en importance. Le parti des Verts s'est toujours considéré comme faisant partie de l'alliance de gauche, bien que depuis les élections municipales de 2020, on puisse constater une certaine autonomie d'action des Verts français. Désormais ce parti gouverne dans quelques grandes villes comme Lyon, Bordeaux, Marseille et Strasbourg. À l'extrême droite se maintient depuis des décennies un parti (à l'origine FN, Front national, aujourd'hui Rassemblement national) qui a marqué des points auprès des électeurs grâce à ses slogans

eine parlamentarische Mehrheit sichern sollte. Diese Gruppierung firmierte später unter dem Titel RPR *(Rassemblement pour la République)*, ab 2002 unter UMP *(Union pour un mouvement populaire)* und bildete mit der zweiten bürgerlichen Partei UDF das rechte Lager. Heute heißt die bürgerliche Partei *Les Républicains,* hat aber an Bedeutung im Parlament verloren. Die Grünen haben sich bisher in Frankreich immer als Teil des linken Bündnisses verstanden. In den letzten Jahren konnten sie jedoch Wahlerfolge feiern, wodurch sie zu einer eigenständigen politischen Kraft geworden sind. Bei den Kommunalwahlen 2020 haben sie in einigen der größten Städten Frankreichs gewonnen: Lyon, Marseille, Bordeaux, Strasbourg. Auf der Seite der extremen Rechten hält sich seit Jahrzehnten eine Partei (früher FN, *Front national,* heute RN, *Rassemblement national),* die mit ausländerfeindlichen und nationalistischen Parolen punkten konnte und in verschiedenen Wahlen zwischen 10 % und 25 % der Stimmen gewonnen hat. Mit Emmanuel Macrons politischer Bewegung *La République en marche,* die ihn 2017 ins Präsidentenamt brachte und die in den Wahlen zur *Assemblée Nationale* im gleichen Jahr eine große Mehrheit der Sitze errungen hat, ist das traditionelle Links-Rechts-Schema aufgelöst worden.

Bei den Parlamentswahlen 2022 hat die Partei von Präsident Macron, die sich in „Renaissance“ umgenannt hat, nur eine relative Mehrheit im Parlament errungen und muss daher Verbündete suchen, um Gesetze verabschieden zu können.

xénophobes et nationalistes et a su ainsi gagner dans diverses élections entre 10 et 25 % des voix.

Avec le nouveau parti La République en Marche (LREM), issu d'un mouvement de soutien au candidat à l'élection présidentielle Emmanuel Macron, le schéma classique « gauche » - « droite » a disparu. LREM a non seulement été un support décisif lors de l'élection du Président Macron, mais a disposé aussi d'une large majorité à l'Assemblée Nationale.

Lors des élections législatives de 2022, le parti du président Macron, désormais nommé « Renaissance », a remporté une majorité seulement relative et doit donc chercher des alliés pour pouvoir légiférer .

02 Der Staatsaufbau

Wer den Unterschied zwischen einem zentralisierten Staat und einem föderalen Bundesstaat erklären will, könnte kein besseres Gegensatzpaar finden als Deutschland und Frankreich. Innerhalb Europas steht die französische Republik für jahrhundertealten Zentralismus, der sich mit allen Dezentralisierungsbemühungen schwer tut. Und die Bundesrepublik steht für einen nationalen Staat, der von unten nach oben aufgebaut ist – nicht zufällig sind nach dem Krieg zuerst die Bundesländer wieder gegründet worden, bevor die Bundesrepublik ihre politische Existenz begann. Im Folgenden werden die Grundzüge der beiden Staaten erläutert.

Der französische Staat

Paris – dieser Name ist in der französischen Wahrnehmung stellvertretend für das Zentrum: Zentrum der Macht, Zentrum der Kultur, Zentrum der Republik. Dabei liegt Paris keineswegs im geographischen Zentrum. Aber die Konzentration der politischen Macht an der Seine hat eine so lange Tradition, dass alle gegenläufigen Bestrebungen sehr langwierig sind. Seit dem 17. Jh. waren sich die absolutistischen Könige, die Revolutionsführer und die Präsidenten weitgehend darin einig, dass Frankreich als Zentralstaat am besten regiert werden kann.

Dabei ging es unter den absoluten Herrschern zunächst darum, die Macht der regionalen Fürsten zu brechen. Die Revolutionäre ihrerseits wollten die gleichen Rechte

L'organisation de l'État

Pour expliquer la différence entre un État centralisé et un État fédéral, on ne saurait choisir de meilleurs exemples que la France et l'Allemagne. En Europe, la République française est depuis de nombreux siècles un État centralisé qui a du mal à mettre en place des réformes de décentralisation. La République Fédérale d'Allemagne, quant à elle, est un État national construit de façon hiérarchisée en partant de la base – ce n'est pas un hasard si, après la Seconde Guerre mondiale, les *Länder* ont été refondés avant que la République fédérale elle-même ne commence à exister politiquement. La description de ces deux systèmes fera l'objet du présent chapitre.

L'État en France

Paris – pour les Français, ce nom est indissociable du mot « centre » : Paris, centre du pouvoir ; Paris, centre de la culture ; Paris, centre de la République. Et pourtant, Paris ne se trouve pas au centre géographique de la France ! Mais cela fait si longtemps que le pouvoir politique est concentré sur les rives de la Seine qu'il est difficile de faire changer les choses. Depuis le 17e siècle, les monarques absolus, les chefs de la Révolution et les présidents de la République s'accordent sur un point : la France ne peut être gouvernée que par un État centralisé. Sous l'Ancien Régime, il s'agissait de limiter le pouvoir des nobles de province. Les révolutionnaires de 1789, quant à eux, avaient pour souci de garantir les mêmes droits à tous les

für alle französischen Bürger in allen Teilen der Republik durchsetzen – hierfür war eine straffe zentrale Verwaltung das beste Mittel. Bis heute ist es eine ungebrochene Tradition, dass der Staat per definitionem zentral ist – für französische Ohren klingt es merkwürdig, dass in deutschen Landeshauptstädten so etwas wie ein Staatsministerium oder eine Staatskanzlei steht und noch unverständlicher scheint, dass die Länder eigene Verfassungen haben. Der erste Artikel der französischen Verfassung bringt es auf den Punkt: die Republik ist *„indivisible"* (unteilbar), auch wenn sie dezentral verwaltet wird (*„son organisation est décentralisée"*). Jeder Versuch, das Gleichheits- und Einheitsgebot durch Regionalisierung der Entscheidungsbefugnisse in sensiblen Bereichen auszuhöhlen, führt zu heftigen politischen Reaktionen. Der Souveränitätstransfer von der nationalen Ebene zur europäischen Union hat gleichfalls immer wieder Stimmen auf den Plan gerufen, die sich um den Verlust der nationalen Einheit sorgten.
Obwohl die Tendenzen zur Dezentralisierung, auch aufgrund der unter Präsident Hollande 2015 durchgeführten Gebietsreform, langsam aber sicher Früchte tragen, halten sich in der französischen Sprache Ausdrücke wie „monter à Paris" („hoch nach Paris fahren") ebenso hartnäckig wie die Auffassung, eine richtige Karriere in vielen Bereichen könne nur in Paris gemacht werden. Objektiv mögen sich auf vielen Ebenen die Regionen dynamisch entwickelt haben (in der Infrastruktur durch das TGV-Netz, in der Forschung durch die Ansiedlung großer Einrichtungen in den Regionen usw.), und dennoch bleibt für die Mehrzahl der Franzosen Paris der Dreh- und Angelpunkt Frankreichs.

citoyens français sur l'ensemble du territoire et pensaient qu'une administration centrale forte en était le meilleur garant. Jusqu'à aujourd'hui, l'État en France a toujours été par définition centralisé : il est étrange pour un Français de découvrir dans les capitales des *Länder* allemands l'existence de ministères « d'État » ou de chancelleries « d'État », et il lui semble encore plus étonnant que les *Länder* puissent avoir leur propre constitution. La première phrase du premier paragraphe de la Constitution française nous met sur la voie pour expliquer cette réaction : la France est une « République indivisible », même si « son organisation est décentralisée ». Toute tentative visant à affaiblir cette règle de l'égalité et de l'unité en déléguant des pouvoirs aux régions dans des domaines sensibles peut entraîner des réactions politiques violentes. Par ailleurs, certains craignent tout transfert de souveraineté vers l'Union européenne susceptible de menacer l'indépendance nationale.
Même si, lentement mais sûrement, grâce aussi à la réforme territoriale entamée par François Hollande, les tendances à la décentralisation portent leurs fruits, des expressions comme « monter à Paris » perdurent dans la langue française – reflet de cette croyance tenace selon laquelle, dans de nombreux domaines, on ne pourrait réussir à faire carrière qu'à Paris. Les régions ont beau connaître un développement dynamique (amélioration des infrastructures de transport avec le réseau TGV, implantations d'importants centres de recherche dans les régions, etc ...), Paris n'en reste pas moins le centre de la France pour la plupart des Français. La Constitution française connaît trois niveaux administratifs territoriaux : les com-

Unterhalb des Staates gibt es drei Ebenen, deren Existenz in der Verfassung garantiert ist: die Kommunen, die Départements und die Regionen. Ein wichtiger Unterschied zum deutschen Staatsaufbau ist in Frankreich die Tatsache, dass die drei Ebenen nicht als drei Hierarchieebenen verstanden werden dürfen: Die *commune* untersteht nicht dem *département*, und die *région* kann dem *département* keine Weisungen erteilen. Alle drei sind prinzipiell gleichrangig und unterstehen direkt der nationalen Ebene, dem Staat.

Die Kommunen

Die Anzahl der selbständigen Gemeinden ist in Frankreich im Vergleich zu anderen Ländern sehr hoch, da in den letzten 200 Jahren keine systematische Gemeindereform stattgefunden hat. Heute sind es noch fast 35.000, obwohl der Druck zur Fusion kleiner Kommunen zugenommen hat. Die große Zahl geht auf die Gebietseinteilungen des Landes zu Zeiten der Französischen Revolution zurück, als man die vorherigen kirchlichen Gemeinden in republikanische Kommunen umwandelte. 85 % aller Gemeinden haben weniger als 2.000 Einwohner.

Der Bürgermeister ist gleichzeitig Repräsentant der Gemeinde nach außen und Vertreter des Staates gegenüber den Bürgern. Die überwiegende Mehrzahl der französischen Politiker, ob Abgeordnete, Senatoren oder Minister, war oder ist Bürgermeister. Hier haben die allermeisten politischen Karrieren in Frankreich angefangen. In den großen Städten ist es auch üblich, allseits bekannte Politiker, z. B. ehemalige Minister oder Premierminister, für das Bürgermeisteramt aufzustellen. Jede Gemeinde verfügt über einen Gemeinderat *(conseil municipal)*, dessen Mit-

munes, les départements et les régions. Ces trois niveaux ne sont pas organisés de manière hiérarchique comme en Allemagne : la commune ne dépend pas du département, et la région ne peut pas donner de directives au département. Communes, départements et régions sont en principe sur un pied d'égalité, et placés directement sous l'autorité de l'État.

Les communes

Comparativement à d'autres pays, le nombre des communes est très élevé en France car il n'y a jamais eu, depuis 200 ans, de réforme territoriale systématique. Aujourd'hui, on compte environ 35 000 communes, même si la pression exercée sur les petites communes de fusionner a augmenté. En effet, cette division du territoire remonte à la Révolution française, lorsqu'on a transformé les paroisses catholiques en communes républicaines. Plus de 85 % des communes comptent moins de 2 000 habitants. Le maire est à la fois le représentant de sa commune à l'extérieur et le représentant de l'État auprès de ses citoyens. La majeure partie des femmes et hommes politiques français – députés, sénateurs ou ministres – ont exercé ou exercent encore un mandat de maire. C'est par cette fonction que commencent en France la plupart des carrières politiques. Dans les grandes villes, il est également courant que des hommes/femmes politiques de premier plan – par exemple d'anciens ministres ou Premiers Ministres – se présentent aux élections municipales. Chaque commune possède un conseil municipal dont les membres sont élus au suffrage universel direct pour 6 ans. Celui-ci désigne parmi ses membres le maire et ses adjoints. Les trois

glieder in direkter Wahl für 6 Jahre gewählt werden. Dieser wählt aus seinen Reihen den Bürgermeister *(maire)* und dessen Beigeordnete *(adjoints)*. In drei großen französischen Städten (Paris, Marseille und Lyon) gibt es eine weitere Unterteilung der Stadt in *arrondissements*. Die *conseillers municipaux* und die *conseillers d'arrondissement* werden am gleichen Tag gewählt. Insgesamt haben ca. 520.000 Bürgerinnen und Bürger auf lokaler Ebene ein politisches Mandat.

Für die Bürger ist das Rathaus der unmittelbare Ansprechpartner für alle Verwaltungsfragen. Der Bürgermeister vertritt die Republik vor Ort – denn anders als die Gemeinden in Deutschland, die zuerst mit dem Bundesland sprechen, in dem sie liegen, haben sie einen direkten Zugang zum nationalen Staat, auch über die zweite nationale Kammer, den Senat. In jedem Rathaus hängt ein Bild des Staatspräsidenten, auf dem Kaminsims oder auf einem Sockel steht das nationale Symbol Marianne.

Das Budget der Gemeinde setzt sich aus vielen Elementen zusammen. Es gibt drei direkte Steuern, die von den Gemeinden erhoben werden und die zu großen Teilen bei der Gemeinde verbleiben: Wohnsteuer, die allerdings erheblich reduziert worden ist, Grundsteuer und Gewerbesteuer. Hinzu kommt eine regelmäßige Zuwendung seitens des Staates. Erhebliche Mittel im kommunalen Haushalt sind projektbezogene Mittel, die aus verschiedenen Quellen kommen: die Finanzierung von vielen Projekten der Infrastruktur ist in Frankreich eine Gemeinschaftsaufgabe.

plus grandes villes françaises (Paris, Lyon et Marseille) sont divisées en arrondissements. En tout, 520 000 citoyennes et citoyens français environ détiennent un mandat politique à l'échelle locale.

La mairie est l'interlocuteur direct des citoyens pour toutes les questions administratives. Le maire est le représentant de la République dans sa municipalité : contrairement à ce qui se passe dans le système allemand, les communes ne sont pas obligées de s'adresser d'abord au département ou à la région dans lesquels elles se trouvent, elles ont un accès direct à l'État (national), qu'elles passent ou non par l'intermédiaire de la deuxième chambre parlementaire, le Sénat. Dans chaque mairie, on trouve un portrait du président de la République et, trônant sur la cheminée ou sur un piédestal, le buste de Marianne.

Le budget d'une commune est composé de nombreux éléments. Il y a les impôts propres aux communes : la taxe d'habitation qui a pourtant eté considerablement réduite, la taxe foncière et la Contribution économique territoriale (CET). À ces ressources fiscales s'ajoute une dotation régulière de l'État. Le budget communal est également alimenté par le financement de projets (notamment d'infrastructure) portés par différents échelons de l'État.

Par les règlements de la réforme territoriale de 2014/2015, les petites communes sont vivement incitées à s'organiser en réseau (ou de fusionner) pour atteindre une certaine masse critique et pouvoir ainsi offrir les services indispensables aux citoyennes et citoyens.

Die Departements

Die nächst größere Einheit im französischen Staatsaufbau sind die 101 *départements*, von denen 5 in Übersee liegen. Ihr Zuschnitt geht gleichfalls auf die Französische Revolution zurück. Die Revolutionäre wollten sicherstellen, dass ihre neuen politischen und moralischen Prinzipien überall in der Republik respektiert wurden und dass jede Bürgerin und jeder Bürger unabhängig vom Wohnort Zugang zu den Wohltaten der neuen Regierungsform haben konnte. Daher wurden die Departements in ihrer Größe so gestaltet, dass der jeweilige Hauptort (der Sitz der Präfektur) innerhalb einer Tagesreise zu Pferd erreicht werden konnte. Bei diesem „Design" der Republik wurden teilweise ältere regionale Strukturen respektiert, teilweise aber auch neue Grenzen gezogen.

Die Departements werden durch den *Conseil départemental* (Departementrat) mit dem Präsidenten an der Spitze regiert und verwaltet. Sie sind ihrerseits in *cantons* unterteilt. In jedem Kanton werden die Abgeordneten in direkter Wahl für 6 Jahre gewählt. Der Rhythmus der Wahl ist zeitversetzt, so dass die Hälfte der Abgeordneten alle drei Jahre gewählt wird. Der Präsident des Departementrats muss also alle drei Jahre eine Mehrheit haben, um im Amt bestätigt zu werden.

Bis zur Dezentralisierung unter François Mitterrand 1982 wurden die Departements vom jeweiligen Präfekten kontrolliert, dem auch die Verwaltung unterstand, d. h. der nationale Staat begegnete den untergeordneten Strukturen mit einem gewissen Misstrauen. Die Präfekten sind auch heute noch vor Ort die Vertreter der staatlichen Ebene, aber sie haben lediglich die Aufgabe, die politischen Handlungen auf Departement-Ebene nachträglich zu prüfen.

Les départements

L'échelon suivant dans l'organisation de l'État français est le département. La France en compte 101, dont 5 départements d'outre-mer. Comme pour les communes, leur découpage remonte à la Révolution française. Les révolutionnaires voulaient être sûrs que les principes politiques et moraux qu'ils venaient d'instaurer seraient respectés sur l'ensemble du territoire de la République et que chaque citoyen, indépendamment du lieu où il habite, pourrait avoir accès aux bienfaits de ce nouveau mode de gouvernement. C'est pourquoi les départements ont été créés de telle sorte que leur chef-lieu (siège de la préfecture) puisse être atteint en une journée de voyage à cheval au maximum. Chaque département est gouverné et administré par un conseil départemental à la tête duquel se trouve un président. Les départements sont divisés en cantons. Dans chaque canton, les citoyens élisent au suffrage universel un conseiller départemental pour 6 ans. Le rythme des élections fait que la moitié des élus est renouvelée tous les trois ans. Le président du conseil départemental doit donc, tous les trois ans, retrouver une majorité pour conserver sa fonction.

Jusqu'aux lois de décentralisation de 1982, sous François Mitterrand, les départements étaient contrôlés par un préfet qui dépendait de l'administration centrale. C'est dire que l'État considérait les collectivités territoriales de moindre importance avec une certaine méfiance. Aujourd'hui, les présidents des conseils départementaux sont à la tête de l'exécutif. Les préfets restent les représentants de l'État, mais ils ont uniquement pour tâche de contrôler les décisions politiques au niveau de leur département, pour éviter

© Fotolia.com / vekha

Die ersten Darstellungen einer Frau mit phrygischer Mütze, Symbol der Freiheit und der Republik, stammen aus der Zeit der Französischen Revolution.
Während der III. Republik nimmt die Anzahl der Marianne-Statuen und -Büsten erheblich zu, vor allem in den Rathäusern. Dabei entstehen unterschiedliche Darstellungsformen, je nachdem, ob man den revolutionären oder „braven" Charakter der Marianne unterstreichen möchte. Die heute beliebtesten Darstellungen inspirieren sich an berühmten Schauspielerinnen.

Les premières représentations d'une femme à bonnet phrygien, allégorie de la Liberté et de la République, apparaissent sous la Révolution française. Sous la IIIème République, les statues et surtout les bustes de Marianne se multiplient, en particulier dans les mairies. Plusieurs types de représentation se développent, selon que l'on privilégie le caractère révolutionnaire ou le caractère 'sage' de la Marianne. Les dernières représentations, les plus en vogue dans les mairies aujourd'hui, sont celles reprenant les traits d'actrices célèbres.

Die Departements sind für eine ganze Reihe von Aufgaben zuständig, die Tendenz ist steigend. So müssen sie die Schulgebäude der *collèges* (Schulen der Sekundarstufe I) bereitstellen und unterhalten, zudem sind sie für das Sozial- und Gesundheitswesen zuständig. Zu Beginn des Jahres 2006 hat der Staat den Departements die Verwaltung von mehr als 20.000 km Nationalstraßen übertragen.

Die Regionen

Die Versuche, den Zentralismus durch die Stärkung der regionalen Strukturen zu reduzieren, haben schon unter de Gaulle begonnen. Aber erst Mitterrand hat 1982 nennenswerte Veränderungen per Gesetz erzwungen. Ein weiterer wichtiger Schritt erfolgte 2003, als die Regionen in der französischen Verfassung verankert wurden. Die anfangs 26 Regionen waren also noch nicht alt und hatten

des contradictions avec la législation nationale.
Les attributions des départements sont de plus en plus nombreuses. Ce sont eux qui doivent notamment fournir et entretenir les bâtiments des collèges, et les affaires sanitaires et sociales relèvent également de leur compétence. Au début de l'année 2006, l'État a transféré aux départements la responsabilité de plus de 20 000 km de routes nationales.

Les Régions

Dès de Gaulle, on a commencé à donner davantage de poids aux structures régionales. Mais il a fallu attendre les lois de régionalisation de 1982, sous François Mitterrand, pour voir de véritables changements.
Un pas important a été franchi en 2003 avec l'inscription des régions dans la Constitution.

erst mit der Zeit wirklich Macht erhalten. Und dennoch wurde mit der Territorialreform von 2015 eine weitgehende Neuordnung vorgenommen. Von den Regionen bleiben nach dieser großen Reform noch 13 übrig – teilweise sind es umstrittene Zusammenschlüsse von Gebieten, die sich historisch nicht spontan als Einheit begreifen können. Nach einigen Jahren Irritation haben sich die neuen Regionen aber weitgehend gefunden und organisiert.

Das politische Grundprinzip einer Region hat sich nicht wirklich geändert. Regierungsorgan ist auch weiterhin der Regionalrat, der auf 6 Jahre direkt gewählt wird. Der Präsident des Regionalrats ist der Chef der Exekutive – die Funktion hat sich schrittweise feminisiert, denn heute stehen immerhin drei Frauen an der Spitze einer Region. Auf der Ebene der *région* besteht viel politischer Gestaltungsspielraum, weil der Anteil für Investitionen im Haushalt wesentlich höher ist als bei den Kommunen oder Departements. In absoluten Zahlen sind die Haushalte der Regionen jedoch nicht so hoch. Mit 8 Millionen Einwohnern hat die Region Auvergne-Rhône-Alpes im Jahr 2019 ca. 3,47 Mrd. € Ausgaben bestreiten können. Niedersachsen mit ebenso viel Einwohnern hatte zu dem Zeitpunkt ein Jahresbudget von 32,9 Mrd. €.

Mit der Territorialreform hat man auch versucht, die Zuständigkeiten der Gebietskörperschaften klarer zu fassen. Regionen und Departements haben keine Allgemeinzuständigkeit mehr, die nur den Kommunen vorbehalten ist (wie in Deutschland). Die Regionen haben die alleinige Zuständigkeit für Wirtschaftsentwicklung, Verkehrs- und Raumplanung sowie die Verwaltung von EU-Mitteln. Sie haben ebenfalls die Verantwor-

Les régions, à l'origine au nombre de 26, sont donc des créations relativement récentes et pourtant des changements importants sont intervenus avec la réforme territoriale de 2015. Aujourd'hui, il ne reste plus que 13 régions, on a en partie regroupé des territoires qui avaient du mal à se concevoir spontanément comme unité. Après quelques années de transition difficile, les nouvelles régions se sont organisées et ont trouvé leur place. L'organisation politique fondamentale des régions n'a pas vraiment changé, c'est toujours le conseil régional qui gouverne la région.

Les membres du conseil régional sont élus pour 6 ans au suffrage universel direct. Le président du conseil régional est le chef de l'exécutif et détient ainsi les pouvoirs qui revenaient auparavant aux préfets de région. La fonction s'est lentement féminisée dernièrement, aujourd'hui trois femmes se trouvent à la tête d'une région. La part des investissements dans le budget des régions est beaucoup plus importante que dans celui des communes et des départements. Cela confère aux régions une grande liberté de gestion. Cependant, dans l'absolu, les budgets des régions restent relativement modestes. Avec 8 millions d'habitants, la région Auvergne-Rhône-Alpes – pour donner un exemple - a pu dépenser en 2018 la somme de 3,47 milliards d'euros. Le *Land* de la Basse-Saxe, avec autant d'habitants, disposait la même année d'un budget de 32,9 milliards d'euros.

Avec la réforme territoriale, on a voulu clarifier les compétences des différents échelons des collectivités. Régions et départements ne bénéficient plus de la clause de compétence générale, qui est désormais un privilège des communes (comme en Allemagne). Les at-

tung für die berufliche Aus- und Fortbildung, für den Bau und den Unterhalt der *lycées*, d. h. die letzte dreijährige Schulstufe bis zum Abitur (Sekundarstufe II). Gemeinsam mit den Departements sind sie für Tourismus, Kultur und Sport zuständig.

Man darf die Regionen trotz aller Dezentralisierungsbemühungen keineswegs mit den deutschen Bundesländern vergleichen, auch wenn ihre politische Bedeutung gewachsen ist. Die Regionen sind nicht selbst „Staat" – im Unterschied zu den Bundesländern.

Die spannende Zwischenebene: Metropolen und *intercommunalités*

Die verfassungsmäßige Ordnung des Staates hat im Prinzip die genannten vier Ebenen: Staat, Region, Departement, Kommune. Die Wirklichkeit hat diese starre Einteilung aber längst überholt. Viele Gemeinden sind zu klein, um alleine die Bedürfnisse der immer mobileren Bürger zu erfüllen. Daher haben sie sich zu Kommunalverbänden zusammengeschlossen, um wichtige Aufgaben der Daseinsvorsorge gemeinsam anzupacken. Diese Form der Zusammenarbeit hat Konjunktur: Die Grenzen der althergebrachten Gemeinden sind faktisch überholt, können durch die neue und kluge Form der Zusammenarbeit aber bewahrt bleiben (während in Deutschland Kommunen durch Verwaltungsreformen zusammengelegt wurden, teilweise auch gegen ihren Willen). Die allermeisten französischen Gemeinden sind heute Teil dieser größeren, übergreifenden Strukturen.

Eine neue juristische Form der interkommunalen Zusammenschlüsse wurde mit den „Metropolen" 2010 geschaffen., deren Kompetenzen 2014/15 noch erweitert wurden.

tributions (exclusives) des régions s'étendent notamment aux domaines suivants : développement économique, aménagement du territoire, politique des transports, apprentissage et formation professionnelle, construction et entretien des lycées, gestion des fonds européens. En coopération avec les départements, les régions sont responsables pour le tourisme, la culture et le sport.

Malgré tous les efforts de décentralisation et de transfert de compétences, il ne faut pas comparer les régions françaises, même si leur poids politique a augmenté, aux *Länder* allemands. Les régions, contrairement aux *Länder*, ne sont pas des « États ».

Les formes intermédiaires : les métropoles et l'intercommunalité

L'organisation administrative de la France comprend officiellement quatre niveaux : national, régional, départemental et communal. Mais la réalité a depuis longtemps dépassé cette division rigide. Beaucoup de communes sont trop petites pour répondre seules aux besoins des citoyens, de plus en plus mobiles. C'est pourquoi on assiste depuis longtemps à une tendance qui s'est amplifiée au cours des dernières années : plusieurs communes se regroupent pour former une unité plus grande nommée « intercommunalité » afin d'organiser ensemble les services attendus par les citoyennes et citoyens. Cette forme de coopération présente des avantages : les frontières des anciennes communes, dépassées dans les faits, peuvent ainsi être conservées grâce à cette nouvelle forme intelligente de coopération (tandis qu'en Allemagne les communes ont été regroupées lors d'une grande réforme territoriale, souvent contre leur gré). Actuellement,

Einwohnerzahl der Verbände / nombre d'habitants des groupements	Métropoles	Communauté urbaine	Communauté d'agglomération	Communauté de Communes	**Insgesamt** / Total
<5.000				5	**5**
5.000 - 15.000				341	**341**
15.000 - 30.000			2	432	**434**
30.000 - 50.000			17	174	**191**
50.000 - 100.000		2	114	38	**154**
100.000 - 300.000	5	9	89	2	**105**
>300.000	17	3	5		**24**
Insgesamt / Total	**22**	**14**	**227**	**992**	**1.254**
Anzahl der beteiligten Kommunen / nombre de communes regroupées	970	658	7.526	25.797	34.951
Bevölkerung / Population	19,8	3,1	23,8	21,8	68,5

Benachbarte Gemeinden können sich zu einem Gemeindeverband zusammenschließen, der in Frankreich je nach Größe und Status als Métropole, *Communauté urbaine, Communauté d'agglomération* oder als *Communauté de communes* bezeichnet wird. Die aktuelle Tendenz geht zu größeren Einheiten, zudem haben in den letzten Jahren viele Gemeinden fusioniert, so dass ihre Gesamtzahl abgenommen hat.

Des communes voisines peuvent se regrouper dans des ensembles plus ou moins grands sous le nom de Métropole, Communauté urbaine, Communauté d'agglomération ou Communauté de communes La tendance est actuellement à des regroupements plus importants. Ces dernières années de nombreuses communes ont fusionné ce qui a réduit le nombre total des communes françaises.

Ziel dieser politischen Initiative ist es, die politischen Entscheidungsmöglichkeiten und Verwaltungskapazitäten an die sozioökonomischen Realitäten in den Ballungsräumen anzupassen. Diese Großräume treten in manchen Fällen in direkte Konkurrenz zu den Departements, an denen man aber bisher festgehalten hat.

la grande majorité des communes françaises sont regroupées en structures intercommunales.

Une nouvelle forme juridique pour encadrer les regroupements de communes a été créée en 2010 avec les « métropoles », dont les compétences ont encore été élargies en 2014/15. L'objectif de cette initiative politique est d'adapter les structures de prise de décision et d'administration à la réalité socio-économique des grands espaces urbains/métropolitains. Ces nouvelles entités

Die Bundesrepublik Deutschland

Auch wer wenig über die politische Struktur in Deutschland weiß, hat schon einmal vom deutschen Föderalismus gehört. Die 16 Bundesländer (eigentlich nur „Länder") bilden gemeinsam die Bundesrepublik, sie sind selbst „Staat" und wirken in der Legislative, der Exekutive und der Judikative als vollwertige Partner mit. Das föderale Prinzip hat eine sehr lange Tradition in Deutschland. Erst nach den Napoleonischen Kriegen war die lockere Struktur des „Heiligen Römischen Reiches" offiziell beendet, und es bildeten sich im 19.Jh. langsam größere Einheiten heraus, bis zur Schaffung des Nationalstaates 1871.

Die Erfahrungen der Deutschen mit einem starken Zentralstaat sind sehr kurz und zudem nicht gut. Dagegen stehen viele Jahrhunderte positiver Erfahrungen mit dem Subsidiaritätsprinzip, denn die Nähe zwischen Entscheidungsebene und betroffener Bürgerschaft ist in der deutschen Tradition ein positiver Wert. Die politischen Bereiche, die nur von der zentralen Ebene bearbeitet werden, sind begrenzt: Außen-, Sicherheits-, Finanz-, Währungs- und zum Teil Steuerpolitik. Die anderen legislativen Bereiche sind prinzipiell Aufgabe der Länder, auch wenn in vielen Fällen eine gemischte Zuständigkeit vorliegt.

Die Länder sind also nicht die „zweite" Ebene der Politik, sondern die zweite Hälfte der ersten staatlichen Ebene. Deshalb gibt es auch in jedem Bundesland eine Regierung mit einer Ministerpräsidentin oder einem Ministerpräsidenten. Der Amtssitz heißt Staatskanzlei oder Staatsministerium. Die Länder haben eine eigene Verfassung, die lediglich dem Grundgesetz nicht widersprechen darf, ansonsten in der Gestaltung der Demokratie völlig frei ist.

des métropoles entrent parfois en concurrence directe avec les départements, auxquels on n'a pas pour autant voulu toucher pour le moment.

La République fédérale d'Allemagne

Même sans connaître particulièrement bien la structure politique de l'Allemagne, tout le monde a déjà entendu parler du fédéralisme allemand. La République fédérale est formée de 16 *Länder* qui sont de véritables « États », participant pleinement au processus législatif, exécutif et judiciaire. La tradition fédérale est très ancienne en Allemagne. Il faut attendre la fin des guerres napoléoniennes pour que disparaisse la structure émiettée du « Saint Empire Romain Germanique ». Au 19e siècle, des unités plus grandes se sont peu à peu constituées pour, finalement, se regrouper et former l'État allemand en 1871. Les Allemands n'ont été que rarement gouvernés par un État centralisé fort, et l'expérience n'a guère été concluante. Par contre, le principe de subsidiarité est appliqué avec succès depuis de nombreux siècles. En effet, on y considère comme positive la proximité entre les organes de décision et les citoyens. Les domaines politiques réservés exclusivement à l'État central sont limités : politique extérieure, sécurité, finances, monnaie et, en partie, politique fiscale. Les autres domaines législatifs sont, en principe, du ressort des *Länder*. Mais il arrive souvent qu'ils partagent ces compétences avec l'État fédéral. Les *Länder* ne constituent donc pas le « deuxième » niveau politique de l'État, ils sont la deuxième moitié du premier niveau, le niveau national. C'est pourquoi on trouve dans

Die Bundesrepublik Deutschland zählt 16 Bundesländer sehr unterschiedlicher Größe und Tradition. Einige sind nach dem 2. Weltkrieg neu gegründet worden, andere bestehen in dieser Form schon lange. Es wird seit einiger Zeit immer wieder die Frage gestellt, ob die Zusammenlegung einzelner Länder nicht sinnvoll wäre.

La République fédérale d'Allemagne compte 16 *Länder* de tailles et de traditions fort différentes. Certains ont été créés après la Seconde Guerre mondiale, d'autres sont des entités politiques très anciennes. Depuis quelques années, on se pose la question de savoir s'il ne faudrait pas fusionner certains *Länder*.

In Frankreich gibt es nach der Gebietsreform von 2016 13 Regionen in Europa und 5 in Übersee. Ihre Zuständigkeiten sind größer geworden, aber die Dezentralisierung ist noch lange nicht abgeschlossen.

Depuis la réforme territoriale de 2016 la France métropolitaine compte 13 régions, les territoires d'outre-mer en comptent 5. Les régions se sont vu attribuer de plus en plus de compétences, mais la décentralisation est loin d'être achevée.

Die Länder

Kann man den Begriff „Land" in eine andere Sprache übersetzen? Und genauer: in Französisch? Antwort: nicht so richtig, denn im Französischen hat sich in den Kreisen, wo man deutsch-französisch arbeitet, das Fremdwort *le land* durchgesetzt. Wollte man einen Übersetzungsversuch unternehmen, könnte man *État région* sagen oder von *États fédérés* sprechen, denn in der französischen Logik sind die Länder so etwas wie eine Region im Staatsrang.

Was heißt das konkret? Ein deutsches Bundesland hat gleich in mehrerer Hinsicht gesetzgebende Gewalt. Der Landtag kann eigene Gesetze verabschieden, und zwar in all denjenigen Bereichen, für die das Land zuständig ist. Dazu gehört z.B. die innere Sicherheit, also die Polizei, und der gesamte Bildungsbereich, d.h. die Schulen und Universitäten. Eine Landesregierung kann z.B. festlegen, welche moderne Fremdsprache in der Grundschule gelernt werden muss. Auch die Gesundheit fällt in die Kompetenz der Länder, was in der Corona-Krise dazu geführt hat, dass teilweise unterschiedliche Einschränkungen galten und nur mühsam

chaque *Land* un gouvernement avec à sa tête un ou une Ministre-Président(e), dont le siège s'appelle chancellerie d'État ou ministère d'État. Les *Länder* peuvent ainsi adopter leur propre constitution, du moment qu'elle est conforme à la Loi Fondamentale. Elle leur permet d'organiser la démocratie comme ils l'entendent sur leur territoire.

Les *Länder*

Il est difficile de traduire le terme *Land* car il n'existe pas d'équivalent dans le système français. Dans la coopération franco-allemande, c'est donc le terme allemand « *Land* », au pluriel « *Länder* », qui s'est imposé. Si l'on voulait essayer de le traduire, on pourrait proposer « État-région » ou « États fédérés » car, dans la logique française, les *Länder* sont en quelque sorte des régions qui auraient le rang d'États. Qu'est-ce que cela signifie concrètement ? Un *Land* allemand dispose du droit de légiférer dans un certain nombre de domaines. Le *Landtag* (le parlement d'un *Land*) peut adopter ses propres lois dans tous les domaines qui dépendent de sa compétence. Ce sont notamment la sécu-

> **i**
>
> **Das Prinzip der Subsidiarität verlangt, dass alle öffentlichen Aufgaben von der untersten und bürgernahesten Ebene ausgeführt werden müssen, sofern diese Verwaltungsebene zur Ausführung dieser Aufgabe in der Lage ist. Nur solche Aufgaben, die die Leistungsfähigkeit einer Ebene überschreiten, dürfen an die nächst höhere Ebene übertragen werden.**
>
> Le principe de subsidiarité veut que toutes les tâches publiques et administratives soient remplies par l'échelon administratif le plus proche du citoyen, à condition que cet échelon soit en mesure de le faire. Le transfert vers les échelons supérieurs de l'administration n'est permis que lorsque la tâche excède les capacités de l'échelon inférieur.

ein nationaler Kompromiss mit allen 16 Ländern gefunden werden konnte.
Zweitens nimmt das Bundesland an der nationalen Gesetzgebung teil, weil sehr viele Bundesgesetze vom Bundesrat verabschiedet werden müssen. Sobald dort Länderinteressen betroffen sind, gibt es eine Opposition zwischen den Ländern und der Bundesregierung – dabei spielt dann die politische Farbe keine Rolle, sondern die jeweiligen Interessen.
Die Bundesländer übernehmen zudem einen großen Teil der Bundesverwaltung, z. B. die Steuerverwaltung. Daher ist für jeden Bürger die Ebene des Staates unmittelbar durch die Bundesländer repräsentiert. Der Staat ist sozusagen vor der Haustür, und man kann nicht – wie in Frankreich – von „denen da oben in Paris" reden. Die Länder sind nicht eine Ebene, die vom Staat „nach unten" abgegeben wurde, sondern die Länder sind die tragenden Säulen, aus denen der nationale Staat besteht. Die Regierung eines Landes sieht aus wie eine komplette nationale Regierung: Bis auf den Verteidigungs- und den Außenminister sind alle Bereiche einer nationalen Regierung vertreten.
Die große politische Rolle der deutschen Bundesländer muss man historisch erklären. Viele von den heutigen 16 Bundesländern haben eine jahrhundertelange, bedeutende Geschichte. Ob es die freien Hansestädte im Norden sind oder die Königreiche Sachsen, Bayern und Württemberg, ob Grafschaften oder Herzogtümer: Jedes deutsche Bundesland pflegt sein eigenes historisches Bewusstsein und seine eigenen Verwaltungstraditionen. Man darf nie vergessen, dass Deutschland nur für kurze Zeit ein weitgehend zentraler Nationalstaat war. In der kollektiven Erinnerung der

rité intérieure (police) et le système éducatif (écoles et universités). Le gouvernement d'un *Land* peut, par exemple, décider qu'une langue étrangère doit être enseignée à l'école primaire. La santé fait également partie des compétences des *Länder*, ce qui a créé parfois une certaine confusion dans la pandémie car chaque *Land* pouvait décider sur les mesures à prendre (port du masque, couvre-feu, confinement etc.). La recherche d'un compromis contraignant pour les 16 *Länder* a été compliquée et conflictuelle.
Le *Land* participe aussi à la législation nationale. En effet, de nombreuses lois nationales doivent être adoptées par la seconde chambre représentant les *Länder*. Dès que les intérêts des *Länder* sont menacés, une opposition se forme entre les *Länder* d'une part et le gouvernement fédéral d'autre part – la couleur politique passe alors au second plan, ce sont les intérêts propres aux parties en présence qui priment. Par ailleurs, les *Länder* sont chargés d'une grande partie de l'administration fédérale, par exemple de l'administration fiscale. Ils représentent donc directement l'État pour les citoyens. Celui-ci est pour ainsi dire à portée de main, et on ne peut parler comme en France de « ceux qui sont là-haut, à Paris ». Les *Länder* ne représentent pas un échelon de pouvoir inférieur délégué par l'État, ils sont les piliers mêmes de l'État national. Le gouvernement d'un *Land* ressemble à un gouvernement national : tous les portefeuilles y sont représentés, à l'exception des ministères de la Défense et des Affaires étrangères. C'est l'histoire qui explique l'importance politique des *Länder*. La plupart d'entre eux ont un passé riche et ancien. Que ce soient les villes libres de la Hanse au Nord, les royaumes de Saxe, de Ba-

meisten Deutschen ist daher die Subsidiarität eine völlig normale und natürliche Sache: Dort, wo die politischen Themen entstehen und die Probleme auftauchen, sollten auch die Lösungen gesucht werden.
Die Finanzierung der Landeshaushalte ist sehr kompliziert und immer wieder Anlass zu politischen Kontroversen. Die Länder haben nur wenige Steuereinnahmen, die ihnen alleine zukommen (z. B. die Kraftfahrzeugsteuer), dafür partizipieren sie aber ganz erheblich an den größten Steuertöpfen. Die Umsatzsteuer (Mehrwertsteuer) wird hauptsächlich zwischen dem Bund und den Ländern aufgeteilt (für 2018: Bund 49,6 %, Länder 47,2 %, Kommunen 3,3 %), und auch die Einkommensteuer fließt zu 42,5 % an die Länder. Dabei bekommen die Länder soviel Anteile, wie sie selbst durch ihre Wirtschaftskraft erarbeitet haben. Damit die Unterschiede zwischen den einzelnen Bundesländern nicht zu groß werden, gibt es einen Länderfinanzausgleich zwischen den wirtschaftlich starken und den eher schwachen Ländern.
Viele Aufgaben werden als Gemeinschaftsaufgaben bezeichnet und von Bund und Land gemeinsam finanziert. Dies gilt vor allem für große Infrastrukturprojekte oder Bauvorhaben. In diesem Fall finanziert der Bund 50 % des Projekts.

Die Gemeinden

Heute gibt es in Deutschland ca. 10.800 Gemeinden. Die Anzahl wurde in der großen Gebietsreform in der westdeutschen Bundesrepublik (1968 – 1978) durch Zusammenlegung kleiner Gemeinden erheblich reduziert, nämlich von ca. 24.400 auf 8.500. Nach der Wiedervereinigung kamen die Kommunen aus der ehemaligen DDR hinzu.

vière ou de Wurtemberg, d'anciens comtés ou duchés, chaque *Land* possède sa propre conscience historique et ses traditions administratives. Il ne faut pas oublier que l'Allemagne n'a été un État centralisé que pendant peu de temps. Dans la conscience collective allemande, la subsidiarité est donc une chose normale et naturelle : il faut chercher les solutions là où se posent les problèmes politiques, c'est-à-dire à la base.
Le financement du budget du *Land* est très complexe et il est toujours sujet à des controverses politiques. Les recettes fiscales propres aux *Länder* sont peu nombreuses (le *Kraftfahrzeugsteuer*, qui est à peu près l'équivalent de l'ancienne vignette automobile française, en fait partie), mais ils sont largement alimentés par la caisse commune. La TVA est partagée majoritairement entre l'État fédéral (49,6 %) et les *Länder* (47,2 %), les communes reçoivent 3,3 % (2018). Les *Länder* touchent 42,5 % de l'impôt sur le revenu. Ils reçoivent une somme proportionnelle à la richesse qu'ils ont créée. Toutefois, un système de péréquation financière a été mis en place pour réduire les inégalités entre les *Länder* les plus riches et les plus pauvres. Un grand nombre de tâches sont financées conjointement par l'État fédéral et par le *Land* : c'est notamment le cas des grands programmes d'infrastructure. L'État fédéral prend dans ce cas à sa charge 50 % du financement.

Les communes

Il y a aujourd'hui en Allemagne 10 800 communes environ. La République fédérale n'en comptait que 8 500 avant la réunification, leur nombre ayant été considérablement réduit lors des grandes réformes territoriales de

Die Gemeinde ist im deutschen Staatsaufbau zunächst einmal für alles zuständig. Nach dem Grundsatz der Subsidiarität sollen nur jene Aufgaben und Zuständigkeiten auf die nächst höhere Ebene übertragen werden, die von der Gemeinde nicht besser und effizienter erledigt werden können.

Das Budget einer Kommune setzt sich aus unterschiedlichen Einnahmen zusammen. Es gibt Steuern, die von den Gemeinden selbst erhoben werden, dazu gehören die (im Vergleich zu Frankreich viel wichtigere) Gewerbesteuer und die Grundsteuer. Ein großer Teil kommt wiederum aus der Einkommensteuer, die zwischen Bund, Ländern und Gemeinden aufgeteilt wird. 12,5 % gehören den Kommunen.

Bei großen Projekten, die vor allem die Infrastruktur betreffen, kann der Bund den Gemeinden direkt Zuschüsse gewähren oder an einer Mischfinanzierung teilnehmen.

Ansonsten haben die Kommunen vor allem einen direkten Ansprechpartner: die Länder. Im Unterschied zu Frankreich gibt es also eine klar gestufte Ordnung bei gleichzeitig großer Autonomie der einzelnen Ebenen. Man unterscheidet zwischen freiwilligen Aufgaben (z. B. der Bau eines Schwimmbads), Pflichtaufgaben (Schulen, Friedhöfe usw.) und solchen Aufgaben, die von den Kommunen im Auftrag des Landes oder Bundes ausgeführt werden (z. B. die Meldeverwaltung oder die Bauaufsicht).

Die politische Organisation der Gemeinden ist in Deutschland nicht einheitlich. Die meisten Kommunen sind nach dem Modell der Süddeutschen Ratsverfassung organisiert. Hier wird der Bürgermeister direkt vom Volk gewählt, die Wahl zum Gemeinderat ist ein eigenes Verfahren. Die Bürgermeister (oder

1968-1978, passant de 24 400 à 8 500. Lors de la réunification les communes de l'ancienne RDA se sont ajoutées aux communes de la RFA. Dans l'organisation du territoire allemand, la commune peut exercer sa compétence dans tous les domaines. Conformément au principe de subsidiarité, seules les fonctions qu'elle n'est pas en mesure de remplir de façon efficace peuvent être déléguées au niveau administratif supérieur.

Le budget communal se compose de différentes ressources fiscales. Certains impôts sont perçus directement par la commune : la taxe professionnelle (beaucoup plus importante en Allemagne qu'en France) et la taxe foncière par exemple. Une grande partie du budget provient de l'impôt sur le revenu qui est partagé entre l'État fédéral, les *Länder* et les communes (12,5 %). Pour les grands programmes, particulièrement ceux qui ont trait aux infrastructures, l'État peut octroyer une aide financière aux communes ou participer directement à un financement commun. Les communes ont un interlocuteur direct : les *Länder*. Car, contrairement à la France, il existe une hiérarchie claire entre les différents niveaux dotés chacun d'une grande autonomie. On distingue les tâches que les communes sont tenues d'exécuter (construction et entretien d'écoles, de cimetières …), celles qui sont facultatives (construction d'une piscine par exemple) et les tâches dont les communes sont chargées par le *Land* ou l'État fédéral (droit de la construction ou bureau des déclarations de domicile, par exemple).

En Allemagne, l'organisation politique des communes n'est pas partout la même. La plupart des communes est aujourd'hui organisée selon le modèle de la *süddeutsche Ratsverfassung,* une forme d'organisation

Oberbürgermeister) werden für 6 oder 8 Jahre gewählt und sind sowohl Vorsitzender des Gemeinderats als auch Leiter der Verwaltung.

Die Kreise und Landkreise

Kleinere Gemeinden sind nicht in der Lage, alle Aufgaben in Eigenregie zu erledigen. Daher hat man die Verwaltungsebene des Kreises oder des Landkreises geschaffen. Die Größe eines Kreises schwankt zwischen 48.000 und 1,15 Mio. Einwohnern. Die meisten Kreise (es gibt 294) sind in ihrer Größe entweder mit einem kleinen Departement oder mit einem großen Gemeindeverband zu vergleichen. Die Kreise haben je nach Bundesland etwas unterschiedliche Aufgaben. Zentrale Aufgaben sind z. B. die Grundversorgung mit Wasser und Energie, die Müllentsorgung, die öffentlichen Verkehrsmittel und die Kraftfahrzeugverwaltung.

Städte ab ca. 50.000 Einwohnern sind groß genug, um sich eine eigene vollständige Verwaltung aufzubauen – sie können deshalb „kreisfrei" sein, müssen es aber nicht. Derzeit gibt es 107 kreisfreie Städte. Die kleinste ist Zweibrücken in Rheinland-Pfalz mit 34.000 Einwohnern.

Das Budget eines Kreises setzt sich aus den Beiträgen der beteiligten Gemeinden zusammen und schwankt daher je nach Größe des Kreises und den übertragenen Aufgaben.

An der Spitze eines Landkreises steht der Landrat, der entweder direkt oder, wie in Baden-Württemberg und Schleswig-Holstein, vom Kreistag gewählt wird. Die Wahlen zum Kreistag finden alle 5 Jahre, in Bayern alle 6 Jahre statt. Die Kreise sind eine Stärkung der kommunalen Ebene „von unten nach oben", denn durch ihre Größe haben sie erhebliches politisches Gewicht. Gleichzeitig sind die Kreise mit den

qui, comme son nom l'indique, a une grande tradition dans les régions méridionales de l'Allemagne. Dans ce cas, le maire est élu directement par les citoyennes et citoyens et l'élection des conseillers municipaux ne se fait pas au même moment. Le maire est élu pour une durée de 6 ou même 8 ans. Il préside le conseil municipal et dirige en même temps l'administration.

Les *Kreise* et *Landkreise*

Les petites communes ne sont pas en mesure de remplir seules les tâches qui leur incombent. C'est pourquoi on a créé le niveau administratif des *Kreise* (que l'on peut traduire en français par « arrondissements »), ou *Landkreise*. Un *Kreis* représente entre 48 000 (le plus petit) et 1,15 millions d'habitants (le plus grand). La plupart d'entre eux (il y en a 294 en tout) peuvent être comparés par leur taille à un petit département français ou à une grande communauté de communes. Leurs attributions varient suivant le *Land* dans lequel ils se trouvent. Leurs fonctions principales sont, par exemple, la distribution d'eau et d'énergie, la collecte et le traitement des ordures ménagères, les transports en commun et l'administration des véhicules. Les villes de 50 000 habitants et plus ont les moyens d'avoir leur propre administration dans tous les domaines – c'est pourquoi elles peuvent, si elles le souhaitent, ne faire partie d'aucun *Kreis*. Actuellement il y a 107 villes indépendantes, la plus petite étant Zweibrücken avec 34 000 habitants. Le budget d'un *Kreis* se constitue des contributions des communes qui le composent et dépend donc de l'importance du *Kreis* et des attributions qui lui reviennent. Le chef de l'administration du *Landkreis* est le *Landrat*, élu soit

Landratsämtern, d.h. mit der Verwaltungsbehörde des Kreises, die unterste staatliche Verwaltungsebene. Kommunale und staatliche Funktionen kommen hier zusammen und werden vom Landrat verkörpert. Er vertritt einerseits die Kommunen des Landkreises, ist aber gleichzeitig auch Verwaltungsbeamter des Landes. Darum spricht man häufig von der Janusköpfigkeit des Landrats (in Frankeich oft *„double casquette"* genannt). Nur knapp 10 % der Landkreise werden von Frauen geleitet.

Zwischenformen: die Region

Es gibt einen relativ neuen Begriff in der politischen Sprache der Bundesrepublik Deutschland, und zwar die „Region". Nicht zu verwechseln mit der französischen *région*, die als eine eigenständige Ebene in der Verfassung verankert ist. Ganz Frankreich ist in Regionen unterteilt. Die deutsche Region hingegen ist ein freiwilliger Zusammenschluss vieler Gemeinden, die sich zu größeren Planungsräumen zusammenschließen, weil viele ihrer Aufgaben so am besten gelöst werden können. Im Bereich Infrastruktur, Bildung und Forschung, aber auch im Bereich der Wirtschaftsförderung haben große Einheiten bessere Handlungsspielräume. Da viele deutsche Großstädte nicht übermäßig groß sind und im Konzert der europäischen oder weltweiten Metropolen kaum wahrnehmbar sind, haben gerade im großstädtischen Umfeld die Regionen an Bedeutung gewonnen. Auf europäischer Ebene entwickeln sich mehr und mehr so genannte Metropolregionen, die auch über Staatsgrenzen hinweg organisiert werden können. Die Eurometropole Lille-Kortrijk-Tournai erstreckt sich beispielsweise über französische und belgische Städte und Gemeinden.

par une élection directe ou bien, comme en Bade-Wurtemberg et le Schleswig-Holstein, par le *Kreistag* (= assemblée de l'arrondissement). L'élection du *Kreistag* a lieu tous les 5 ans (tous les 6 ans en Bavière). Les *Kreise* sont un renforcement du niveau communal « du bas vers le haut » car leur taille leur donne un poids politique important. En même temps, l'administration du *Kreis* représente l'échelon administratif le plus bas de l'État. Le *Kreis* cumule donc des fonctions communales et étatiques. Le *Landrat* représente donc à la fois les communes de son *Kreis*, et l'administration du *Land*. C'est pour cela que le *Landrat* est considéré en France comme une fonction à « double casquette ». Même pas 10% des *Landkreise* ont des femmes à leur tête.

Forme intermédiaire : la région

Un terme relativement nouveau est apparu dans le vocabulaire politique de la République fédérale d'Allemagne : la région. Il ne faut pas confondre ce concept avec celui des régions françaises, qui sont ancrées de façon autonome dans la Constitution. Toute la France est divisée en régions. En Allemagne, la région est une association spontanée de plusieurs communes qui se regroupent parce qu'elles pensent qu'elles parviendront ainsi à mieux remplir leurs fonctions. Dans le domaine des infrastructures, de l'éducation et de la recherche mais aussi du développement économique, ces grandes unités sont d'une efficacité bien supérieure. Certaines grandes villes allemandes sont relativement modestes par rapport aux grandes métropoles européennes et mondiales. En se regroupant en régions d'agglomération, elles ont gagné en importance. Au niveau européen, on voit de plus en plus se déve-

Krise des Föderalismus? Krise des Zentralismus?

Die staatlichen Organisationsformen befinden sich in dauernder Entwicklung. Das gilt in gleichem Maße für Frankreich wie Deutschland. Der deutsche Föderalismus scheint ebenso reformbedürftig wie der französische Zentralstaat. Allerdings wäre es ein Trugschluss zu glauben, in Deutschland nähere man sich einem Zentralstaatsmodell an oder in Frankreich bedeute die fortschreitende Dezentralisierung eine Tendenz zum Föderalismus. Vielmehr handelt es sich um Anpassungsphänomene im jeweils geltenden System. Unter dem Druck der Corona-Pandemie konnte man in Deutschland Zentralisierungstendenzen feststellen, in Frankreich hingegen differenzierte Maßnahmen je nach der regionalen Situation.
In Deutschland dreht sich die Diskussion sowohl um Effizienz der Verwaltung als auch um Vergleichbarkeit und Finanzausgleich. Während man sich bei der Frage nach bestmöglicher Verwaltung im Prinzip relativ einig ist, geht es bei der Vergleichbarkeit z. B. der Schulabschlüsse und bei der Frage nach einem finanziellen Ausgleich zwischen wirtschaftlich starken und weniger dynamischen Ländern um konfliktbeladene Themen. Jedes Land pocht auf seine Unabhängigkeit in allen Bildungsfragen, auch im Hochschulsektor. Noch brisanter ist die Frage, wie viel Geld von den wirtschaftlich erfolgreichen an die weniger starken Länder gezahlt werden soll. Diese Diskussion findet seit vielen Jahren statt, hat aber bisher nicht zur grundsätzlichen Infragestellung des Föderalismus geführt.

lopper de telles régions-métropolitaines, qui peuvent même s'organiser au-delà des frontières des États (L'Eurométropole Lille-Kortrijk-Tournai, pour donner un exemple, comprend des villes françaises et belges).

Crise du fédéralisme ? Crise du centralisme ?

Les formes d'organisation de l'État sont en constante évolution. C'est vrai pour la France comme pour l'Allemagne. Le fédéralisme allemand semble avoir autant besoin d'être réformé que le centralisme français. Toutefois, il serait faux de croire qu'on va en Allemagne vers un État centralisé ou que la France, en mettant en place des réformes de décentralisation, va se transformer en État fédéral. Il ne s'agit, dans les deux pays, que d'un effort d'adaptation dans le cadre de leur système respectif. Lors de la pandémie de la Covid, on a pu observer certaines tendances à la centralisation du côté allemand, tandis qu'en France on a adapté les règles communes aux spécificités des situations régionales.
En ce qui concerne l'Allemagne, le débat tourne autour de l'efficacité administrative, mais aussi autour de la comparabilité des conditions de vie et de la péréquation financière entre *Länder*. Si on est assez d'accord sur un effort nécessaire pour optimiser les prestations de l'administration, les sujets liés à la comparabilité (des diplômes scolaires par exemple) ou à la péréquation entre *Länder* riches et moins riches sont conflictuels. Chaque *Land* insiste sur ses prérogatives, notamment en matière d'enseignement, y compris universitaire. L'intensité des conflits monte d'un cran dès qu'on aborde la ques-

Die Suche Frankreichs nach mehr dezentraler Machtverteilung scheint aus einem grundsätzlicheren Unbehagen an der großen Rolle des Zentralstaats gespeist zu sein. Auch hier gibt es unbestritten den Wunsch, die vielen Verwaltungsebenen mit ihren Überschneidungen (und Doppelungen) zugunsten einer effizienteren Verwaltung zu reduzieren. Radikale Einschnitte wie die Abschaffung der Ebene der Departements, die durchaus vorgeschlagen wurde, sind nie mehrheitsfähig gewesen. Deshalb tun sich die französischen Regierungen so schwer, Macht (und finanzielle Ressourcen) vom Staat auf andere Ebenen zu übertragen. Politische Macht steht und fällt mit den erforderlichen Mitteln – in Frankreich bleiben die Kommunen, Departements und Regionen auch nach den neueren Reformen weiterhin von der Unterstützung des Staates abhängig.

tion de savoir quelle part de la richesse collective des *Länder* économiquement performants doit être transférée aux *Länder* moins performants. Cette discussion se poursuit depuis de longues années mais n'a jamais conduit à une remise en question du principe même du fédéralisme.

En France, la volonté de renforcer les échelons non-étatiques du mille-feuille administratif est nourrie d'un mécontentement répandu par rapport à un pouvoir trop centralisé. Comme en Allemagne, on souhaite réduire les redondances et lourdeurs administratives afin d'atteindre une plus grande efficacité. Des mesures radicales comme la suppression pure et simple des départements – une proposition qui pourtant avait été faite – n'ont jamais été prises. Les gouvernements français ont visiblement du mal à transférer les compétences, le pouvoir et logiquement aussi les ressources financières nécessaires de l'État vers les collectivités. Le pouvoir politique est lié aux moyens dont disposent les acteurs - en France, les régions, départements et communes restent très dépendantes des dotations accordées par l'État, même après les dernières réformes territoriales et administratives ambitieuses.

Die ca. 2.200 kommunalen Partnerschaften haben seit 2020 eine gemeinsame Plattform „jumelage.eu", auf der die vielfältigen Aktivitäten vorgestellt werden. Die Plattform bietet viele Informationen, Gelegenheit zum Austausch und Fortbildungen.

Les partenariats entre communes allemandes et françaises, au nombre de 2.200 environ, disposent depuis 2020 d'une plateforme commune « jumelage.eu » pour présenter leurs multiples activités. La plateforme offre beaucoup d'informations, permet l'échange entre acteurs et organise des séminaires de formation.

www.jumelage.eu

03 Die Gesellschaft

Sowohl Frankreich als auch Deutschland unterliegen denselben globalen Dynamiken und versuchen, auf diese zu reagieren. Das gilt nicht zuletzt für die Zusammensetzung der Gesellschaften. Während über lange Jahrzehnte vor allem über „gesellschaftliche Strukturen" gesprochen wurde, also über Tatsachen, die sich kaum ändern, erregt in jüngerer Zeit der „gesellschaftliche Wandel" Aufmerksamkeit, die schnellen Veränderungen, denen die Gesellschaften in unseren beiden Ländern ausgesetzt sind.
Das folgende Kapitel vergleicht in drei Abschnitten jeweils die bestehenden Strukturen und ihre rapiden Veränderungen miteinander. Nach dem Blick auf die großen Linien der Zusammensetzung der Bevölkerung folgt ein detaillierterer Blick auf die Rolle von Familien in Frankreich und Deutschland und den Wandel des Familienbilds. Schließlich sollen am Beispiel „Religion", jahrhundertelang eine unsere Gesellschaften strukturierende Kraft, grundsätzliche deutsch-französische Unterschiede aufgezeigt werden, gleichzeitig aber auch der Umgang und die Reaktion auf neue Phänomene, die in beiden Gesellschaften zu finden sind.

Gesellschaftliche Strukturen

Die europäischen Gesellschaften haben seit dem Mittelalter, vor allem aber seit der industriellen Revolution im 19. Jh., ähnliche Entwicklungswege eingeschlagen.

La société

La France et l'Allemagne sont soumises aux mêmes dynamiques et phénomènes mondiaux et cherchent à y répondre. Cela concerne également la composition de leurs sociétés. Pendant longtemps, on a surtout cherché à comprendre les « structures » sociales, c'est-à-dire des éléments qui ne changent guère et qui contribuent à la stabilité d'une société dans le temps. Plus récemment, c'est la « transformation sociale » qui a attiré l'attention, les changements rapides auxquels les sociétés de nos deux pays sont exposées.
Le chapitre suivant vise à comparer les structures existantes et leur évolution rapide dans chacun des sous-chapitres. Après un regard sur les grandes lignes de la composition de la population suit un regard plus détaillé sur le rôle des familles en France et en Allemagne, et sur les changements dans l'image de la famille. Enfin, l'exemple de la « religion », depuis des siècles une force structurante dans nos sociétés, sera utilisé pour montrer les différences fondamentales franco-allemandes, mais en même temps la façon comparable des deux sociétés de réagir aux nouveaux phénomènes.

Structures sociales

Les sociétés européennes ont suivi des voies de développement similaires depuis le Moyen Âge, mais surtout depuis la révolution industrielle du 19e siècle. Après la fin du féodalisme et de l'absolutisme, les bases des démocraties modernes en Europe ont été posées au 18e siècle, et la bourgeoisie

Nach dem Ende des Feudalismus und der absolutistischen Herrscher werden im 18. Jh. die Grundsteine für die modernen Demokratien in Europa gelegt, das Bürgertum wird im 19. Jh. zur dominierenden Klasse. Im 20. Jh. wird tendenziell die Mittelschicht immer bedeutender.
Mit dem Beginn der europäischen Integration und der deutsch-französischen Zusammenarbeit nach dem Zweiten Weltkrieg begann außerdem ein Prozess der bewussten Annäherung zwischen den europäischen Staaten und Gesellschaften. Wir können heute sehen, dass vor allem die jüngeren Generationen ganz ähnliche Werte teilen, sich mit den gleichen Marken kleiden, die gleichen Filme schauen, dieselben Computerspiele spielen und die gleichen Sorgen und Träume haben.
Trotzdem bestehen weiterhin auch einige wichtige Unterschiede, die die Gesellschaften strukturieren und die Politik oft zu unterschiedlichen Entscheidungen veranlassen.

Bevölkerung: Kontinuität und Wandel

Zu Beginn des Jahres 2020 lebten in Deutschland etwa 83 Millionen Menschen, in Frankreich 67 Millionen. Während die Bevölkerung in Deutschland allerdings seit Jahren leicht abnimmt (1972 wurden zum letzten Mal mehr Kinder in Deutschland geboren, als Personen gestorben sind), nimmt sie in Frankreich seit 1945 leicht zu (2020 um 169.000 Personen). Auch die kurzfristigen Effekte, die zum Beispiel durch die Flüchtlingswelle 2015 in Deutschland verursacht wurden, ändern daran wenig. Bereits heute können Demographen deshalb abschätzen, dass um das Jahr 2050 herum die beiden Länder gleich-

est devenue la classe dominante au 19e siècle. Au 20e siècle, la classe moyenne tend à prendre de plus en plus d'importance.
Avec le début de l'intégration européenne et de la coopération franco-allemande après la Seconde Guerre mondiale commence un processus de rapprochement choisi entre les États et les sociétés européennes. On constate aujourd'hui que les jeunes générations, en particulier, partagent des valeurs très similaires, s'habillent dans les mêmes marques, regardent les mêmes films, jouent aux mêmes jeux vidéo et ont les mêmes soucis et les mêmes rêves.
Néanmoins, il subsiste des différences importantes qui structurent les sociétés et conduisent souvent à des choix collectifs (politiques) différentes

La population : continuité et changement

En 2020, environ 83 millions de personnes vivaient en Allemagne et 67 millions en France. Cependant, alors que la population allemande est en légère baisse depuis des années (1972 est la dernière année où il y a eu plus d'enfants nés en Allemagne que de personnes décédées), elle augmente légèrement en France depuis 1945 (en 2020 de 169 000 personnes). Même les effets à court terme, par exemple la vague de réfugiés accueillie en Allemagne en 2015, ne changent pas grand-chose à cette situation. Les démographes peuvent donc déjà estimer que vers 2050, les deux pays auront le même nombre d'habitants avant que la France ne dépasse l'Allemagne.

« Sociétés vieillissantes »

Comme la plupart des pays occidentaux, la France et l'Allemagne sont désormais décrites

viel Einwohner haben werden, bevor Frankreich Deutschland überholt.

„Alternde Gesellschaften"

Wie die meisten westlichen Industriestaaten werden Frankreich und Deutschland heute als „alternde Gesellschaften" bezeichnet. Das meint, dass der Anteil an älteren Menschen in beiden Ländern zunimmt, während der Anteil an jüngeren Menschen eher abnimmt. In Frankreich beträgt die Lebenserwartung von Mädchen, die im Jahr 2019 geboren werden, über 85 Jahre, die von Jungen über 79 Jahre. In Deutschland sind diese Zahlen etwas niedriger. Frauen (des Jahrgangs 2019) werden im Durchschnitt 83 Jahre alt werden, Männer 78. In beiden Ländern gilt dabei, dass die Menschen länger leben. Weil in beiden Ländern gleichzeitig immer weniger Kinder geboren werden, wird die Bevölkerung insgesamt immer älter.

Diese Entwicklung betrifft die beiden Länder aber unterschiedlich. In Deutschland betrug der Anteil der Personen über 60 Jahren 2014 noch 27 % an der Gesamtbe-

comme des « sociétés vieillissantes ». Cela signifie que la proportion de personnes âgées dans les deux pays augmente, tandis que la proportion de personnes plus jeunes tend à diminuer. En France, l'espérance de vie des filles nées en 2019 est supérieure à 85 ans, tandis que celle des garçons est supérieure à 79 ans. En Allemagne, ces chiffres sont un peu plus bas. Les femmes (de la cohorte 2019) vivront en moyenne jusqu'à 83 ans, les hommes jusqu'à 78 ans. Dans les deux pays, cela signifie que les gens vivent de plus en plus longtemps. Étant donné qu'en même temps, de moins en moins d'enfants naissent dans les deux pays, la population dans son ensemble est de plus en plus âgée.

Toutefois, cette évolution affecte différemment les deux pays. En Allemagne, la proportion de personnes de plus de 60 ans représentait encore 27 % de la population totale en 2014. Ce chiffre devrait passer à 35 % en 2030 et à 38 % en 2050. Mais alors que la proportion de personnes âgées en Allemagne n'est que légèrement supérieure à celle de la France, la proportion de jeunes en France est nettement supérieure à celle

Altenheime / Ehpad

In den Ehpad, den französischen Seniorenheimen, lebten 2015 700.000 der 12,1 Millionen Senioren (über 65), das sind weniger als 6 %. Weniger als 2 % der 64-74-Jährigen sind in Betreuungseinrichtungen, aber 21 % der über 85-jährigen .

Von den Senioren in Deutschland über 65 Jahren lebten 2014 nur 4 % in Alten- oder Pflegeheimen oder anderen Gemeinschaftseinrichtungen, ab 85 Jahren steigt der Anteil auf etwa 15 %, die in einem Heim leben.

En 2015, 700.000 des 12,1 millions de séniors (65 ans et plus) vivaient dans les Ehpads, c'est-à-dire moins de 6%. Moins de 2% des personnes entre 64 et 74 vivent dans ces établissements, mais 21% des personnes âgés de 85 ans et plus.

Seulement 4% des séniors allemands (65 ans et plus) vivaient dans les structures dédiées aux personnes âgées, à partir des 85 ans la part des personnes accueillies monte à 15% (chiffres de 2014).

völkerung. Für 2030 wird mit 35 % gerechnet, 2050 mit 38 %. Während der Anteil der älteren Menschen in Deutschland dabei nur geringfügig höher ist als in Frankreich, ist der Anteil an jüngeren Menschen in Frankreich jedoch deutlich höher als in Deutschland. Unter 15 Jahren sind in Frankreich 18,5 % der Bevölkerung, in Deutschland nur rund 12 %.

Jugend und Senioren

Seit vielen Jahren bekommen die Französinnen im Durchschnitt mehr Kinder als die deutschen Frauen. Im Jahr 2017 und 2018 hatte Frankreich sogar die höchste Geburtenrate der EU, vor Schweden und Irland.

Paradoxerweise lag die Geburtenrate in Frankreich lange Zeit, noch nach dem Zweiten Weltkrieg, unter der in Deutschland, und die französische Bevölkerung nahm langsam ab. Die französische Politik hatte deshalb bereits vor dem Zweiten Weltkrieg mit einer aktiven Familienpolitik begonnen – auch aus Furcht vor der dynamischen Demographie Deutschlands. Die

de l'Allemagne. En France, 18,5 % de la population a moins de 15 ans, en Allemagne seulement environ 12 %.

Jeunes et personnes âgées

Depuis de nombreuses années, les femmes françaises ont en moyenne plus d'enfants que les femmes allemandes. En 2017 et 2018, la France a même enregistré le taux de natalité le plus élevé de l'UE, devant la Suède et l'Irlande.

Concernant la démographie en France et en Allemagne, la situation était inversée encore il y a quelques années. Pendant longtemps, même après la Seconde Guerre mondiale, le taux de natalité en France était inférieur à celui de l'Allemagne et la population française déclinait lentement. Les responsables politiques français avaient commencé à mener une politique familiale active avant la Seconde Guerre mondiale - en partie par crainte de la démographie dynamique de l'Allemagne. Le soutien de l'État aux familles avec enfants s'est poursuivi en France après la guerre, et le « baby-boom » des années 50 et 60 a été particulièrement prononcé en

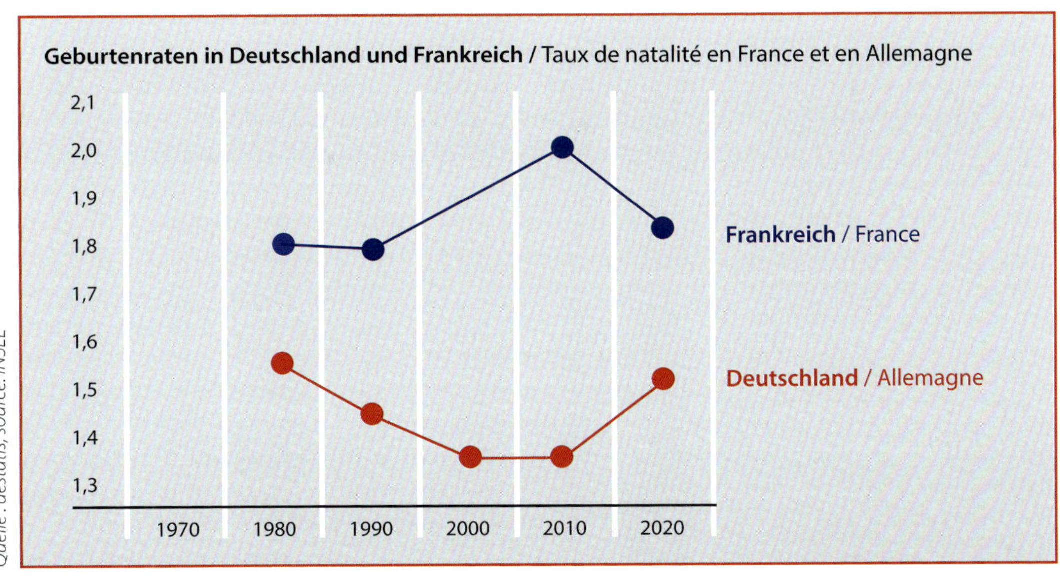

staatliche Unterstützung für Familien mit Kindern wurde in Frankreich nach dem Krieg fortgesetzt, und der „Babyboom" in den 1950er und 60er Jahren war in Frankreich besonders ausgeprägt. 1964 gebar jede Frau in Frankreich im Durchschnitt sogar annähernd drei Kinder.

In Deutschland nahm sich die Politik erst in den letzten Jahren des Themas an – unter anderem wurden große Summen in den Ausbau der Betreuungsplätze für Kleinkinder investiert. Außerdem wurde die „bezahlte Elternzeit" geschaffen, die es Müttern und Vätern ermöglicht, nach der Geburt eine Auszeit zu nehmen und sich um ihr Baby zu kümmern, wobei ein Teil des Gehalts weitergezahlt wird. Diese Politik scheint zu wirken. Seit dem Tiefstand 2011 hat sich die Geburtenrate stabilisiert und sogar wieder leicht zugenommen. Die Diskussion und die politischen Entscheidungen in Deutschland wurden dabei stark vom „französischen Modell" beeinflusst und davon, dass die Entscheidung für ein Kind den Eltern in Frankreich leichter zu fallen scheint.

Kinderbetreuung

Dabei stellt die Vereinbarkeit von Beruf und Familie Eltern in beiden Ländern vor vergleichbare Probleme. Der Anteil der französischen Väter, die Elternzeit nehmen oder sich um die Betreuung der Kinder kümmern, ist jedoch nach wie vor sehr niedrig (F: 2,5 %, D: 27 %, Schweden: 66 %). Stattdessen ist es üblich, dass die Kinder in Frankreich schon ab drei Monaten in eine Ganztagsbetreuung *(crèche)* gehen oder einer Kinderfrau anvertraut werden. Ab drei Jahren beginnt dann die obliga-

France. En 1964, chaque femme en France a même donné naissance à près de trois enfants en moyenne.

En Allemagne, ce n'est que récemment que les responsables politiques se sont penchés sur la question. Des sommes importantes ont notamment été investies dans le développement des places d'accueil pour les jeunes enfants. En outre, un congé parental rémunéré a été créé, qui permet aux mères et aux pères de prendre un congé après la naissance pour s'occuper de leur bébé, tout en continuant à percevoir une partie de leur salaire. Cette politique semble fonctionner. Depuis le creux de 2011, le taux de natalité en Allemagne s'est stabilisé et a même légèrement augmenté récemment. Le débat et les décisions politiques en Allemagne ont été fortement influencés par le « modèle français » et la question de savoir pourquoi la décision d'avoir un enfant semble être plus facile pour les parents en France.

La garde d'enfants

Combiner la vie professionnelle et la vie de famille pose des défis comparables aux jeunes parents des deux pays. Le pourcentage de pères français prenant un congé parental ou s'occupant d'enfants à temps plein reste cependant très faible (F : 2,5 %, D : 27 %, Suède : 66 %). Au lieu de cela, il est courant en France que les enfants aillent très tôt à la crèche ou soient confiés à une nounou dès l'âge de trois mois. L'école maternelle obligatoire commence ensuite à partir de l'âge de trois ans. Parmi les mères avec enfants qui exercent une activité professionnelle (environ 70 % de l'ensemble des mères), seules 24 % sont à temps partiel avec un enfant ; avec deux enfants, le taux de temps partiel passe à 33 %.

torische Vorschule *(maternelle)*. Von den Müttern, die in Frankreich einer Beschäftigung nachgehen (rund 70 % aller Mütter), sind nur 24 % in Teilzeit, bei zwei Kindern steigt die Teilzeitquote auf 33 %.

In Deutschland ist die Situation insbesondere bei Ehepaaren eine andere. Hier gehen nur 26 % der Frauen einer Vollzeitbeschäftigung nach, wenn sie Kinder unter 15 Jahre haben. Unter drei Jahren werden nur 35 % der Kinder in einer Tageseinrichtung betreut. Zwischen drei und sechs Jahren sind es 94 %. Gleichzeitig schafft das Modell der „Elternzeit" mit seiner großen Flexibilität die finanziellen Rahmenbedingungen, um die Betreuung von Kleinkindern bis drei Jahren zwischen den beiden Elternteilen aufzuteilen und dabei unterschiedliche Modelle von Vollzeit- und Teilzeitbeschäftigung zu kombinieren.

In der DDR waren die Verhältnisse übrigens genau umgekehrt: Das Land hatte 1989 den höchsten Anteil an Krippenplätzen für Kinder unter drei Jahren in Europa, und diese wurden von den Familien stark nachgefragt: 80 % der Kinder unter drei Jahren wurden dort versorgt. Die Betreuungs-Infrastruktur war dabei darauf ausgerichtet, beiden Elternteilen eine Vollzeit-Berufstätigkeit zu ermöglichen. Die Krippen waren meistens zwischen 6 Uhr und 18 Uhr geöffnet, es gab zusätzliche Einrichtungen, die eine Rund-um-die-Uhr Betreuung oder sogar Betreuung über eine ganze Woche ermöglichten („Kinderwochenheime").

Die staatlich organisierte und stark subventionierte Vollversorgung schuf einen stabilen Rahmen, auf den man jederzeit zurückgreifen konnte. Verbunden mit staatlicher finanzieller Unterstützung junger

En Allemagne, la situation est différente, surtout pour les couples mariés. Ici, seules 26 % des femmes ont un emploi à temps plein si elles ont des enfants de moins de 15 ans. En dessous de trois ans, seuls 35 % des enfants sont accueillis dans une structure d'accueil de jour. Entre trois et six ans, ce chiffre est de 94 %. Dans le même temps, le modèle de « congé parental », avec sa grande flexibilité, crée le cadre financier permettant de répartir la garde des jeunes enfants jusqu'à l'âge de trois ans entre les deux parents, en combinant différents modèles d'emploi à temps plein et à temps partiel.

Il est d'ailleurs intéressant de rappeler que la situation en Allemagne de l'Est (RDA) était complètement différente de la situation à l'Ouest. En 1989, à la fin de la RDA, le pays comptait la plus forte proportion de places en crèche pour les enfants de moins de trois ans en Europe. Ces places étaient très demandées par les familles : 80 % des enfants de moins de trois ans y étaient accueillis. L'infrastructure de garde d'enfants a été conçue pour permettre aux deux parents de travailler à temps plein. Les crèches étaient pour la plupart ouvertes entre 6 et 18 heures, et il existait des structures supplémentaires qui assuraient une garde 24 heures sur 24, voire une garde sur une semaine entière (« maisons d'enfants hebdomadaires »).

La « prise en charge complète », organisée par l'État et fortement subventionnée, fournit un cadre stable sur lequel on pouvait s'appuyer à tout moment. Combiné à l'aide financière de l'État pour les jeunes familles, cela facilitait la décision d'avoir un enfant en RDA. Cependant, cette prise en charge s'accompagnait des objectifs éducatifs de la RDA qui étaient définis idéologiquement

Familien erleichterte dies die Entscheidung zum Kind.
Damit einher gingen jedoch auch die ideologisch definierten Erziehungsziele der DDR, die schon für die Jüngsten (drei Monate bis drei Jahre) die „Einordung ins Kinderkollektiv" vorsahen. Während die frühkindlichen Bildungsideale in Westdeutschland darauf angelegt waren, über die Entwicklung von Mündigkeit, Empathie und Verantwortung charakterliche Elemente zu entwickeln, die es ermöglichen, autoritäre Strukturen zu kontrollieren und in Frage zu stellen, erzeugte das DDR-Modell mit seinem Ideal der „Einordnung ins Kollektiv" sowie einem repressiv-reglementierenden Erziehungsstil eher die Autoritätsgebundenheit der Kinder.

Leben im Alter

In Frankreich leben im (hohen) Alter besonders viele Menschen alleine – das ist die größte Veränderung in den Lebensbedingungen der Senioren seit etwa fünfzig Jahren. Lebten bis in die siebziger Jahre noch 40 % der Senioren bei ihren Angehörigen, meistens bei den Kindern, sind es heute nur noch 10 %. Die anderen leben alleine, in der Mehrheit noch im eigenen Haushalt, das Seniorenheim bleibt im Vergleich selten.
Auch in Deutschland möchten die meisten Menschen im Alter weiterhin im eigenen Haushalt leben. Wie in Frankreich lebt mit zunehmendem Alter ein immer größerer Anteil der Bevölkerung alleine, häufig bedingt durch den Tod des Partners oder der Partnerin, seltener durch Scheidung oder Trennung. Unter den 60- bis 64-Jährigen lebten 2014 19 % der Männer und 24 %

et inspirés par l'idéal de « l'homme socialiste ». Ils prévoyaient « l'intégration dans le collectif des enfants » même pour les plus jeunes (de trois mois à trois ans). Alors que les idéaux éducatifs de la petite enfance en Allemagne de l'Ouest visent à favoriser le développement des traits de caractère de l'enfant tels que l'autonomie, l'empathie et la responsabilité individuelles, qui sont censés contrebalancer des structures autoritaires, le modèle de la RDA, avec son idéal d'« intégration dans le collectif » ainsi qu'un style d'éducation répressif-régulateur, cherchait à produire des enfants prêts à se soumettre plus tard aux structures imposées politiquement et socialement dans ce pays.

Comment vivre dans la vieillesse ?

En France, un nombre particulièrement élevé de personnes (très) âgées vivent seules – cela constitue le plus grand changement dans leurs conditions de vie depuis environ cinquante ans. Alors que jusqu'à dans les années 1970, 40 % des seniors vivaient avec leurs proches, le plus souvent avec leurs enfants, ils ne sont plus que 10 % aujourd'hui. Les autres vivent seuls, en majorité encore dans leur propre foyer, la maison de retraite restant rare en comparaison.
En Allemagne aussi, la plupart des gens souhaitent continuer à vivre dans leur propre foyer lorsqu'ils sont âgés. Comme en France, une proportion croissante de la population vit seule en vieillissant, souvent en raison du décès d'un partenaire, moins souvent en raison d'un divorce ou d'une séparation. Parmi les personnes âgées de 60 à 64 ans, 19 % des hommes et 24 % des femmes vivaient seuls en 2014. Au-delà de 85 ans, 34 % des hommes et 74 % des femmes vivaient déjà seuls.

der Frauen alleine. Jenseits der 85 lebten bereits 34 % der Männer und 74 % der Frauen alleine.
Die demographische Entwicklung wird jedoch nicht nur durch die Geburten- und Sterberate der ansässigen Bevölkerung beeinflusst. Auch Wanderungsströme spielen eine Rolle, also die Einwanderung vorher nicht im Land ansässiger Menschen und die Auswanderung von Menschen in ein anderes Land.

Cependant, le développement démographique n'est pas seulement influencé par les taux de natalité et de mortalité de la population résidente. Les flux migratoires jouent également un rôle, c'est-à-dire l'immigration de personnes qui ne résidaient pas auparavant dans le pays et l'émigration de personnes vers un autre pays.

Staatsbürgerschaftsrecht / droit de la nationalité

Seit der Revolution gilt: Wer in Frankreich geboren wird, ist grundsätzlich Französin oder Franzose, unabhängig von der Nationalität seiner Eltern. In Abgrenzung gegen Frankreich galt in Deutschland dagegen seit dem Kaiserreich das „Geblütsrecht". Nur wer von deutschen Eltern geboren wurde, war Deutsche oder Deutscher – es war dabei allerdings unerheblich, wo diese deutschen Eltern auf der Welt lebten und ihr Kind zur Welt gebracht hatten.
Erst unter der rot-grünen Bundesregierung mit Bundeskanzler Gerhard Schröder wurde im Jahr 2000 das Staatsangehörigkeitsrecht in Deutschland reformiert. Hier geborene und aufgewachsene Kinder von Einwanderern haben nun einen Rechtsanspruch darauf, Deutsche zu werden. Gleichzeitig wurde auch in Frankreich das Staatsangehörigkeitsrecht reformiert. Kinder, die von ausländischen Eltern in Frankreich geboren werden, behalten die französische Staatsbürgerschaft mit der Volljährigkeit nur noch dann, wenn sie nach dem elften Lebensjahr mindestens fünf Jahre in Frankreich gelebt haben.
Depuis la Révolution française, on est français si on naît en France, quelle que soit la nationalité des parents (droit du sol). Par opposition à la France, l'Allemagne applique depuis l'Empire le « droit du sang ». Seules les personnes nées de parents allemands étaient allemandes - le lieu où ces parents allemands vivaient et avaient mis leur enfant au monde n'avait aucune importance.
Ce n'est qu'en 2000, sous le gouvernement rouge-vert du chancelier Gerhard Schröder, que le droit de la nationalité en Allemagne a été réformé. Les enfants d'immigrés nés et ayant grandis dans le pays ont désormais un droit légal à devenir allemands. Parallèlement, la France a également réformé son droit de la nationalité. Les enfants nés en France de parents étrangers ne gardent la nationalité française à leur majorité que s'ils ont vécu au moins cinq ans en France après l'âge de onze ans.

Migration und Integration

Lange Jahre war man in Deutschland der Überzeugung, kein Einwanderungsland zu sein, wie etwa die Vereinigten Staaten von Amerika, die als klassisches Einwandererland gelten. Frankreich war hingegen lange durch sein Selbstverständnis als Einwanderungsland geprägt. Frankreich wurde nach der Revolution zu einem Zufluchtsort für viele Demokraten aus ganz Europa, nicht zuletzt aus Deutschland. Das Selbstverständnis der Republik als „Hort der Menschlichkeit" erleichterte den Neuankömmlingen die Aufnahme.

Die Konzepte der Staatsbürgerschaft bestimmten lange Jahre die Einwanderung nach Frankreich und Deutschland. Nach dem Zweiten Weltkrieg nahm Deutschland zunächst insbesondere Menschen auf, die aus dem ehemaligen deutschen Siedlungs- und Staatsgebiet in Osteuropa vertrieben worden waren, Schätzungen sprechen von 12 bis 14 Millionen sogenannter Heimatvertriebener. Auch in den Jahren danach kam eine Vielzahl von Menschen aus dem östlichen Europa. Zwischen 1950 und 1960 siedelten mindestens 2,6 Millionen Menschen aus der DDR nach Westdeutschland über. Dazu kamen bis 2006 etwa 4,5 Millionen Spätaussiedler, die aus der Sowjetunion, aus Polen, Rumänien und weiteren Ländern in die Bundesrepublik Deutschland übersiedelten. Neben dieser Einwanderung deutschstämmiger Bevölkerungsgruppen führte das „Wirtschaftswunder" nach dem Zweiten Weltkrieg dazu, dass die BRD immer mehr Arbeitskräfte brauchte und diese auch aus dem Ausland anwerben wollte: diese wurden zu den so genannten Gastarbeitern. Die damalige Bundesregierung schloss

Migration et intégration

Pendant de nombreuses années, l'Allemagne était convaincue qu'elle n'était pas un pays d'immigration, comme les États-Unis d'Amérique, considérés le pays d'immigration classique. Mais la France, par contre, incarnait l'image d'un pays d'immigration. Après la Révolution, la France devenait un lieu de refuge pour de nombreux démocrates de toute l'Europe, notamment d'Allemagne. L'image de la République en tant que « patrie de l'humanité » a facilité l'acceptation des nouveaux arrivants.

Les différentes conceptions de la citoyenneté ont déterminé l'immigration en France et en Allemagne pendant de nombreuses années. Après la Seconde Guerre mondiale, l'Allemagne a tout d'abord accueilli les personnes expulsées des anciens territoires allemands en Europe de l'Est ; les estimations parlent de 12 à 14 millions de personnes dites *Vertriebene* (« expulsées »). Dans les années qui ont suivi, un grand nombre de personnes sont également venues d'Europe de l'Est. Entre 1950 et 1960, au moins 2,6 millions de personnes ont quitté la RDA pour l'Allemagne de l'Ouest. En outre, en 2006, on comptait environ 4,5 millions de *Spätaussiedler*, des personnes avec des origines allemandes qui ont quitté l'Union soviétique, la Pologne, la Roumanie et d'autres pays pour s'installer en République fédérale d'Allemagne. Outre cette immigration d'Allemands « de souche », le miracle économique de l'après-guerre fait que la RFA a besoin de plus en plus de travailleurs et souhaite également les recruter à l'étranger, à titre temporaire, comme « travailleurs invités ». Le gouvernement fédéral de l'époque a donc conclu des accords de recrutement

dafür Anwerbeabkommen mit Italien, Griechenland, Spanien, der Türkei und weiteren Staaten. Dabei ging man in Deutschland zunächst davon aus, dass diese Menschen, wenn sie im Arbeitsmarkt nicht mehr benötigt wurden, oder spätestens für ihren Ruhestand, wieder in ihre Heimatländer zurückkehren würden.

Frankreich hatte bereits nach dem Ersten Weltkrieg, der gewaltige Lücken in der männlichen aktiven Bevölkerung gerissen hatte, Arbeitskräfte von außerhalb angeworben – neben den europäischen Ländern (Italien, Portugal und Spanien) kamen diese auch aus den französischen Kolonien in Nordafrika. Auch nach dem Zweiten Weltkrieg, als es zu einem starken Wirtschaftswachstum kam, wurde auf dieses Arbeitskräftereservoir zurückgegriffen. Aus den oben genannten Gründen – die Kinder dieser Einwanderer waren automatisch Franzosen – war es jedoch schwierig, sich über diese Zuwanderung ein genaues, statistisches Bild zu machen. Bis heute verbietet die französische Verfassung die statistische Erfassung ethnischer Minderheiten, um diese Gruppen nicht zu diskriminieren – wie alle Bürgerinnen und Bürger sollen sie als Franzosen gelten, unabhängig vom Geburtsland ihrer Eltern. Wir können deshalb nur die Personen erfassen, die als Ausländer in Frankreich leben oder als Immigranten dort die Staatsbürgerschaft erhalten haben. Außerdem die direkten Nachfahren (Kinder) dieser Personen, die als zweite Einwanderergeneration erfasst werden.

Neben Familiennachzug, Wirtschafts- und Arbeitsmigration sind in den letzten Jahren insbesondere Fluchtbewegungen als Wanderungsgrund in den Blickpunkt gerückt. In

avec l'Italie, la Grèce, l'Espagne, la Turquie et d'autres pays supposant d'abord que ces personnes retourneraient dans leur pays d'origine lorsque le marché du travail n'aurait plus besoin d'eux, ou au plus tard pour leur retraite.

En France après la Première Guerre mondiale, qui avait laissé d'énormes trous dans la population masculine active, le pays avait déjà recruté des travailleurs venant d'ailleurs – outre les pays européens (Italie, Portugal et Espagne), ils venaient surtout des colonies françaises d'Afrique du Nord. De même après la Seconde Guerre mondiale, lorsque lors des « Trente glorieuses », la croissance économique était forte, on a eu recours à ce réservoir de main-d'œuvre. Cependant, pour les raisons mentionnées - les enfants de ces immigrants nis en France étaient automatiquement français - il est difficile d'obtenir une image précise de cette immigration. À ce jour, la constitution française interdit l'enregistrement statistique des minorités ethniques afin de ne pas discriminer ces groupes - comme tous les citoyens, ils doivent être considérés comme français, quel que soit le pays de naissance de leurs parents. Nous ne pouvons donc connaître que les chiffres des personnes étrangères qui vivent en France, ou qui y ont obtenu la nationalité en tant qu'immigrés. A cela s'ajoutent les descendants directs (enfants) de ces personnes, qui sont enregistrés comme « immigrants de deuxième génération ».

Ces dernières années, en plus du regroupement familial, de la migration économique et de la migration de travail, les mouvements de réfugiés en particulier sont devenus un motif de migration important. Dans le cadre de ce qu'on appelle la « crise euro-

der „Europäischen Flüchtlingskrise" wurden im Jahr 2015 über 1,3 Millionen Asylbewerber in der EU registriert, 2016 nochmals 1,26 Millionen, 2017 fiel diese Zahl auf rund 650.000. Die Herkunftsländer der Geflüchteten waren dabei überwiegend durch Krieg und Bürgerkrieg zerstört. 2015 kamen 29 % der Asylbewerber der EU aus Syrien, 14 % aus Afghanistan und 10 % aus dem Irak. Im Rahmen dieser „Europäischen Flüchtlingskrise" waren Deutschland und Frankreich, zusammen mit Schweden und Italien, Hauptaufnahmeländer.

Zivilgesellschaft und gesellschaftliches Engagement

Neben den demographischen Strukturen werden die Gesellschaften durch gemeinsame, kollektive Aktivitäten und Handlungen der Bürgerinnen und Bürger geprägt. In Frankreich wie in Deutschland existiert neben dem öffentlichen Handeln der staatlichen Akteure und Verwaltungen und der unternehmerischen Tätigkeit der Wirtschaftsakteure das gut organisierte Feld der Zivilgesellschaft. Sie deckt den organisierten Freizeitbereich ab, ist aber auch im Bereich von Wohlfahrtspflege oder in der Sozial- und Solidarwirtschaft von großer Bedeutung. In beiden Ländern kommt dabei dem ehrenamtlichen Engagement eine wichtige Rolle zu. Menschen engagieren sich für Anliegen, die ihnen wichtig sind, ohne damit in erster Linie auf politischen Einfluss oder wirtschaftlichen Gewinn abzuzielen.

In Deutschland schätzt man, dass über 44 % der Menschen ehrenamtlich aktiv sind (2018). Das sind gut zehn Prozent mehr als noch vor fünfzehn Jahren. Neben den 31 Millionen Menschen, die sich ehrenamtlich

péenne des réfugiés », plus de 1,3 million de demandeurs d'asile ont été enregistrés dans l'UE en 2015, 1,26 million de plus en 2016, et ce nombre est tombé à environ 650 000 en 2017.

Les pays d'origine des réfugiés ont été majoritairement détruits par des guerres ou des guerres civiles. En 2015, 29 % des demandeurs d'asile de l'UE venaient de Syrie, 14 % d'Afghanistan et 10 % d'Irak. Dans le cadre de cette « crise européenne des réfugiés », l'Allemagne et la France, ainsi que la Suède et l'Italie, ont été les principaux pays d'accueil.

Société civile et engagement social des citoyens

Outre les structures démographiques, ce sont les activités et les actions collectives et partagées des citoyens qui façonnent les sociétés. En France, comme en Allemagne, le champ bien organisé de la société civile existe à côté de l'action publique et politique (administration, acteurs politiques) et de l'activité entrepreneuriale des acteurs économiques. Il couvre le secteur des loisirs organisés, mais est également important dans le domaine de l'aide sociale ou de l'économie sociale et solidaire. Dans les deux pays, le bénévolat, l'engagement volontaire, joue un rôle important. Les citoyens s'impliquent pour les causes qui leur tiennent à cœur, sans viser en premier lieu l'influence politique ou le gain économique.

En Allemagne, on estime que plus de 44 % des citoyens sont engagés activement dans le bénévolat (en 2018). C'est dix pour cent de plus qu'il y a quinze ans. Outre les 31 millions de personnes qui font du bénévolat, il existe également une volonté inébranlable de faire des dons pour une bonne cause. En 2016, les

Die ersten deutsch-französischen Gesellschaften wurden zwischen den beiden Weltkriegen gegründet. Sie sind Ausdruck des privaten Engagements für eine Verständigung zwischen den Bürgern beider Länder. Heute gibt es 141 DFG, die in der 1957 gegründeten Vereinigung Deutsch-Französischer Gesellschaften für Europa (www.vdfg.de) zusammenarbeiten. Das Pendant in Frankreich ist die *Fédération des associations franco-allemandes pour l'Europe* (www.fafa.fr.eu.org). 1945 wurde die Gesellschaft für übernationale Zusammenarbeit (www.guez-dokumente.org) gegründet, die ebenfalls Ausdruck gesellschaftlichen Engagements ist. Die GÜZ veranstaltet noch heute zahlreiche Jugendtreffen und ist als Kulturvermittler tätig. Die GÜZ gibt die Zeitschrift „Dokumente" heraus. Das ebenfalls 1945 gegründete *Bureau International de Liaison et de Documentation* (B.I.L.D) ist das französische Gegenstück, B.I.L.D. gibt die Zeitschrift „documents" heraus. 2009 wurde „documents" in seiner traditionellen Form eingestellt.

Les premières associations franco-allemandes ont été créées entre les deux guerres mondiales. Elles sont l'expression de l'engagement privé en faveur d'une entente entre les citoyens des deux pays. Aujourd'hui, la Fédération des Associations franco-allemandes pour l'Europe (www.fafa.fr.eu.org) et son homologue allemand, la *Vereinigung Deutsch-Französischer Gesellschaften für Europa* (www.vdfg.de), regroupent 141 associations.

Le BILD (Bureau International de Liaison et de Documentation, www.bild-documents.org), fondé en 1945, poursuit des objectifs analogues. Il organise de nombreuses rencontres entre jeunes et s'engage en faveur du dialogue interculturel. Il édite la revue « Documents » jusqu'en 2009. Son équivalent du côté allemand est la *Gesellschaft für übernationale Zusammenarbeit* qui publie la revue « *Dokumente* ».

engagieren, besteht darüber hinaus eine ungebrochene Bereitschaft, für einen guten Zweck zu spenden. Im Jahr 2016 belief sich das Spendenaufkommen in Deutschland auf mehr als fünf Milliarden Euro.

Für Frankreich wurde 2015 sogar ein Spendenaufkommen von 7,5 Milliarden Euro errechnet, wobei 2,6 Milliarden tatsächlich von Privatpersonen aufgebracht wurden. Etwa 60 % der Bevölkerung spendet dabei für karitative Zwecke, alleine der katholischen Kirche flossen 630 Millionen Euro zu. Die Anzahl an Menschen, die sich ehrenamtlich engagieren, wurde 2019 in Frankreich auf etwa 20 Millionen Menschen (38 % der Bevölkerung) geschätzt. 13 Millionen

dons en Allemagne se sont élevés à plus de cinq milliards d'euros.

Pour la France, des dons de 7,5 milliards d'euros ont été comptés en 2015, dont 2,6 milliards ont été effectivement versés par des particuliers. Environ 60 % de la population fait des dons à des œuvres caritatives, l'Église catholique recevant à elle seule 630 millions d'euros. Le nombre de personnes engagées dans le bénévolat en France en 2019 a été estimé à environ 20 millions de personnes (38 % de la population). 13 millions réalisent cet engagement dans le cadre d'une association, seuls deux millions sont organisés en syndicat, en politique ou dans un cadre religieux. Il est intéressant de noter que ces

Die Bedeutung der Vereine / L'importance des associations

In Frankreich wurden in den letzten dreißig Jahren mehr Vereine gegründet als zuvor seit Bestehen des Vereinsrechts 1901. Jedes Jahr kommen rund 70.000 neue Vereine hinzu und die Gesamtzahl wird auf 1,3 Millionen geschätzt. Mehr als 23 Millionen Franzosen sind Mitglied in mindestens einem Verein. In Frankreich ist das Vereinswesen auch ein wichtiger Arbeitgeber, mehr als 1,8 Millionen Arbeitsplätze existieren hier. Die Dynamik der letzten Jahre erklärt sich dabei neben den Neugründungen im Bereich Umwelt und Gesundheit weiterhin durch die Konjunktur von Kultur- und klassischen Freizeitvereinen (z. B. Jagd und Fischereiwesen).
Auch in Deutschland nehmen die Vereine einen zentralen gesellschaftlichen Ort ein, es gibt rund 600.000 eingetragene Vereine. Den zahlenmäßig größten Bereich decken dabei Sportvereine ab. Während einige Vereine als große Verbände mit mehreren tausend Mitgliedern agieren und überregional aufgestellt sind, um die Interessen ihrer Mitglieder zu vertreten, sind die meisten Vereine eher klein, mit weniger als 100 Mitgliedern, und agieren nur auf der lokalen Ebene. Insgesamt sind in den Vereinen 24,2 Millionen Menschen ehrenamtlich engagiert, d. h. sie übernehmen eine Aufgabe oder ein Amt.

En France, ont été créées plus d'associations au cours des trente dernières années que depuis l'existence de l'association selon la loi de 1901. Chaque année, environ 70.000 nouvelles associations sont créées et le nombre total d'associations est estimé à 1,3 million. Plus de 23 millions de français sont membres d'au moins une association. En France, le secteur associatif est également un important pourvoyeur d'emplois, plus de 1,8 millions d'emplois y ont été créé. Le dynamisme de ces dernières années s'explique par, d'un côté, les nouvelles associations dans le secteur de l'environnement et de la santé, et de l'autre par l'attractivité ininterrompu des associations culturelles et de loisirs classiques (p. ex. chasse et pêche).
En Allemagne aussi, les associations occupent une place centrale dans la société. Le secteur compte 600 000 associations enregistrées, les associations sportives étant les plus nombreuses. Alors que certaines associations agissent en tant que grandes fédérations de plusieurs milliers de membres et sont organisées au niveau suprarégional afin de représenter les intérêts de leurs membres, la plupart sont des associations plutôt petites, avec moins de 100 membres, et n'agissent qu'au niveau local. Au total, 24,2 millions de personnes sont engagées bénévolement dans les associations, c'est-à-dire qu'elles assument une tâche ou une fonction dans la vie associative. En France également les associations ne pourraient pas remplir leurs tâches sans l'engagement considérable des bénévoles.

realisieren dieses Engagement im Rahmen eines Vereins, nur zwei Millionen sind gewerkschaftlich, politisch oder religiös organisiert. Interessanterweise sind die letzten Jahre durch ein überdurchschnittliches Engagement von Frauen und Jugendlichen geprägt, die bisher im Rahmen des Ehrenamts unterrepräsentiert waren.

dernières années ont été marquées par une participation supérieure à la moyenne des femmes et des jeunes, qui étaient auparavant sous-représentés dans le contexte du bénévolat.

Vereine

Obwohl es in Frankreich sogar eine eigene Dachorganisation für ehrenamtliches Engagement gibt *(France Bénévolat)*, ist letztendlich in beiden Ländern der Verein die am meisten verbreitete Form der Selbstorganisation, in der ehrenamtliches Engagement geleistet wird. In Deutschland braucht man zum Eintrag ins Vereinsregister mindestens sieben Mitglieder und eine Satzung, in Frankreich gilt das Gesetz von 1901, demzufolge mindestens zwei Personen einen Verein gründen können. Als Verein kann man sich den Status einer gemeinnützigen Organisation geben lassen, womit man in die Lage versetzt wird, öffentliche Zuschüsse zu erhalten. Vereine sind in Deutschland und Frankreich gleichermaßen wichtig. Oft sind Vereine, vor allem Sport- oder Musikvereine, neben der Familie und der Schule der Ort, wo junge Menschen das Leben und Handeln in der Gruppe lernen. Die große Anzahl der Vereine zeigt, dass mit dieser juristisch relativ einfachen und flexiblen Organisationsform das Engagement der Bürger in allen Bereichen des gesellschaftlichen Lebens erfolgreich gebündelt werden kann. Trotz aller Ähnlichkeiten ist es aber nach wie vor nicht gelungen, ein gemeinsames, deutsch-französisches Vereinsstatut zu entwickeln.

Stiftungen

Eine interessante Differenz zwischen Deutschland und Frankreich betrifft die Rolle von privaten Stiftungen. Zunächst

Les associations

Bien que la France ait même sa propre organisation faîtière pour le bénévolat *(France Bénévolat)*, la forme la plus répandue d'auto-organisation dans laquelle s'effectue le bénévolat (dans les deux pays) est l'association. En Allemagne, il faut au moins sept membres et un statut pour être inscrit au registre des associations ; en France, c'est la loi de 1901 qui s'applique, selon laquelle au moins deux personnes peuvent fonder une association. En tant qu'association, on peut obtenir le statut d'organisation sans but lucratif, ce qui permet de recevoir des subventions publiques. Les associations sont tout aussi importantes en Allemagne qu'en France. Souvent, les clubs, notamment sportifs ou musicaux, sont le lieu où les jeunes apprennent à vivre et à agir en groupe, aux côtés de la famille et de l'école. Le grand nombre d'associations montre que cette forme d'organisation juridiquement simple et flexible peut structurer l'engagement citoyen dans tous les domaines de la vie sociale. Malgré cette situation comparable dans les deux pays, il n'a pas encore été possible d'élaborer un statut commun d'association franco-allemande.

Fondations

Une différence intéressante entre l'Allemagne et la France concerne le rôle des fondations privées. Tout d'abord, on peut noter que le nombre de fondations et le capital qui leur est apporté sont nettement supérieurs en Allemagne. Cela est dû à des raisons fiscales, car en droit allemand, la création

kann man feststellen, dass die Anzahl der Stiftungen und das in sie eingebrachte Kapital in Deutschland erheblich höher sind als in Frankreich. Das hat fiskalische Gründe, weil im deutschen Recht die Gründung von Stiftungen steuerlich stärker begünstigt wird. So gibt es große Unternehmen, die sich in Form einer Stiftung organisieren, wodurch sie steuerliche Vorteile haben und zudem vor feindlichen Übernahmen geschützt sind. Aber es geht nicht nur um steuerliche Fragen. Stiftungen als besondere Form privaten Engagements für das Gemeinwohl sind in Deutschland sehr respektiert und spielen eine aktive politische und gesellschaftliche Rolle. Stiftungen finanzieren unabhängige Institute (Think-Tanks), deren Ergebnisse in

d'une fondation est avantageuse d'un point de vue fiscal. Par exemple, certaines grandes entreprises s'organisent sous la forme d'une fondation, ce qui leur confère des avantages fiscaux et les protège également des OPA hostiles. Mais il ne s'agit pas seulement de questions fiscales. Les fondations, qui constituent une forme particulière d'engagement privé en faveur du bien commun, sont très respectées en Allemagne et jouent un rôle politique et social actif. Les fondations produisent des études majeures et les introduisent avec succès dans le processus de décision politique. Les fondations financent des instituts indépendants (des Think Tanks) dont les conclusions sont entendues dans l'arène politique. Les fondations créent des universités privées et servent de contrepoids aux éta-

Joseph Rovan (1918-2004) hat nach seiner Befreiung aus dem KZ Dachau sofort mit großem Engagement für die deutsch-französische Verständigung gearbeitet. In zahlreichen Büchern hat er die gegenseitige Kenntnis gefördert.

Après sa libération du camp de concentration de Dachau, Joseph Rovan (1918-2004) s'engage en faveur de l'entente franco-allemande. Avec ses nombreux livres sur l'Allemagne, il a contribué de façon décisive à une meilleure compréhension réciproque.

Carlo Schmid (1896-1979) war einer der Väter des deutschen Grundgesetzes. Als Sohn einer deutsch-französischen Ehe galt sein Engagement besonders der deutsch-französischen Verständigung. Mit Theodor Heuss gehörte er 1948 zu den Gründern des Deutsch-Französischen Instituts (dfi) in Ludwigsburg.

Carlo Schmid (1896-1979) fut un des pères de la Loi fondamentale allemande. Fils d'un couple franco-allemand, il s'engage tout au long de sa vie en faveur d'une entente entre Français et Allemands. Avec Theodor Heuss, il appartient au groupe fondateur de l'Institut franco-allemand de Ludwigsburg en 1948.

der Politik auf Gehör stoßen. Stiftungen gründen private Hochschulen und bilden ein Gegengewicht zu den öffentlichen Bildungseinrichtungen. All dies hat in Frankreich keine Tradition und würde zudem als Einmischung in die Domäne des Staates angesehen. Stiftungen wirken hier vor allem in den Bereichen Wohltätigkeit und klassische Kunstförderung.
In den letzten Jahren ist jedoch eine neue Dynamik in die französische Stiftungslandschaft gekommen, was durch neue gesetzliche Rahmenbedingungen, aber auch eine neue Generation von Stiftern zu erklären ist.

blissements d'enseignement publics. Rien de tout cela n'a de tradition en France et de telles activités seraient également considérées comme une ingérence dans le domaine de l'État. Ici, les fondations sont principalement actives dans les domaines de la charité et de la promotion des arts classiques.
Ces dernières années cependant on peut constater un nouveau dynamisme dans le domaine des fondations en France, ce qui peut être expliqué par des règlementations cadre plus avantageuses et par une nouvelle génération de fondateurs.

Das Deutsch-Französische Zukunftswerk –
Le Forum pour l'avenir franco-allemand

Das Deutsch-Französische Zukunftswerk, das 2019 durch Artikel 22 des Vertrags von Aachen ins Leben gerufen wurde, ist Ausdruck einer gemeinsamen Überzeugung: Die großen Herausforderungen für die Transformation unserer Gesellschaften, wie z. B. Klimawandel, Alterung, Nachhaltigkeitsziele, Digitalisierung und Wandel der Arbeitswelt, sind für die deutsche und die französische Gesellschaft gleich.
Die Grundidee des Zukunftswerks beruht auf der Überzeugung, dass es in beiden Ländern in der Praxis Lösungsansätze und Innovationspotenziale gibt, die es bekannt zu machen und in einen Dialog zu bringen gilt. Insbesondere bei Klimaschutzmaßnahmen können auf lokaler Ebene entscheidende Verbesserungen erzielt werden, wenn die übergeordneten politischen Ebenen die Rahmenbedingungen zwischen unseren beiden Ländern schaffen.
Le Forum pour l'avenir franco-allemand, créé en 2019 par l'article 22 du traité d'Aix-la-Chapelle, traduit une prise de conscience partagée : les grands défis de transformation de nos sociétés, comme ceux liés au changement climatique, au vieillissement, aux objectifs de durabilité, à la numérisation et à la transformation du monde du travail, sont les mêmes pour les sociétés française et allemande.
L'idée de départ du Forum pour l'avenir repose sur la conviction qu'il existe dans les deux pays, dans la pratique, des approches de solutions et un potentiel d'innovation qu'il convient de faire connaitre et de mettre en dialogue. En particulier pour les mesures de protection du climat, des améliorations décisives peuvent être apportées au niveau local si les échelons politiques supérieurs mettent en place les conditions-cadres entre nos deux pays.

Familienstrukturen / Gender

Wie in ganz Europa wurden auch in Frankreich und Deutschland die Gesellschaften seit dem Spätmittelalter durch ähnliche Ehe- und Familienstrukturen geprägt. Zunächst war die Ehe nur denjenigen ge-

Structures familiales / genre

Comme dans l'ensemble de l'Europe, les sociétés française et allemande ont été façonnées par des structures matrimoniales et familiales similaires depuis la fin du Moyen Âge. Au départ, le mariage n'était autorisé

Familienstrukturen / structures familiales

1976 gingen in Deutschland noch 510.318 Paare die Ehe ein, 2006 nur noch 373.681 (Ost- und Westdeutschland zusammen). Dabei sank der Anteil kirchlicher Trauungen von über 80 % in den fünfziger Jahren auf etwa 20 % heute. Im Jahr 2019 wurden in Deutschland durch richterlichen Beschluss etwa 149.000 Ehen geschieden. Seit 2012 nimmt die Zahl der Ehescheidungen aber leicht ab, gleichzeitig nimmt die Zahl der Eheschließungen wieder zu (2018: 450.000, 2019: 417.000, jeweils inkl. Ehe für alle). Von den acht Millionen Familien mit minderjährigen Kindern in Deutschland sind 19 % alleinerziehende Familien (nur ein Elternteil). In der Zeit von 1996 bis 2018 ist ihre Anzahl von 1,3 Millionen auf 1,5 Millionen angestiegen.
In Frankreich wurden 2019 227 000 Ehen geschlossen. Dabei sind die Ehepartner häufig schon deutlich älter als in Deutschland, im Durchschnitt heiraten Frauen in Frankreich mit 36,1 Jahren, Männer mit 38,6 Jahren. Von den acht Millionen Haushalten mit minderjährigen Kindern sind 23 % alleinerziehende Familien. Ihre Anzahl hat sich seit 1990 verdoppelt. In 84% der Fälle leben die Kinder bei der Mutter. Dabei wurden 1997 in Frankreich 37 % der Kinder außerehelich geboren, 2020 waren es schon 62 %. In Deutschland lagen diese Zahlen 1997 bei 18 %, 2020 bei 34 %.

En 1976, 510.318 couples se sont mariés en Allemagne, contre 373.681 en 2006 (Allemagne réunifiée). La part des mariages religieux est passée de plus de 80 % dans les années 1950 à environ 20 % aujourd'hui. En 2019, en Allemagne, environ 149.000 divorces ont été enregistrés. Depuis 2012, le nombre de divorces est en baisse, et en même temps, le nombre de mariages augmente à nouveau (2018 : 450.000, 2019 : 417.000, y compris le mariage pour tous). Sur les huit millions de familles avec enfants mineurs en Allemagne, 19 % sont des familles monoparentales. Entre 1996 et 2018, leur nombre est passé de 1,3 million à 1,5 million.
En France, 227.000 mariages ont été célébrés en 2019. Les conjoints sont souvent plus âgés qu'en Allemagne, en moyenne les femmes se marient en France à 36,1 ans, les hommes à 38,6 ans. Sur les huit millions de ménages avec enfants mineurs, 23 % sont des familles monoparentales. Leur nombre a doublé depuis 1990. Dans 84 % des cas, les enfants vivent avec leur mère.
En 1997, 37 % des enfants nés en France l'ont été hors mariage, en 2020, ils étaient déjà 62 %.
En Allemagne, ces chiffres étaient de 18 % en 1997 et de 34 % en 2020.

stattet, die die materiellen Möglichkeiten hatten, eine Familie zu unterhalten. Etwa seit Mitte des 12. Jahrhunderts setzte sich unter dem Einfluss der katholischen Kirche in Europa das Modell der Einehe von Mann und Frau durch, die als „heiliger Bund vor Gott" angesehen und deshalb von den Menschen nicht aufgelöst werden konnte. Mit dem Übergang zur Moderne, der französischen Revolution und dem bürgerlichen Gesetzbuch gewann die Ehe zunehmend ihren Charakter als zivilrechtliche Vertragsbeziehung zwischen den Eheleuten. Damit war prinzipiell auch die Möglichkeit verbunden, diesen Vertrag wieder zu lösen, sich also scheiden zu lassen.

Strukturen: Ehe und Familie

Diese lange Tradition und die Bedeutung von Ehe und Familie für die Gesellschaft schlagen sich bis heute in beiden Ländern in unterschiedlicher Weise in der Verfassung und in wichtigen Gesetzestexten nieder.
So stehen in Deutschland Ehe und Familie unter dem besonderen Schutz des Grundgesetzes. Ehe und Familie werden als rechtliche Institutionen in ihrem Bestand garantiert. Dazu gehören insbesondere das Prinzip der Einehe, die Freiheit vor Zwangsheirat und das Gebot der Gleichberechtigung der Ehepartner.
Auch in Frankreich wird die Familie in der Verfassung erwähnt, allerdings in engem Zusammenhang mit dem Individuum. Ähnlich wie des Bundesverfassungsgericht versuchte sich auch der französische *Conseil constitutionnel* zwar an einer Definition von „Familie", musste dann aber feststellen, dass die Verfassung hierzu keine weiteren Angaben enthält. In beiden Län-

qu'à ceux qui avaient les moyens matériels d'entretenir une famille. À partir du milieu du 12e siècle environ, sous l'influence de l'Église catholique, le modèle du mariage unique d'un homme et d'une femme a prévalu en Europe, qui était considéré comme une « alliance sacrée devant Dieu » et ne pouvait donc pas être dissous par l'homme. Avec le passage à la modernité, la Révolution française et le Code civil, le mariage acquiert de plus en plus son caractère de relation contractuelle entre époux en droit civil, et cela implique également la possibilité de dissoudre à nouveau ce contrat, c'est-à-dire de divorcer.

Structures : Mariage et famille

Cette longue tradition et l'importance du mariage et de la famille pour la société se reflètent encore aujourd'hui de différentes manières dans la constitution et dans d'importants textes juridiques des deux pays.
Ainsi, en Allemagne, le mariage et la famille sont « sous la protection particulière de la Loi fondamentale ». L'État s'engage à soutenir les familles par des mesures appropriées afin de prévenir les désavantages. Le mariage et la famille sont garantis dans leur existence en tant qu'institutions juridiques. Il s'agit notamment du principe du mariage unique, de l'absence de mariage forcé et de l'exigence d'égalité des droits pour les conjoints.
En France, la famille est également mentionnée dans la Constitution, mais en lien étroit avec l'individu. Comme la Cour constitutionnelle fédérale, le Conseil constitutionnel français a tenté de définir juridiquement la « famille », mais a dû conclure que la Constitution ne contient pas d'autres informations à ce sujet. Devant ces provisions, les textes

dern stehen die Verfassungstexte an dieser Stelle vor der Herausforderung, einen umfassenden gesellschaftlichen Wandel begleiten und erfassen zu können.

Wandel und Veränderung: Neue Formen des Zusammenlebens und der Ruf nach Gleichberechtigung

Niemand „muss" heute heiraten oder Kinder bekommen, oder Kinder innerhalb einer Ehe bekommen – auch wenn weiterhin gesellschaftliche Erwartungshaltungen oder wirtschaftliche Zwänge existieren mögen, zeigt sich insgesamt das Bild einer allgemeinen gesellschaftlichen Individualisierung und Pluralisierung. Einerseits wurde die Ehe ohne Trauschein, das Zusammenleben eines Paares ohne offizielle Anerkennung durch die Behörden, immer beliebter. Andererseits nahm die Zahl der Verbindungen, die nach einer gewissen Zeit wieder auseinandergingen, in beiden Ländern zu. Damit verbunden ist auch der Anstieg alleinerziehender Mütter oder Väter, die ihre Kinder ohne Ehepartner aufziehen. Schließlich hat der langwierige Prozess der gesellschaftlichen Liberalisierung zu einer zunehmenden Toleranz gegenüber gleichgeschlechtlichen Partnerschaften geführt.

Nach dem Zweiten Weltkrieg findet in beiden Ländern die Gleichberechtigung zwischen Frauen und Männern ihren Weg in die Verfassung. 1958 gab es daraufhin in Westdeutschland das „Erste Gleichberechtigungsgesetz", das Ehefrauen zusprach, einer eigenen Erwerbstätigkeit nachzugehen, aber nur insoweit, als dies mit ihren „Pflichten in Ehe und Familie" vereinbar war. 1994 ergänzte Deutschland sogar die

constitutionnels des deux pays doivent relever le défi de pouvoir accompagner et saisir une transformation sociale profonde.

Changements et transformations : de nouvelles formes de vivre ensemble et la demande d'égalité

Ainsi, plus personne n'est « obligé » de se marier ou d'avoir des enfants, ou d'avoir des enfants dans le cadre d'un mariage - même si des attentes sociales ou des contraintes économiques peuvent encore exister, l'image globale est celle d'une individualisation et d'une pluralisation généralisées de la société. D'une part, le « concubinage », la cohabitation d'un couple sans reconnaissance officielle par les autorités, est devenue de plus en plus populaire. En revanche, le nombre d'unions qui se sont à nouveau séparées après un certain temps a également augmenté dans les deux pays. Ce phénomène est également lié à l'augmentation du nombre de mères ou de pères « célibataires » élevant leurs enfants sans conjoint. Enfin, le long processus de libéralisation sociale a conduit à une tolérance croissante à l'égard des couples de même sexe.

Après la Seconde Guerre mondiale, l'égalité entre femmes et hommes a d'abord trouvé sa place dans la constitution des deux pays. En 1958, l'Allemagne de l'Ouest a alors adopté sa première « loi sur l'égalité des droits », qui autorise les femmes à exercer leur propre activité rémunérée, mais uniquement dans la mesure où cela est compatible avec leurs « devoirs dans le mariage et la famille ». Et en 1994, l'Allemagne a modifié sa Constitution avec la phrase supplémentaire suivante à l'article 3 : « L'État favorise la mise en œuvre effective de l'égalité des droits entre les

Verfassung, der in Artikel 3 eingefügte zusätzliche Satz lautet: „Der Staat fördert die tatsächliche Durchsetzung der Gleichberechtigung von Frauen und Männern und wirkt auf die Beseitigung bestehender Nachteile hin." „Gleichberechtigung" wurde dadurch also zu einer ausdrücklichen Handlungsverpflichtung des Staates. Auf Grundlage dieses Artikels trat 2016 das „Gesetz für die gleichberechtigte Teilhabe von Frauen und Männern in Führungspositionen" in Kraft, das den Zugang zu Führungspositionen in Unternehmen regulieren soll. Das Gesetz sieht aber keine Parität, sondern nur verschiedene Quoten vor.

In Frankreich, wo Frauen erst 1944 das Wahlrecht erkämpft hatten und damit 1945 zum ersten Mal zur Wahl gehen konnten, gilt heute immer noch die Präambel der Verfassung von 1946. Sie legt fest:

« La loi garantit à la femme, dans tous les domaines, des droits égaux à ceux de l'homme ».

In der Realität zeigte sich jedoch, ähnlich wie in Deutschland, dass diese Verfassungsvorgabe nicht ausreichte, um tatsächliche Gleichberechtigung zu gewährleisten. 1993 betrug der Frauenanteil in der *Assemblée nationale* nur 6,1 %, im Bundestag immerhin schon 25 %. In Frankreich war dies Anlass für eine Reihe von Gesetzen zur Gleichstellung, die 1999 und erneut 2008 in Verfassungsänderungen gipfelten. Der Artikel 1 der Verfassung wurde um den Satz ergänzt:

« La loi favorise l'égal accès des femmes et des hommes aux mandats électoraux et fonctions électives, ainsi qu'aux responsabilités professionnelles et sociales ».

femmes et les hommes et œuvre à l'élimination des désavantages existants. » Réaliser cette « égalité » est ainsi devenue une obligation constitutionnelle d'action de l'État. Sur la base de cet article, la « loi pour l'égalité de participation des femmes et des hommes aux postes de direction » est entrée en vigueur en 2016, qui vise à réglementer l'accès aux postes de direction dans les entreprises. Toutefois, la loi ne prévoit pas la parité, mais seulement différents quotas.

En France, où les femmes n'ont obtenu le droit de vote qu'en 1944 et ont donc pu voter pour la première fois en 1945, le préambule de la constitution de 1946 est toujours en vigueur aujourd'hui. Elle stipule que :

« La loi garantit à la femme, dans tous les domaines, des droits égaux à ceux de l'homme »

Comme en Allemagne, cette exigence constitutionnelle n'était pas suffisante pour assurer une égalité dans la réalité sociale. En 1993, la proportion de femmes à l'Assemblée nationale n'était que de 6,1 %, alors qu'elle était déjà de 25 % au *Bundestag*. En France, cela a donné lieu à une série de lois sur la parité, qui ont abouti à des modifications constitutionnelles en 1999 et en 2008. L'article 1 de la constitution a été modifié pour inclure la phrase suivante :

« La loi favorise l'egal accès des femmes et des hommes aux mandats électoraux et fonctions électives, ainsi qu'aux responsabilités professionnelles et sociales ».

Ces amendements constitutionnels ont servi de base à la *Loi sur la parité,* qui a été promulguée le 6 juin 2000. Aujourd'hui, elle oblige tous les partis en France à présenter le même nombre de femmes et d'hommes aux élections. Des sanctions financières sont prévues en cas de non-respect des règles.

Diese Verfassungsänderungen waren Grundlage für das *Loi sur la parité,* das am 6. Juni 2000 verkündet wurde. Es verpflichtet heute alle Parteien in Frankreich dazu, bei Wahlen dieselbe Anzahl an Frauen und Männern aufzustellen. Bei Nichtbeachtung drohen finanzielle Sanktionen. Der Anteil an Frauen im Parlament nimmt dennoch nur langsam zu, von 18,5 % im Jahr 2007 auf 37,3 % bei den Wahlen 2022.

In Deutschland hatte der 2013 gewählte Bundestag einen Frauenanteil von 36,3 %, bei der Wahl 2021 sank dieser auf 34,7 %. Deshalb fordern auch in Deutschland verschiedene Gruppen seit längerem gesetzliche Regelungen. Aus Sicht der Gerichte bedeutet die Verpflichtung zur „Gleichberechtigung" im Grundgesetz jedoch eine Chancengleichheit. Da es keine formalen (rechtlichen) Vorgaben gegen die Kandidatur von Frauen bei Wahlen gibt, besteht hier aus Sicht der Justiz auch keine Diskriminierung. Stattdessen haben insbesondere die Grünen bereits seit 1979 ein „Frauenstatut", nach welchem die Hälfte aller Mandate und Parteiämter mit einer Frau zu besetzen sind. Die anderen Parteien (außer der AfD) haben seitdem nachgezogen, mit mehr oder weniger verbindlichen Regelungen.

Neben dieser rechtlichen Entwicklung ist der tatsächliche Kampf um die Gleichberechtigung der Geschlechter seit über 100 Jahren Gegenstand einer gesellschaftlichen Auseinandersetzung und Teil eines langen Emanzipationsprozesses. Auch 2021 bestehen noch Unterschiede in den Lebensbedingungen von Frauen und Männern in der EU. Frankreich und Deutschland sind davon nicht ausgenommen, nach wie vor bestehen insbesondere große Un-

La proportion de femmes au parlement n'augmente néanmoins que lentement, passant de 18,5 % en 2007 à 37,3 % lors des élections de 2022.

En Allemagne, le *Bundestag* élu en 2013 comptait 36,3 % de femmes, et lors de l'élection de 2021, ce chiffre est même tombé à 34,7 %. C'est pourquoi divers groupes en Allemagne réclament également depuis un certain temps une réglementation légale. Cependant, du point de vue juridique, l'obligation d'« égalité des droits » dans la Loi fondamentale signifie l'égalité des chances. Étant donné qu'il n'existe aucune provision formelle (légale) qui empêcherait les femmes de se présenter aux élections, il n'y a pas de discrimination du point de vue du pouvoir judiciaire. Contrairement à ces considérations juridiques, les Verts, en particulier, disposent depuis 1979 d'un « statut des femmes », selon lequel la moitié des mandats et des fonctions du parti doivent être occupés par des femmes. Les autres partis (à l'exception de l'AfD) ont depuis suivi le mouvement, avec des règlements plus ou moins contraignants.

Outre cette évolution juridique, la lutte réelle pour l'égalité des sexes fait l'objet d'un débat social depuis plus de 100 ans et s'inscrit dans un long processus d'émancipation. En 2021, il existe encore des différences entre les conditions de vie des femmes et des hommes dans l'UE. La France et l'Allemagne n'y échappent pas ; de grandes différences subsistent notamment en matière de rémunération. En Allemagne, le salaire horaire des femmes était en moyenne inférieur de 20,1 % à celui des hommes en 2019, tandis qu'en France, il était inférieur de 15,8 %. Si l'on considère les salaires annuels, cette différence devient encore plus

terschiede beim Gehalt. In Deutschland lag der Stundenlohn von Frauen 2019 im Durchschnitt 20,1 % unter dem der Männer, in Frankreich war er um 15,8 % niedriger. Betrachtet man die Jahresgehälter, wird dieser Unterschied noch deutlicher – denn Frauen arbeiten viel häufiger in Teilzeit als Männer. So arbeiteten 2019 in Deutschland fast 45 % der Frauen Teilzeit, aber nur etwa 11,9 % der Männer. In Frankreich, wo die gesetzlich vorgeschriebene Wochenarbeitszeit 35 Stunden beträgt, waren es hingegen nur 35,7 % der Frauen, die Teilzeit arbeiten, und 7,7 % der Männer.

Neben dem gesellschaftlichen Kampf um die Gleichberechtigung zwischen Frau und Mann sind die letzten Jahre in der EU, und insbesondere auch in Frankreich und Deutschland, durch vielfältige Kampagnen und gesellschaftliche Bewegungen zur Enttabuisierung und Anerkennung homosexueller und weiterer Lebensformen gekennzeichnet. So kann seit 2018 in Deutschland im Personalausweis neben „Männlich" und „Weiblich" als dritter Eintrag „divers" vorgenommen werden, was in Frankreich derzeit noch nicht möglich ist. Neben dem Kampf um die rechtliche und tatsächliche Gleichberechtigung bi- und transsexueller Menschen waren die letzten Jahre in Frankreich und Deutschland auch durch große Veränderungen im gesellschaftlichen Umgang mit Homosexualität gekennzeichnet.

Homosexualität wurde in Frankreich bereits 1791 von den Revolutionären legalisiert. Auch wenn es somit keine rechtliche Kriminalisierung mehr gab, heißt das aber nicht, dass damit eine echte gesellschaftliche Anerkennung und Gleichberechti-

évidente - car les femmes sont beaucoup plus susceptibles de travailler à temps partiel que les hommes. En Allemagne, par exemple, près de 45 % des femmes ont travaillé à temps partiel en 2019, mais seulement environ 11,9 % des hommes. En revanche, en France, où la durée hebdomadaire légale du travail est de 35 heures, seules 35,7 % des femmes et 7,7 % des hommes travaillaient à temps partiel.

Outre la lutte sociale pour l'égalité des droits entre les femmes et les hommes, ces dernières années dans l'UE, et notamment en France et en Allemagne, ont été marquées par de multiples campagnes et luttes sociales pour lever les tabous qui entouraient encore les modes de vie homosexuels (et autres). Ainsi, il est possible depuis 2018 en Allemagne de se faire reconnaître comme appartenant à un troisième sexe. Sur la carte d'identité, l'option « divers » s'ajoute aux catégories d'homme et femme. Ce choix n'est actuellement pas encore possible en France.

Outre la lutte pour l'égalité juridique et réelle des personnes bi- et transsexuelles, les dernières années en France et en Allemagne ont également été marquées par des changements majeurs dans la manière dont la société traite l'homosexualité.

L'homosexualité a été légalisée en France par les révolutionnaires dès 1791. Même s'il n'y avait alors plus de criminalisation légale, cela ne signifiait pas une véritable reconnaissance sociale et un accès à l'égalité. Ce n'est qu'en 1981 que l'homosexualité a été retirée de la liste des maladies mentales, et en 1985, le gouvernement socialiste du président Mitterrand et du premier ministre Fabius a inscrit l'interdiction de la discrimination fondée sur l'identité sexuelle dans le droit du travail. En 1999, toujours sous un

gung verbunden gewesen wäre. Erst 1981 wurde Homosexualität von der Liste der *maladies mentales* gestrichen, 1985 verankerte die sozialistische Regierung unter Präsident Mitterrand und Premierminister Fabius das Verbot der Diskriminierung aufgrund der sexuellen Identität im Arbeitsrecht. 1999 wurde, wiederum von einer linken Regierung, in Frankreich die „Eingetragene Lebenspartnerschaft" *(PACS, Pacte civil de solidarité)*, für gleich- und verschiedengeschlechtliche, unverheiratete Paare eingeführt. Unter Präsident François Hollande schließlich wurde die Ehe am 17. Mai 2013 für gleichgeschlechtliche Paare geöffnet, einschließlich eines Adoptionsrechts. Am 29. Mai 2013 heiratete das erste männliche Paar in Montpellier, vier Jahre bevor auch in Deutschland die „Ehe für alle" möglich wurde.

Im Rahmen dieser rechtlichen Gleichstellung entwickelte und strukturierte sich jedoch auch eine starke Minderheit, die gegen die Ehe homosexueller Paare ist. Im März 2013 brachte diese Bewegung bei einer Großdemonstration in Paris 1,4 Millionen Menschen gegen die geplante „Ehe für Alle" auf die Straße. Heute konzentriert sie ihre Kampagne gegen das Recht auf Adoption und auf künstliche Befruchtung beziehungsweise Leihmutterschaft in gleichgeschlechtlichen Ehen.

2001 wurde in Deutschland das „Lebenspartnerschaftsgesetz", das Äquivalent zum französischen PACS, verabschiedet. Es brachte rechtliche Gleichstellung für homosexuelle Paare, allerdings noch kein Adoptionsrecht. Erst als am 21. Juli 2017 das Gesetz zur gleichgeschlechtlichen Ehe in Kraft trat, ging damit das Recht einher, gemeinschaft-

gouvernement de gauche, la France a introduit le PACS (Pacte civil de solidarité), pour les couples non mariés de même sexe et de sexe opposé. Enfin, sous la présidence de François Hollande, le mariage a été ouvert aux couples de même sexe le 17 mai 2013, avec notamment un droit à l'adoption. Le 29 mai 2013, le premier couple d'hommes s'est marié à Montpellier, quatre ans avant que le « mariage pour tous » ne devienne également possible en Allemagne.

Dans le cadre de cette égalité juridique, cependant, une forte minorité de la société s'est également constituée et structurée qui s'oppose au mariage des couples homosexuels. En mars 2013, ce mouvement a fait descendre 1,4 millions de personnes dans la rue lors d'une grande manifestation à Paris contre le projet de mariage pour tous. Aujourd'hui, il concentre ses campagnes contre le droit à l'adoption et à la procréation médicalement assistée ou à la maternité de substitution dans les mariages homosexuels.

En Allemagne, les actes homosexuels étaient initialement punissables. Ce n'est qu'en 1969 que la pénalisation des actes homosexuels entre adultes a été abolie et ce n'est qu'en 1994 que les actes sexuels entre hommes ont été placés sur un pied d'égalité avec les actes hétérosexuels en termes de droit pénal.

En 2001, la « loi sur le partenariat civil », l'équivalent du PACS français, a été adoptée. Elle a apporté une large égalité juridique aux couples homosexuels, mais toujours pas le droit à l'adoption. Ce n'est que lorsque la loi sur le mariage homosexuel est entrée en vigueur le 21 juillet 2017 qu'elle s'est accompagnée du droit d'adopter conjointement des enfants non corporels. En outre, les homosexuels victimes de la justice dans le

Religion
Ende 2019 gehörten in Deutschland 43,3 Millionen (52 % der Bevölkerung) den evangelischen oder der katholischen Kirche an, 4,3 Millionen (5,2 %) waren konfessionsgebundene Muslime. 32,3 Millionen Menschen (38,8 %) waren als „Konfessionsfreie" registriert. Zusätzlich lassen sich diese Statistiken zur formalen Religionszugehörigkeit mit Umfragen zum religiösen Verhalten vergleichen. Dann zeigt sich, dass nur 6,6 Millionen (7,9 % der Bevölkerung) als aktive Gläubige regelmäßig ihre Religion praktizieren.
Die französische Situation macht es ungleich schwieriger, statistische Aussagen über die Zugehörigkeit zu einer Religion oder einer bestimmten Kirche zu treffen. In einer IFOP-Umfrage von 2010 gaben 64 % der Bevölkerung an, katholisch zu sein – 57 % gaben aber auch an, dass sie nie zur Sonntagsmesse gingen. Jüngere Umfragen zeigen außerdem, dass das Bekenntnis zu einer Religion seit 2010 noch weiter abgenommen hat. 2015 bezeichneten sich 29 % der befragten Personen als „überzeugte Atheisten" und weitere 34 % bekräftigten, keiner Religion anzugehören. Insgesamt 63 % der Bevölkerung bekundeten also ihre Distanz zur Religion.

Fin 2019, en Allemagne 43,3 millions de personnes (52 % de la population) étaient membres de l'Église protestante ou de l'Église catholique, 4,3 millions (5,2 %) étaient des musulmans pratiquants. 32,3 millions de personnes (38,8 %) étaient enregistrées comme „sans confession". En outre, on peut comparer ces statistiques sur l'appartenance religieuse formelle avec des enquêtes sur le comportement religieux. Il s'avère alors que seuls 6,6 millions de personnes (7,9 % de la population) sont des croyants pratiquant régulièrement leur religion.
La situation française rend beaucoup plus difficile l'établissement de statistiques sur l'appartenance à une religion ou à une Église particulière. Dans un sondage IFOP de 2010, 64 % de la population déclarait être catholique - mais 57 % déclarait également ne jamais aller à la messe. Des enquêtes plus récentes montrent en outre que l'adhésion à une religion a encore diminué depuis 2010. En 2015, 29 % des personnes interrogées se disaient « athées convaincus » et 34 % affirmaient n'appartenir à aucune religion. Au total, 63 % de la population ont donc affirmé leur distance vis-à-vis de la religion.

lich nichtleibliche Kinder zu adoptieren. Außerdem wurden homosexuelle Justizopfer per Gesetz offiziell rehabilitiert: Frühere Urteile wurden aufgehoben und eine finanzielle Entschädigung beschlossen.

Religion und Kirche: Bindekraft und neue Phänomene

Die gesellschaftliche Rolle der Kirchen und ihr Einfluss hat in beiden Ländern deutlich abgenommen. Frankreich, das jahrhundertelang als besonders katholisch galt, sogar

passé ont été officiellement réhabilités par la loi : Les condamnations antérieures ont été annulées et une compensation financière a été décidée.

Religions et églises : du lien social à l'émergence de nouveaux phénomènes

La France, qui pendant des siècles a été considérée comme particulièrement catholique, étant même appelée la « fille aînée de l'Église » depuis que les rois mérovingiens se sont convertis à la foi catholique au 5e siècle,

Wieviel verdient eigentlich ein Priester? Combien gagne réellement un prêtre ?

Priester werden in Frankreich durch Spenden der Gläubigen entlohnt. Man spricht deshalb nicht von einem Gehalt, sondern von einer Aufwandsentschädigung. Diese liegt für alle Priester relativ niedrig, um die 950 €/Monat, dazu kommt ein freies Wohnrecht und eine Entfernungspauschale. Auch ein Bischof erhält keine höhere Aufwandsentschädigung, ist dafür aber häufig besser untergebracht oder verfügt über andere Annehmlichkeiten.

In Deutschland sind die Gehälter von Pfarrern und Priestern an die Gehälter der beamteten Gymnasiallehrer angelehnt. Damit verdient ein katholischer Pfarrer zwischen 3.500 und 5.000 Euro brutto, finanziert von den Gläubigen über die Kirchensteuer. Die Bezahlung der Bischöfe orientiert sich ebenfalls an der Beamtenbesoldung, sie sind häufig Staatssekretären gleichgestellt. Ein Erzbischof kommt so auf etwa 12.000 Euro Grundgehalt im Monat, dazu kommt die Dienstwohnung und ein Chauffeur.

Les prêtres en France sont rémunérés par les dons des fidèles. On ne parle donc pas d'un salaire, mais d'une indemnité de frais. Ce montant est relativement faible pour tous les prêtres, environ 950 € / mois, auquel s'ajoutent un logement gratuit et une indemnité de déplacement. Même un évêque ne reçoit pas une indemnité plus élevée, mais il est souvent mieux logé ou dispose d'autres commodités.

En Allemagne, les salaires des pasteurs et des prêtres sont basés sur les salaires des enseignants du secondaire de la fonction publique. Ainsi, un prêtre catholique gagne entre 3 500 et 5 000 euros bruts, financés par les fidèles grâce à l'impôt ecclésiastique. La rémunération des évêques est également basée sur le salaire des fonctionnaires, ils sont souvent alignés aux secrétaires d'État. Un archevêque touche donc environ 12 000 euros de salaire de base par mois, plus l'appartement officiel et un chauffeur.

als „älteste Tochter der Kirche" bezeichnet wurde, seit die Merowingerkönige sich im 5. Jahrhundert zum katholischen Glauben bekehrt hatten, wird heute als eines der zehn am wenigsten religiösen Länder der Welt angesehen, zusammen mit u.a. Estland, China und Japan.

Deutschland wurde historisch dagegen durch die Entstehung der Reformation und des Protestantismus und das darauffolgende Nebeneinander mehrerer unterschiedlicher christlicher Konfessionen geprägt. Auch wenn heute, unter anderem durch die Entwicklung in der ehemaligen DDR bedingt, der Anteil der kirchlich organisierten Menschen stark abgenommen hat, bleiben die beiden christlichen Kirchen in Deutschland prägende und einflussreiche Akteure in der Gesellschaft, die über erhebliche Finanzmittel verfügen.

est aujourd'hui considérée comme l'un des dix pays les moins religieux du monde, avec l'Estonie, la Chine et le Japon, entre autres. Néanmoins, le calendrier en France reste marqué par des fêtes catholiques, dont l'Assomption (15 août) et le lundi de Pentecôte.

L'Allemagne, quant à elle, a été historiquement façonnée par l'émergence de la Réforme et du protestantisme et la coexistence subséquente de plusieurs confessions chrétiennes différentes. Même si aujourd'hui, en raison notamment de l'évolution de l'ex-RDA, la proportion de personnes qui font partie d'une église a fortement diminué, les deux églises chrétiennes d'Allemagne restent des acteurs influents et structurants. Elles disposent de ressources financières considérables, notamment pour mener à bien les activités publiques qu'elles réalisent dans le

Unterschiedlicher Status, ähnliche Entwicklungen

In Frankreich nahm die moderne Entwicklung mit dem Gesetz von1905 ihren Anfang. Es verankerte das Prinzip des „Laizismus" in der Verfassung. Damit wurde Religion grundsätzlich zur Privatsache, Staat und Kirche sind seitdem strikt getrennt. In Deutschland besteht stattdessen ein gesetzlich geregeltes Vertragsverhältnis zwischen dem Staat und den beiden großen Konfessionen. Den Kirchen, als „Körperschaften des öffentlichen Rechts" anerkannt, werden vom Staat sogar bestimmte Aufgaben übertragen, es gibt kirchliche Krankenhäuser und Kindergärten und nicht zuletzt staatlich organisierten Religionsunterricht, meistens in enger Kooperation mit den Religionsgemeinschaften. Dafür stehen den beiden christlichen Konfessionen erhebliche Mittel zur Verfügung, die als eine automatische Steuer parallel zur Einkommenssteuer erhoben werden.

Deshalb kann man in Deutschland auch „aus der Kirche austreten", und muss diese Steuer dann nicht mehr abführen. In Frankreich gibt es dagegen eine solche Steuer nicht und man kann auch nicht „offiziell" aus der Kirche austreten. Die Kirchen verfügen deshalb über viel geringere Mittel und haben insgesamt eine weniger präsente Stellung. Während in Deutschland die beiden christlichen Kirchen aktiv am gesellschaftlichen Leben teilnehmen und ihre Position in der öffentlichen Debatte vertreten, bleibt in Frankreich Religion Privatsache. Dennoch hat die katholische Kirche traditionell einen großen Platz in der französischen Gesellschaft und gerade in jüngster Zeit hat sich im Rahmen

cadre des traités qui organisent la relation entre l'Etat et les communautés religieuses.

Un statut différent, une évolution similaire

En France, le développement moderne a commencé avec la loi de 1905. Elle a ancré le principe de « laïcité » dans la constitution. La religion est ainsi devenue une affaire privée, et l'État et l'Église ont été strictement séparés depuis lors. En Allemagne, au contraire, il existe une relation contractuelle légalement réglementée entre l'État et les deux principales confessions. Les églises, reconnues comme des « collectivités publiques », se voient même confier certaines tâches par l'État, il existe des hôpitaux et des jardins d'enfants confessionnels et, enfin, un enseignement religieux organisé par l'État, le plus souvent en étroite collaboration avec les communautés religieuses. Pour cela, les deux confessions chrétiennes disposent de fonds considérables, qui sont prélevés sous la forme d'un impôt obligatoire automatique parallèle à l'impôt sur le revenu. C'est pourquoi, en Allemagne, on peut aussi «quitter l'église», et alors on ne doit plus payer cet impôt. En France, par contre, il n'existe pas d'impôt de ce type et on ne peut pas quitter « officiellement » l'église. Les églises ont donc des ressources beaucoup plus faibles et une position globalement moins présente. Alors qu'en Allemagne les deux églises chrétiennes prennent une part active à la vie sociale et défendent leur position dans le débat public, la religion reste en France une affaire privée. Néanmoins, l'Église catholique occupe traditionnellement une grande place dans la société française et, tout récemment, un mouvement catholique étonnamment bien

der *„Manif pour tous"*, den großen Protestbewegungen gegen die Ehe für alle und künstliche Befruchtung auch für gleichgeschlechtliche Paare, eine erstaunlich gut organisierte christliche Subkultur gezeigt.

Alte und neue Religionen: Größenverhältnisse

Die Rolle der Kirchen und Religionsgemeinschaften in der heutigen Gesellschaft wird sowohl in Deutschland als auch in Frankreich immer wieder diskutiert, weil aufgrund der Zuwanderung neue Religionen ein relevanter Teil der Gesellschaft geworden sind. In Deutschland beginnt man, über einen eigenen Status für die muslimischen Glaubensgruppen und -organisationen nachzudenken, analog zur Beziehung, die der Staat zu den christlichen Kirchen unterhält. In Frankreich fragt man sich, ob Moscheen auf französischem Boden mit Kapital aus muslimischen Staaten gebaut werden sollen oder ob es nicht besser wäre, die neue Entwicklung durch den französischen Staat begleiten zu lassen. Gleichzeitig ermutigt der Staat die unterschiedlichen islamischen Strömungen, sich zu einer einheitlichen Organisation zusammenzuschließen. Man hofft, auf diese Weise einen „französischen Islam" als Ansprech- und Verhandlungspartner des Staates zu etablieren.

Der Platz des Islam

In Deutschland wird das Fach Theologie an öffentlichen Universitäten unterrichtet und an den öffentlichen Schulen findet Religionsunterricht statt.

Für die etwa fünf Millionen Muslime in Deutschland (die meisten davon leben

organisé, vivant et assez puissant, est apparu dans le contexte de la « Manif pour tous », le grand moment de protestation contre le « mariage pour tous » et le recours à la procréation médicalement assisté pour les couples de même sexe.

Anciennes et nouvelles religions

Le rôle des églises et des communautés religieuses dans la société d'aujourd'hui fait l'objet d'un débat permanent, tant en Allemagne qu'en France, car les « nouvelles » religions sont devenues un élément important de la société en raison de l'immigration. En Allemagne, on commence à réfléchir à un statut spécifique pour les groupes et organisations confessionnels musulmans, par analogie avec la relation que l'État entretient avec les églises chrétiennes. En France, on se demande si les mosquées doivent être construites sur le sol français avec de l'argent provenant de l'étranger ou s'il ne serait pas préférable de laisser l'État français financer (et organiser) ce nouveau développement. En même temps, l'État encourage les différents courants islamiques à s'unir en une organisation uniforme. On espère ainsi établir un «Islam français» comme interlocuteur et partenaire de négociation de l'Etat.

La place de l'Islam

En ce qui concerne l'islam, les différents points de départ qui déterminent la relation entre l'État et la religion en France et en Allemagne apparaissent une fois de plus. En Allemagne la théologie est enseignée dans les universités publiques et les élèves assistent à des cours de religion à l'école.

Pour les quelque cinq millions de musulmans d'Allemagne (la plupart d'entre eux

in Nordrhein-Westfalen) wird in neun der sechzehn Bundesländer seit einigen Jahren islamischer Religionsunterricht als ordentliches Schulfach angeboten, analog zum Religionsunterricht der anderen Konfessionen.

Im Schuljahr 2019/20 nahmen bundesweit knapp 60.000 Schüler an über 900 Schulen daran teil, 2015/16 waren es nur rund 42.000 Schüler gewesen. Die Lehrkräfte werden unter anderem an den derzeit sieben Instituten für islamische Theologie ausgebildet, die alle an namhaften Universitäten angesiedelt sind – auch hier stand wiederum das Modell der katholischen und protestantischen theologischen Fakultäten Pate, die ebenfalls an öffentlichen, staatlichen Universitäten ihren Platz haben, dabei aber durch die Glaubensgemeinschaften organisiert werden.

In Frankreich hat der Islam in den letzten Jahrzehnten ebenfalls an Bedeutung gewonnen, er ist heute die zweitstärkste Religion mit über vier Millionen Mitgliedern. Ähnlich wie bei den christlichen Kirchen geben allerdings 31 % dieser Gruppe an, niemals eine Moschee zu besuchen, und weitere 31 % geben an, nur anlässlich von hohen Feiertagen oder noch seltener ein islamisches Gotteshaus zu betreten. Das letzte Drittel, die französischen Muslime, die auch regelmäßig in die Moschee gehen, stellen demnach zwei Prozent der französischen Bevölkerung dar.

Das Verhältnis zwischen den Religionen

Interessanterweise finden zwei Drittel der französischen Muslime, dass die strikte Trennung von Religion und Staat es ihnen ermöglicht, ihren Glauben in Frankreich

vivent en Rhénanie-du-Nord-Westphalie), l'instruction religieuse islamique est proposée depuis quelques années en tant que matière scolaire régulière dans neuf des seize États fédérés, de manière analogue à l'instruction religieuse des autres confessions.

Au cours de l'année scolaire 2019/20, un peu moins de 60 000 élèves de plus de 900 écoles à l'échelle nationale y ont participé, contre seulement environ 42 000 élèves en 2015/16. Les enseignants sont formés, entre autres, dans les sept instituts de théologie islamique actuels, tous situés dans des universités renommées - là aussi, le modèle des facultés de théologie catholiques et protestantes, qui ont également leur place dans les universités publiques d'État, mais sont organisées par les communautés religieuses, a servi d'inspiration.

En France, l'Islam a également pris de l'importance au cours des dernières décennies, et est aujourd'hui la deuxième religion en France, avec plus de quatre millions de membres. Toutefois, à l'instar des églises chrétiennes, 31 % de ce groupe déclarent ne jamais se rendre dans une mosquée, et 31 % supplémentaires disent n'entrer dans un lieu de culte islamique qu'à l'occasion de grandes fêtes ou encore moins fréquemment. Le dernier tiers, les musulmans français qui vont régulièrement à la mosquée, représente donc deux pour cent de la population française.

De la relation entre les religions

Il est intéressant de noter que deux tiers des musulmans français estiment que la stricte séparation entre l'église, et donc la religion, et l'État, leur permet de vivre leur foi libre-

frei zu leben. Dem stehen in den letzten Jahren jedoch auch wachsende Spannungen zwischen den Gruppen entgegen. Bereits in der Regierungszeit des konservativen Präsidenten Nicolas Sarkozy (2007-2012), also noch vor der Serie islamistisch motivierter Anschläge ab 2013, hat sich das Bild des Islam in Frankreich negativ verändert. Über zwei Drittel der Franzosen fanden 2012, die Gesellschaft sei dem Islam gegenüber ausreichend offen und aufnahmebereit. Gleichzeitig empfanden aber 60 % der Befragten die „Sichtbarkeit des Islam" in Frankreich als zu groß, was nicht gerade auf Offenheit und Aufnahmebereitschaft hinweist.

Diese Aussagen müssen vor dem Hintergrund der französischen Überzeugung gelesen werden, dass Religion Privatsache und damit im öffentlichen Raum möglichst wenig sichtbar sein sollte. Die Ablehnung richtet sich deshalb in erster Linie gegen die organisierte Sichtbarkeit der Religionsgemeinschaft, gegen den Bau von Moscheen oder die Gründung von Parteien oder Gewerkschaften, die sich auf den Islam berufen.

In Deutschland zeigt sich die Gesellschaft in Umfragen unentschieden. 2018, nachdem Bundesinnenminister Horst Seehofer (CSU) geäußert hatte, der Islam gehöre nicht zu Deutschland, wohl aber die in Deutschland lebenden Muslime, waren in einer Umfrage 47 % der Befragten der Meinung, der Islam gehöre sehr wohl zu Deutschland, 46 % waren der Meinung, der Islam sei nicht Teil der deutschen Gesellschaft.

ment en France. Toutefois, cette tendance a été contrecarrée ces dernières années par des tensions croissantes entre les communautés. Déjà sous le mandat du président conservateur Nicolas Sarkozy (2007-2012), c'est-à-dire avant même la série d'attentats à motivation islamiste survenus à partir de 2013, l'image de l'islam en France a évolué négativement. En 2012, plus des deux tiers des Français estimaient que la société était suffisamment ouverte et réceptive à l'islam. Dans le même temps, cependant, 60 % des personnes interrogées estiment que la « visibilité de l'islam » en France serait « trop élevée », ce qui n'est pas exactement un signe d'ouverture et de réceptivité.

Ces déclarations doivent être lues dans le contexte de la conviction française selon laquelle la religion est une affaire privée et doit donc être aussi peu visible que possible dans la sphère publique. Le rejet est donc principalement dirigé contre la visibilité organisée de la communauté religieuse, contre la construction de mosquées ou la fondation de partis ou de syndicats qui se réfèrent à l'Islam.

En Allemagne, la société est indécise dans les sondages d'opinion. En 2018, après que le ministre fédéral de l'Intérieur Horst Seehofer (CSU) a déclaré que l'islam ne faisait pas partie de l'Allemagne, mais que « les musulmans qui vivent avec nous » en faisaient partie, 47 % des personnes interrogées dans le cadre d'un sondage étaient d'avis que l'islam faisait très largement partie de l'Allemagne, tandis que 46 % étaient d'avis que l'islam ne faisait pas partie de la société allemande.

Islamistischer Terrorismus in Frankreich und Deutschland

Frankreich wurde seit dem Algerienkrieg Ende der fünfziger Jahre immer wieder zum Schauplatz islamistischer Terroranschläge. Auch in den neunziger Jahren wurden wiederholt Bombenanschläge gegen Metrostationen oder Bahnhöfe verübt und Menschen umgebracht. Unter der jüngeren Serie besonders brutaler und systematisch geplanter und durchgeführter Terroranschläge blieb besonders das Jahr 2015 im Gedächtnis. Dieses Jahr begann im Januar mit dem Angriff auf das Satiremagazin Charlie Hébdo und die begleitende Geiselnahme in einem jüdischen Supermarkt, wobei 17 Menschen getötet wurden, bevor die Täter schließlich erschossen wurden. Im August 2015 scheiterte der Anschlag auf einen Thalys-Schnellzug zwischen Brüssel und Paris am beherzten Eingreifen der Passagiere, im November 2015 kamen in einer Serie von sieben Anschlägen, die sich unter anderem gegen das Fußballspiel Frankreich – Deutschland und den Konzertsaal Bataclan richteten, 131 Menschen ums Leben. Diese Anschläge wurden von mindestens zehn Terroristen verübt, die von mindestens 20 Komplizen unterstützt worden waren. Die Organisation „Islamischer Staat" hat dafür die Verantwortung übernommen. Auch danach bekamen die Sicherheitskräfte den Terror nicht völlig in den Griff. Im Jahr 2016 raste am 14. Juli, dem Nationalfeiertag, in Nizza ein tunesischer Islamist mit einem LKW in die Menge und tötete 86 Menschen, wenige Tage später wurde ein katholischer Geistlicher während der Messe vor den Augen der als Geiseln genommenen Gläubigen ermordet. Im Jahr 2018 verübte ein

Le terrorisme islamiste en France et en Allemagne

La France a été à plusieurs reprises le théâtre d'attaques terroristes islamistes depuis la guerre d'Algérie à la fin des années 1950. Dans les années 1990 également, des attentats à la bombe ont été perpétrés à plusieurs reprises contre des stations de métro ou des gares ferroviaires et plusieurs personnes ont été tuées. Parmi les séries plus récentes d'attaques terroristes particulièrement brutales, planifiées et exécutées systématiquement, l'année 2015 a été particulièrement meurtrière. Cette année avait commencé en janvier avec l'attentat contre le magazine satirique Charlie Hébdo et la prise d'otages qui l'a accompagné dans un supermarché juif, faisant 17 morts avant que les auteurs ne soient finalement abattus. En août 2015, l'attaque contre un train Thalys entre Bruxelles et Paris a échoué grâce à l'intervention courageuse de passagers, et en novembre 2015, 131 personnes ont été tuées dans une série de sept attentats visant notamment la rencontre de football France-Allemagne et la salle de concert du Bataclan. Ces attentats ont été perpétrés par au moins dix terroristes qui ont été soutenus par au moins 20 complices. L'organisation « État islamique » en a revendiqué la responsabilité. Même après cela, les forces de sécurité n'ont pas réussi à maîtriser complètement la terreur. En 2016, le 14 juillet, jour de la fête nationale, un islamiste tunisien a foncé dans la foule avec un camion et tué 86 personnes, et quelques jours plus tard, un prêtre catholique a été assassiné pendant la messe devant des fidèles pris en otage. En 2018, un Franco-Algérien de 29 ans a attaqué le marché de Noël de Strasbourg, tuant six personnes avant d'être

29-jähriger Franko-Algerier ein Attentat auf den Straßburger Weihnachtsmarkt und tötete sechs Menschen, bevor er selbst erschossen wurde. Im Jahr 2020 erregte die Enthauptung des Geschichtslehrers Samuel Paty, der im Unterricht zur Meinungsfreiheit gearbeitet und Karikaturen des Propheten Mohammed gezeigt hatte, besondere Empörung. Die Tat eines 18-jährigen Tschetschenen richtete sich aus französischer Sicht direkt gegen die Republik und ihr Projekt der Aufklärung und der Bildung für alle ihre Bürgerinnen und Bürger.

Auch Deutschland hat in den letzten Jahren mit islamistischem Terror zu tun gehabt, allerdings in einem weit geringeren Ausmaß als Frankreich. Für besondere Aufmerksamkeit sorgte 2016 der Angriff mit einem Lastkraftwagen auf einen Weihnachtsmarkt am Berliner Breitscheidplatz, bei dem 12 Menschen getötet wurden.

Diese Serie von Anschlägen hat insbesondere in Frankreich zu einem Klima des Misstrauens geführt und zu heftigen öffentlichen Diskussionen über die Rolle und den Platz von Religionen sowie über die Integration von Einwanderern und Minderheiten. Der französische Staat reagierte zunächst in erster Linie mit polizeilichen Maßnahmen. 2016 befanden sich 349 Menschen wegen terroristischer Vergehen in Gewahrsam (90 im Jahr 2014). 1.336 Gefängnisinsassen wurden von den Behörden als „radikalisierte Islamisten" geführt (700 im Jahr 2015).

Daneben überwachen die Polizeikräfte und der Inlandsgeheimdienst eine Gruppe von mindestens 11.000 Menschen, die als radikalisiert angesehen und deshalb als „*fiché S*" (s für *sûreté*) in den Verwaltungs-

lui-même abattu. En 2020, la décapitation du professeur d'histoire Samuel Paty, qui avait travaillé sur la liberté d'expression en classe et avait montré des caricatures du prophète Mahomet, a suscité une indignation particulière. Du point de vue français, l'acte d'un Tchétchène de 18 ans était directement dirigé contre la République et son projet d'éducation par les connaissances et le savoir pour tous ses citoyens.

L'Allemagne a également dû faire face au terrorisme islamiste ces dernières années, bien que dans une moindre mesure que la France. En 2016, l'attaque au camion d'un marché de Noël sur le Breitscheidplatz à Berlin, au cours de laquelle 12 personnes ont été tuées, a particulièrement attiré l'attention.

Cette série d'attentats a engendré un climat de méfiance, notamment en France, et des débats publics passionnés sur le rôle et la place des religions et l'intégration des immigrés et des minorités. Dans un premier temps, l'État français a réagi principalement par des mesures policières. En 2016, 349 personnes ont été placées en détention pour des infractions terroristes (90 en 2014). 1 336 détenus de prison ont été répertoriés par les autorités comme des « islamistes radicalisés » (700 en 2015).

En outre, les forces de police et le service de renseignement intérieur surveillent un groupe d'au moins 11 000 personnes qui sont considérées comme radicalisées et sont donc répertoriées comme « fichées S » (s pour sûreté) dans les dossiers administratifs. Ces personnes n'ont souvent commis aucun délit ou crime, mais elles sont considérées comme potentiellement dangereuses par les autorités et sont donc surveillées, secrètement ou par des mesures menées

akten geführt werden. Diese Menschen haben häufig überhaupt kein Vergehen oder keine Straftat begangen, sie werden aber von den Behörden als Gefährder eingestuft und deshalb, verdeckt oder mit offen ausgeführten Maßnahmen, überwacht. Im Jahr 2021 verabschiedete das Parlament ein breit angelegtes Reformgesetz zum Schutz der republikanischen Prinzipien. Damit soll die Schulpflicht verstärkt werden, gegen hasserfüllte Kommentare und Postings im Internet strafrechtlich vorgegangen werden und das Neutralitätsgebot (Verbot des Zeigens religiöser Symbole) im öffentlichen Dienst ausgeweitet werden. Vereine, die öffentliche Zuwendungen erhalten, müssen sich zu den Prinzipien und Werten der Republik bekennen.

In Deutschland sehen die Verfassungsbehörden und der Verfassungsschutz im Jahr 2019 bei 28.020 Personen „Islamismuspotenzial" und ordnen diese dem „Personenpotenzial islamistischer Terrorismus / Islamismus" zu. Wie auch in Frankreich, geht es dabei um die Einordnung als potentielle Gefährder, ohne dass diese Personen eine Straftat begangen haben.

ouvertement. En 2021, le Parlement a adopté un vaste projet de réforme visant à « protéger les principes républicains. » Il s'agit de renforcer la scolarité obligatoire, de prendre des mesures pénales contre les commentaires et les messages haineux sur Internet et d'étendre l'obligation de neutralité (interdiction d'afficher des signes religieux) dans le service public. Les associations qui reçoivent des financements publics doivent s'engager à respecter les principes et les valeurs de la République.

En Allemagne, les autorités constitutionnelles et l'Office de protection de la Constitution considèrent que 28020 personnes ont un «potentiel islamiste» en 2019 et les affectent au « potentiel personnel de terrorisme islamiste / islamisme ». Comme en France, il s'agit d'une classification en tant que personnes « potentiellement dangereuses » sans qu'elles aient commis un crime.

04

Sozialer Schutz

Entstehung und Struktur der sozialen Sicherung

Über viele Jahrhunderte waren die Großfamilie, berufliche Genossenschaften (wie die Zünfte der Handwerker in Deutschland, oder die *corporations* in Frankreich) und die Kirche der Ort, an dem Menschen Schutz vor Armut, Krankheit, oder anderen Bedrohungen erfahren konnten. Man half sich also gegenseitig in der Familie oder Menschen des gleichen Berufsstands standen für Kollegen ein, die in Not geraten waren. Wer nicht auf eine solche Unterstützung zählen konnte, fand im Zweifel Hilfe bei kirchlichen Fürsorgeeinrichtungen. Eine staatliche Absicherung gegen Lebensrisiken wie Krankheit und Arbeitslosigkeit, wie wir sie heute kennen und bei der die Gesellschaft als Ganzes für den Einzelnen einsteht, gab es nicht, geschweige denn Leistungen zur Bekämpfung der Armut.

Sozialversicherung in Deutschland

Als es in Deutschland ab Mitte des 19. Jahrhunderts immer mehr Menschen, die in ihren Dörfern kein Auskommen (mehr) fanden, wegen der entstehenden Arbeitsplätze in den neuen Industriebetrieben in die Städte zog, spitzte sich die soziale Frage rasant zu. Die Arbeitsbedingungen dort waren schwierig und vielfach gesundheitsgefährdend.

Angesichts dieser Missstände formierte sich damals die sozialdemokratische Arbeiterbewegung. Die Angst vor einem revolutionären Umsturz veranlasste die Regierung unter Reichskanzler Otto von Bismarck da-

Protection sociale

Histoire et structure de la protection sociale

Pendant de nombreux siècles, la famille élargie, les coopératives professionnelles (telles que les guildes d'artisans en Allemagne, ou les corporations en France) et l'Église étaient les lieux où les citoyens pouvaient trouver une protection contre la pauvreté, la maladie ou d'autres menaces. Ainsi, les gens s'entraidaient en famille et les personnes d'une même profession défendaient leurs collègues en détresse. Ceux qui ne bénéficiaient pas d'un tel soutien pouvaient trouver de l'aide auprès des institutions sociales de l'Église. Il n'y avait pas d'assurance publique contre les risques de la vie tels que la maladie et le chômage, à l'image de ce que nous connaissons aujourd'hui, la société dans son ensemble prenant en charge l'individu, sans parler des prestations pour lutter contre la pauvreté.

Sécurité sociale en Allemagne

Lorsqu'en Allemagne, à partir du milieu du 19e siècle, de plus en plus de personnes qui ne pouvaient plus gagner leur vie dans leur village sont venues s'installer dans les villes où furent créés des emplois dans les usines industrielles, la question sociale s'est rapidement posée. Les conditions de travail y étaient difficiles et souvent dangereuses pour la santé.

En raison de ces griefs, le mouvement ouvrier social-démocrate s'est formé à cette époque. La crainte d'un bouleversement révolutionnaire a donc incité le gouvernement du chancelier allemand, Otto von Bismarck à

Reichskanzler Otto von Bismarck (1815-1898) führte in den 1880er Jahren eine Sozialversicherung ein.
Le Chancelier de l'Empire allemand, Otto von Bismarck, a introduit une sécurité sociale dans les années 1880.

© Bundesarchiv, Bild 146-1990-023-06A

her zur Flucht nach vorn. Er führte in den 1880er Jahren eine gesetzliche Sozialversicherung ein, mit der Angestellte und Arbeiter im Krankheitsfall, bei einem Arbeitsunfall und im Alter Unterstützung erfuhren. Sie funktioniert (bis heute) nach folgendem Prinzip: Vom Lohn eines Arbeitnehmers gehen Sozialbeiträge ab, über die Gesundheitsausgaben und Rentenzahlungen für alle Versicherten finanziert werden. Die Arbeitgeber zahlen ebenfalls in die Sozialkassen ein. So entwickelte sich eine große Solidargemeinschaft, die soziale Notlagen Einzelner abfedern kann. Noch nicht abgesichert waren die Menschen allerdings, wenn sie ihre Beschäftigung verloren. Eine gesetzliche Arbeitslosenversicherung wurde erst Ende der 1920er Jahre in der Weimarer Republik eingeführt.

Sozialversicherung in Frankreich

In Frankreich stellte sich diese soziale Frage nicht mit derselben Dramatik, weil die Industrialisierung hier langsamer voranschritt. Daher stand der Staat zunächst auch nicht unter einem vergleichbaren Druck, Menschen gegen Lebensrisiken abzusichern. Stattdessen entstanden gemäß dem Prinzip der gegenseitigen Solidarität ab Mitte

prendre la fuite en avant. Dans les années 1880, il a introduit un système d'assurance sociale légale pour soutenir les employés et les ouvriers en cas de maladie, d'accident du travail et de vieillesse. Il fonctionne (encore aujourd'hui) selon le principe suivant : des cotisations sociales sont prélevées sur le salaire d'un employé, qui servent à financer les dépenses de soins de santé et le paiement des retraites pour tous les assurés. Les employeurs contribuent également à la sécurité sociale. De cette manière, une grande communauté solidaire s'est développée, capable d'amortir les difficultés sociales des individus. Cependant, les personnes n'étaient pas encore protégées si elles perdaient leur emploi. L'assurance chômage n'a été introduite qu'à la fin des années 1920 dans la République de Weimar.

Sécurité sociale en France

En France, cette question sociale ne s'est pas posée avec la même acuité car l'industrialisation y a progressé plus lentement. C'est pourquoi, au départ, l'État n'était pas soumis à une pression comparable pour assurer les gens contre les risques de la vie. Au lieu de cela, conformément au principe de solidarité mutuelle, de nombreuses caisses d'assurance sociale professionnelle (les *mutuelles*) ont été créées à partir du milieu du 19e siècle, auxquelles les travailleurs cotisaient pour pouvoir prétendre à une aide en cas de difficultés sociales. Mais qu'en était-il des membres les plus faibles de la société, les personnes âgées et les personnes gravement malades, qui n'étaient pas en mesure de subvenir à leurs besoins ? Leur détresse a incité l'État à agir : les lois sociales de 1893 et 1905, considérées comme la naissance de

des 19. Jahrhunderts viele berufsgenossenschaftliche Sozialkassen (die so genannten *mutuelles*), in welche die Arbeiter einzahlten, um im Falle einer sozialen Notlage Hilfeleistungen in Anspruch nehmen zu können. Doch was war mit den Schwächsten der Gesellschaft, Alten und Schwerkranken, die nicht in der Lage waren, selbst für ihren Lebensunterhalt zu sorgen? Ihre Not veranlasste den Staat zu handeln: Mit den Sozialgesetzen der Jahre 1893 und 1905, die als Geburtsstunde des französischen Wohlfahrtsstaats gelten, ermöglichte er ihnen Zugang zu medizinischer Versorgung. 1913 folgte dann die Unterstützung für schwangere Frauen und kinderreiche Familien.
Unterdessen war die arbeitsfähige Bevölkerung zur Absicherung von Risiken allerdings weiterhin auf Selbsthilfe angewiesen, und je nach Berufsstand variierte das Schutzniveau zum Teil erheblich. Ob man also mehr oder weniger Leistungen in Anspruch nehmen konnte, hing stark davon ab, wo und was man arbeitete. Erst der völlige Neuanfang nach dem Zweiten Weltkrieg bot die Gelegenheit zur Schaffung der *Sécurité sociale*, die in ihrer Organisation dem von Otto von Bismarck geschaffenen Modell recht ähnlich ist. Neben der Kranken- und der Rentenversicherung umfasst auch die *„Sécu"* eine Versicherung gegen Arbeitsunfälle und Berufsunfähigkeit. Eine Arbeitslosenversicherung gibt es in Frankreich seit 1958.

Pflege und Familie

Unter dem Eindruck der Alterung der Gesellschaft (demographischer Wandel) und der zunehmenden Zahl pflegebedürftiger Menschen wurde in Deutschland 1995

l'État-providence français, leur ont donné accès aux soins médicaux. Cette mesure a été suivie en 1913 par une aide aux femmes enceintes et aux familles nombreuses.
Entre-temps, cependant, la population en capacité de travailler a continué à compter sur l'auto-assistance pour couvrir les risques, et le niveau de protection variait parfois considérablement en fonction de la profession. Ainsi, le fait de pouvoir prétendre à plus ou moins de prestations dépendait fortement du lieu et du type de travail. Ce n'est que dans le cadre d'un nouveau départ après la Seconde Guerre mondiale que l'occasion s'est présentée de créer la *Sécurité sociale*, dont l'organisation est assez proche du modèle créé par Otto von Bismarck. Outre l'assurance maladie et l'assurance retraite, la « Sécu » comprend également une assurance contre les accidents du travail. L'assurance chômage existe en France depuis 1958.

Soutien à l'autonomie et aux familles

Sous l'effet du vieillissement de la société (évolution démographique) et du nombre croissant de personnes nécessitant des soins, une assurance dépendance a été introduite en Allemagne en 1995, qui couvre les coûts des soins aux personnes âgées (à domicile via des services de soins mobiles ou dans une maison de retraite). En France, le soutien à l'autonomie fait partie de la « Sécu » depuis 2020. En outre, l'aide aux familles provient de la sécurité sociale. Les fonds nécessaires à cet effet sont collectés auprès des employeurs par le biais de leurs contributions à la Caisse nationale des allocations familiales (CNAF). Cela montre d'ailleurs que la protection de la famille est une priorité.

Sozialversicherungspflichtige Beschäftigung / L'emploi soumis aux cotisations sociales

Wenn man in Deutschland Einkünfte aus nichtselbständiger Arbeit erzielt, also bei einem Unternehmen, einer gemeinnützigen Organisation oder im öffentlichen Dienst angestellt ist, bekommt man jeden Monat ein Gehalt, den Bruttolohn. Davon geht jeweils ein bestimmter Prozentsatz als Lohnsteuer an den Staat und als Sozialbeiträge an die verschiedenen Zweige der Sozialversicherung. Die entsprechenden Beträge werden auf dem Lohnzettel ausgewiesen. Die Sozialabgaben, die der Arbeitgeber entrichtet, sind dort in der Regel nicht zu sehen. Das gilt insbesondere für die Beiträge zur Versicherung gegen Arbeitsunfälle, die in Gänze zu seinen Lasten gehen.
Si vous percevez des revenus d'un emploi en Allemagne, c'est-à-dire si vous êtes employé par une entreprise, une organisation sans but lucratif ou dans le secteur public, vous recevez chaque mois un salaire, le salaire brut. Un certain pourcentage de cette somme revient à l'État sous forme d'impôt sur le revenu ainsi qu'aux différentes branches de l'assurance sociale. Les montants correspondants sont indiqués sur le bulletin de paie. En général, les cotisations sociales versées par l'employeur n'y figurent pas. C'est notamment le cas de celles pour l'assurance contre les accidents du travail, qui sont entièrement à la charge de l'employeur.

In Frankreich tragen die Arbeitgeber insgesamt einen deutlich höheren Anteil der Sozialabgaben. Und auf der Gehaltsabrechnung (bulletin de paie) ist detailliert dokumentiert, welche Beiträge in welcher Höhe jeweils vom Arbeitnehmer und vom Arbeitgeber übernommen werden.
Die Lohnsteuer wird anschließend auf Basis des Betrags errechnet, der nach Abzug der Sozialabgaben übrigbleibt (*net à payer avant impôt sur le revenu*). Lange Zeit wurde genau dieser Betrag übrigens als Nettogehalt vom Arbeitgeber an die Arbeitnehmer ausgezahlt. Im darauffolgenden Frühjahr musste dann aber ein bestimmter Prozentsatz des Jahresgehalts wieder als Lohnsteuer an das Finanzamt abgeführt werden. Seit 2019 wird sie wie die Sozialbeiträge monatlich einbehalten (*prélèvement à la source*). Seitdem ist es auch etwas leichter, Gehälter in Deutschland und Frankreich zu vergleichen.
En France, les employeurs paient une part beaucoup plus importante des cotisations de sécurité sociale. Le bulletin de paie indique en détail son montant versé par l'employé et par l'employeur.
L'impôt sur les salaires est ensuite calculé sur la base de la somme restante après déduction des cotisations de sécurité sociale (net à payer avant impôt sur le revenu). Pendant longtemps, c'est exactement ce montant qui était versé par l'employeur aux employés comme salaire net.
Au printemps suivant, toutefois, un certain pourcentage du salaire annuel devait être versé à l'administration fiscale au titre de l'impôt sur le revenu. Depuis 2019, il est prélevé chaque mois, comme les cotisations sociales (prélèvement à la source). Depuis lors, il est un peu plus facile de comparer les salaires en Allemagne et en France.

Deutsche Entgeltabrechnung / Bulletin de paie allemande

Entgeltabrechnung März 2020 erstellt am **25.03.2020**

Unternehmen XYZ	**Steuerdaten**	**Sozialversicherungsdaten**	
Adresse	SteuerID	SV-Tage	30
	Steuerklasse	Krankenkasse	Barmer
	Konfession	Sozialversicherungs-Nr.	
	...	...	
Name			
Anschrift	**Persönliche Daten**		
	Personalnr.	**Urlaubsdaten**	
	Eintritt	Vorjahr	**5**
	Geburtsdatum	Aktuelles Jahr	**25**
	...	Genommen	**14**
		Rest	**16**

Brutto-Bezüge

Bezeichnung	**Betrag**
Gehalt	**3.700,00**
Sachbezüge	**20,00**
	Gesamt-Brutto
	3.720,00

Steuer/Sozialversicherung

Steuer-Brutto	**Lohnsteuer**	**Kirchensteuer**	**Solidaritätszuschlag**	**Steuerrechtliche Abzüge**
3.700,00	601,00	48,10	33,06	**682,41**

KV-Beitrag	**RV-Beitrag**	**AV-Beitrag**	**PV-Beitrag**	**SV-rechtliche Abzüge**
292,02	345,96	46,50	66,03	**750,51**
				Netto-Verdienst
				2.272,32

Bank	**SV-AG-Anteil**	**Zus. AG-Kosten**	**Gesamtkosten**	**Auszahlungsbetrag**
IBAN	743,44	60,26	4.523,70	**2.272,32**

Steuer-Brutto: Le salaire brut dont sont déduits l'impôt sur le revenu (Lohnsteuer), l'impôt sur les religions (Kirchensteuer) et l'impôt de solidarité (Solidaritätszuschlag, une contribution additionnelle, créée afin de financer la réunification, et dont la grande majorité des contribuables est désormais exemptée)

KV-Beitrag: Montant payé par le salarié pour l'assurance-maladie
RV-Beitrag: Montant payé par le salarié pour l'assurance retraite
AV-Beitrag: Montant payé par le salarié pour l'assurance chômage
PV-Beitrag: Montant payé par le salarié pour l'assurance dépendance

SV-AG-Anteil: Montant payé par l'employeur pour la sécurité sociale
Zus. AG-Kosten: Contribution supplémentaire de l'employeur
Gesamtkosten: Montant complet payé par l'employeur

Französische Entgeltabrechnung / Bulletin de paie française

Bulletin de paie
Paie du 01/03/2020 au 31/03/2020

Entreprise XYZ
Adresse

M. XYZ
Adresse

Emploi
Date d'entrée :
Horaire mensuel: 151,67h

Salaire 151,67h	2 650,00
Total brut	2 650,00

Cotisations et contributions sociales	Base	Taux salarial	part salarié	part employeur
SANTÉ				
Sécurité sociale	2 650,00			344,50
Complémentaire santé	2 650,00	1,50%	39,75	48,58
ACCIDENTS DU TRAVAIL MALADIES PROFESSIONNELLES	2 650,00			22,26
RETRAITE				
Sécurité sociale plafonnée	2 650,00	6,90%	182,85	226,58
Sécurité sociale déplafonnée	2 650,00	0,40%	10,60	50,35
Complémentaire tranche 1	2 650,00	3,90%	103,35	155,03
FAMILLE - SECURITE SOCIALE	2 650,00			91,43
ASSURANCE CHÔMAGE				
Chômage	2 650,00			111,30
AUTRES CONTRIBUTIONS DUES PAR L'EMPLOYEUR				95,30
COTISATIONS STATUTAIRES OU PRÉVUES PAR LA CONVENTION COLLECTIVE				
CSG non imposable à l'impôt sur le revenu	2 650,21	6,80%	180,35	
CSG / CRDS imposable à l'impôt sur le revenu	2 650,21	2,90%	76,91	
ALLEGEMENT DE COTISATIONS				
TOTAL DES COTISATIONS ET CONTRIBUTIONS			**593,81**	**1 145,33**
Tickets restaurant			77,22 -	
Remboursement transport			37,60 +	
NET A PAYER AVANT IMPOT SUR LE REVENU				**2 016,57**

Impôt sur le revenu	Base	Taux personnalisé	Montant
Impôt sur le revenu prélevé à la source	2 181,68	3,50%	**76,35**

Net payé en euros versé le 30/03/2020	
1 940,22	
Total versé par l'employeur	Allégement de cotisations
3 832,93	47,70

Taux salarial: Beitragssatz des Arbeitnehmers
Part salarié: Vom Arbeitnehmer abzuführender Betrag
Part employeur: Vom Arbeitgeber abzuführender Betrag

Die Beiträge zur Sozialversicherung werden also entweder ausschließlich vom Arbeitgeber bezahlt (wie Familie, Arbeitslosigkeit, Arbeitsunfälle) oder zum größeren Teil.

außerdem eine Pflegeversicherung eingeführt, die Kosten für die Betreuung von Senioren (zuhause über mobile Pflegedienste oder im Altenheim) übernimmt. Auch in Frankreich wurde die Pflege mittlerweile in die *„Sécu"* integriert. Außerdem kommt die Unterstützung von Familien aus der Sozialversicherung. Die Mittel hierfür bringen die Arbeitgeber durch ihre Beiträge zur *Caisse nationale des allocations familiales* (CNAF) auf. Das zeigt, dass dem Schutz der Familie hohe Priorität eingeräumt wird. Das gilt auch für Deutschland, wo Familienleistungen (Kinder- und Elterngeld) sowie staatliche Angebote für Kinder und Jugendliche allerdings aus Steuern und nicht aus Abgaben auf den Arbeitslohn bezahlt werden.

Krankenversicherung

In beiden Ländern hat die gesetzliche Sozialversicherung bestehende Sozialkassen nicht einfach ersetzt oder in die neu geschaffenen Strukturen integriert. Denn diejenigen, die bereits zuvor gegen Risiken abgesichert waren, hatten oftmals kein Interesse, in ein einheitliches System überführt zu werden, das allen ein vergleichbares Schutzniveau bietet. Bestimmte Gruppen genießen daher bis heute eine Art Sonderbehandlung.

Ein Beispiel dazu aus Deutschland: Bei der Einführung der gesetzlichen Krankenversicherung (GKV) im Jahr 1883 blieb ein kleiner Teil der Bevölkerung, der bereits über einen Krankheitsschutz verfügte (vor allem Staatsbedienstete und Unternehmer), von der nunmehr bestehenden Versicherungspflicht ausgenommen. Diese privaten Krankenversicherungen für Beamte und

C'est également le cas en Allemagne, où les prestations familiales (allocations familiales et parentales) et les services publics destinés aux enfants et aux jeunes sont en revanche financés par les impôts et non pas par des cotisations salariales.

Assurance Maladie

Dans ces deux pays, l'assurance sociale obligatoire n'a pas tout simplement remplacé les caisses de sécurité sociale existantes ou intégré celles-ci dans les structures nouvellement créées. En effet, ceux qui étaient déjà couverts contre les risques auparavant n'avaient souvent aucun intérêt à être transférés vers un système uniforme offrant un niveau de protection comparable pour tous. Certains groupes bénéficient donc encore aujourd'hui de régimes spéciaux.

Un exemple en Allemagne : lorsque l'assurance maladie obligatoire (*gesetzliche Krankenversicherung, GKV*) a été introduite en 1883, une petite partie de la population qui bénéficiait déjà d'une protection maladie (principalement les fonctionnaires et les entrepreneurs) est restée exemptée de l'assurance obligatoire désormais en vigueur. Ces assurances maladie privées pour les fonctionnaires et les indépendants existent encore aujourd'hui. Sous certaines conditions, les employés peuvent également quitter le GKV et en devenir membres. Mais pour cela, leur salaire doit dépasser un certain seuil. En 2023, il était de 66 600 euros bruts par an. La grande majorité de la population (environ 90 %) est donc assurée (obligatoirement) par le GKV. On pourrait objecter : oú est le problème ? En réalité, ce système à deux niveaux est souvent critiqué parce que le catalogue de prestations des assureurs maladie

Beim Arzt / Chez le médecin

Nach einer Behandlung in einer Arztpraxis bekommt man in Frankreich eine Rechnung, auf der man einsehen kann, welche Leistungen erbracht wurden und was sie kosten. Die gesetzliche Krankenversicherung übernimmt nur einen Teil davon. Daher müssen die Versicherten (Bedürftige ausgenommen) zumindest den Eigenanteil erstmal vorstrecken (das *ticket modérateur*). Manchmal wird auch der komplette Betrag beglichen und anschließend bei der staatlichen Krankenkasse eingereicht, um die Kosten anteilig erstattet zu bekommen. Die meisten Versicherten haben außerdem einen Vertrag bei einer Mutuelle (oder privaten Zusatzversicherung) abgeschlossen, die den verbliebenen Eigenanteil übernimmt.
Après une consultation dans un cabinet médical en France, on reçoit une facture avec le détail des services et de leurs coûts. Car l'assurance maladie obligatoire n'en couvre qu'une partie. Par conséquent, les assurés (à l'exception des personnes nécessiteuses) doivent payer au moins le ticket modérateur à l'avance. Parfois, le montant total de la consultation doit être payé, avant d'être soumis à l'assurance maladie de l'État pour être remboursé proportionnellement. La plupart des assurés ont également un contrat avec une mutuelle (ou assurance complémentaire privée), qui prend en charge le ticket modérateur restant.

In Deutschland bekommen nur Privatpatienten eine Rechnung, bei allen gesetzlich Versicherten übernimmt deren Krankenkasse direkt die Behandlungskosten. Die Patienten lassen in der Praxis ihre Versichertenkarte einlesen und erfahren in der Regel nicht, was ihr Arztbesuch gekostet hat. Sie bezahlen lediglich für Leistungen, die über die medizinische Grundversorgung hinausgehen und daher gar nicht oder nur teilweise erstattet werden. Dazu gehören z.B. professionelle Zahnreinigungen oder Vorsorgeuntersuchungen, die nicht unbedingt notwendig sind, aber zur frühzeitigen Erkennung von Krankheiten beitragen (und damit spätere Behandlungskosten sparen) können. Da es in Deutschland nicht nur eine, sondern viele gesetzlichen Krankenkassen gibt, die miteinander konkurrieren, versuchen diese, vor allem über die Erstattung von Sonderleistungen neue Kunden zu gewinnen.
En Allemagne, seuls les patients privés reçoivent une facture ; pour tous ceux qui bénéficient d'une assurance maladie obligatoire, leur caisse d'assurance maladie paie directement les frais de traitement. Les patients font scanner leur carte d'assurance au cabinet du médecin et ne découvrent généralement pas le coût de leur visite. Ils ne paient que les services qui vont au-delà des soins médicaux de base et ne sont donc pas remboursés du tout ou seulement partiellement. Il s'agit, par exemple, de nettoyages dentaires professionnels ou d'examens préventifs, qui ne sont pas absolument nécessaires mais qui peuvent aider à détecter des maladies à un stade précoce (et donc à économiser des coûts de traitement par la suite). Étant donné qu'il n'y a pas une, mais plusieurs caisses d'assurance maladie obligatoires qui se font concurrence en Allemagne, elles tentent d'attirer de nouveaux clients principalement en remboursant des services spéciaux.

Selbständige gibt es bis heute. Unter bestimmten Voraussetzungen können auch Angestellte die GKV verlassen und dort Mitglied werden. Doch dafür müssen sie (Stand 2023) mindestens 66.600 Euro brutto im Jahr verdienen. Die große Mehrheit der Bevölkerung (rund 90 %) ist daher gesetzlich (pflicht)versichert.

Nun könnte man einwenden: Wo ist das Problem? Kritik an diesem zweigeteilten System gibt es, weil der Leistungskatalog privater Krankenkassen meist umfangreicher ist und diese auch höhere Ärztehonorare bezahlen als die gesetzlichen Kassen. Privatpatienten profitieren daher in der Regel von einer besonders guten medizinischen Versorgung. Daher ist in Deutschland oft von einer Zwei-Klassen-Medizin die Rede, die Gutverdienern eine bessere ärztliche Versorgung ermöglicht. Das Gegenargument lautet, dass die großzügigen Zahlungen der privaten Krankenkassen einen maßgeblichen Beitrag leisten, damit Arztpraxen und Krankenhäuser einigermaßen kostendeckend arbeiten können. Tatsächlich reicht das Geld, das aus den gesetzlichen Kassen ins Gesundheitssystem fließt, nicht annähernd, um den Menschen die bestmögliche Versorgung zu garantieren. Richtig ist daher, dass das System durch die privaten Kassen ein Stück weit querfinanziert wird, was auch den gesetzlichen Versicherten zugutekommt.

Auch in Frankreich steht die ärztliche Versorgung nicht allen im gleichen Maße zur Verfügung. Denn wer schlecht verdient, kann sich im Zweifel nicht aussuchen, zu welchem Arzt er geht. Dank einer Basisversicherung für Bedürftige (*Protection universelle maladie*, PUMa) gibt es zwar ebenso

privés est généralement plus étendu et qu'ils paient également des honoraires plus élevés aux médecins que les caisses publiques. Les patients privés bénéficient donc généralement de soins médicaux particulièrement bons. C'est pourquoi on parle souvent en Allemagne d'un système de médecine à deux vitesses qui permet aux personnes à hauts revenus de bénéficier de meilleurs soins médicaux. Le contre-argument est que les paiements généreux effectués par les assurances maladie privées contribuent de manière significative à permettre aux cabinets médicaux et aux hôpitaux de couvrir leurs coûts dans une certaine mesure. En fait, l'argent qui afflue dans le système de santé à partir des fonds d'assurance maladie obligatoire est loin d'être suffisant pour garantir les meilleurs soins possibles. Il est donc pertinent que le système soit co-financé dans une certaine mesure par les caisses privées d'assurance maladie, ce qui profite également aux personnes bénéficiant de l'assurance maladie obligatoire.

En France aussi, les soins médicaux ne sont pas accessibles à tous dans la même mesure. Ceux qui gagnent peu ne peuvent pas toujours choisir leur médecin librement. Grâce à une assurance de base pour les personnes dans le besoin (Protection universelle maladie, PUMa), la protection de santé couvre presque la totalité de la population, tout comme en Allemagne, mais les chômeurs et les personnes à faible revenu ont parfois du mal à se faire soigner par les médecins de « secteur 2 » qui fixent eux-mêmes leurs tarifs et pratiquent ce qu'on appelle des « dépassements d'honoraires ». Cela veut dire que ces médecins, pour la plupart des spécialistes, facturent leurs services à un prix

wie in Deutschland kaum Menschen, die gar keinen Krankheitsschutz haben, doch Arbeitslose und Geringverdiener tun sich mitunter schwer, wenn sie sich von Ärzten des so genannten zweiten Sektors behandeln lassen wollen. Denn diese Mediziner, meist Fachärzte, legen ihre Honorare selbst fest und verlangen mehr für ihre Leistungen als die gesetzlichen Krankenkassen zu zahlen bereit sind. Glücklich ist da, wer noch eine Zusatzversicherung oder genügend Geld hat, um die zusätzlichen Kosten selbst zu tragen.

Altersvorsorge

In Frankreich wird seit langem hitzig über die starken Abweichungen bei den Regelungen zu Renteneintritt und Rentenhöhe diskutiert, die vor allem zwischen dem öffentlichen Dienst und der Privatwirtschaft bestehen. Während manche Berufsgruppen wie Polizisten, Militärs oder Bahnmitarbeiter oft noch vor ihrem 60. Geburtstag in Pension gehen dürfen, müssen Angestellte von Unternehmen, Vereinen usw. über 40 Jahre in die Rentenkasse einzahlen und mindestens bis 62 arbeiten, um eine volle Rente zu erhalten. Wer früher aufhört, bekommt auch weniger. „Gleiches Recht für alle" kann es unter diesen Umständen nicht geben, und viele Franzosen empfinden das als ungerecht. Andererseits verzichten Menschen ungern auf das, was in der Vergangenheit für sie von den Gewerkschaften erkämpft wurde.

Um die Rentenkassen zu entlasten, wurde in Deutschland nicht nur das Renteneintrittsalter erhöht, sondern auch entschieden, dass die Bürger selbst zusätzlich vorsorgen sollen. Denn weil die deutsche

supérieur à celui que les caisses d'assurance maladie sont prêtes à payer. Les chanceux sont ceux qui ont en plus une assurance complémentaire (mutuelle, assurance privée) ou suffisamment de revenu pour couvrir eux-mêmes les coûts supplémentaires.

Retraites

En France, il existe depuis longtemps un débat animé sur les grandes divergences quant aux règles relatives à l'âge de départ à la retraite et au montant des retraites, notamment entre le secteur public et le secteur privé. Alors que certains groupes professionnels tels que les policiers, les militaires ou les employés des chemins de fer sont souvent autorisés à prendre leur retraite avant leur 60e anniversaire, les employés des entreprises, des associations, etc. doivent cotiser au fonds de pension pendant plus de 40 ans et travailler au moins jusqu'à 62 ans pour bénéficier d'une retraite complète. Ceux qui prennent leur retraite plus tôt subissent une minoration de leur revenu. « L'égalité des droits pour tous » ne peut exister dans ces conditions et de nombreux Français perçoivent cela comme une injustice. D'autre part, les gens n'aiment pas renoncer à ce que les syndicats ont pu acquérir pour eux dans le passé.

Afin d'alléger la charge pesant sur les fonds de pension, l'Allemagne a non seulement reculé l'âge de départ à la retraite, mais a également décidé que les citoyens devaient subvenir en partie eux-mêmes à leurs besoins. La population allemande étant vieillissante, il y aura de moins en moins de cotisants issus des jeunes générations qui paieront pour des retraités de plus en plus nombreux. Ce calcul ne fonctionnera pas si le mon-

Bevölkerung altert, müssen immer weniger Beitragszahler der jüngeren Generationen für immer mehr Rentner aufkommen. Diese Rechnung geht nicht auf, wenn die gesetzlichen Renten so hoch bleiben wie heute. Ihr Niveau wird daher in Zukunft gesenkt und zukünftig für viele nicht mehr ausreichen, um den gewohnten Lebensstandard im Alter zu halten. Sie müssen private Sparpläne abschließen und darauf hoffen, dass ihr Arbeitgeber ihnen außerdem eine Betriebsrente zahlt. Frankreich hält hingegen an dem Ziel fest, dass alle Franzosen mit der gesetzlichen Rente über die Runden kommen. Begründet wird dies oft damit, dass die Alterung der Gesellschaft nicht so rasant voranschreitet wie in Deutschland, weil in Frankreich mehr Kinder geboren werden und das Ungleichgewicht zwischen Rentenzahlern und Rentenempfängern daher nicht so groß ist. Das stimmt aber nur dann, wenn die Menschen im arbeitsfähigen Alter auch einen Job haben und Beiträge zahlen.

Länger arbeiten

2020 gingen die Menschen in Frankreich im Schnitt mit 62 Jahren in Rente, in Deutschland mit 64. Aufgrund der steigenden Lebenserwartung müssen wir in Zukunft länger arbeiten, damit das Rentensystem finanzierbar bleibt. Schon heute kommen laut OECD in beiden Ländern auf 100 erwerbsfähige Personen zwischen 20 und 64 Jahren knapp 40 Menschen über 65. Zum Vergleich: 1950 waren es nicht einmal halb so viele. Und 2050 dürfte das Verhältnis nicht einmal mehr 2 zu 1 betragen. In Deutschland müssen alle, die nach 1963 geboren sind, daher künftig bis

tant minimum légal des retraites reste aussi élevé qu'aujourd'hui. Son niveau sera donc réduit à l'avenir et ne sera plus suffisant pour permettre à de nombreuses personnes de maintenir leur niveau de vie habituel en tant que retraités. Ils devront souscrire des plans d'épargne privés et espérer que leur employeur leur verse également une pension d'entreprise. La France, en revanche, s'en tient à son objectif de faire en sorte que tous les Français puissent joindre les deux bouts avec la retraite du régime général. Cette situation est souvent justifiée par le fait que le vieillissement de la société ne progresse pas aussi rapidement qu'en Allemagne : en effet, les enfants sont plus nombreux à naître en France et le déséquilibre entre les payeurs et les bénéficiaires de retraites n'est donc pas aussi important. Toutefois, cela ne fonctionne que si les personnes en âge de travailler ont un emploi et cotisent.

Travailler plus longtemps

En 2020, l'âge moyen de départ à la retraite en France était de 62 ans et en Allemagne de 64 ans. En raison de l'augmentation de l'espérance de vie, nous devrons travailler plus longtemps à l'avenir pour que le système de retraite reste financièrement viable. Selon l'OCDE, il y a déjà dans les deux pays près de 40 personnes de plus de 65 ans pour 100 personnes âgées de 20 à 64 ans capables de travailler. À titre de comparaison, en 1950, il n'y en avait même pas la moitié. Et d'ici 2050, le rapport devrait être inférieur à 2 pour 1. En Allemagne, toute personne née après 1963 devra donc travailler jusqu'à 67 ans pour bénéficier d'une retraite complète. Seuls ceux qui ont déjà cotisé aux caisses de retraite pendant 45 ans pourront s'arrêter à 65 ans.

67 Jahre arbeiten, um eine volle Rente zu bekommen. Nur wer schon zuvor ganze 45 Berufsjahre in die Rentenkasse eingezahlt hat, darf mit 65 aufhören. Frühester Renteneintritt ist mit 63, dann aber meist mit Abschlägen (d.h. durch den vorzeitigen Abschied aus dem Arbeitsleben reduziert sich die monatliche Rente um einige Prozent).

In Frankreich gibt es zwar weiterhin die Sonderregeln für Beschäftigte des öffentlichen Diensts, die häufig noch immer mit 60 oder sogar noch vorher in Rente gehen können. Doch nach der umstrittenen Reform 2023 wird das Renteneintrittsalter schrittweise auf 64 angehoben, und die volle Rente soll es erst geben, wenn man 43 Beitragsjahre zusammenbekommt (spätestens aber mit 67). Da immer mehr Franzosen studieren und entsprechend erst mit Anfang oder Mitte 20 ins Berufsleben einsteigen, wird sich auch ihr Renteneintritt nach hinten verschieben. Bis auf Weiteres winkt dann allerdings eine eher großzügige Rente: Sie liegt in Frankreich derzeit sogar höher als das Durchschnittseinkommen der Gesamtbevölkerung, besonders bei den 66-75jährigen. Rentner in Deutschland können hingegen im Schnitt nur mit rund 85 % des Durchschnittseinkommens rechnen. Bei vielen ist es noch weniger, vor allem bei Frauen. Ihre Altersbezüge fallen im Schnitt rund 45 % niedriger aus als die von Männern (Frankreich: gut 30 %). Das liegt in erster Linie daran, dass sie viel öfter in Teilzeit arbeiten (insbesondere Mütter) und außerdem (selbst bei gleicher Qualifikation) häufig immer noch ein geringeres Gehalt bekommen.

L'âge le plus précoce de départ à la retraite est de 63 ans, mais généralement avec des déductions (c'est-à-dire que la retraite mensuelle est réduite de quelques pourcents).

La France dispose encore de règles spéciales pour les travailleurs du secteur public, qui peuvent souvent prendre leur retraite à 60 ans, voire plus tôt. Mais après la réforme controversée de 2023, l'âge de départ à la retraite sera progressivement porté à 64 ans et pour avoir droit à une retraite à taux plein, la plupart des salariés devront avoir accumulé 43 années de cotisations (ou partir à 67 ans). Comme de plus en plus de Français font des études et ne commencent donc à travailler qu'au début ou au milieu de la vingtaine, leur retraite sera également reportée. Mais pour l'instant, la retraite est plutôt généreuse : en France, elle est même actuellement supérieure au revenu moyen de l'ensemble de la population, surtout pour les 66-75 ans. En Allemagne cependant, les retraités ne peuvent espérer qu'une moyenne d'environ 85 % du revenu moyen. Pour beaucoup, c'est encore moins, surtout pour les femmes. En moyenne, leurs retraites sont inférieures d'environ 45 % à celles des hommes (en France : un peu plus de 30 %). Cela s'explique principalement par le fait qu'elles travaillent beaucoup plus souvent à temps partiel (surtout les mères) et qu'elles perçoivent souvent un salaire inférieur (même à qualifications égales).

Rente in Deutschland und Frankreich (Sonderregelungen für einzelne Berufsgruppen ausgenommen) / La retraite en France et en Allemagne (hors régimes spéciaux pour certaines catégories professionnelles)		
	Allemagne	**Frankreich**
Frühester Renteneintritt / Âge légal de départ à la retraite	**63**	**64 (ab 2030)**
Durchschnittliches Alter bei Renteneintritt / Âge moyen de départ à la retraite	**64**	**62**
Zukünftig volle Rente spätestens ab / Retraite à taux plein au plus tard à partir de	**67**	**67**
Erforderliche Beitragsjahre für vorzeitigen Renteneintritt ohne Abschläge / Nombre d'années requises pour partir plus tôt à la retraite (sans décote)	**45**	**43 (ab 2027)**

Grundsicherung/Armutsbekämpfung

Heute gibt es in beiden Ländern zudem ein staatliches Fürsorgenetz für Menschen, die über kein regelmäßiges Erwerbseinkommen verfügen und daher keine Sozialbeiträge zahlen können. Das betrifft vor allem Arbeitslose, aber auch Menschen mit seelischen, geistigen oder körperlichen Beeinträchtigungen, die nur eingeschränkt oder gar nicht erwerbsfähig und daher oft von Armut bedroht sind. Die Leistungen sollen Betroffenen ein Existenzminimum garantieren, wie es das in den Verfassungen beider Länder verankerte Sozialstaatsprinzip verlangt. Wer z. B. seinen Job verliert, bekommt eine bestimmte Zeit Leistungen aus der Arbeitslosenversicherung ausgezahlt. Anschließend soll eine Grundsicherung verhindern, dass Menschen mittellos werden, wenn sie zwischenzeitlich keine Arbeit gefunden haben. Wie der Name schon sagt,

Revenu de base / lutte contre la pauvreté

En outre, les deux pays offrent aujourd'hui un réseau d'aides sociales publiques pour les personnes qui ne disposent pas d'un revenu régulier provenant d'un travail et ne peuvent donc pas payer de cotisations sociales. Cela vaut surtout pour les chômeurs, mais aussi pour les personnes souffrant d'un handicap mental, intellectuel ou physique, qui n'ont qu'une capacité de travailler limitée ou nulle et sont donc souvent menacées par la pauvreté. Ces prestations sont destinées à garantir un niveau de subsistance minimum aux personnes concernées, comme l'exige le principe de l'État social inscrit dans les constitutions des deux pays. Les personnes qui perdent leur emploi, par exemple, bénéficient des prestations de l'assurance chômage pendant une certaine période. Ensuite, une allocation de base est destinée à éviter que les personnes ne se retrouvent

fällt sie allerdings deutlich niedriger aus als das Arbeitslosengeld, was in unseren Gesellschaften regelmäßig zu Diskussionen darüber führt, wieviel Einkommen man mindestens benötigt, um einigermaßen über die Runden zu kommen. Klar ist, dass es ohne private Initiativen und das Engagement von Wohlfahrtsverbänden nicht gehen würde. Sie helfen Menschen, denen die staatliche Hilfe allein nicht für ein Leben in Würde ausreicht oder die sie gar nicht in Anspruch nehmen, wie z. B. Obdachlose.

Wenn man bezogen auf europäische Gesellschaften von Armut spricht, handelt es sich meistens nicht um extreme Armut, die laut Definition der Weltbank jene Menschen betrifft, die umgerechnet von weniger als 2 US-Dollar am Tag leben. Stattdessen geht es in Europa um *relative* Armut, die sich aus dem Vergleich mit dem Rest der Bevölkerung ergibt. Als armuts*gefährdet* gelten Personen, deren Einkommen sich (etwaige Sozialleistungen miteingerechnet) auf weniger als 60% des durchschnittlichen Einkommens in einer Gesellschaft beläuft. In Deutschland und Frankreich entspricht das in etwa 900 – 950 EUR für eine alleinstehende Person. Laut Berechnungen der europäischen Statistikbehörde Eurostat traf das 2019 auf 14,8 % der deutschen und 13,6 % der französischen Bevölkerung zu. Diese Vergleiche sind allerdings nur bedingt aussagekräftig, denn sie können die persönliche Lebenssituation der Menschen nicht ausreichend abbilden. Ein Beispiel: Ein niedriges Einkommen per se muss noch keine Armutsgefährdung bedeuten, denn möglicherweise lebt die betroffene Person in einem Haushalt mit einem Gutverdiener.

sans ressources si elles n'ont pas retrouvé de travail. Comme son nom l'indique, elle est toutefois bien inférieure aux allocations chômage, ce qui donne régulièrement lieu à des discussions sur le revenu minimum nécessaire pour vivre décemment. Il est clair que cela ne fonctionnerait pas sans les initiatives privées et l'engagement des associations d'aide sociale qui soutiennent les personnes pour lesquelles l'aide de l'État ne suffit pas à assurer une vie digne ou qui, comme les sans-abris n'en bénéficient pas.

Lorsqu'on parle de pauvreté dans les sociétés européennes, ce n'est généralement pas l'extrême pauvreté qu'on évoque, qui, selon la définition de la Banque mondiale, touche les personnes qui vivent avec l'équivalent de moins de 2 dollars US par jour. En Europe, nous parlons plutôt de pauvreté *relative*, déterminée par comparaison avec le reste de la population. On considère qu'une personne est exposée au *risque* de pauvreté si son revenu (y compris les prestations sociales) est inférieur à 60 % du revenu moyen d'une société. En Allemagne et en France, cela correspond à environ 900 - 950 euros pour une personne seule. Selon les calculs de l'autorité européenne des statistiques Eurostat, cela s'appliquait à 14,8 % de la population allemande et 13,6 % de la population française en 2019. Toutefois, ces comparaisons n'ont qu'une valeur limitée, car elles ne peuvent pas refléter de manière adéquate les situations de vie individuelles des gens. Par exemple, un faible revenu en soi n'implique pas nécessairement un risque de pauvreté car la personne concernée vit peut-être en ménage avec un autre individu dont le revenu est élevé.

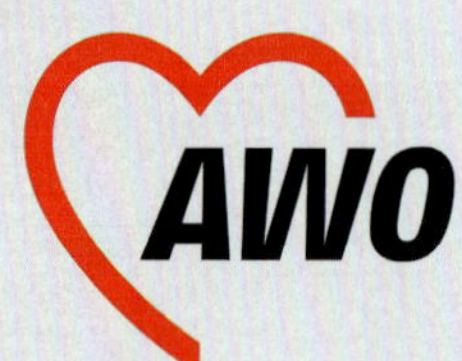

Diakonie

Zu den größten und bekanntesten Akteuren gehören in Deutschland die Caritas (katholische Kirche), die Diakonie (evangelische Kirche) und die Arbeiterwohlfahrt, in Frankreich die 1949 von Abbé Pierre gegründete Emmaüs-Bewegung, der *Secours populaire* und der *Secours Catholique (Caritas France).*

En Allemagne, les acteurs les plus importants et les plus connus sont *Caritas* (Église catholique), *Diakonie* (Église protestante) et *Arbeiterwohlfahrt* (Aide sociale aux travailleurs) ; en France, ce sont le mouvement Emmaüs fondé par l'Abbé Pierre en 1949, le Secours populaire et le Secours Catholique (Caritas France).

Lässt man die Statistiken mal außer Acht, kann man Anzeichen für die Verbreitung von Armut auch am Zulauf erkennen, den soziale Einrichtungen erfahren, die von Kirchen, Wohlfahrtsverbänden oder Vereinen getragen werden.

Immer mehr Verbreitung fanden in den vergangenen Jahren auch die Tafeln, die spendenfinanziert sind und in der Regel von Ehrenamtlichen betrieben werden. Sie sammeln überschüssige Lebensmittel ein, die nach den gesetzlichen Bestimmungen noch verwertbar sind, und geben diese an Bedürftige ab. Nach dem gleichen Prinzip funktionieren in Frankreich die 1985 von

Si l'on laisse de côté les statistiques, on peut aussi observer les signes de la propagation de la pauvreté dans la popularité des institutions sociales gérées par les églises, les organisations caritatives ou les associations.

Ces dernières années, les banques alimentaires, qui sont financées par des dons et généralement gérées par des bénévoles, ont également pris de l'ampleur. Elles collectent les excédents alimentaires qui peuvent encore être utilisés conformément aux réglementations légales et les donnent aux personnes dans le besoin. En France, les Restos du Cœur, créés en 1985 par l'humoriste Coluche, fonctionnent sur le même principe

dem Komiker Coluche ins Leben gerufenen *Restaurants du Cœur*, die ihre Aktivitäten über die Jahre immer stärker ausgeweitet haben (Kleidung, Notunterkünfte, Alphabetisierungskurse usw.).

Ein System unter Druck

Hohe Ausgaben

Auch wenn die Funktionsweise der staatlichen Sozialversicherung in Deutschland und Frankreich durchaus verbesserungswürdig ist (es handelt sich letztlich um eine dauerhafte Reformbaustelle), gilt sie heute nichtsdestotrotz als gesellschaftliche Errungenschaft, weil sie im Vergleich zu anderen Ländern einen recht umfassenden Schutz vor Lebensrisiken bietet.

Dieses hohe Niveau des sozialen Schutzes hat seinen Preis: Deutschland wendete 2019 rund 26 % seiner Wirtschaftsleistung (Bruttoinlandsprodukt) für Sozialausgaben auf, Frankreich über 30 %. Krankheit und Invalidität sowie Zahlungen an Rentner und Hinterbliebene sind in beiden Ländern mit Abstand die beiden größten Ausgabenblöcke. Zusammen entfallen auf sie ca. 80 % aller Sozialleistungen.

Die Gründe für steigende Kosten sind vielfältig: Dank des medizinischen Fortschritts werden wir immer älter, die Überlebenschancen auch bei schweren Erkrankungen nehmen zu. Doch neue Medikamente und innovative Medizintechnik zur Behandlung von Krankheiten sind teuer. Hinzu kommt die Bekämpfung der gesundheitlichen Folgen der Umweltverschmutzung. Außerdem bedeutet eine höhere Lebenserwartung natürlich auch,

et ont étendu leurs activités au fil des années (offrant des vêtements, des abris d'urgence, des cours d'alphabétisation etc.).

Un système sous pression

Dépenses élevées

Même si ces exemples montrent que le fonctionnement du système public de sécurité sociale en Allemagne et en France a certainement besoin d'être amélioré (il s'agit en fait d'un chantier permanent de réformes), il est néanmoins considéré aujourd'hui comme un acquis social car, comparé à d'autres pays, il offre une protection assez complète contre les risques de la vie.

Ce niveau élevé de protection sociale a un prix : l'Allemagne et la France consacrent environ 30 % de leur production économique (produit intérieur brut) aux dépenses sociales, et la tendance est à la hausse. La maladie et l'invalidité, ainsi que les paiements aux retraités et aux conjoints survivants, sont de loin les deux plus grands postes de dépenses dans les deux pays. Ensemble, ils représentent environ 80 % de toutes les prestations sociales.

Les raisons de la hausse des coûts sont multiples : grâce aux progrès de la médecine, nous sommes de plus en plus âgés et les chances de survivre à des maladies, même graves, augmentent. Mais les nouveaux médicaments et les technologies médicales innovantes pour traiter les maladies sont coûteux. À cela s'ajoute la lutte contre les conséquences sanitaires de la pollution environnementale. De plus, l'augmentation de l'espérance de vie entraîne naturellement une prolongation de la durée de versement

Sozialausgaben ausgewählter Länder der OECD
Dépenses sociales de pays sélectionnés de l'OCDE

Land Pays	**Öffentliche Sozialausgaben % des BIP, 2019** Dépenses sociales publiques en % du PIB, 2019
Frankreich / France	**31,0**
Dänemark / Danemark	**28,3**
Deutschland / Allemagne	**25,9**
Großbritannien / Royaume-Uni	**20,6**
USA / États-Unis	**18,7**
Irland / Irlande	**13,4**

Datenbank für Sozialausgaben (SOCX) /Base de données sur les dépenses sociales (https://www.oecd.org)

2019 wurde in Deutschland erstmals über eine Billion Euro für sozialen Schutz ausgegeben. 2021 belief sich die Summe der Sozialleistungen auf 1.161,5 Milliarden Euro. Dabei entfielen auf den Ausgabenblock „Krankheit und Invalidität" rund 493 Milliarden, auf Altersbezüge von Rentnern und Hinterbliebenen gut 410 Milliarden. In Frankreich wurden 2020 insgesamt 813 Milliarden Euro für Sozialleistungen aufgewendet, davon 353 Milliarden für Renten und 278 Milliarden für Gesundheit. Teilt man die jeweilige Gesamtsumme durch die Einwohnerzahl beider Länder, zeigt sich, dass die Pro Kopf-Ausgaben für sozialen Schutz etwa gleich hoch sind.
En 2019, pour la première fois plus de mille milliards d'euros ont été consacrés à la protection sociale en Allemagne. En 2021, le montant des prestations sociales s'élevait à 1 161,5 milliards d'euros. Le bloc de dépenses « maladie et invalidité » a représenté environ 493 milliards, et les pensions pour les retraités et les conjoints survivants 410 milliards. En France, un total de 813 milliards d'euros a été consacré aux prestations sociales en 2018, dont 353 milliards pour les retraites et 278 milliards pour la santé. Si l'on divise le total respectif par la population des deux pays, on constate que les dépenses de protection sociale par habitant sont à peu près les mêmes.

Quellen / sources: Bundesministerium für Arbeit und Soziales, Sozialbudget 2021; Direction de la recherche, des études, de l'évaluation et des statistiques (Drees): La protection sociale en France et en Europe en 2020

dass Altersrenten länger ausgezahlt werden, im Schnitt heute rund zwanzig Jahre in beiden Ländern (für Männer etwas weniger, für Frauen etwas mehr). Zudem werden die Kosten für die Pflege älterer Menschen zunehmen.

des pensions de retraite, en moyenne d'une vingtaine d'années dans les deux pays aujourd'hui (un peu moins pour les hommes, un peu plus pour les femmes). En outre, le coût de la prise en charge des personnes âgées va augmenter.

Schwankende Einnahmen

Können wir uns das leisten? Das Problem ist, dass unsere Sozialschutzsysteme eng an die wirtschaftliche Entwicklung gekoppelt sind, weil sie sich aus Steuern und Sozialbeiträgen speisen. Wenn aber die Wirtschaft nicht wächst oder sogar schrumpft und Arbeitsplätze verlorengehen, nehmen Staat und Sozialversicherung weniger ein. Es gibt also weniger zu verteilen. Doch die Sozialleistungen können nicht einfach reduziert werden. In wirtschaftlich schlechten Zeiten steigen sie sogar, weil mehr Menschen unterstützt werden müssen, die vorübergehend kein eigenes Einkommen mehr haben. Die Ausgaben übersteigen die Einnahmen aus Steuern und Sozialbeiträgen. Solange solche Jahre ohne Wachstum die Ausnahme bleiben, kann die zeitweise Unterfinanzierung wieder kompensiert werden. Ist das nicht der Fall, entstehen chronische Defizite, die von Jahr zu Jahr größer werden.

Die Erhöhung der Einnahmen wäre ein Mittel, um ein dauerhaftes Minus zu verhindern. Der klassische Hebel ist die Steigerung von Sozialversicherungsbeiträgen und Steuern. Doch diese Strategie hat Grenzen: Denn wenn Bürger und Unternehmen immer mehr von ihrem Einkommen bzw. ihren Gewinnen abgeben, können sie weniger konsumieren bzw. investieren. Unternehmen sind nicht mehr konkurrenzfähig, weil anderswo in der Welt aufgrund geringerer Lohnkosten billiger produziert wird.

Reformen

Aus diesen Gründen richtet sich der Blick schon seit längerer Zeit auf die Ausgaben-

Des recettes fluctuantes

Pouvons-nous nous le permettre ? Le problème est que nos systèmes de protection sociale sont étroitement liés au développement économique car ils sont alimentés par les impôts et les cotisations sociales. Mais si l'économie ne grandit pas ou rétrécit, entraînant des pertes d'emplois, l'Etat et la sécurité sociale ont moins de recettes. Il y a donc moins à distribuer. Mais il est hors question de réduire tout simplement les prestations de sécurité sociale. En fait, en période de crise économique, elles augmentent même parce qu'il faut soutenir davantage de personnes qui n'ont temporairement pas de revenus propres. Les dépenses sont donc supérieures aux recettes provenant des impôts et des cotisations sociales. Tant que de telles années sans croissance restent l'exception, le sous-financement temporaire peut être à nouveau compensé. Si ce n'est pas le cas, des déficits chroniques apparaissent et s'aggravent d'année en année.

L'accroissement des recettes serait un moyen pour éviter un déficit permanent. Le levier classique consiste à augmenter les cotisations de sécurité sociale et les impôts. Mais cette stratégie a ses limites : en effet, si les citoyens et les entreprises renoncent à une part plus importante de leurs revenus ou de leurs bénéfices, ils ne peuvent plus autant consommer ou investir. Les entreprises ne sont plus compétitives car la production ailleurs dans le monde est moins chère en raison des coûts salariaux plus bas.

Réformes

Pour toutes ces raisons, l'accent est mis depuis un certain temps déjà sur les dépenses. Afin de stabiliser les caisses de la sécurité

seite. Um die Sozialkassen zu stabilisieren, haben Deutschland und Frankreich z.B. bei der Gesundheitsversorgung den Leistungskatalog der Krankenkassen reduziert. Die Versicherten müssen höhere Eigenbeteiligungen akzeptieren (z.B. bei Medikamentenpreisen), niedergelassene Ärzte und Krankenhäuser sollen ihre Leistungen kostengünstiger erledigen. Außerdem müssen die Menschen länger arbeiten, weil die Lebenserwartung gestiegen ist. Zum Teil gehen beide Länder aber auch unterschiedliche Wege.

Ein Beispiel ist die Organisation der Sozialhilfe. Anfang des Jahrtausends erlebte Deutschland eine wirtschaftliche Krise. Die Arbeitslosigkeit war hoch und die Sozialkassen haben über mehrere Jahre Defizite angehäuft. Um die Sozialkosten zu senken, hat die Regierung von Bundeskanzler Gerhard Schröder daher beschlossen, die Bedingungen für den Bezug von Leistungen aus der Arbeitslosenversicherung zu verschärfen. Seitdem gilt: Arbeitslosengeld wird (außer für ältere Arbeitnehmer) nur noch maximal 12 Monate gezahlt, danach erhalten Arbeitssuchende eine Grundsicherung. So soll das aktive Bemühen um einen Job gefördert werden. Zu einem solch weitreichenden Schritt ist es in Frankreich bisher nicht gekommen, obwohl sowohl die Höhe als auch die Bezugsdauer des Arbeitslosengelds deutlich großzügiger bemessen sind. Das hat immer wieder Kritik hervorgerufen – nicht nur wegen der Kosten, sondern auch weil manche schwarze Schafe das System ausnutzen und Transferleistungen beziehen, ohne eine Arbeit zu suchen.

sociale, l'Allemagne et la France ont, par exemple, réduit le catalogue des prestations de l'assurance maladie. Les assurés doivent accepter des tickets modérateurs plus élevés (par exemple pour le prix des médicaments), et les médecins en cabinet privé et les hôpitaux doivent fournir leurs services à moindre coût. En outre, les gens doivent travailler plus longtemps car l'espérance de vie a augmenté. Dans une certaine mesure cependant, les deux pays empruntent des voies différentes.

L'organisation de l'aide sociale est un exemple. Au début du millénaire, l'Allemagne a connu une crise économique. Le chômage était élevé et les caisses de la sécurité sociale ont accumulé des déficits pendant plusieurs années. Afin de réduire les coûts sociaux, le gouvernement du chancelier Gerhard Schröder a donc décidé de durcir les conditions d'octroi des prestations de l'assurance chômage. Depuis lors, les allocations chômage (sauf pour les travailleurs âgés) ne sont versées que pendant un maximum de 12 mois, après quoi les demandeurs d'emploi basculent dans le système d'aide sociale de base. Cette démarche vise à encourager les efforts actifs pour trouver un emploi. Une mesure d'une telle ampleur n'a pas encore été prise en France, bien que le montant et la durée des allocations chômage soient beaucoup plus généreux. Ce système suscite de nombreuses critiques, non seulement en raison de son coût, mais aussi parce que certains exploitent le système et touchent des allocations sans chercher d'emploi.

Bürgergeld, RSA: **„Fördern und Fordern“** / « encourager et exiger »

Eine Sozialhilfe für Arbeitslose, die keinen Anspruch (mehr) auf Arbeitslosengeld haben, gibt es in beiden Ländern schon lange. Sie wurde allerdings immer wieder reformiert. Die Grundsicherung in Deutschland (heute Bürgergeld) war lange Zeit bekannt unter der umgangssprachlichen Bezeichnung Hartz IV (nach dem Namen des Vorsitzenden der Regierungskommission, die die Vorschläge ausgearbeitet hatte, Peter Hartz). Sie kann gekürzt werden, falls eine von der Arbeitsagentur angebotene Qualifizierungsmaßnahme oder ein Job abgelehnt wird, auch wenn er nicht den eigenen Kompetenzen und Neigungen entspricht. Mit der Einführung des *Revenu de solidarité active (RSA)* im Jahr 2009 hat die französische Regierung bei der Mindestsicherung für Arbeitssuchende einen ähnlichen Weg beschritten (das aktive Bemühen um einen Arbeitsplatz steht stärker im Fokus als bei der zuvor ausgezahlten Sozialhilfe, dem *revenu minimum d'insertion*). Doch der bürokratische Aufwand ist groß, die Leistung (trotz der zusätzlichen Übernahme von Miet- und Heizkosten) knapp bemessen und daher stets umstritten, und der auferlegte Druck auf die Leistungsempfänger teilweise grenzwertig. Gerade diejenigen, die sich ernsthaft um eine Arbeitsstelle bemühen und zu diesem Zweck auch jede von der Arbeitsagentur angebotene Fortbildung absolvieren, ohne dadurch eine neue berufliche Perspektive zu bekommen, empfinden ihre Situation manchmal als deprimierend oder sogar demütigend.

L'aide sociale aux chômeurs en fin de droits existe depuis longtemps dans les deux pays. Cependant, elle a été réformée à maintes reprises. Le système actuel de protection sociale de base en Allemagne (*Bürgergeld*) fut longtemps connu sous le nom familier de *Hartz IV* (d'après le nom du président de la commission gouvernementale qui avait élaboré les propositions, Peter Hartz). L'aide peut être réduite en cas de refus d'une mesure de qualification ou d'un emploi proposé par l'agence pour l'emploi, même s'il ne correspond pas aux compétences et aux préférences de l'intéressé. Avec la mise en place du revenu de solidarité active (RSA) en 2009, le gouvernement français a adopté une approche similaire en introduisant un revenu minimum pour les demandeurs d'emploi (l'effort actif pour trouver un emploi est davantage mis en avant qu'avec l'aide sociale précédente, le revenu minimum d'insertion). Cependant, la charge bureaucratique est importante, l'allocation (malgré la prise en charge supplémentaire des frais de loyer et de chauffage) est calculée de manière serrée et donc toujours controversée, et la pression imposée aux bénéficiaires de l'allocation est parfois douteuse. Ceux qui s'efforcent sérieusement de trouver un emploi et qui, à cette fin, suivent également une formation continue proposée par l'agence pour l'emploi sans pour autant acquérir une nouvelle perspective professionnelle, trouvent parfois leur situation déprimante, voire humiliante.

05

Grundversorgung: Daseinsvorsorge

Was verbirgt sich hinter diesem sperrigen Begriff? Kurz gesagt alle Güter und Dienstleistungen, die der grundlegenden Versorgung der Bevölkerung dienen, wie z. B. fließend Wasser (kalt und warm), Strom, eine Heizung, die Müllabfuhr, eine nahegelegene Hausarztpraxis, eine Grundschule, öffentliche Verkehrsmittel wie Bus oder Bahn… In unseren westlichen Gesellschaften gehen wir meist wie selbstverständlich davon aus, dass uns diese diversen Angebote zur Verfügung stehen, und zwar überall im Land. Durchaus zurecht, denn das Versprechen unserer Demokratien lautet, die Grundbedürfnisse der Menschen zu decken, ganz egal, wo sie wohnen, und ihnen gleiche Chancen zu eröffnen, z. B. durch Bildungsangebote. Doch unter welchen Voraussetzungen wird dieses Versprechen gehalten?

Eine komplexe Aufgabe

Da wäre zunächst die Versorgung in den eigenen vier Wänden. Die Schaffung der Infrastruktur für eine flächendeckende Versorgung der Wohnbevölkerung mit Strom, Energie und Wasser sowie die Abwasserentsorgung gehört zu den großen menschlichen Errungenschaften und hat fundamental zur Lebensqualität und Gesundheit der Bevölkerung beigetragen. Doch sie hat auch ihren Preis, vor allem außerhalb der Großstädte. Ein abgelegenes Dorf an die Versorgungsnetze anzuschlie-

Satisfaire les besoins de base : le service public

Que se cache-t-il derrière ce terme complexe ? En bref, tous les biens et services qui répondent aux besoins fondamentaux de la population, tels que l'eau courante (froide et chaude), l'électricité, le chauffage, le ramassage des ordures, un cabinet de médecin à proximité, une école primaire, des transports publics tels que le bus ou le train... Dans nos sociétés occidentales, nous tenons généralement pour acquis que ces diverses offres sont à notre disposition et qu'elles sont disponibles partout dans le pays. À juste titre, car la promesse de nos démocraties est de répondre aux besoins fondamentaux des gens, quel que soit l'endroit où ils vivent, et de leur donner des chances égales, par exemple par l'éducation. Mais à quelles conditions cette promesse est-elle tenue ?

Une tâche complexe

Tout d'abord, il y a l'offre qui concerne l'habitat. La création de l'infrastructure nécessaire à l'approvisionnement complet de la population en énergie et en eau, ainsi qu'à l'évacuation des eaux usées, est l'une des grandes réalisations humaines et a fondamentalement contribué à la qualité de vie et à la santé de la population. Mais cela a aussi un prix, surtout en dehors des grandes villes. Le raccordement d'un village isolé aux réseaux d'approvisionnement est coûteux. Et les investissements ne s'arrêtent pas là. Le progrès technique et les changements sociaux rendent nécessaire de renouveler sans

ßen ist kostspielig. Und mit einem einmaligen Anschluss ist es auch nicht getan. Der technische Fortschritt und gesellschaftliche Veränderungen machen es erforderlich, Infrastrukturen immer wieder zu erneuern oder auch völlig neu zu schaffen.

Wasser und Abwasser

Die moderne Wasserversorgung hat sich seit Mitte des 19. Jahrhunderts zunächst in den Städten der westlichen Länder entwickelt. Zeitgleich entstanden auch die ersten Kanalisationsnetze zur Ableitung der Abwässer, die anfänglich aber noch kaum gereinigt wurden. Angesichts von Seuchen wie der Cholera, die sich vor allem durch verunreinigtes Wasser verbreitete und im 19. Jahrhundert mehrfach auch in Frankreich und Deutschland wütete (die letzten lokalen Ausbrüche gab es 1884 in Marseille mit rund 1.700 Toten und 1892 in Hamburg mit rund 8.600 Toten), wurde die Abwasserreinigung vorangetrieben. Doch erst seit den 1960er Jahren ist die große Mehrheit der Haushalte an eine Kläranlage angeschlossen.

In Deutschland kümmern sich ganz überwiegend öffentliche Unternehmen um die Abwasserentsorgung und die Trinkwasserversorgung. In Frankreich hat sich hingegen Mitte des 19. Jahrhunderts ein Modell herausgebildet, das folgendermaßen funktioniert: Die Kommunen (anfangs nur die Großstädte) gewährleisten eine moderne Wasserversorgung ihrer Bewohner, kümmern sich aber nicht selbst um Bau und Instandhaltung der nötigen Infrastruktur. Diese Aufgabe übertragen sie (für gewöhnlich für mehrere Jahrzehnte) an ein spezialisiertes Unternehmen. So sind

cesse les infrastructures, voire d'en créer de nouvelles.

Eau et assainissement

L'approvisionnement moderne en eau s'est développé dès le milieu du 19e siècle, initialement dans les villes des pays occidentaux. En même temps, les premiers réseaux d'égouts pour l'évacuation des eaux usées ont également été créés, mais au départ, celles-ci étaient à peine traitées. Face à des épidémies telles que le choléra, qui se propage principalement par l'eau contaminée et qui a ravagé la France et l'Allemagne à plusieurs reprises au 19e siècle (les dernières épidémies locales ont eu lieu à Marseille en 1884 avec environ 1 700 morts et à Hambourg en 1892 avec environ 8 600 morts), le traitement des eaux usées a été accéléré. Toutefois, ce n'est que depuis les années 1960 que la grande majorité des ménages sont raccordés à une station d'épuration des eaux usées.

En Allemagne, l'approvisionnement en eau potable et la gestion des eaux usées sont essentiellement assurés par des entreprises publiques. En France, un modèle a émergé au milieu du 19ème siècle, qui fonctionne comme suit : les municipalités (initialement seulement les grandes villes) assurent un approvisionnement moderne en eau à leurs habitants, mais ne s'occupent pas elles-mêmes de la construction et de l'entretien des infrastructures nécessaires. Elles délèguent cette tâche (généralement pour plusieurs décennies) à une entreprise spécialisée. C'est ainsi qu'ont été créées la Compagnie Générale des Eaux (aujourd'hui Veolia) en 1853 et la Lyonnaise des Eaux (aujourd'hui Suez) en 1880, qui sont devenues

1853 die Compagnie Générale des Eaux (heute Veolia) und 1880 die Lyonnaise des Eaux (heute Suez) entstanden, die sich seit dem Zweiten Weltkrieg zu internationalen Großunternehmen entwickelt haben. Dritter großer Akteur, allerdings schon mit deutlichem Abstand, ist die in den 1930er Jahren entstandene Firma Saur, die sich vor allem im Auftrag ländlicher Gemeinden um die Wasserversorgung kümmert.

Strom und Energie

Der Siegeszug des elektrischen Stroms begann in der Zeit der immer stärker voranschreitenden Industrialisierung, vor allem ab den 1880er Jahren. Die Bevölkerung profitierte davon zunächst durch die Elektrifizierung der Straßenbeleuchtung und der Trambahnen in den Städten. Eine umfassende Stromversorgung von Privathaushalten gibt es seit den 1920er Jahren, und etwa in der Mitte des 20. Jahrhunderts haben öl- und gasbetriebene Zentralheizungen in Wohngebäuden zunehmend Holz und Kohle als Heizmittel abgelöst.

In Frankreich haben sich vor dem Zweiten Weltkrieg zunächst rund zweihundert private Unternehmen um die Produktion, etwa einhundert um den Transport und über tausend um die Verteilung des Stroms gekümmert. Der Versorgungsgrad und die Preise variierten je nach Region teilweise ganz erheblich. 1946 entschied daher die Politik, ein Staatsmonopol zu errichten, und gründete die Electricité de France (EDF). Sie entwickelte in den darauffolgenden Jahren (unterstützt durch Gelder aus dem amerikanischen Marshall-Plan zum Wiederaufbau Europas) eine flächendeckende Infrastruktur für die Stromversorgung (das

de grandes entreprises internationales dès la Seconde Guerre mondiale. Le troisième acteur majeur, bien que déjà très éloigné, est la société Saur, créée dans les années 1930 et chargée principalement de l'approvisionnement en eau pour le compte des communes rurales.

Électricité et énergie

La progression triomphante de l'énergie électrique a commencé pendant la période d'industrialisation croissante, surtout à partir des années 1880. La population en a d'abord bénéficié par l'électrification de l'éclairage public et des tramways dans les villes. L'approvisionnement complet des ménages en électricité existe depuis les années 1920 et, vers le milieu du 20e siècle, les systèmes de chauffage central au fioul et au gaz dans les bâtiments résidentiels ont de plus en plus remplacé le bois et le charbon comme combustibles de chauffage.

En France, avant la Seconde Guerre mondiale, environ deux cents entreprises privées étaient chargées de la production, une centaine du transport et plus de mille de la distribution de l'électricité. Le degré d'offre et les prix variaient, parfois de manière assez considérable, selon les régions. En 1946, le gouvernement a décidé d'établir un monopole d'État en créant l'entreprise Electricité de France (EDF). Au cours des années suivantes, elle a développé (grâce à l'argent du plan Marshall américain pour la reconstruction de l'Europe) une infrastructure nationale pour l'approvisionnement en électricité (GDF a fait de même pour le gaz). Depuis lors et, contrairement à l'Allemagne, tous les habitant sont alimenté en électricité et en gaz au même prix et quel que soit leur lieux

zeitgleich gegründete Unternehmen Gaz de France machte dasselbe für Gas). Seitdem wurden alle Einwohner, egal wo sie wohnen, mit Strom versorgt, und zwar im Gegensatz zu Deutschland überall zum selben Preis. Damit löste das Staatsunternehmen das französische Gleichheitsversprechen auch beim Zugang zu den Symbolen der entstehenden Wohlstandsgesellschaft

de résidence. De cette manière, l'entreprise publique a également rempli la promesse d'égalité d'accès aux symboles de la société de consommation émergente (réfrigérateur, machine à laver, télévision, aspirateur, cuisinière, appareils de cuisine, etc.). À l'époque d'ailleurs, la facture d'électricité d'EDF est devenue le justificatif de domicile standard, car il n'existe pas en France de bureau d'état

Die Ölkrise

Als im Herbst 1973 die arabischen Erdölproduzenten aus Protest gegen die westliche Unterstützung Israels im Jom-Kippur-Krieg die Fördermengen drosselten und der Ölpreis daraufhin schlagartig stieg, wurde den Industrieländern bewusst, wie sehr sie von fossiler Energie abhängen. Um Treibstoff zu sparen, wurden u.a. Sonntagsfahrverbote verhängt. Die Bilder von leeren Autobahnen brannten sich ins kollektive Gedächtnis der Deutschen und Franzosen ein. Auch bei der Stromproduktion in Wärmekraftwerken wird Gas bzw. Öl benötigt. Um diese Abhängigkeit zu reduzieren und nationale Souveränität zurückzuerlangen, investierte Frankreich massiv in die zivile Nutzung der Kernenergie und EDF baute in den darauffolgenden Jahren ein Atomkraftwerk nach dem anderen, ab 1984 auch im Ausland. Auch Deutschland setzte verstärkt auf Kernenergie, um einen Teil des Strombedarfs zu decken.

Deutschlands Straßen waren wie leergefegt: Am 25. November 1973 galt zum ersten Mal ein bundesweites Fahrverbot.
Le 25 novembre 1973, pour la première fois, une interdiction fédérale de conduire a vidé les rues en Allemagne.

© picture-alliance / dpa /Ossinger)

Lorsque, à l'automne 1973, les producteurs de pétrole arabes ont réduit leur production pour protester contre le soutien occidental à Israël lors de la guerre du Kippour et que le prix du pétrole a fortement augmenté, les pays industrialisés ont pris conscience de leur dépendance à l'égard des énergies fossiles. Pour économiser du carburant, des interdictions de conduire le dimanche ont été imposées, entre autres mesures. Les images des autoroutes vides sont restées gravées dans la mémoire collective des Allemands et des Français. Le gaz et le pétrole sont également nécessaires pour produire de l'électricité dans les centrales thermiques. Afin de réduire cette dépendance et de retrouver sa souveraineté nationale, la France a investi massivement dans l'utilisation civile de l'énergie nucléaire et EDF a construit des centrales nucléaires les unes après les autres dans les années suivantes, et à partir de 1984 également à l'étranger. L'Allemagne a également eu de plus en plus recours à l'énergie nucléaire pour couvrir une partie de ses besoins en électricité.

(Kühlschrank, Waschmaschine, Fernseher, Staubsauger, Herd, Küchengeräte usw.) ein. Damals wurde die Stromrechnung von EdF übrigens zum Standardnachweis für den Wohnsitz, denn ein Einwohnermeldeamt wie in Deutschland gibt es in Frankreich nicht. Wer also z. B. umzog, reichte als Beleg einfach seine erste EDF-Rechnung mit der neuen Adresse ein.

Im föderal organisierten Deutschland haben sich lange Zeit acht regionale Energieversorger sowie die kommunalen Stadtwerke um die Bereitstellung der nötigen Infrastruktur gekümmert. Einen Wettbewerb unter diesen Anbietern gab es nicht. Seit der Öffnung des europäischen Energiemarkts in den 1990er Jahren sind jedoch viele neue private Unternehmen entstanden, die versuchen, Privathaushalte mit günstigen Tarifen als Kunden zu gewinnen.

Nahversorgung

Die Versorgung der Bevölkerung mit Waren und Dienstleistungen des täglichen Bedarfs ist ebenfalls ein wichtiges Element der Daseinsvorsorge. Doch nicht jedes Dorf kann eine ärztliche Notfallversorgung, einen gut sortierten Lebensmittelladen oder kulturelle Veranstaltungen anbieten. Je nach Wohnort finden die Menschen daher zwangsläufig unterschiedliche Rahmenbedingungen vor. Das gilt auch als normal und akzeptabel, solange daraus keine individuellen Benachteiligungen entstehen. Die Frage ist nur, wo man hier die Grenze zieht. Menschen auf dem Land müssen in der Regel weitere Wege für den Einkauf, die Fahrt zum Arbeitsplatz oder die Entbindung eines Kindes in Kauf neh-

civil comme en Allemagne *(Einwohnermeldeamt)*. Ainsi, toute personne qui déménageait, par exemple, devait simplement présenter comme preuve sa première facture EDF avec sa nouvelle adresse.

En l'Allemagne fédérale, pendant longtemps et sans véritable concurrence, huit fournisseurs d'énergie régionaux et des régies municipales *(Stadtwerke)*, se sont chargées de fournir l'infrastructure nécessaire. En revanche, depuis l'ouverture du marché européen de l'énergie dans les années 1990, de nombreuses nouvelles entreprises ont vu le jour et tentent d'attirer les ménages avec des tarifs avantageux.

Services de proximité

L'approvisionnement de la population en biens et services pour ses besoins quotidiens est également un élément important des services d'intérêt général. Mais tous les villages ne peuvent pas offrir des soins médicaux d'urgence, une épicerie bien achalandée ou des événements culturels. Selon l'endroit où ils vivent, les gens trouveront donc inévitablement des conditions-cadres différentes. Cela est considéré comme normal et acceptable tant qu'aucun inconvénient individuel n'en découle. La seule question est de savoir où fixer la limite. Les personnes vivant dans les zones rurales doivent généralement parcourir de plus grandes distances pour faire leurs courses, se rendre au travail ou à la maternité. Pour assurer néanmoins un approvisionnement *de proximité* digne de ce nom, un effort de planification considérable est nécessaire, d'autant plus important que la région est peu peuplée. En général, les municipalités doivent offrir un certain nombre et type d'installations en fonction

men. Um dennoch eine *Nah*versorgung sicherzustellen, die diesen Namen auch verdient, bedarf es eines erheblichen planerischen Aufwands, der umso größer ist, je dünner besiedelt eine Region ist. Für gewöhnlich müssen Gemeinden je nach Größe einen bestimmten Ausstattungskatalog anbieten. In Deutschland wird er von den Bundesländern festgelegt, die dabei nach einem Konzept vorgehen, mit dem Gemeinden in Unterzentren, Mittelzentren und Oberzentren eingeteilt werden und je nach Größe unterschiedliche Angebote bereitstellen. Sie reichen von der schnell erreichbaren elementaren Ausstattung (Kindertagesstätten, Grundschulen, Allgemeinärzte…) über die weiterführenden Schulen und Fachärzte in der nächsten größeren Ortschaft bis zur Hochschule und zum Opernhaus in einer Stadt von überregionaler Bedeutung. In Frankreich hatte sich seit der französischen Revolution und der Einführung der Departements mit ihren Präfekturen und Unterpräfekturen ein Modell entwickelt, das die flächendeckende Versorgung der Bevölkerung trotz der vergleichsweise dünnen Besiedlung sicherstellte und die Symbole der Republik in jede kleinste Gemeinde trug. Es fußt auf einer gut ausgebauten öffentlichen Infrastruktur, die vom Staat bereitgestellt wird, mit den Regionen, Departements und Kommunen als ausführenden Organen.

Privatisierung von Angeboten

Dieses komfortable System der Daseinsvorsorge ist zunächst immer weiter ausgebaut worden und war auch Zeichen

de leur taille. En Allemagne, ils sont déterminés par les *Länder,* qui procèdent selon un concept qui divise les municipalités en pôles locaux, intermédiaires et supérieurs qui fournissent des services différents en fonction de leur taille : cela va des installations élémentaires de proximité (crèches, écoles primaires, médecins généralistes...) aux écoles secondaires et aux spécialistes devant être présents dans le bourg le plus proche jusqu'à l'enseignement supérieur aux opéras se situant dans les villes d'importance suprarégionale. En France, depuis la Révolution française et l'instauration des départements avec leurs préfectures et sous-préfectures, un modèle s'est développé qui assure l'approvisionnement de la population sur l'ensemble du territoire malgré une population peu dense et apporte les symboles de la République jusque dans la plus petite municipalité. Il repose sur une infrastructure publique bien développée fournie par l'État, les régions, les départements et les municipalités en étant les organes exécutifs.

Privatisation de l'offre

Ce système confortable de services d'intérêt général s'est de plus en plus développé et était aussi un signe de la prospérité de nos sociétés, qui pouvaient et voulaient se permettre un niveau élevé de prestations : écoles, universités, bibliothèques, hôpitaux, piscines, routes, chemins de fer, etc. Tout cela a été financé par des fonds publics, c'est-à-dire principalement par les recettes fiscales. Toutefois, lorsque la phase de croissance économique ininterrompue a pris fin dans les deux pays à la suite de la crise pétrolière

des Wohlstands unserer Gesellschaften, die sich ein hohes Versorgungsniveau leisten konnten und wollten: Schulen, Universitäten, Bibliotheken, Krankenhäuser, Schwimmbäder, Straßen, Schienen usw. Das alles wurde aus öffentlichen Mitteln, d.h. vor allem über Steuereinnahmen, finanziert. Als die Phase des ungebrochenen Wirtschaftswachstums in beiden Ländern im Zuge der Ölkrise in den 1970er Jahren zu Ende ging, mussten sich Staat und Kommunen allerdings immer öfter verschulden, um die Daseinsvorsorge in dem gewohnten Umfang aufrechtzuerhalten.
Daher kam die Diskussion auf, ob es nicht besser wäre, privaten Anbietern die Aufgabe zu übertragen, Leistungen im öffentlichen Auftrag zu erbringen, also statt eines staatlichen einen Marktansatz zu wählen. Die Liberalisierung der öffentlichen Dienstleistungen soll Wettbewerb ermöglichen und dadurch Kosten sparen. Dieser Logik folgte auch die Weiterentwicklung des Binnenmarkts der Europäischen Union: Wer wollte, sollte im europäischen Ausland Leistungen der Daseinsvorsorge anbieten können. So ist es heute z.B. eine Selbstverständlichkeit, dass Nahverkehrsstrecken in Deutschland von ausländischen Unternehmen und nicht mehr nur von der Deutschen Bahn betrieben werden (zu den größten Anbietern zählt hier übrigens die französische transdev-Gruppe, deren Züge u.a. auf der vielgenutzten Strecke München-Salzburg im Einsatz sind).

Liberalisierung in Deutschland

Diese Öffnung für private Dienstleister ist in manchen sensiblen Sektoren jedoch umstritten, z.B. bei der Grundversorgung

des années 1970, l'État et les collectivités locales ont dû emprunter de plus en plus fréquemment pour maintenir les services d'intérêt général au même niveau.
La question s'est donc posée de savoir s'il ne serait pas préférable de confier à des prestataires privés la tâche de fournir des services pour le compte du secteur public, c'est-à-dire d'adopter une approche de marché plutôt qu'une approche étatique. La libéralisation des services publics est censée permettre la concurrence et donc la réduction des coûts. Le développement du marché intérieur de l'Union européenne a également suivi cette logique : quiconque le souhaitait devait pouvoir offrir des services d'intérêt général dans d'autres pays européens. Aujourd'hui, par exemple, il va de soi que les lignes de transport ferroviaire locales en Allemagne sont exploitées par des entreprises étrangères et non plus seulement par la Deutsche Bahn (d'ailleurs, l'un des plus grands prestataires est le groupe français transdev, dont les trains sont utilisés, entre autres, sur la ligne très fréquentée Munich-Salzbourg).

Libéralisation en Allemagne

Cette ouverture aux prestataires de services privés est toutefois controversée dans certains secteurs sensibles, par exemple l'approvisionnement en énergie de base. Depuis la libéralisation du prix de l'électricité pour les ménages privés, celui-ci a fortement augmenté en Allemagne. Cela est principalement dû au fait qu'il a été maintenu à un niveau bas pour les grandes entreprises afin que celles-ci puissent rester compétitives au niveau international. Tant la hausse des prix du marché que l'expansion des énergies renouvelables subventionnée par l'État avec

mit Energie. Seit der Liberalisierung des Strompreises für die Privathaushalte ist dieser in Deutschland stark gestiegen. Das liegt in erster Linie daran, dass er für Großkunden aus der Wirtschaft niedrig gehalten wurde, damit die Unternehmen international wettbewerbsfähig bleiben. Sowohl steigende Marktpreise als auch der staatlich geförderte Ausbau der erneuerbaren Energien mit Mindestvergütungen für die Erzeuger gehen deshalb vor allem zu Lasten der privaten Verbraucher. Außerdem wurde in Deutschland viel darüber diskutiert, ob es eine gute Idee war, dass viele Kommunen ihre Stadtwerke teilweise oder ganz privatisiert haben. Sie haben damit kurzfristig Geld verdient, sich aber langfristig in Abhängigkeit von den großen Energieversorgern in Deutschland (bzw. auch international operierenden Konzernen wie Vattenfall aus Schweden) begeben und der Möglichkeit beraubt, selbst über die Wahl der Energieträger zu entscheiden. Auch deshalb hat sich eine Reihe von Städten und Gemeinden entschieden, die Energieversorgung wieder in kommunale Hände zu überführen. Zu den bekanntesten Beispielen gehören die 2011 neu gegründeten Stuttgarter Stadtwerke, die Gas und Strom anbieten und dabei gänzlich auf Kernkraft und Kohle verzichten.

Auch die Privatisierung des Bestands an öffentlich gefördertem Wohnraum mit moderaten Mieten ist in den letzten Jahren oft kritisiert worden, denn bezahlbares Wohnen gehört ebenfalls zur Daseinsvorsorge. Aufgrund der Zerstörungen des Zweiten Weltkriegs und des Zustroms zahlreicher Menschen, die aus den ehemaligen deut-

des rémunérations minimales pour les producteurs se font donc principalement au détriment des consommateurs privés. En outre, il y a eu de nombreux débats en Allemagne sur la question de savoir s'il était pertinent que de nombreuses municipalités privatisent leurs régies municipales *(Stadtwerke)* , soit en partie ou en totalité. Ce faisant, ils ont gagné de l'argent à court terme, mais à long terme, ils se sont rendus dépendants des grands fournisseurs d'énergie allemands (ou même de groupes opérant à l'échelle internationale comme le suédois Vattenfall) et se sont privés de la possibilité de décider eux-mêmes du choix des sources d'énergie. C'est l'une des raisons pour lesquelles un certain nombre de villes et de municipalités ont décidé de remettre l'approvisionnement en énergie entre les mains des municipalités. Parmi les exemples les plus connus, citons les Stadtwerke de Stuttgart, nouvellement créés en 2011, qui proposent du gaz et de l'électricité et renoncent totalement à l'énergie nucléaire et au charbon.

La privatisation du parc de logements à loyers modérés subventionnés par l'État a également été souvent critiquée ces dernières années car les logements abordables font également partie de l'offre de services publics. En raison des destructions de la Seconde Guerre mondiale et de l'afflux d'un grand nombre de personnes ayant fui les anciens territoires orientaux allemands, l'État a massivement soutenu la construction de logements sociaux pendant des décennies. En conséquence, à la fin des années 1980, l'Allemagne possédait le plus grand nombre de logements subventionnés par l'État en Europe. Mais dans les années 1990, de nombreuses communes ont rééquilibré leurs

Wohnungsbau in der Nachkriegszeit in Deutschland

Wohnblocks und Hochhäuser in der Trabantenstadt „Neue Vahr Bremen" in Bremen: In den 1950ern Europas größtes Wohnungsbauprojekt für 30.000 Einwohner.

© picture-alliance / dpa / Peter Meyer

Wohnblöcke im Märkischen Viertel, Reinickendorf, Berlin.

© picture alliance / Bildagentur-online/Schoening

schen Ostgebieten geflohen waren, hatte der Staat über Jahrzehnte den sozialen Wohnungsbau massiv unterstützt. Ende der 1980er Jahre verfügte Deutschland daher europaweit über die meisten öffentlich geförderten Wohnungen. Doch in den 1990er Jahren haben viele Kommunen ihre defizitären Haushalte durch den Verkauf ihrer Sozialwohnungen saniert. Die Konsequenz: Besonders in den wachsenden Großstädten, wo die Mietpreise seit vielen Jahren steigen, fehlen heute häufig bezahlbare Wohnungen, u.a. für öffentliche Bedienstete mit mittleren Einkommen wie Polizisten, Krankenschwestern usw. Teilweise werden daher Wohnungen von den Gemeinden zurückgekauft, oder sie gründen wieder eigene Wohnungsbaugesellschaften, um den sozialen Wohnungsbau zu fördern.

Liberalisierung in Frankreich

In Frankreich gilt die staatlich organisierte Daseinsvorsorge, der *service public*, weiterhin als Garant für den Zugang aller zu einer bezahlbaren Grundversorgung auf hohem

budgets déficitaires en vendant leurs logements sociaux. En conséquence, surtout dans les grandes villes en expansion où les loyers augmentent depuis de nombreuses années, il y a maintenant souvent une pénurie de logements abordables, y compris pour les employés publics à revenus moyens tels que les policiers, les infirmières, etc. Les appartements sont donc rachetés en partie par les municipalités, ou bien celles-ci créent à nouveau leurs propres sociétés de logement pour promouvoir le logement social.

Libéralisation en France

En France, l'offre par l'État de services d'intérêt général, appelée « service public », continue de garantir l'accès de tous à des services de base abordables et de haut niveau. L'ouverture à la concurrence est vue avec scepticisme. La crainte est que les prestataires de services privés ne réduisent leurs offres ou ne les rendent plus chères parce qu'elles s'avèrent non rentables. Pour cette raison, la libéralisation est restée plutôt prudente dans les domaines où elle a été prescrite par des directives européennes, comme l'appro-

Niveau. Die Öffnung für den Wettbewerb wird mit Skepsis gesehen. Die Befürchtung ist, dass private Dienstleister ihre Angebote ausdünnen oder verteuern könnten, weil sie sich als unrentabel erweisen. Daher blieb es bei einer eher behutsamen

visionnement en énergie. Depuis la fin des années 1990, les parts de marché des fournisseurs historiques d'électricité et de gaz diminuent lentement mais sûrement. Non seulement les grands clients du secteur des entreprises, qui sont ceux qui consomment

Wohnen in Deutschland und Frankreich / Habiter en Allemagne et en France

In Frankreich leben mehr als doppelt so viele Menschen in öffentlich geförderten Wohnungen wie in Deutschland. Auf dem freien Wohnungsmarkt sind die Mieten aufgrund des geringeren Angebots dafür im Schnitt höher, doch in beliebten Großstädten muss man in beiden Ländern mittlerweile ähnlich tief in die Tasche greifen. Nur Paris spielt weiterhin in einer anderen Liga. Für eine 60m²-Wohnung musste man dort 2020 durchschnittlich 1.800 Euro monatlich bezahlen. In München, der teuersten Stadt Deutschlands, kostet eine Wohnung dieser Größe im Schnitt rund 1.100 Euro. Unterm Strich ist Wohnen in Deutschland insgesamt teurer: Dort beträgt der Anteil der Menschen, die mehr als 40 % ihres Einkommens für die Miete aufbringen müssen, 14,5 % (in Frankreich 4,7 %). Das liegt auch daran, dass fast zwei Drittel der Franzosen, aber nur knapp die Hälfte der Deutschen in ihren eigenen vier Wänden leben. Und auch bei den Nebenkosten gibt es beträchtliche Unterschiede: In Deutschland mussten z. B. im Jahr 2020 Privathaushalte knapp 31 Cent für die Kilowattstunde Strom bezahlen, so viel wie nirgendwo sonst in Europa.
In Frankreich lag der Strompreis für private Verbraucher bei knapp 18 Cent/kWh und damit unter dem europäischen Schnitt von 20,5 Cent.

Plus de deux fois plus de Français que d'Allemands vivent dans des appartements subventionnés par l'État. En revanche, les loyers sur le marché libre du logement sont en moyenne plus élevés en raison de la baisse de l'offre. Mais dans les grandes villes qui attirent beaucoup de gens, les loyers sont désormais comparables dans les deux pays. Seul Paris continue à jouer dans une autre cour. En 2020, il y faut payer en moyenne 1 800 € par mois pour un appartement de 60 m². À Munich, la ville la plus chère d'Allemagne, un appartement de la même taille coûte environ 1 100 € en moyenne. En somme, le logement est globalement plus cher en Allemagne, où la proportion de personnes qui doivent consacrer plus de 40 % de leurs revenus au loyer est de 14,5 % (4,7 % en France). Cela s'explique aussi par le fait que près des deux tiers des Français, mais seulement un peu moins de la moitié des Allemands sont propriétaires. Et il existe également des différences considérables dans les coûts des services publics : en Allemagne, par exemple, les ménages privés ont dû payer un peu moins de 31 cents pour un kilowattheure d'électricité en 2020, soit plus que partout ailleurs en Europe. En France, le prix de l'électricité pour les particuliers s'est établi à un peu moins de 18 centimes/kWh, en dessous de la moyenne européenne de 20,5 centimes.

Liberalisierung in den Bereichen, wo sie durch europäische Richtlinien vorgeschrieben wurde, wie z. B. bei der Energieversorgung. Seit Ende der 1990er Jahre schwinden dort langsam, aber kontinuierlich die Marktanteile der „fournisseurs historiques", der staatlichen Strom- und Gasversorger. Nicht nur Großkunden aus der Wirtschaft, die am meisten Energie verbrauchen und daher besonders darauf achten, Kosten zu sparen, sondern auch Haushalte entscheiden sich immer öfter für einen Wechsel zu einem privaten Anbieter. Bei Strom ist ihr Anteil im Wohnungssektor mittlerweile auf 26 % und bei Gas auf 34 % gestiegen. Dank des billigen Atomstroms liegt der Strompreis in Frankreich generell auf einem vergleichsweise niedrigen Niveau.

Der soziale Wohnungsbau bleibt in Frankreich Sache der Gemeinden. Um den Bedarf zu decken, sind sie sogar gesetzlich gezwungen, eine Mindestquote an Sozialwohnungen zu erfüllen, so dass der Bestand in Frankreich kontinuierlich gestiegen ist, während er in Deutschland rapide abgenommen hat.

Mit dieser Aufgabe gehen die Kommunen allerdings unterschiedlich um, vor allem in den Speckgürteln der französischen Großstädte. So unterschreiten wohlhabendere Kommunen meist ganz bewusst und trotz Strafen die vorgeschriebene Quote und befördern damit das „entre soi", d. h. die gehobeneren gesellschaftlichen Schichten bleiben dort unter sich. Im Gegenzug weisen ärmere Gemeinden häufig einen überproportional hohen Anteil an öffentlich geförderten Wohnungen auf. Dort ballen sich dann Menschen mit geringem Einkommen bzw. Empfänger von Sozialhilfen.

le plus d'énergie et sont donc particulièrement désireux de faire des économies, mais aussi les ménages choisissent de plus en plus souvent de passer à un fournisseur privé. La part du privé dans le secteur résidentiel est désormais de 26 % pour l'électricité et de 34 % pour le gaz. Grâce à l'énergie nucléaire bon marché, le prix de l'électricité en France se situe généralement à un niveau comparativement bas.

Le logement social en France reste l'affaire des municipalités. Afin de répondre à la demande, ils sont même contraints par la loi de remplir un quota minimum de logements sociaux, de sorte que leur nombre en France n'a cessé d'augmenter, alors qu'en Allemagne il a rapidement diminué.

Cependant, les municipalités s'acquittent de cette tâche de différentes manières, notamment dans les banlieues des grandes villes françaises. Les municipalités plus riches, par exemple, ignorent souvent délibérément le quota prescrit, malgré les sanctions, et favorisent ainsi l'« entre soi », c'est-à-dire que les classes sociales les plus aisées y restent entre elles. D'autre part, les communes les plus pauvres ont souvent une part disproportionnée de logements subventionnés par l'État. C'est là que se concentrent les personnes à faibles revenus ou les bénéficiaires de l'aide sociale. Cela n'a pas grand-chose à voir avec le principe de mixité sociale si souvent invoqué en France, selon lequel des personnes de classes sociales différentes doivent vivre ensemble au quotidien.

Zoom sur les politiques de logement et les quartiers sensibles

Tout cela est également lié à la construction de logements d'après-guerre. À cette

Projets urbanistiques en France: Les grands ensembles

La Courneuve, Paris / Foto 23 juin 2004

© picture-alliance / dpa / Alfred

Regard sur la Cite des 4000 à La Courneuve / Foto 22 juin 2015

© picture alliance / SZ Photo / Johannes Simon

Mit dem in Frankreich so häufig bemühten Prinzip der sozialen Mischung, wonach sich Menschen aus unterschiedlichen gesellschaftlichen Schichten im Alltag begegnen sollen, hat das wenig zu tun.

Exkurs: Wohnungsbaupolitik und soziale Brennpunkte

Dass es dazu gekommen ist, hat auch mit dem Wohnungsbau der Nachkriegszeit zu tun. Damals ist die französische Bevölkerung stark gewachsen, vor allem aufgrund der steigenden Geburtenrate, aber auch wegen der vielen Algerienfranzosen, die in den 1960er Jahren nach dem Unabhängigkeitskrieg meist fluchtartig die ehemaligen Departements in Nordafrika verlas-

époque, la population française connaissait une forte croissance, principalement due à la hausse du taux de natalité, mais aussi aux nombreux Français d'Algérie ayant fui les anciens départements d'Afrique du Nord dans les années 1960 après la guerre d'indépendance. Les logements étaient extrêmement rares à cette époque. Afin d'accueillir le plus grand nombre de personnes le plus rapidement possible, des lotissements subventionnés par l'État ont été construits aux portes de presque toutes les villes françaises.
Autour de Paris en particulier, ils ont parfois pris les dimensions d'une petite ville moyenne. À La Courneuve par exemple, au nord-est du centre-ville, plusieurs milliers d'appartements ont été construits en un

Historisches Videomaterial zu La Courneuve:
Bericht zu den Problemen in der Cité des 4000 in La Courneuve (1964)

La cité des 4000 à La Courneuve (1964) :
https://www.ina.fr/ina-eclaire-actu/video/i16067291/la-cite-des-4000-a-la-courneuve

Bericht zum bevorstehenden Abriss von Wohnblöcken in La Courneuve (2004)

La Courneuve : historique (2004) :
https://www.ina.fr/ina-eclaire-actu/video/2587104001038/la-courneuve-historique

Fotoserie „Souvenir d'un Futur" von Laurent Kronental:

https://www.laurentkronental.com/Souvenir-d'un-Futur/

sen haben. Wohnraum war in dieser Zeit äußerst knapp. Um möglichst schnell viele Menschen unterzubringen, entstanden vor den Toren nahezu aller französischen Städte öffentlich geförderte Wohnsiedlungen.

Vor allem rund um Paris nahmen sie teilweise die Dimensionen einer mittleren Kleinstadt an. Im nordöstlich des Zentrums gelegenen La Courneuve wurden z. B. in Rekordzeit mehrere tausend Wohnungen gebaut, deren Zahl dem neuen Viertel ihren Namen gab: *la cité des 4 000.* Das galt damals als fortschrittlich, denn

temps record, dont le nombre a donné son nom au nouveau quartier : la Cité des 4 000. Cela était considéré comme progressiste à l'époque, car contrairement à la plupart des bâtiments anciens des centres-villes, ces unités d'habitation disposaient d'installations modernes avec chauffage central. Mais les inconvénients sont vite apparus aux nouveaux arrivants : ces quartiers avaient été construits sur des terrains vierges et étaient souvent mal reliés au centre. Les commerces et les loisirs étaient censés suivre, mais cela n'a pas toujours été le cas. Les jeunes, en particulier, s'y ennuyaient souvent terriblement

Die Banlieue / La banlieue

Im Mittelalter gab es vor den Stadtmauern eine Bannmeile, die *banlieue*, innerhalb derer Siedlungen ursprünglich untersagt waren, die dann aber im Zuge des Wachstums der Städte bebaut wurde. So entstanden zunächst kleine „illegale", aber letztlich geduldete Ortschaften, die *faux bourgs* oder *faubourgs*. In Paris bekamen sie im 19. Jahrhundert, als sie längst Teil der Stadt waren, im Zuge der umfangreichen Neugestaltung durch Georges Eugène Haussmann ein völlig neues Gesicht, das architektonisch bis heute das Zentrum der französischen Hauptstadt prägt. Jenseits der neuen Stadtgrenze bildete sich ein Ring von schnell wachsenden Vororten, die spätestens seit den wochenlangen Unruhen 2005 ein schlechtes Image haben. Wer heute von *den Banlieues* spricht, spielt daher meist auf diese sozialen Brennpunkte an. Dabei gibt es auch die wohlhabende *Banlieue* (meist südlich des Zentrums gelegen), in der man ruhig und sicher (aber deutlich teurer) im Grünen lebt.

Au Moyen Âge, il existait une banlieue à l'extérieur des murs de la ville, où les lotissements étaient à l'origine interdits, mais qui a ensuite été construite au fur et à mesure que les villes se développaient. C'est ainsi que sont nés de petits bourgs « illégaux » mais finalement tolérés, les faux bourgs (ou faubourgs). À Paris, au 19e siècle, alors qu'ils faisaient depuis longtemps partie de la ville, ils changèrent complètement de visage au cours du vaste remaniement opéré par Georges Eugène Haussmann et qui caractérise encore aujourd'hui le centre de la capitale française sur le plan architectural. Au-delà des nouvelles limites de la ville s'est formée une couronne de banlieues à croissance rapide, qui ont une mauvaise image au moins depuis les semaines d'émeutes de 2005. C'est pourquoi, aujourd'hui, quiconque parle des *banlieues* fait généralement allusion à ces zones sensibles. Mais il y a aussi la *banlieue* aisée (généralement située au sud du centre), où les gens vivent tranquillement et en sécurité, au vert (mais où la vie est aussi plus chère).

anders als die meisten Altbauten in den Innenstädten verfügten diese Wohneinheiten über eine moderne Ausstattung mit Zentralheizung. Doch schnell wurden für die Neuankömmlinge auch die Nachteile sichtbar: Die neuen Viertel waren auf der grünen Wiese hochgezogen worden und häufig schlecht angebunden. Einkaufs- und Freizeitmöglichkeiten sollten folgen, was aber oftmals nicht geschah. Vor allem Jugendliche langweilten sich oft furchtbar fernab der lebendigen Stadtzentren. Zudem begünstigten bauliche Mängel einen schnellen Verfall der Gebäude. Wer es sich leisten konnte, zog daher in einen anderen Vorort um. Geblieben (bzw. neu zugezogen) sind diejenigen, die andernorts keine bezahlbare Bleibe hätten finden können, vor allem Einwandererfamilien. Sie erlebten, wie sich ihr Viertel nach und nach zu einem sozialen Brennpunkt mit hoher Arbeitslosen- und Kriminalitätsrate entwickelte. Schon Ende der 1970er Jahre kam es zu den ersten gewaltsamen Protesten junger Bewohner dieser *quartiers sensibles*, die dann 2005 ihren vorläufigen Höhepunkt erreichten und seither nie ganz abgeflaut sind. Denn trotz finanziell gut ausgestatteter staatlicher Förderprogramme, mit denen sowohl bauliche als auch soziale Maßnahmen durchgeführt wurden, hat sich an der Situation der Menschen bis heute wenig verändert. Die Arbeitslosigkeit der überdurchschnittlich jungen Bevölkerung bleibt hoch. Das Gefühl von Ausgrenzung und Diskriminierung ist weit verbreitet. Auslöser für Ausschreitungen sind häufig Polizeikontrollen, denen sich Jugendliche entziehen wollen und die dabei verunglücken. Die Wut richtet sich im-

loin des centres-villes animés. En outre, les déficiences de construction ont favorisé une dégradation rapide des bâtiments. Ceux qui pouvaient se le permettre ont donc déménagé dans une autre banlieue. Ceux qui sont restés (ou ont emménagé) sont ceux qui ne pouvaient pas trouver de logement abordable ailleurs, en particulier les familles immigrées. Ils ont assisté à la transformation progressive de leur cité en un quartier défavorisé, avec des taux de chômage et de criminalité élevés. Dès la fin des années 1970, on assistait aux premières manifestations violentes des jeunes résidents de ces quartiers dits sensibles, qui ont atteint leur pic en 2005 et ne se sont jamais complètement calmées depuis. En effet, malgré des programmes d'aide publique bien dotés qui comportaient des mesures de rénovation et des mesures sociales, la situation de la population n'a guère changé jusqu'à aujourd'hui. Le taux de chômage de la population jeune, supérieur à la moyenne, reste élevé. Le sentiment d'exclusion et de discrimination est très répandu. Les émeutes sont souvent déclenchées par des contrôles de police auxquels les jeunes tentent d'échapper, ayant alors des accidents. La colère se dirige fréquemment contre la police, car elle incarne l'État, accusé de ne pas tenir la promesse républicaine d'égalité.

Les zones sensibles (ainsi que les programmes gouvernementaux visant à résoudre les problèmes) existent aussi évidemment en Allemagne, surtout dans les grandes villes. Une différence importante, cependant, est qu'elles ne sont pas aussi isolées du centre-ville et qu'il n'y a pas non plus de concentration aussi importante de personnes socialement défavorisées en un seul endroit.

mer wieder gegen die Polizei, weil sie den Staat verkörpert, dem vorgeworfen wird, das republikanische Gleichheitsversprechen nicht einzulösen.
Soziale Brennpunkte (sowie staatliche Programme zur Problembewältigung) gibt es selbstverständlich auch in Deutschland, vor allem in den Großstädten. Ein wichtiger Unterschied ist jedoch, dass sie räumlich nicht so stark von der Innenstadt abgeschnitten sind und auch keine derart große Ballung von sozial benachteiligten Menschen an einem Ort zu beobachten ist.

Herausforderungen

Die ohnehin komplexe Aufgabe der öffentlichen Daseinsvorsorge wird durch regionale Bevölkerungsschwankungen erschwert. Historisch betrachtet fielen diese Unterschiede in Frankreich zunächst geringer aus als in Deutschland. Die französische Bevölkerung wuchs mit Ausnahme des Großraums Paris über einen langen Zeitraum kaum und war zudem wenig mobil, während jenseits des Rheins nach dem deutsch-französischen Krieg 1870/71 und der Gründung des zweiten Kaiserreichs unter dem Eindruck der rasch voranschreitenden Industrialisierung ein starkes demographisches Wachstum und eine massive Landflucht einsetzten.

Gestiegene Mobilität

Doch im Zuge des wirtschaftlichen Wiederaufbaus und der Modernisierung des Landes nach dem Zweiten Weltkrieg zog auch in Frankreich die Geburtenrate an. Mit steigendem Wohlstand kauften außerdem im-

Enjeux

La tâche déjà complexe de fournir des services publics est rendue encore plus difficile par les fluctuations de la population régionale. Historiquement, ces différences étaient moins prononcées en France qu'en Allemagne. À l'exception de l'agglomération parisienne, la population française n'a pratiquement pas augmenté sur une longue période et était globalement peu mobile, alors qu'outre-Rhin, après la guerre franco-allemande de 1870-71 et la fondation du Second Empire, une forte croissance démographique et un exode rural massif se sont mis en place sous l'effet d'une industrialisation galopante.

Mobilité accrue

Mais au cours de la reconstruction économique et de la modernisation du pays après la Seconde Guerre mondiale, le taux de natalité a également augmenté en France. Avec l'accroissement de la prospérité, de plus en plus de ménages ont accédé à la propriété immobilière et acheté une voiture (ou plusieurs). En conséquence, l'étalement urbain s'est développé dans de nombreux endroits et s'est généralisé à mesure que les terrains les plus convoités devenaient plus chers (notamment autour des villes les plus attrayantes et sur la côte). Une telle évolution s'est également produite en Allemagne, d'abord à l'Ouest, puis après la réunification à l'Est. Les gens sont devenus plus mobiles et ont accepté de parcourir des distances toujours plus grandes pour se rendre au travail, faire leurs courses ou s'adonner à leurs loisirs. Les liens avec le lieu de résidence diminuent. Cette évolution de la mobilité et du comportement des consommateurs

mer mehr Haushalte eine eigene Immobilie und ein Auto (oder gleich mehrere). Daraufhin setzte vielerorts eine Zersiedelung ein, die immer weiter um sich griff, je teurer die begehrtesten Grundstücke wurden (vor allem rund um die attraktivsten Städte und an der Küste). Eine solche Entwicklung gab es auch in Deutschland, zuerst im Westen, und nach der Wiedervereinigung im Osten. Die Menschen wurden mobiler und nahmen immer größere Entfernungen in Kauf, um zum Arbeitsplatz zu kommen, um einzukaufen oder um Freizeitaktivitäten nachzugehen. Die Bindung an den Wohnort nahm ab. Dieses veränderte Mobilitäts- und Konsumverhalten beeinflusst unweigerlich die lokale Angebotspalette. Wofür etwa einen Metzger- oder Bäckerladen im Dorf weiterführen, wenn die Einwohner ihre Einkäufe lieber im Supermarkt tätigen? Immer noch zieht es viele Franzosen in den bequem mit dem Auto erreichbaren Hypermarché im nächstgelegenen Industriegebiet, der nicht nur eine riesige Auswahl an Lebensmitteln bietet, sondern auch Kleidung, Einrichtungsgegenstände oder Spielzeug im Sortiment hat. In Deutschland begann vor vielen Jahren der Siegeszug der Discounter (Aldi, Lidl, Netto usw.) am Ortsrand, die mit günstigen Preisen locken und längst nicht mehr nur von weniger zahlungskräftigen Kunden frequentiert werden. Mittlerweile haben sie auch in Frankreich etliche Filialen, in denen allerdings ganz überwiegend ärmere Haushalte einkaufen.

Demographischer Wandel

Hinzu kommt der demographische Wandel, der sich vor allem in Deutschland in einer starken Alterung der Bevölkerung

influence inévitablement l'offre locale de produits et de services. À quoi bon conserver une boucherie ou une boulangerie dans le village si les habitants préfèrent faire leurs courses au supermarché ? De nombreux Français sont encore attirés par l'hypermarché de la zone commerciale la plus proche, facilement accessible en voiture, qui propose non seulement un vaste choix de produits alimentaires, mais aussi des vêtements, des meubles ou des jouets. En Allemagne, les discounters (Aldi, Lidl, Netto, etc.) ont commencé leur avancée triomphante à la périphérie des villes et des villages il y a de nombreuses années, offrant des produits à bas prix qui n'attirent pas seulement les moins fortunés. Entre-temps, ils disposent également d'un certain nombre de filiales en France, où ce sont toutefois surtout les ménages les plus pauvres qui y font leurs achats.

Changement démographique

À cela s'ajoute l'évolution démographique, qui se manifeste surtout en Allemagne par un fort vieillissement de la population et est différente selon les régions. Dans les régions économiquement faibles, principalement rurales, notamment dans l'est de l'Allemagne ou dans la forêt du Palatinat, la population diminue, tandis que dans le sud en plein essor, elle augmente, surtout dans les aires d'influence des grandes villes. Cela pose de nombreux problèmes pratiques pour l'offre de services publics. Ils vont du maintien de soins médicaux adéquats au défi de l'évacuation des eaux usées qui ne fonctionne plus correctement lorsque le nombre d'habitants diminue parce que trop peu d'eaux usées circulent dans le système d'égouts.

äußert und sich regional unterschiedlich bemerkbar macht. In den wirtschaftlich schwachen, meist ländlich geprägten Regionen, vor allem in Ostdeutschland oder im Pfälzer Wald, schrumpft die Bevölkerung, im boomenden Süden wächst sie, insbesondere in den Einzugsbereichen der größeren Städte. Für die Daseinsvorsorge ergeben sich daraus viele praktische Probleme. Sie reichen von der Frage, wie man eine angemessene medizinische Versorgung aufrechterhält, bis zu der Herausforderung, dass die Abwasserentsorgung bei sinkenden Einwohnerzahlen nicht mehr

En raison de son taux de natalité comparativement élevé, la France n'est pas affectée par le changement démographique dans la même mesure, mais les disparités régionales se sont également intensifiées en raison des perspectives de développement économique fortement divergentes. On observe un phénomène grandissant : ceux qui ont fait des études et qui cherchent un emploi ne le trouvent plus dans la ville voisine, mais doivent déménager. Ceux qui restent constatent souvent que les services d'intérêt général qui les entourent se raréfient parce qu'ils ne peuvent plus fonctionner de ma-

Schulschließungen in Frankreich / Fermeture des écoles en France

Jährlich werden vor allem in stark ländlich geprägten Kommunen hunderte Vor- und Grundschulen für immer geschlossen – einerseits um Kosten zu sparen, aber auch aus pädagogischen Gründen. Besonders betroffen sind die wenigen verbliebenen „écoles à classe unique", in denen wegen der geringen Schülerzahlen bis heute mehrere Jahrgänge zusammen unterrichtet werden. Das gilt als nicht mehr zeitgemäß oder sogar schädlich für die Lernfortschritte der Kinder. Stattdessen haben ländliche Gemeindeverbände vielerorts größere schulische Einrichtungen mit moderner Ausstattung geschaffen, die ein gutes Lernumfeld für meist mehrere hundert Schüler bieten. Gleichzeitig geht mit der Schließung der alten Dorfschule unwiederbringlich ein symbolischer Ort verloren, der seit Ende des 19. Jahrhunderts den universellen Bildungsauftrag der Französischen Republik verkörpert hatte.

Des centaines d'écoles maternelles et primaires sont fermées chaque année, surtout dans les communes rurales - d'une part pour faire des économies, mais aussi pour des raisons pédagogiques. Les quelques écoles à classe unique restantes, dans lesquelles on fait cours à plusieurs niveaux en même temps en raison du faible nombre d'élèves, sont particulièrement touchées. Cette pratique n'est plus considérée comme étant dans l'air du temps, elle est même perçue comme préjudiciable aux progrès d'apprentissage des enfants. Au lieu de cela, les intercommunalités rurales ont, dans de nombreux endroits, créé des établissements scolaires plus grands, regroupant les élèves de plusieurs communes et dotés d'équipements modernes qui leur offrent un bon environnement pédagogique. En fermant l'ancienne école du village, un lieu symbolique qui incarnait la mission éducative universelle de la République française depuis la fin du 19e siècle disparaît pour toujours.

richtig funktioniert, weil zu wenig Abwässer durch die Kanalisation fließen.
Frankreich ist aufgrund seiner im Vergleich hohen Geburtenrate nicht im gleichen Maße vom demographischen Wandel betroffen, die regionalen Unterschiede haben sich aufgrund der stark divergierenden wirtschaftlichen Entwicklungsperspektiven aber ebenfalls verschärft. Wer gut ausgebildet ist und einen Job sucht, findet ihn immer häufiger nicht mehr im Nachbarort, sondern muss umziehen. Wer bleibt, stellt häufig fest, dass rundherum die Angebote der Daseinsvorsorge weniger werden, weil sie nicht mehr rentabel betrieben werden können. Das betrifft auch die staatlich organisierte Infrastruktur. Zwar ist die Versorgungslage für weite Teile der Bevölkerung immer noch gut, doch wenn Kreißsäle oder Grundschulklassen mangels Nachwuchs (oder Personal) geschlossen werden, ist die Aufregung in den betroffenen Gemeinden meist groß. Denn das bedeutet weitere Wege zur Schule oder – noch heikler – zur nächsten Geburtsstation, die in dünn besiedelten Regionen heute mancherorts über 45 Minuten entfernt ist. Wenn dann auch noch Hebammen fehlen, verunsichert das die Menschen. So entsteht in Teilen der Bevölkerung eine latente Unzufriedenheit, die zuletzt 2018 in der Gelbwestenbewegung deutlich zum Ausdruck kam.
Trotz der im Vergleich hohen Bevölkerungsdichte gibt es auch in Deutschland in manchen Gebieten eine Unterversorgung bei der Geburtshilfe. Wie in Frankreich sind seit Anfang der 1990er Jahre über 40 % der Entbindungsstationen geschlossen worden, die Geburtenrate ist aber zuletzt

nière rentable. Cela s'applique également à l'infrastructure mise en place par l'État. Bien que l'approvisionnement en services publics soit encore bon pour une grande partie de la population, lorsque des salles d'accouchement ou des classes d'école primaire ferment par manque de naissances (ou de personnel), l'agitation est grande dans les communes concernées. Car cela signifie un allongement des trajets pour se rendre à l'école ou - plus gênant encore - à la plus proche maternité, qui, dans les régions peu peuplées, se trouve actuellement parfois à plus de 45 minutes. Lorsqu'il y a également un manque de sages-femmes, l'inquiétude monte chez les habitants. Cela crée un mécontentement latent chez une partie de la population, mécontentement qui s'est exprimé clairement en 2018 dans le mouvement des gilets jaunes.
Malgré la densité de population relativement élevée, certaines régions d'Allemagne connaissent également une pénurie de soins obstétricaux. Comme en France, plus de 40 % des maternités ont été fermées depuis le début des années 1990, mais le taux de natalité a récemment recommencé à augmenter. Dans certains endroits, les femmes enceintes ont également de grandes difficultés à trouver une sage-femme, et pas seulement dans les zones rurales. Cela est dû au fait que la profession est devenue de moins en moins attrayante. En effet, la charge de travail a considérablement augmenté et, de plus, les sages-femmes ont besoin d'une assurance responsabilité civile pour le cas où elles commettraient de graves erreurs lors de l'accouchement et pour laquelle elles doivent payer depuis quelque temps des primes beaucoup plus élevées qu'auparavant.

wieder gestiegen. Örtlich haben Schwangere ebenfalls große Probleme, eine Hebamme zu finden, und zwar nicht nur auf dem Land. Das liegt daran, dass der Beruf immer unattraktiver geworden ist. Die Arbeitsbelastung hat stark zugenommen, und außerdem benötigen Geburtshelferinnen für den Fall, dass ihnen bei der Entbindung folgenschwere Fehler unterlaufen, eine Haftpflichtversicherung, für die sie seit einiger Zeit viel höhere Beiträge zahlen müssen als früher.

Digitalisierung

Die Digitalisierung ist für die Daseinsvorsorge Fluch und Segen zugleich. Einerseits trägt sie dazu bei, dass sich die Angebotspalette ausdünnt. Wofür das Postamt aufrechterhalten, wenn sich die Leute in den sozialen Medien tummeln und kaum mehr jemand Briefe schreibt? Warum die Bankfiliale geöffnet halten, wenn die meisten ihre Bankgeschäfte per Onlinebanking erledigen? Andererseits bietet die Abwanderung von Dienstleistungen ins Netz auch neue Möglichkeiten. Ein verstärkter Rückgriff auf Telemedizin kann den Ärztemangel auf dem Land zwar nicht kompensieren, aber bietet zumindest teilweise eine Alternative zum klassischen Besuch in der Praxis. Und in Zeiten, da das Home-Office (befördert durch die Corona-Pandemie) bei den Arbeitgebern mehr Akzeptanz erfährt, könnte der Bevölkerungsschwund mancherorts gebremst werden, weil Menschen nicht mehr gezwungen sind, für eine Arbeitsstelle umzuziehen. Sogar eine Unternehmensgründung im Outback wird plötzlich denkbar – allerdings nur, wenn es auch schnelles Internet gibt. Da

Numérisation

La numérisation est à la fois une malédiction et une bénédiction pour les services d'intérêt général. D'une part, elle contribue à réduire l'éventail des services. Pourquoi garder le bureau de poste ouvert alors que les gens sont sur les réseaux sociaux et que presque plus personne n'écrit de lettres ? Pourquoi garder l'agence bancaire ouverte alors que la plupart des gens effectuent leurs opérations bancaires en ligne ? D'autre part, la numérisation des services présente également de nouvelles opportunités. Le recours accru à la télémédecine ne compensera peut-être pas la pénurie de médecins dans les zones rurales, mais il offre, du moins en partie, une alternative à la visite traditionnelle au cabinet du médecin. Et à une époque où le travail à domicile (stimulé par la pandémie du Covid-19) devient plus acceptable pour les employeurs, la baisse de population pourrait être ralentie dans certains endroits car les gens ne sont plus obligés de déménager pour se rapprocher de leur lieu de travail. Même la création d'une entreprise dans l'arrière-pays devient soudainement concevable – si tant est que le débit Internet soit rapide. Puisqu'il offre des opportunités professionnelles et privées, l'accès au très haut débit devrait actuellement faire partie de l'offre standard de services publics. Mais qui installe les câbles dans les coins les plus reculés du pays ? Pour les entreprises privées à but lucratif, un tel « service » n'est pas rentable en raison des coûts élevés qu'il implique. Sans soutien financier de l'État ou engagement privé, il n'est donc pas possible. La couverture en haut débit mobile présente encore de nombreuses lacunes, mais l'expansion du haut débit fixe s'est

Neue Angebote der Daseinsvorsorge / Nouveaux services d'intérêt général

Was ist, wenn die sozialen Kontakte älterer, weniger mobiler Menschen immer weniger werden und die Familienmitglieder sich nicht kümmern können, weil sie nicht in der Nähe wohnen? Die französische Post bietet mit „Veillez sur mes parents" einen Service an, bei dem der Postbote (meist alleinstehenden) Angehörigen einmal pro Woche (oder auch öfter) einen Besuch abstattet und mit ihnen ins Gespräch kommt, um menschliche Nähe herzustellen und etwaige Bedürfnisse abzufragen. Die Familie wird per App informiert, wenn Unterstützung gefragt ist, etwa Reparaturarbeiten oder Einkäufe. Wo früher ein Netzwerk aus Nachbarn oder Angehörigen für Teilhabe gesorgt hat, können heute also Dienstleistungen gebucht werden.

Und wie lässt sich die Schließung von Lebensmittelläden in Dörfern kompensieren, die nicht mehr rentabel betrieben werden können? In Altenthann im Landkreis Regensburg (Bayern) ist ein „Dorfladen 2.0" entstanden, der 24/7 geöffnet ist und viele Lebensmittel regionaler Erzeuger im Angebot hat. Dank künstlicher Intelligenz ordert das System selbständig nach, wenn Waren knapp werden, die dann allerdings alle paar Tage noch von echten Menschen eingeräumt werden müssen. Kunden können sich mit ihrer Kundenkarte und einer PIN Zugang zum Supermarkt verschaffen, ihre Produkte an der Kasse selbst einscannen und bargeldlos bezahlen. Der örtliche Bürgermeister hat es geschafft, dass das Projekt zu 40 % aus EU-Mitteln gefördert wurde.

Que se passe-t-il lorsque les contacts sociaux des personnes âgées et moins mobiles s'amenuisent et que les membres de la famille ne peuvent pas s'occuper d'elles parce qu'ils ne vivent pas à proximité ? La Poste française propose un service appelé « Veillez sur mes parents », dans le cadre duquel le facteur rend visite à des proches (généralement célibataires) au moins une fois par semaine et s'entretient avec eux pour établir un contact humain et évaluer leurs besoins éventuels. La famille est informée via l'application lorsqu'une aide est nécessaire, comme des travaux de réparation ou des courses. Alors qu'un réseau familial ou le voisinage garantissaient auparavant la participation sociale, on peut désormais faire appel aux services professionnels.

Et comment compenser la fermeture dans les villages des épiceries qui ne peuvent plus être gérées de manière rentable ? À Altenthann, dans le district de Ratisbonne (Bavière), un « magasin de village 2.0 » a été créé. Ouvert 24 heures sur 24 et 7 jours sur 7, il propose de nombreux aliments provenant de producteurs régionaux. Grâce à l'intelligence artificielle, le système commande de manière autonome des marchandises en rupture de stock. Cependant, les rayons doivent toujours être régulièrement remplis par des êtres humains. Les clients peuvent utiliser leur carte client et un code PIN pour accéder au supermarché, scanner eux-mêmes leurs produits à la caisse et payer sans argent liquide. Le maire local a réussi à faire financer 40 % du projet par des fonds européens.

er berufliche wie private Teilhabechancen eröffnet, sollte der Zugang zu einer Breitbandverbindung heutzutage eigentlich zur Standardausstattung der öffentlichen Daseinsvorsorge gehören. Doch wer verlegt die Kabel bis in den hintersten Winkel der Republik? Für private gewinnorientierte Unternehmen ist ein solcher „Service" aufgrund der hohen Kosten unrentabel. Ohne finanzielle Unterstützung des Staates bzw. privates Engagement geht es daher nicht. Die mobile Breitbandversorgung weist noch viele Lücken auf, aber der stationäre Breitbandausbau wurde in den vergangenen Jahren vorangetrieben, um die bisherigen weißen Flecken auf der Landkarte abzudecken. Große Unterschiede zwischen beiden Ländern gibt es bei den Glasfaseranschlüssen, die eine deutlich schnellere und stabilere Internetverbindung ermöglichen. Im Juni 2020 lag ihr Anteil an allen stationären Breitbandanschlüssen in Deutschland bei gerade einmal 5 %. Das bedeutet im Ranking der OECD-Länder den fünftletzten Platz. Frankreich liegt mit 27 % immerhin knapp unter dem OECD-Durchschnitt (Spitzenreiter sind Südkorea und Japan mit über 80 %, gefolgt von Litauen und Schweden mit über 70 %).

Was ist, wenn staatliche oder private Dienstleistungen verschwinden? Vor allem in Westdeutschland lässt sich mittlerweile häufiger beobachten, dass Einwohner selbst aktiv werden, um das Wegbrechen von Angeboten der Daseinsvorsorge aufzufangen, z. B. durch den gemeinschaftlichen Betrieb von multifunktionalen Dorfläden, die neben Lebensmitteln z. B. auch Postdienstleistungen anbieten. Auch

accrue ces dernières années afin de couvrir les anciennes zones blanches sur la carte. Mais il y a de grandes différences entre les deux pays s'agissant des abonnements en fibre optique, qui offrent une connexion internet beaucoup plus rapide et plus stable. En juin 2020, leur part dans l'ensemble des connexions fixes à très haut débit en Allemagne n'était que de 5 %, plaçant la République fédérale à la cinquième place en partant du bas dans le classement des pays de l'OCDE. Avec 27 %, la France se situe juste en-dessous de la moyenne de l'OCDE (les leaders étant la Corée du Sud et le Japon avec plus de 80 %, suivis de la Lituanie et de la Suède avec plus de 70 %).

Que se passe-t-il lorsque les services publics ou privés disparaissent ? Dans l'ouest de l'Allemagne en particulier, on observe de plus en plus fréquemment des habitants devenir eux-mêmes actifs afin de compenser la disparition des services d'intérêt général, par exemple par la gestion commune de magasins de village multifonctionnels qui, outre l'alimentation, proposent également des services postaux par exemple. En France aussi, il existe plusieurs exemples d'initiatives comparables. Dans le même temps, l'idée selon laquelle il incombe à l'État de garantir l'approvisionnement local y est encore largement répandue. Cet appel à l'intervention de la politique s'observe également de manière exacerbée dans certaines régions de l'est de l'Allemagne. Les expériences vécues en RDA et après la réunification, lorsque de nombreux emplois ont été perdus à l'Est, ont fait naître le sentiment d'être délaissé et un certain fatalisme chez de nombreuses personnes. Par sentiment d'appartenance à leur territoire, les personnes âgées en particulier

in Frankreich gibt es diverse Beispiele für vergleichbare Initiativen. Gleichzeitig ist aber immer noch die Erwartung weitverbreitet, dass es Aufgabe des Staates ist, für die Nahversorgung zu sorgen. Dieser Ruf nach der Politik, die sich kümmern soll, lässt sich auch verstärkt in manchen Regionen Ostdeutschlands beobachten. Die Erfahrungen in der DDR und nach der Wende, als viele Arbeitsplätze im Osten verloren gingen, haben bei etlichen ein Gefühl des Ausgeliefertseins und einen gewissen Fatalismus aufkommen lassen, Dadurch verlieren die Bürger ihre Motivation, selbst die Initiative zu ergreifen. Aus Heimatverbundenheit bleiben vor allem die älteren Leute dennoch und hoffen auf bessere Zeiten.
Solche Initiativen können auch das Gefühl des lokalen Zusammenhalts stärken, der in unseren mobilen Gesellschaften teilweise verlorengegangen ist. Sie bleiben aber nur eine winzige Stellschraube in einem staatlich koordinierten Versorgungsnetz, das sich ständig an die gesellschaftlichen Veränderungen anpassen muss. Ein Zurück zur „guten alten Zeit" wird es nicht geben. Stattdessen dürfte in beiden Ländern die Bedeutung von (möglichst nachhaltigen) Mobilitätskonzepten zunehmen, um die Erreichbarkeit von Angeboten der Daseinsvorsorge zu verbessern.

restent néanmoins et espèrent des jours meilleurs.
Ces initiatives peuvent également renforcer le sentiment de cohésion locale qui s'est partiellement perdu dans nos sociétés mobiles. Mais elles ne sont qu'un minuscule levier dans un réseau d'approvisionnement coordonné par l'État qui doit constamment s'adapter aux changements sociétaux. Il n'y aura pas de retour au « bon vieux temps ». Au contraire, l'importance des concepts de mobilité (de préférence durable) est susceptible d'augmenter dans les deux pays afin d'améliorer l'accessibilité des services d'intérêt général.

06 Wirtschaft

Deutschlands und Frankreichs Wirtschaft sind sich in vielerlei Hinsicht ähnlich. Beide sind Marktwirtschaften, in denen Preise von Angebots- und Nachfragedynamiken auf Märkten und nicht durch detaillierte staatliche Vorgaben definiert sind. In beiden Ländern sind Arbeitnehmer über umfangreiche Regelungen vor Ausbeutung und gesundheitlicher Gefährdung geschützt. Im weltweiten Maßstab betrachtet, gehören beide zu Hochlohnländern, deren Produkte und Dienstleistungen Absatz finden, weil sie auf großem technischen und fachlichen Knowhow beruhen. Ein ausdifferenziertes, umfassendes Schul-, Universitäts- und Ausbildungssystem ist eine wichtige Voraussetzung hierfür.

Deutschland und Frankreich sind Teil des europäischen Binnenmarktes und der Europäischen Währungsunion und haben seit 2002 mit dem Euro dieselbe Währung. Innerhalb der Europäischen Union ist der wirtschaftliche Austausch einfacher als mit dem Rest der Welt, weil es in der Regel keine Grenzkontrollen und Zölle gibt und man prinzipiell überall arbeiten und seine Dienstleistungen anbieten kann – fast so wie innerhalb eines Landes. Deshalb spricht man auch von einem europäischen *Binnen*markt.

Économie

Les économies allemande et française se ressemblent à bien des égards. Toutes deux sont des économies de marché dans lesquelles les prix sont définis par la dynamique de l'offre et de la demande sur les marchés plutôt que par des réglementations gouvernementales. Dans les deux pays, les travailleurs sont protégés de l'exploitation et des risques sanitaires par des réglementations étendues. À l'échelle mondiale, toutes deux sont des pays à hauts salaires dont les produits et services se vendent parce qu'ils reposent sur un grand savoir-faire technique et professionnel. Pour ce faire, un système scolaire, universitaire et de formation professionnelle différencié est une condition préalable importante dont les deux pays disposent.

L'Allemagne et la France font partie du marché unique européen et de l'Union monétaire européenne et ont, avec l'euro, la même monnaie depuis 2002. Au sein de l'Union européenne, les échanges économiques sont plus faciles qu'avec le reste du monde, car il n'y a généralement pas de contrôles aux frontières ni de droits de douane et, en principe, vous pouvez travailler et offrir vos services partout – presque comme si vous travailliez à l'intérieur d'un pays. C'est pourquoi on parle aussi d'un marché *intérieur* européen.

Wirtschaftspolitische Traditionen

Trotz zahlreicher Gemeinsamkeiten gibt es Unterschiede, die das Wirtschaftsgeschehen in beiden Ländern prägen. Manche davon sind

Traditions de politique économique

Malgré de nombreuses similitudes, il existe des différences qui façonnent l'activité économique des deux pays. Certaines sont très

sehr alt. So reicht beispielsweise die besondere Rolle des französischen Zentralstaates bis in die Zeit der absolutistischen Könige zurück. Ebenso hat die Wettbewerbsfähigkeit der deutschen Industrie ihre Ursprünge in einem frühen, umfassenden Industrialisierungsprozess im 19. Jahrhundert.

Grundlegende Merkmale, die wichtige Bereiche der Wirtschaft prägen, werden als wirtschaftspolitische Traditionen bezeichnet. Auch wenn sie sich verändern und an unterschiedliche Rahmenbedingungen anpassen, weisen sie im Zeitverlauf eine gewisse Beständigkeit auf und tragen zu unterschiedlichen wirtschaftlichen Profilen im Ländervergleich bei.

Frankreich galt lange Zeit als Paradebeispiel für ein etatistisches Wirtschaftssystem, das

anciennes. Par exemple, le rôle particulier de l'État central français remonte à l'époque des rois absolutistes. De même, la grande compétitivité de l'industrie allemande trouve son origine dans un processus d'industrialisation avancé au 19e siècle.

On parle de traditions de politique économique pour désigner les caractéristiques fondamentales qui façonnent des domaines importants de l'économie. Même s'ils changent et s'adaptent à des conditions cadres différentes, ils présentent une certaine cohérence dans le temps et contribuent à des profils économiques divergents entre les pays.

Pendant longtemps, la France a été considérée comme l'exemple type d'un système économique étatiste caractérisé par une influence considérable de l'État sur l'économie

Arbeiten im Nachbarland / Travailler dans le pays voisin

Wie einfach man im Nachbarland arbeiten kann, hängt vor allem von der Art des Berufes ab. In sogenannten unreglementierten Berufen, wie zum Beispiel Kellner oder Marketinganalyst ist dies unproblematisch möglich, wenn man einen Arbeitgeber bzw. Kunden findet. Anders ist es in Berufen, in denen es verbindliche Vorgaben zur Ausbildung und zum Berufszugang gibt. Dies ist für viele handwerkliche Berufe der Fall, aber zum Beispiel auch für Ärzte, Anwältinnen oder Architekten. In diesen Bereichen gibt es unterschiedliche Regelungen, nach denen auf Äquivalenz der Ausbildung geprüft wird. Zum Teil sind Weiterbildungen oder zusätzliche Nachweise vorgeschrieben. Praktisch gibt es deshalb oft Hürden, wenn man im Nachbarland arbeiten möchte.

La facilité avec laquelle il est possible de travailler dans le pays voisin dépend avant tout du type de profession. Dans les professions dites non réglementées, comme les serveurs ou les analystes marketing, cela est possible sans aucun problème si vous trouvez un employeur ou un client. La situation est différente dans les professions pour lesquelles il existe des réglementations contraignantes en matière de formation et d'accès à la profession. C'est le cas pour de nombreuses professions artisanales, mais aussi pour les médecins, les avocats ou les architectes, par exemple. Dans ces domaines, il existe différentes réglementations selon lesquelles l'équivalence de la formation est vérifiée. Dans certains cas, une formation complémentaire ou des certificats supplémentaires sont nécessaires. En pratique, il y a donc souvent des obstacles à franchir lorsque l'on veut travailler dans un pays voisin.

durch eine umfangreiche staatliche Einflussnahme auf die nationale Wirtschaft gekennzeichnet war (Etat = französisch für Staat). Die Verflechtung von Politik, Wirtschaft und staatlicher Verwaltung, der staatliche Schutz der heimischen Wirtschaft und die finanzielle Unterstützung vor allem der Industrie waren wichtige Elemente dieses Systems, das in Frankreich bis heute mit dem Namen Jean-Baptiste Colberts in Verbindung gebracht wird.

Nach dem Zweiten Weltkrieg wurden der Wiederaufbau und die Modernisierung der französischen Wirtschaft ebenfalls in staatliche Hände gelegt. Dazu erstellte die französische Regierung umfangreiche Wirtschaftspläne und verstaatlichte die wichtigsten Unternehmen sowie die großen französischen Banken. Durch die staatliche Einflussnahme wurden in Schlüsselindustrien wie

nationale. L'imbrication de la politique, de l'économie et de l'administration publique, la protection par l'État de l'économie nationale et son soutien financier notamment à l'industrie étaient des éléments importants de ce système, qui est, jusqu'à nos jours, associé au nom de Jean-Baptiste Colbert.

Après la Seconde Guerre mondiale, la reconstruction et la modernisation de l'économie française ont été confiées à l'État. À cette fin, le gouvernement français a élaboré de vastes plans économiques et a nationalisé les entreprises et les banques les plus importantes. Grâce à l'influence de l'État, de grandes entreprises ont été créées dans des secteurs clés tels que le pétrole, le gaz et l'électricité, les transports, l'exploitation minière, la banque et l'assurance – des « champions nationaux » capables d'affronter la concurrence à l'échelle mondiale.

Jean-Baptiste Colbert (1619-1683) war Finanzminister unter König Ludwig XIV. Er versuchte, durch die Gründung von königlichen Manufakturen die Importabhängigkeit Frankreichs zu reduzieren und den nationalen Wohlstand durch eine positive Außenhandelsbilanz (mehr Aus- als Einfuhren) zu mehren. Colbert sorgte für den Ausbau der Straßen und der französischen Handelsflotte, damit Produkte vor allem aus den damaligen französischen Kolonien besser und schneller transportiert werden konnten. Unter Colbertismus versteht man bis heute eine Tendenz zu staatlicher Intervention in die Wirtschaft sowie deren Abschottung.

Jean-Baptiste Colbert (1619-1683), ministre des finances du roi Louis XIV, a tenté de réduire la dépendance de la France des importations en créant des manufactures royales et d'accroître la prospérité nationale grâce à une balance commerciale positive (plus d'exportations que d'importations). Colbert soutenait l'expansion des routes et de la flotte marchande afin que les produits puissent être transportés plus rapidement, notamment depuis les colonies françaises de l'époque. Le colbertisme est encore compris aujourd'hui comme une tendance à l'intervention de l'État dans l'économie et à son isolement.

© Wikipedia.org

der Öl-, Gas- und Elektrizitätswirtschaft, dem Transportwesen, dem Bergbau sowie der Banken- und Versicherungswirtschaft große Unternehmen aufgebaut, sogenannte „nationale Champions", die im weltweiten Wettbewerb bestehen konnten.

In Westdeutschland waren die Rahmenbedingungen nach dem Krieg anders. Dort wollte man einen starken Staat vermeiden und mehr den Marktkräften überlassen. Zum Leitbild wurde die soziale Marktwirtschaft, die eng mit dem Namen Ludwig Erhards verbunden ist. Die Grundidee dabei ist, dass der Staat möglichst wenig in die konkrete wirtschaftliche Planung eingreift und vor allem einen adäquaten Rahmen für die freie und bestmögliche Entwicklung der nationalen Wirtschaft bereitstellt und für sozialen Ausgleich sorgt – zum Beispiel, wenn man krank ist oder seine Arbeit verliert.

Im Gegenzug zu den marktwirtschaftlich geprägten Wirtschaftsordnungen Frankreichs und der Bundesrepublik wurde in der DDR unter sowjetischem Einfluss nach dem Zwei-

En Allemagne de l'Ouest (RFA), les conditions cadres de l'après-guerre étaient différentes. Le but était d'éviter un État fort et de laisser davantage de place aux forces du marché. Ladite économie sociale de marché *(soziale Marktwirtschaft),* étroitement associée au nom de Ludwig Erhard est devenue le principe directeur pour atteindre ce but. L'idée de base est que l'État intervienne le moins possible dans la planification économique concrète, qu'il fournisse surtout un cadre adéquat pour le meilleur développement de l'économie et qu'il assure une compensation sociale – par exemple, en cas de maladie ou de perte d'emploi.

Contrairement aux économies de marché de la France et de l'Allemagne de l'Ouest, une économie planifiée socialiste organisée de manière centralisée a été introduite en Allemagne de l'Est (RDA) sous l'influence soviétique après la Seconde Guerre mondiale. La propriété privée des biens économiques a été massivement restreinte et la gouvernance de l'économie a été largement subordonnée au

Ludwig Erhard (1897-1977) war von 1949 bis 1963 der erste Wirtschaftsminister der Bundesrepublik. In dieser Funktion legte er den Grundstein für den wirtschaftlichen Erfolg der Nachkriegsjahre. Er führte die D-Mark ein und schaffte zahlreiche staatliche Preiskontrollen ab. Sein Motto „Wohlstand für alle" trug zum Wirtschaftswunder der Nachkriegsjahre bei. Von 1963 bis 1966 war er in der Nachfolge von Konrad Adenauer der zweite deutsche Bundeskanzler.

Ludwig Erhard (1897-1977) a été le premier ministre de l'économie de la République fédérale d'Allemagne de 1949 à 1963. Dans cette fonction, il a développé les bases du succès économique des années d'après-guerre. Il a introduit le mark allemand et a supprimé de nombreux contrôles des prix. Sa devise « la prospérité pour tous » a contribué au miracle économique des années d'après-guerre. De 1963 à 1966, il a succédé à Konrad Adenauer en tant que deuxième chancelier de l'Allemagne.

© Deutscher Bundestag / Alfred Hennig / Color Press

ten Weltkrieg eine zentralistisch organisierte sozialistische Planwirtschaft eingeführt. In diesem Rahmen wurde der private Besitz an Wirtschaftsgütern massiv eingeschränkt und die Lenkung der Wirtschaft weitgehend der marxistisch-leninistisch ausgerichteten Einheitspartei SED unterstellt. In der Praxis war die DDR-Wirtschaft der Wirtschaft der BRD jedoch weit unterlegen.

Sowohl die (gesamt)deutsche als auch die französische Wirtschaftsordnung haben sich über die Jahrzehnte erheblich verändert. Dies ist vor allem auf veränderte Rahmenbedingungen zurückzuführen, die aus der europäischen Einigung sowie der Globalisierung resultieren. Bestimmte Tätigkeiten wurden aus Deutschland und Frankreich ausgelagert (delokalisiert) und in anderen Teilen Europas und der Welt angesiedelt. Gleichzeitig nahmen die Ein- und Ausfuhr von Waren (Im- und Export) stark zu. In manchen Bereichen wurden über die Zeit staatliche Vorgaben abgeschafft (Deregulierung) und der Wettbewerb zwischen den Unternehmen gestärkt (Liberalisierung). An anderen Stellen wurden neue Regeln eingeführt – etwa Sicherheits- und Umweltstandards, die es bei der Produktion und der Erbringung von Dienstleistungen zu beachten gilt. In Frankreich hat dies vor allem zum Rückbau der Rolle des Staates sowie der Privatisierung vieler Unternehmen geführt. In Deutschland

parti unique marxiste-léniniste SED. Dans la pratique, cependant, l'économie de la RDA était bien inférieure à celle de la RFA.

L'ordre économique allemand tout comme l'ordre économique français ont considérablement changé au fil des décennies. Cela est principalement dû à l'évolution de l'intégration européenne et de la mondialisation. Certaines activités ont été externalisées et délocalisées dans d'autres régions d'Europe et du monde. Dans le même temps, l'importation et l'exportation de marchandises ont fortement augmenté. Dans certains domaines, les réglementations publiques ont été supprimées (déréglementation) et la concurrence entre les entreprises a été renforcée (libéralisation). Dans d'autres domaines, de nouvelles règles ont été introduites – telles que les normes de sécurité et environnementales qui doivent être respectées dans la production et la fourniture de services. En France, cela s'est principalement traduit par une réduction du rôle de l'État et la privatisation de nombreuses entreprises. En Allemagne, outre la gestion des conséquences économiques de la réunification, il s'agissait avant tout de renforcer la compétitivité par le biais du marché du travail.

„Das erfolgversprechendste Mittel zur Erreichung und Sicherung jeden Wohlstandes ist der Wettbewerb. Er allein führt dazu, den wirtschaftlichen Fortschritt allen Menschen, im besonderen in ihrer Funktion als Verbraucher, zugutekommen zu lassen, und alle Vorteile, die nicht unmittelbar aus höherer Leistung resultieren, zur Auflösung zu bringen."

Dans son livre *Wohlstand für Alle* (Prospérité pour tous) qui est paru chez Econ Verlag en 1957, Ludwig Erhard décrit la concurrence comme le moyen le plus prometteur pour soutenir le progrès économique et assurer la prospérité pour tous.

Die wirtschaftlichen Herausforderungen der Wiedervereinigung /
Les défis économiques de la réunification

Die Wiedervereinigung nach 1989/90 brachte große wirtschaftliche Herausforderungen mit sich. Die DDR war hochverschuldet und dem Staatsbankrott nahe. Viele Unternehmen waren regelrecht heruntergewirtschaftet und brachen völlig ein. Für den „Aufbau Ost" mit dem Ziel der Angleichung der Lebensverhältnisse wurden hohe Transferzahlungen geleistet, um eine massive Abwanderung in das alte Bundesgebiet zu verhindern. Insgesamt werden die Kosten der Wiedervereinigung auf bis zu 2 Billionen Euro geschätzt. Trotz dieser Bemühungen bestehen bis heute zum Teil erhebliche Unterschiede im Einkommensniveau und in der Wirtschaftskraft beider Landesteile.

Der Fall der Berliner Mauer am 9. Nov. 1989
La chute du mur de Berlin le 9 novembre 1989

© Bundesregierung / Klaus Lehnartz

La réunification après 1989/90 a entraîné de grands défis économiques. La RDA était lourdement endettée et proche de la faillite. De nombreuses entreprises étaient dans un état de délabrement avancé et se sont complètement effondrées. D'importants transferts ont été effectués pour la reconstruction de l'Est dans le but d'égaliser les conditions de vie afin d'éviter un exode massif vers l'Ouest. Au total, les coûts de la réunification sont estimés à près de 2 000 milliards d'euros. Malgré ces efforts et un processus de rattrapage considérable, il existe encore des différences entre les deux parties du pays en termes de niveaux de revenus et de puissance économique.

war es neben der Bewältigung der wirtschaftlichen Folgen der Wiedervereinigung vor allem die Stärkung der Wettbewerbsfähigkeit über den Arbeitsmarkt.

Wirtschaftsleistung und Außenhandel

Deutschland und Frankreich sind beides wirtschaftsstarke Länder. Setzt man die Wirtschaftsleistung (Bruttoinlandsprodukt, BIP) ins Verhältnis zur Bevölkerungszahl, so liegen Deutschland und Frankreich weltweit auf

Performance économique et commerce extérieur

L'Allemagne et la France sont deux pays économiquement forts. Si l'on rapporte la richesse économique (produit intérieur brut, PIB) à la taille de la population, elles se classent respectivement aux 17e et 25e rangs mondiaux. Il n'y a donc que très peu de pays qui génèrent davantage de revenus par habitant.
L'économie allemande est fortement intégrée dans le commerce mondial. Environ 47 % de son PIB (biens et services) en dépend. L'Alle-

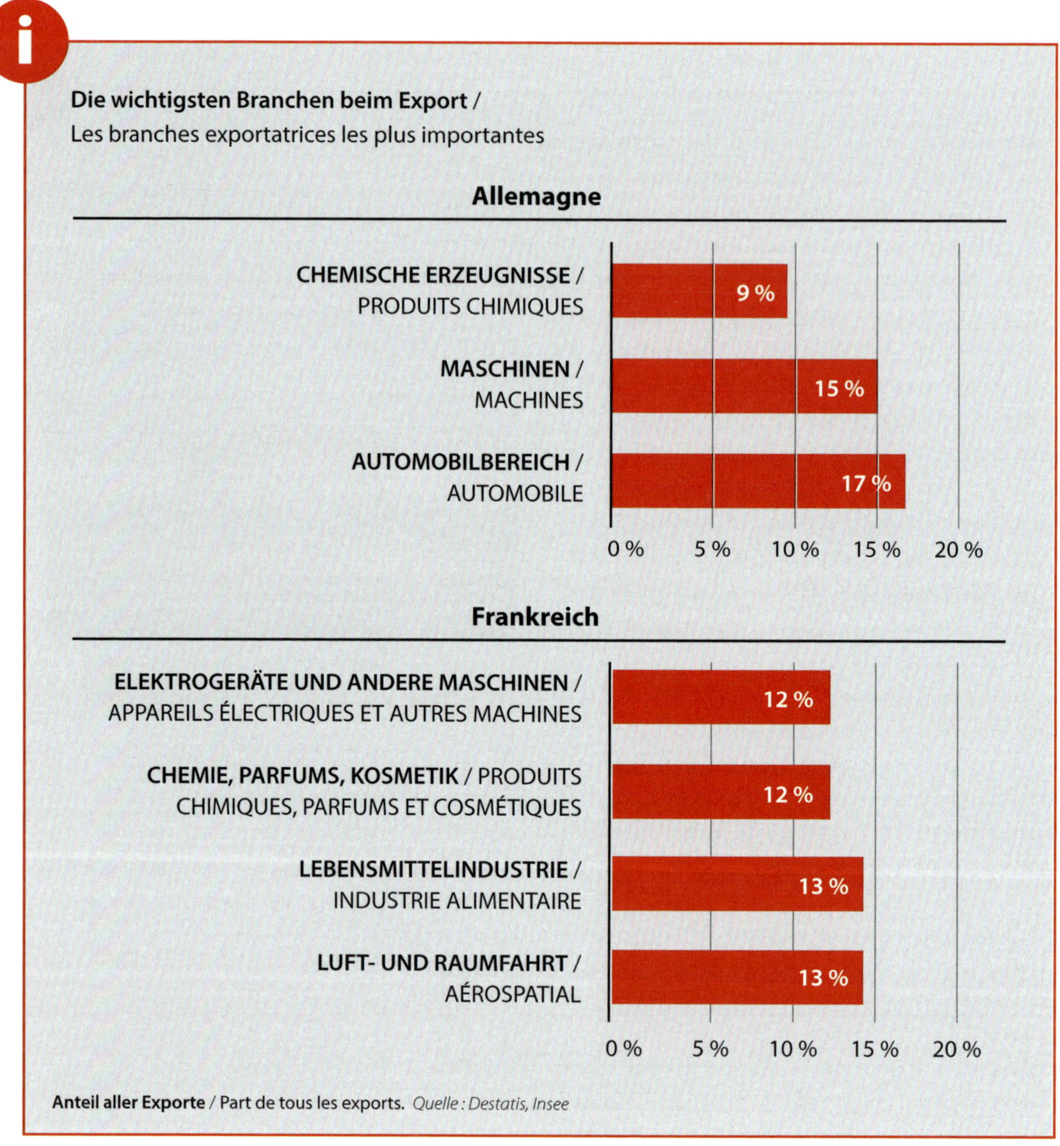

Anteil aller Exporte / Part de tous les exports. *Quelle : Destatis, Insee*

den Plätzen 17 und 25. Es gibt also nur wenige Länder, die pro Kopf mehr erwirtschaften. Die deutsche Wirtschaft ist ganz besonders stark in den weltweiten Handel eingebunden. Rund 47 % des BIP (Waren und Dienstleistungen) hängen davon ab. In Deutschland gibt es eine große Anzahl an exportierenden Unternehmen, gut ein Drittel mehr als in Frankreich (317.000 im Vergleich zu 193.000).

magne compte un grand nombre d'entreprises exportatrices, un bon tiers de plus qu'en France (317 000 contre 193 000). En 2019, l'excédent commercial (exportations moins importations) était de 223 milliards d'euros. Avec une part d'un peu moins de 8 % des exportations mondiales de marchandises, l'Allemagne est le troisième exportateur derrière la Chine et presque à égalité avec les

Handel und Investitionen zwischen Deutschland und Frankreich /
Commerce et investissements entre l'Allemagne et la France

Deutschland und Frankreich sind wirtschaftlich eng verflochten. Deutschland ist mit Abstand der wichtigste Handelspartner Frankreichs. Umgekehrt war dies über Jahrzehnte auch der Fall. 2021 lag Frankreich hinter China, den Niederlanden und den USA auf dem vierten Platz. Insgesamt gehen 15 % der französischen Exporte nach Deutschland und 7 % der deutschen Ausfuhren nach Frankreich. Bei den ausländischen Direktinvestitionen wie dem Bau einer Filiale oder dem Erwerb von größeren Unternehmensanteilen (mindestens 10 %) im Ausland lag Deutschland 2019 in Frankreich auf Platz 2, Frankreich in Deutschland auf Platz 4.
L'Allemagne et la France sont étroitement liées sur le plan économique. L'Allemagne est de loin le premier partenaire commercial de la France. Inversement, cela a également été le cas pendant des décennies. En 2021, la France se classait au quatrième rang, derrière la Chine, les Pays-Bas et les États-Unis. Globalement, 15 % des exportations françaises vont vers l'Allemagne et 7 % des exportations allemandes vont vers la France. En termes d'investissements directs à l'étranger, comme la construction d'une succursale ou l'acquisition de parts importantes dans une entreprise (au moins 10 %) à l'étranger, l'Allemagne est classée deuxième en France en 2019 et la France quatrième en Allemagne.

2019 lag der Exportüberschuss (Exporte minus Importe) bei 223 Mrd Euro. Mit einem Anteil von knapp 8 % am weltweiten Warenexport ist Deutschland hinter China und fast gleichauf mit den USA drittgrößter Exporteur der Welt. In den 2000er-Jahren war Deutschland mehrmals „Exportweltmeister" – also das Land mit dem größten Volumen an exportierten Produkten.
Frankreich liegt mit einem Anteil von 3 % am weltweiten Export (Waren und Dienstleistungen) an fünfter Stelle. Dabei hatte der Außenhandel in den ersten Jahren nach dem Zweiten Weltkrieg keine so große Bedeutung. Die französische Wirtschaft wurde nach 1945 durch Zölle vor ausländischen Produkten geschützt. Mit der zunehmenden Öffnung hatte der französische Markt zunächst Schwierigkeiten, mit der internationalen Konkurrenz mithalten zu können. Erst dank konsequenter Modernisierungsanstrengungen konnte die internationale

États-Unis. Dans les années 2000, l'Allemagne a été plusieurs fois championne du monde des exportations, c'est-à-dire le pays ayant le plus grand volume de produits exportés.
La France occupe aujourd'hui la cinquième place avec une part de 3 % des exportations mondiales (biens et services) et ceci malgré le fait que l'économie française était protégée des produits étrangers par des droits de douane après 1945. Avec l'ouverture croissante, le marché français a d'abord eu du mal à faire face à la concurrence internationale. Néanmoins, grâce à des efforts conséquents de modernisation, il a pu gagner en compétitivité à l'échelle mondiale. En 2020, les exportations représentaient 28 % de la production économique.
Alors que les soldes du commerce extérieur étaient positifs dans les années 1990, les importations sont plus importantes que les exportations depuis 2003. En 2019, le déficit du commerce extérieur était de 59 milliards

Wettbewerbsfähigkeit erhöht werden. 2020 machte der Export 28 % der französischen Wirtschaftsleistung aus.
Während in den 1990er-Jahren noch positive Außenhandelssalden erzielt wurden, wird seit 2003 mehr importiert als exportiert. 2019 lag das Außenhandelsdefizit bei 59 Mrd. Euro. Gleichzeitig wird Frankreich als Wirtschaftsstandort sehr geschätzt und so gab es in den vergangenen Jahren mehr ausländische Direktinvestitionen als in jedem anderen europäischen Land – im Jahr 2020 waren es 985 im Vergleich zu 930 in Deutschland.

d'euros. Dans le même temps, la France est très appréciée en tant que lieu d'implantation d'entreprises, de sorte que les investissements directs étrangers ont été plus nombreux ces dernières années que dans tout autre pays européen. En 2020, ils étaient au nombre de 985 contre 930 en Allemagne.

Wirtschaftssektoren in Frankreich und Deutschland
Les secteurs économiques en France et en Allemagne

Frankreich

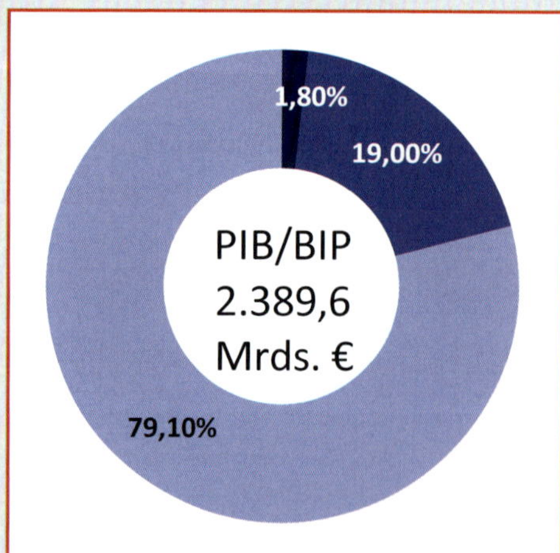

Allemagne

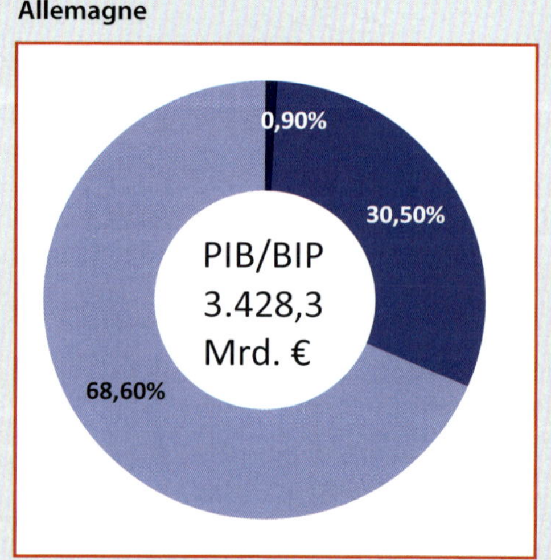

- Agriculture, sylviculture et pêche / Land- und Forstwirtschaft, Fischerei
- Industrie manufacturière, industries extractives, construction et autres / Produzierendes Gewerbe und Baugewerbe
- Services principalement marchands et non-marchands / Dienstleistungssektor

Quelle: Destatis und Insee

Bedeutung einzelner Wirtschaftssektoren

Betrachtet man die deutsche und die französische Volkswirtschaft nach Sektoren, so ist in beiden der Dienstleistungssektor (auch tertiärer Sektor genannt) mit Abstand der größte Sektor, gefolgt vom produzierenden Gewerbe (sekundärer Sektor) und der Land- und Forstwirtschaft sowie der Fischerei (primärer Sektor).

Landwirtschaft

Gemessen an der Wirtschaftsleistung ist der Beitrag der Landwirtschaft (einschließlich Forstwirtschaft und Fischerei) heute relativ klein. Die französischen Bauern stellen 2,5 % der Erwerbstätigen und erwirtschaften knapp 2 % des BIP, in Deutschland sind es 1,3 % und 0,9 %. Trotzdem hat die Landwirtschaft in Frankreich einen hohen Stellenwert. Warum das so ist, wird verständlich, wenn man sich die geographische Aufteilung der Wirtschaftsleistung vor Augen führt: Mit einer durchschnittlichen Bevölkerungsdichte von 122 Einwohner/km^2 (Deutschland: 233 EW/km^2) und einer starken Konzentration der Bevölkerung in Zentren wie Paris, Bordeaux oder Lyon, sind große Teile Frankreichs vorwiegend landwirtschaftlich geprägt. Frankreich ist Europas wichtigstes Agrarland. Deutschland folgt auf Platz zwei. Bei den Agrarexporten liegt Deutschland weltweit auf Platz drei (Frankreich auf Platz sechs). Dies liegt vor allem an großen spezialisierten Betrieben. So ist Deutschland beispielsweise der drittgrößte Produzent von Schweinefleisch und der viertgrößte Produzent von Kuhmilch weltweit.

Importance des différents secteurs économiques

Si l'on considère les économies allemande et française par secteurs, celui des services (également appelé secteur tertiaire) est de loin le plus important, suivi par l'industrie manufacturière (secteur secondaire) et l'agriculture, la sylviculture et la pêche (secteur primaire).

Agriculture

L'agriculture (y compris la sylviculture et la pêche) a aujourd'hui un poids économique relativement faible. Les agriculteurs français représentent 2,5 % de la population active et génèrent un peu moins de 2 % du PIB, en Allemagne ils ne représentent que 1,3 % et génèrent 0,9 % du PIB. Néanmoins, elle jouit d'un statut particulier en France. En effet, l'on comprend lorsque l'on considère la répartition géographique de la production économique : Avec une densité de population moyenne de 122 habitants/km^2 (Allemagne : 233 habitants/km^2) et une forte concentration de la population dans des centres tels que Paris, Bordeaux ou Lyon, de grandes surfaces de la France sont essentiellement agricoles. Elle est le premier producteur agricole en Europe suivie de l'Allemagne en deuxième position. En termes d'exportations agricoles, l'Allemagne occupe la troisième place mondiale (la France arrive sixième). Cela est principalement dû à des grandes exploitations spécialisées. L'Allemagne est le troisième producteur de viande de porc et le quatrième producteur de lait de vache au monde.

Industrie

Der Industriesektor wird häufig als das Rückgrat der deutschen Wirtschaft bezeichnet. Er trägt zu knapp 20 % der Wirtschaftsleistung bei, jeder fünfte Arbeitnehmer ist in der Industrie beschäftigt. Zahlreiche Unternehmen wie AEG, Hoechst, Siemens oder Krupp stiegen im Zuge der Industrialisierung in Bereichen wie Chemie, Stahl oder Maschinenbau zur Weltspitze auf. Neben den großen Namen gibt es heute eine Vielzahl mittlerer Unternehmen, die viele nicht kennen, die aber trotzdem in ihrer Nische Weltmarktführer sind, so beispielsweise die Firma Kalle für industriell gefertigte Wursthüllen, Elektrisola für dünnen Kupferlackdraht oder KNF Neuberger für Membranpumpen, um nur einige wenige Beispiele zu nennen. Insgesamt sind laut dem Ranking der Wirtschaftswoche 450 deutsche Unternehmen in ihrem speziellen Segment Weltmarktführer.

In Frankreich liegt der Anteil der Industrie bei etwa 10 %. Beim Übergang der europäischen Staaten von agrarisch geprägten hin zu Industrie- und Dienstleistungsgesellschaften hinkte Frankreich lange Zeit hinterher. Zwar entstanden im 19. Jahrhundert große Industrieunternehmen (z.B. Peugeot,

Industrie

Le secteur industriel est souvent décrit comme la colonne vertébrale de l'économie allemande. Il contribue à près de 20 % à la production économique, et un travailleur sur cinq y est employé. De nombreuses entreprises telles que AEG, Hoechst, Siemens ou Krupp se sont hissées au sommet du monde au cours de l'industrialisation dans des domaines tels que la chimie, l'acier, ou la construction mécanique. En outre, il existe un grand nombre d'entreprises de taille moyenne largement inconnues du grand public mais qui sont pourtant leaders du marché mondial dans leur niche. Ceci est par exemple le cas avec les entreprises Kalle pour les boyaux de saucisses, Elektrisola pour les fils de cuivre émaillés ou KNF Neuberger pour les pompes à membrane. Selon le classement de l'hebdomadaire *Wirtschaftswoche*, 450 entreprises allemandes au total sont leaders du marché mondial dans leur segment spécifique.

En France, la part de l'industrie dans la production économique est d'environ 10 %. Dans le passage des États européens de la société agraire à la société industrielle et de services, la France a longtemps été à

„Was… für das Arbeiten mit Frankreich wichtig ist, würde ich nicht als Toleranz beschreiben, sondern eher als ein Zulassen-Können. Es ist die Fähigkeit, die Dinge sich entwickeln zu lassen und nicht von vornerein zu sagen: ‚Ja, aber das muss doch so und so sein.' Also: Etwas zulassen, ein bisschen Geduld mitbringen, damit die Energie, die in Frankreich immer wieder da ist, auch herauskommt."

Christian Weber, Generalbevollmächtigter der Karlsberg Brauerei in: Dorothée Kohler und Daniel Weisz 2019, Der deutsche Mittelstand in Frankreich. Wiesbaden, Springer Nature, S. 106.

Christian Weber, représentant général de la brasserie allemande Karlsberg estime qu'il est essentiel de laisser les choses se développer et de ne pas dire dès le départ : « Oui, mais il faut que ce soit comme ceci et comme cela » lorsque l'on s'engage dans une entreprise franco-allemande.

Made in Germany, Made in France

Made in Germany ist als Gütesiegel bekannt. Ursprünglich meinte der Begriff aber nichts Positives. In die Welt gebracht wurde er Ende des 19. Jahrhunderts in Großbritannien. Er wurde für deutsche Produkte verwendet, die damit als vermeintlich minderwertig „gebrandmarkt" werden sollten. Made in France ist vielen Franzosen wichtig, die stolz auf ihre Produkte sind. Das Label wird aber zunehmend auch für das Marketing französischer Produkte im Ausland eingesetzt. Neben unzähligen französischen Produkten sind auch einige französische Ketten mit eigenen Filialen in deutschen Innenstädten präsent – etwa der Haushaltsartikelhersteller Pylones, der Sportartikelhersteller Decathlon oder der Kosmetikhersteller Yves Rocher.

Le Made in Germany est connu comme un label de qualité. À l'origine, cependant, ce terme ne signifiait rien de positif. Il a été introduit à la fin du 19e siècle en Grande-Bretagne pour marquer les produits allemands comme étant de qualité inférieure. Le Made in France est important pour de nombreux Français qui sont fiers de leurs produits. Mais le label est aussi de plus en plus utilisé pour commercialiser des produits français à l'étranger. En plus d'innombrables produits français, certaines chaînes françaises sont également présentes avec leurs propres succursales dans les centre-villes allemands – par exemple Pylones, Décathlon ou Yves Rocher.

Renault, Michelin), letztendlich blieb die französische Wirtschaft aber bis Mitte des 20. Jahrhunderts agrarisch geprägt. Dank der umfassenden Modernisierungs- und Industriepolitik nach dem Zweiten Weltkrieg gelang Frankreich ein beachtlicher Aufholprozess. So ist es gelungen, in einigen Branchen echte global Player aufzubauen – im Pharmabereich (Sanofi) ebenso wie im Automobil- und Bahntechnikbereich (Alstom, Peugeot, Renault) oder dem Energiebereich (Total, Engie, EDF). Allerdings sank der Anteil der Industrie seit den 1980er Jahren wieder.

la traîne. Bien que de grandes entreprises industrielles soient apparues au 19e siècle (par exemple Peugeot, Renault, Michelin), l'économie française est largement restée agraire jusqu'au milieu du 19e siècle. Grâce à la politique industrielle et de modernisation menée après la Seconde Guerre mondiale, la France est parvenue à combler un retard considérable. Elle a réussi à constituer de véritables acteurs mondiaux dans certains secteurs – dans le pharmaceutique (Sanofi) comme dans l'automobile et le ferroviaire (Alstom, Peugeot, Renault) ou

Seit den 1970er-Jahren gingen 2,5 Millionen, rund die Hälfte aller Arbeitsplätze in der Industrie, verloren, wobei sich einzelne Branchen – etwa die Nahrungsmittelindustrie, die Abfall- und Wertstoffverwertung oder der pharmazeutische Bereich – diesem Trend entziehen und zum Teil deutliche Zuwächse verzeichnen.

encore le secteur de l'énergie (Total, Engie, EDF). Cependant, depuis les années 1980, la part de l'industrie a de nouveau diminué et 2,5 millions d'emplois, soit environ la moitié de tous les emplois de cette branche, ont été perdus par rapport à 1970. En même temps, certains secteurs tels que l'industrie alimentaire, les déchets et le recyclage ou le secteur pharmaceutique ont échappé à cette tendance et enregistré une croissance significative.

Deutsch-französische Industriekooperation / La coopération industrielle franco-allemande

Oft sind französische und deutsche Unternehmen Konkurrenten – etwa wenn ein Kunde vor der Wahl steht, sich einen Renault oder einen VW zu kaufen. Es gibt aber auch Situationen, in denen es für ein Unternehmen von Vorteil sein kann, mit einem Konkurrenten zusammenzuarbeiten, um Skaleneffekte durch größere Mengen zu erzielen oder um auf den Weltmärkten wahrgenommen zu werden. Mit diesem Ziel gab es immer wieder Annäherungen zwischen deutschen und französischen Unternehmen, etwa zwischen Daimler und Renault, Siemens und Alstom oder Dassault und Airbus. Als eines der großen Aushängeschilder gilt die Entstehung des Luftfahrtkonzerns EADS mit dem Airbus. Dank der politisch initiierten Zusammenführung war ein wettbewerbsfähiger Konkurrent zur US-amerikanischen Boeing entstanden.

Les entreprises françaises et allemandes sont souvent concurrentes – par exemple lorsqu'un client doit choisir entre une Renault ou une Volkswagen. Mais il existe également des situations dans lesquelles il peut être avantageux pour une entreprise de coopérer avec un concurrent afin de réaliser des économies d'échelle grâce à des volumes plus importants ou afin de mieux se positionner sur les marchés mondiaux. C'est dans cette optique que des rapprochements ont eu lieu entre des entreprises allemandes et françaises, par exemple entre Daimler et Renault, Siemens et Alstom ou Dassault et Airbus. L'un des grands fleurons est l'émergence du groupe aérospatial EADS avec Airbus. Grâce à une initiative politique franco-allemande, un rival européen compétitif de l'américain Boeing a vu le jour.

Dienstleistungen

Der Dienstleistungssektor ist auch deshalb so groß, weil darunter eine besonders große Zahl von Branchen zusammengefasst wird. Das Spektrum reicht von der Kinderbetreuung und der Altenpflege, dem Gesundheitsbereich, den Schulen, Banken und Beratungsunternehmen, dem Groß- und Einzelhandel bis hin zum Hotellerie- und Gastgewerbe, dem Freizeit- und Kulturbereich sowie der öffentlichen Verwaltung. Er trägt in Frankreich mit 79 % und in Deutschland mit 69 % zur Wirtschaftsleistung bei und stellt den am schnellsten wachsenden Wirtschaftsbereich dar.

Seit den 1960er-Jahren ist der französische Dienstleistungssektor stark gewachsen. Dazu beigetragen haben im privaten Sektor vor allem der Fremdenverkehr – Frankreich ist mit über 90 Millionen ausländischen Besuchern jährlich das beliebteste Urlaubsziel in der Welt – sowie das Banken- und Versicherungswesen. Eine der größten Hotelketten weltweit (Accor) ist französischen Ursprungs, die französischen Banken (vor allem BNP Paribas und Crédit Agricole) gehören zu den größten Bankengruppen der Welt. Ebenso sind die größte europäische Unternehmensberatungsgesellschaft (Capgemini), die Giganten für Außenwerbung (JCDecaux) und Gemeinschaftsverpflegung (Sodexo) französischen Ursprungs. Der Dienstleistungssektor Deutschlands ist im internationalen Vergleich eher schwach ausgeprägt. Dies gilt auch für seinen Anteil an den deutschen Exporten, der bei unter 20 % liegt. Zu den wichtigsten Branchen im privaten Bereich gehören der Handel sowie unternehmensnahe Dienstleistungen.

Services

Si le secteur des services est si important dans nos économies, c'est aussi parce qu'il englobe un nombre particulièrement élevé de branches. Le spectre s'étend de la garde des enfants et des soins aux personnes âgées au secteur de la santé, en passant par les écoles, les banques et les sociétés de conseil, le commerce de gros et de détail, l'hôtellerie et la restauration, le secteur des loisirs et de la culture ainsi que l'administration publique. Il représente 79 % de la production économique en France et 69 % en Allemagne et constitue le secteur de l'économie qui connaît la plus forte croissance.

Depuis les années 1960, le secteur des services français a connu une forte croissance. Dans le privé, les principaux contributeurs ont été le tourisme – la France est la première destination au monde avec plus de 90 millions de visiteurs étrangers par an – et les banques et assurances. L'une des plus grandes chaînes d'hôtellerie du monde (Accor) est d'origine française, et les banques françaises (notamment BNP Paribas et Crédit Agricole) comptent parmi les plus grands groupes bancaires du monde. De même, la plus grande société de conseil d'Europe (Capgemini), les géants de la publicité extérieure (JCDecaux) et de la restauration collective (Sodexo) sont d'origine française. Le secteur des services en Allemagne est plutôt faible en comparaison internationale. Cela vaut également pour sa part dans les exportations allemandes qui est inférieure à 20 %. Les branches les plus importantes du secteur marchand comprennent le commerce et les services liés aux entreprises.

Unternehmenslandschaft

In Deutschland und Frankreich gibt es eine vielfältige Unternehmenslandschaft. Im Vergleich fällt auf, dass es in Frankreich deutlich mehr kleine Unternehmen und Betriebe mit weniger als zehn Angestellten gibt (Tabelle). In Deutschland sind es drei bis vier Mal so viele Unternehmen mit zehn bis 249 Angestellten. Oft spricht man in diesem Zusammenhang auch vom deutschen Mittelstand, auch wenn die Unternehmensgröße nur eine untergeordnete Rolle bei der Einordnung spielt. Der Begriff beschreibt vor allem deutsche Unternehmen aus dem produzierenden Bereich, die für die deutsche Exportstärke stehen. Dabei schwingt oft eine Verbundenheit mit Deutschland sowie eine soziale Verantwortung gegenüber den Arbeitnehmern und der Gesellschaft mit. Beispielsweise fließt ein Großteil der Gewinne des Maschi-

Tissu d'entreprises

Le paysage entrepreneurial est très diversifié en Allemagne et en France. À titre comparatif, on constate que les petites entreprises de moins de dix salariés sont nettement plus nombreuses en France (tableau). Par contre, en Allemagne, les entreprises de dix à 249 salariés y sont trois à quatre fois plus importantes. Dans ce contexte, on parle souvent du *Mittelstand* allemand, même si la taille de l'entreprise ne joue qu'un rôle secondaire dans la classification. Le terme désigne principalement les entreprises allemandes du secteur manufacturier qui représentent la force exportatrice de l'Allemagne. Il va souvent de pair avec un attachement particulier à l'Allemagne ainsi qu'à une responsabilité sociale envers les employés et la société. Par exemple, une grande partie des bénéfices du constructeur de machines Robert Bosch est

Die Deutsch-Französische Industrie- und Handelskammer mit Sitz in Paris fördert seit ihrer Gründung 1955 die Wirtschaftsbeziehungen zwischen Deutschland und Frankreich. 950 Unternehmen sind in ihr Mitglied. 1957 wurde ihr französisches Pendant, heute CCI France Allemagne, in Saarbrücken gegründet, 1986 kam eine Zweigstelle in Frankfurt dazu.

Depuis sa création en 1955, la Chambre Franco-Allemande de Commerce et d'Industrie, basée à Paris, promeut les relations économiques entre les deux pays. 950 entreprises en sont membres. En 1957, son homologue français, aujourd'hui CCI France Allemagne, a été fondé à Sarrebruck. En 1986, a été créé une antenne à Francfort.

Zahl der Angestellten / Nombre des employés	Allemagne Nombre d'entreprises	Frankreich Anzahl Unternehmen
Mikro / Micro (0-9)	2.079.000 82,0 %	2.925.000 95,5 %
Klein / Petit (10-49)	382.000 15,1 %	17.100 3,8 %
Mittel / Moyen (50-249)	62.000 2,4 %	8.000 0,6 %
Groß / Grand (>250)	11.900 0,5 %	3.800 0,1 %
Insgesamt / Total	**2.535.000 100 %**	**2.954.000 100 %**

Quelle: European Commission, SBA Factsheets 2019

nenbauers Robert Bosch einer gemeinnützigen Stiftung zu, die Projekte in den Bereichen Gesundheit, Bildung und globale Fragen fördert. Der Sportartikelhersteller Trigema hat eine Ausbildungsplatzgarantie für die Kinder seiner Arbeitnehmer. Auch wenn beides auch in Deutschland die Ausnahme ist, so ist der Begriff des Mittelstandes in Deutschland positiv besetzt.

In Frankreich würde man in diesem Zusammenhang am ehesten von Familienunternehmen sprechen, die über Generationen hinweg zumindest zum Teil in Familienhand geblieben sind. Hierzu zählen Lactalis, das Milcherzeugnisse herstellt (Famille Besnier) ebenso wie der Konservenhersteller der Familie Bonduelle oder die SEB Gruppe (Famille Lescure), zu der Marken wie Moulinex, Rowenta und Tefal gehören und seit 2016 auch der baden-württembergische Haushaltswarenhersteller WMF. Zu einem der ältesten noch existierenden Familienunternehmen überhaupt zählt der Juwelier Mellier, der 1613 gegründet wurde und heute in der 14. Generation geführt wird. Während einst Marie-Antoinette die Schmuckstücke des

versée à une fondation qui soutient des projets dans les domaines de la santé, de l'éducation et des enjeux mondiaux. Le fabricant d'articles de sport Trigema offre une garantie d'apprentissage aux enfants de ses employés. Même si ces deux situations sont l'exception en Allemagne également, le concept de *Mittelstand* a une connotation positive dans ce pays.

En France, on parlerait davantage d'entreprises familiales qui sont restées au moins partiellement entre les mains de la famille au fil des générations. Il s'agit par exemple de la conserverie familiale Bonduelle, Lactalis qui fabrique des produits laitiers (famille Besnier) ou encore le groupe SEB (famille Lescure) qui comprend des marques telles que Moulinex, Rowenta ou Tefal – et WMF depuis 2016, un fabricant d'articles ménagers allemand. L'une des plus anciennes entreprises familiales encore en activité est le joaillier Mellier, qui a été fondé en 1613 et est aujourd'hui dirigé par la 14e génération. Si Marie-Antoinette portait autrefois les bijoux de la maison, aujourd'hui la Coupe des mous-

Mehr als 3.000 Arbeitsplätze hält Station F bereit.
Station F dispose de plus de 3.000 postes de travail.

Neben den großen und mittleren Unternehmen sind sowohl in Frankreich als auch in Deutschland kleinere Unternehmen mit großem Potenzial, sogenannte Start-ups, in die öffentliche Aufmerksamkeit gerückt. Viele davon sind im Bereich digitaler Dienstleistungen (z. B. Internethandel, Zahlungsdienstleistungen, Messengerdienste, …) angesiedelt. Damit sie wachsen und sich entwickeln können, brauchen sie schnell viel Geld (sogenanntes Wagniskapital), was für Banken zu riskant ist. Deshalb braucht es neue Ökosysteme, die die Entwicklung und Finanzierung dieser Unternehmungen fördern. In Frankreich hat man mit der Station F in Paris den größten Start-up-Campus der Welt etabliert, an dem über 1.000 Start-ups angesiedelt sind. Ein erfolgreiches deutsches Start-up, das sich schnell zu einem großen Unternehmen entwickelt hat, ist der Online-Händler zalando. Selbiges gilt für die internationale Online-Mitfahrzentrale Blablacar, die 2006 in Paris gegründet wurde.

Outre les grandes et moyennes entreprises, les petites sociétés à fort potentiel appelées start-ups ont attiré l'attention du public en France et en Allemagne. Beaucoup d'entre eux sont dans le domaine des services numériques (commerce sur Internet, services de paiement, services de messagerie …). Pour qu'elles puissent croître et se développer, elles ont besoin de beaucoup d'argent dans des délais courts (le dit capital-risque) ce qui est trop risqué pour les banques. De nouveaux écosystèmes sont donc nécessaires pour soutenir le développement et le financement de ces entreprises. En France, le plus grand campus de start-ups au monde a été créé avec Station F à Paris, où plus de 1 000 start-ups sont installées. Le détaillant en ligne zalando est une start-up allemande qui s'est rapidement transformée en une grande entreprise. Il en va de même pour l'agence internationale de covoiturage en ligne Blablacar qui a été fondée à Paris en 2006.

Hauses trug, wird heute der *Coupe des mousquetaires*, der Pokal des Tennisturniers Roland Garros, dort angefertigt. Obwohl es auch in Frankreich sozial orientiertes Unternehmertum gibt, werden Unternehmen in Frankreich oft als Ort der Ausbeutung wahrgenommen. Dazu beigetragen haben zahlreiche Skandale, Affären und Korruptionsvorwürfe, etwa gegen Tochterunternehmen des riesigen Mischkonzerns der Familie Bolloré. Entsprechend treten viele Unternehmerfamilien eher zurückhaltend auf und sind in der Öffentlichkeit häufig weitgehend unbekannt.

quetaires, le trophée du tournoi de tennis de Roland Garros, y est fabriquée. Bien que l'entrepreneuriat social existe également en France, les entreprises françaises sont souvent perçues comme un lieu d'exploitation. De nombreux scandales, affaires et allégations de corruption y ont contribué, par exemple contre des filiales de l'énorme conglomérat de la famille Bolloré. Par conséquent, de nombreuses familles d'entrepreneurs ont tendance à rester discrètes et sont souvent largement inconnues du public.

Der Staat als Wirtschaftsakteur

Sowohl der deutsche als auch der französische Staat sind nicht nur in ihrer Funktion als Regelsetzer und Kontrolleur ein wichtiger Wirtschaftsakteur. Öffentliche Stellen tätigen zahlreiche Investitionen (z. B. Neubauten, Straßen, Brücken), sie sind selbst Dienstleister (zum Beispiel in Form von Krankenhäusern, Kindergärten oder der KfZ-Zulassungsstelle) und mit Abstand der größte Arbeitgeber. Der französische Staat verfügt zusammen mit den Gebietskörperschaften über rund 5,7 Millionen Beschäftigte. In Deutschland arbeiten rund 5 Millionen Beamte und Angestellte im öffentlichen Dienst.

Die bedeutsame Rolle des Staates spiegelt sich auch im Anteil der Staatsausgaben an der gesamten Wirtschaftsleistung wider: In Frankreich tätigt der Staat mit knapp 56 % über die Hälfte aller Ausgaben – mehr als in jedem anderen Land der EU. Deutschland verfügt mit 44 % ebenfalls über einen großen staatlichen Sektor, der jedoch leicht unter dem europäischen Durchschnitt liegt.

L'État en tant qu'acteur économique

Les États allemand et français sont tous deux des acteurs économiques importants, et ceci pas seulement en raison de leur fonction de régulateur et de contrôleur. Les pouvoirs publics réalisent de nombreux investissements (dans les infrastructures par exemple), ils sont eux-mêmes des prestataires de services (par exemple sous la forme d'hôpitaux, de crèches ou de bureau de délivrance de carte d'identité) et sont de loin le plus gros employeur. Avec les collectivités locales, l'État français compte environ 5,7 millions d'employés. En Allemagne, environ 5 millions de fonctionnaires et d'employés travaillent dans le secteur public.

Le rôle primordial de l'État se reflète également dans la part des dépenses rapportée au PIB : en France, l'État représente près de 56 % de l'ensemble des dépenses, soit plus que dans tout autre pays de l'UE. L'Allemagne possède également un secteur public important même si celui-ci est avec 44 % du PIB légèrement inférieur à la moyenne européenne.

Wirtschaftspolitische Zusammenarbeit / Coopération en matière de politique économique

Im wirtschaftlichen Bereich ist die Zusammenarbeit zwischen Deutschland und Frankreich besonders eng. Auf politischer Ebene wurde 1988 der Deutsch-Französische Finanz- und Wirtschaftsrat (DFFWR) ins Leben gerufen. Neben den Ministern für Finanzen und Wirtschaft gehören ihm die Präsidenten der Zentralbanken an. Weiter gestärkt wurde diese Zusammenarbeit 2011 durch eine gemeinsame deutsch-französische Arbeitseinheit in den Finanzministerien. Seit 1999 gibt es zudem gemeinsame Seminare und den Beamtenaustausch. 2019 wurde im Rahmen des Aachener Vertrags ein gemeinsamer Rat der Wirtschaftsexperten geschaffen. Auch auf privatwirtschaftlicher Ebene gibt es Austausch – etwa durch die Beziehungen zwischen Wirtschaftsclubs oder die Evian-Treffen, bei denen sich die Chefs der ganz großen Unternehmen treffen.

Dans le domaine économique, la coopération entre la France et l'Allemagne est particulièrement étroite. Au niveau politique, le Conseil économique et financier franco-allemand (CEFFA) créé en 1988 comprend les ministres des finances et de l'économie et les présidents des banques centrales des deux pays. Cette coopération a été renforcée en 2011 par un groupe de travail commun franco-allemand au sein des ministères des finances. Également, depuis 1999, ont été mis en place des séminaires et des échanges de fonctionnaires. En 2019, a été créé dans le cadre du Traité d'Aix-la-Chapelle, un conseil d'experts économiques. Les secteurs privés sont également en contact, à travers, par exemple, les clubs d'affaires ou les rencontres d'Évian où se réunissent les dirigeants des très grandes entreprises.

Staatsbeteiligungen

Daneben hält der französische Staat Beteiligungen an 1800 französischen Unternehmen. Hierzu zählen die Energieunternehmen EDF (21,3 Mrd.) und Engie (6,3 Mrd.) ebenso wie die Technologieunternehmen Airbus (5,4 Mrd.), Safran (4,2 Mrd.) und Thales (3,9 Mrd.) sowie das Telekommunikationsunternehmen Orange (3,8 Mrd.). Diese Beteiligungen haben auch das Ziel, die technologische Souveränität Frankreichs zu wahren. In keinem OECD-Land arbeiten mehr Arbeitnehmer in Betrieben, die mehrheitlich in Staatsbesitz sind als in Frankreich. Insgesamt beläuft sich das vom Staat über die Beteiligungsagentur APE (Agence pour les participations de l'Etat) gehaltene Portfolio auf geschätzte 84,5 Mrd. Euro.

Les participations de l'Etat

En outre, l'État français détient des participations dans 1 800 entreprises françaises. Il s'agit notamment d'EDF (21,3 milliards) et Engie (6,3 milliards) ainsi que des entreprises technologiques Airbus (5,4 milliards), Safran (4,2 milliards) et Thales (3,9 milliards) et de l'entreprise de télécommunications Orange (3,8 milliards). Ces participations visent à renforcer la souveraineté technologique de la France. Dans aucun autre pays de l'OCDE, les salariés travaillant dans des entreprises majoritairement publiques ne sont plus nombreux qu'en France. Au total, le portefeuille détenu par l'État via l'Agence pour les participations de l'État (APE) est estimé à 84,5 milliards d'euros.

In Deutschland hat man in den vergangenen Jahren verstärkt über ausgewählte Staatsbeteiligungen nachgedacht, etwa um in strategischen Sektoren wie der Chipindustrie eine zu große Abhängigkeit von ausländischen Geldgebern zu vermeiden. Traditionell gibt es in Deutschland mit den Landesbanken und den Sparkassen eine starke Präsenz der öffentlichen Hand im Bankensektor. Der deutsche Autobauer Volkswagen, der größte Automobilhersteller der Welt, ist eng mit dem Land Niedersachsen verflochten, das über eine Sperrminorität verfügt. Auch in Krisen erhielten deutsche Unternehmen Staatshilfen in Form einer Kapitalbeteiligung – so etwa die Commerzbank in der Finanzkrise 2009 (über 25 %) oder Deutsche Lufthansa in der Coronakrise (Anteil von 20,05 %). Insgesamt verfügt der Bund über 106 unmittelbare Unternehmensbeteiligungen, darunter beispielsweise die Deutsche Telekom (31,9 %), die Post AG (21 %) oder der Tübinger Arzneimittelhersteller Curevac (23 %). In der Praxis sind die Unterschiede zwischen Deutschland und Frankreich in diesem Bereich also gar nicht so groß, wie es auf den ersten Blick scheinen mag.

En Allemagne, on parle de plus en plus d'investissements publics ciblés ces dernières années afin d'éviter une trop grande dépendance à l'égard des financiers étrangers dans des secteurs stratégiques tels que l'industrie des puces électroniques. Traditionnellement, l'Allemagne a une forte présence publique dans le secteur bancaire avec les *Landesbanken* et les *Sparkassen*. Le constructeur automobile allemand Volkswagen, le plus grand constructeur automobile du monde, est étroitement lié au Land de la Basse-Saxe qui dispose d'une minorité de blocage. En cas de crise, des entreprises allemandes reçoivent également des aides d'État sous la forme de participations en capital, ce qui est vrai pour la *Commerzbank* lors de la crise financière de 2009 (plus de 25 %) ainsi que la *Deutsche Lufthansa* lors de la crise de Covid-19 (20,05 %). Au total, le gouvernement fédéral détient 106 participations directes dans des entreprises dont *Deutsche Telekom* (31,9 %), *Post AG* (21 %) ou le fabricant de médicaments *Curevac* (23 %). Dans la pratique, les différences entre l'Allemagne et la France dans ce domaine ne sont donc pas aussi importantes qu'il n'y paraît au premier abord.

« Il y a un demi-siècle, à l'initiative du général de Gaulle, héraut inlassable de la souveraineté nationale, la France s'est dotée de l'arme atomique, instrument capital pour son indépendance et son rayonnement. » Aujourd'hui, la « souveraineté est partout: alimentaire, énergétique, stratégique, sanitaire ou encore numérique. Nous redécouvrons que l'innovation, la maîtrise technologique, l'esprit de conquête scientifique et industrielle forme le socle non seulement de la puissance et de la prospérité des nations, mais aussi de leur liberté et de leur sécurité. »

Antoine Duboscq, entrepreneur et fondateur français. Tribune paru dans le Figaro le 9 avril 2021

Der französische Unternehmer und Gründer Antoine Duboscq beschreibt, wie de Gaulle als Verfechter eines souveränen Frankreichs mit der Entwicklung der Atomwaffe zu dessen Führungsrolle in der Welt beigetragen hat. Heute muss diese in seinen Augen über Innovation und technologischen Vorsprung in wichtigen Branchen wieder zurück gewonnen werden.

Staatsverschuldung

Im Vergleich zu privaten Akteuren finanzieren sich Staaten häufig stärker über Schuldverschreibungen. Staaten geben vor allem in Krisen kurzfristig mehr Geld aus als sie über Steuern, Abgaben und andere Quellen einnehmen. Über die vergangenen Jahrzehnte haben manche europäische Staaten, darunter viele südeuropäische, einen wachsenden Schuldenberg angehäuft. In Frankreich ist die Staatsverschuldung seit den 1980er-Jahren von rund 20 % auf 117 % des BIP angewachsen. Ein Anstieg von 20 Prozentpunkten ist dabei auf die Coronakrise zurückzuführen. Auch wenn zusätzliche Ausgaben in der Krise wichtig waren, so wollen viele Politiker die hohe Schuldenlast abbauen, sobald es die wirtschaftlichen Rahmenbedingungen zulassen.

Auch in Deutschland ist der Schuldenstand seit den 1970er-Jahren von unter 20 % des BIP auf 82,5 % im Jahr 2010 angestiegen. Dank günstiger Rahmenbedingungen ist es seit 2014 bis zur Corona-Pandemie jedoch gelungen, keine neuen Schulden mehr zu machen und die Staatsverschuldung konnte auf 60 % des BIP gesenkt werden (Anstieg mit der Coronakrise auf 70 % des BIP). Vielen

Dette publique

Par rapport aux acteurs privés, les États se financent souvent davantage par le biais de titres de créance. En particulier en cas de crise économique, les États dépensent plus d'argent à court terme qu'ils n'en perçoivent par le biais des impôts, des taxes et d'autres sources. Au cours des dernières décennies, certains États européens, dont beaucoup du sud de l'Europe, ont accumulé une montagne croissante de dettes. En France, la dette publique est passée d'environ 20 % à 117 % du PIB depuis les années 1980. Une augmentation de 20 points de pourcentage peut être attribuée à la crise du coronavirus. Même si les dépenses supplémentaires ont été nécessaires pendant la crise, de nombreux politiques veulent réduire la dette dès que les conditions économiques le permettront.

En Allemagne, le niveau d'endettement a également augmenté depuis les années 1970, passant de moins de 20 % du PIB à 82,5 % en 2010. Grâce à des conditions favorables, il a toutefois été possible de réduire la dette depuis 2014 à 60 % du PIB avant une remontée à 70 % du PIB avec la pandémie. Pour de nombreux politiques – notamment

Schuldenbremse und Schattenhaushalte: Gelingt es Deutschland dank der Schuldenbremse tatsächlich, die Neuverschuldung effektiv zu reduzieren? Die Entwicklungen der vergangenen Jahre nähren Zweifel. So wurden die bestehenden Ausnahmeregelungen kreativ genutzt, um vor allem über Sondervermögen außerhalb des regulären Staatshaushalts Raum für zusätzliche Investitionen zu schaffen. Im Jahr 2022 belief sich das Volumen dieser Schattenhaushalte auf fast 200 Mrd. Euro.

Frein à l'endettement et budgets parallèles : Le frein à l'endettement permet-il vraiment à l'Allemagne de réduire les nouvelles dettes ? Les évolutions de ces dernières années permettent d'en douter. Ainsi, les dérogations existantes ont été utilisées de manière créative afin de pouvoir réaliser des investissements supplémentaires. Ceci se fait surtout par le biais de fonds spéciaux en dehors du budget régulier de l'État. En 2022, le montant de ces budgets parallèles s'élevait à près de 200 milliards d'euros.

Politikern – vor allem aus dem konservativen und dem liberalen Lager – ist die sogenannte „Schwarze Null" (also keine staatliche Neuverschuldung) wichtig. Eine ausgeglichene Haushaltspolitik ist seit 2009 mit der sogenannten Schuldenbremse im Grundgesetz verankert. Demnach darf sich Deutschland nur in Ausnahmefällen wie schweren Krisen umfangreicher als in Höhe von 0,35 % des BIP verschulden.

dans les partis conservateur et libéral – le fameux *Schwarze Null* c'est-à-dire l'absence de nouvelle dette publique, est cruciale. Depuis 2009, une politique budgétaire équilibrée est également ancrée dans la Loi fondamentale avec ledit « frein à l'endettement » *(Schuldenbremse)*. Selon ce principe, l'Allemagne ne peut contracter une dette supérieure à 0,35 % du PIB que dans des cas exceptionnels, tels que des crises graves.

Arbeitsmarkt und Beschäftigung

Arbeitszeit

Viele Deutsche und Franzosen verbringen unter der Woche mehr Zeit mit ihren Kollegen als mit ihrer Familie. Dabei hat die Wochenarbeitszeit in beiden Ländern im Vergleich zur frühen Nachkriegszeit deutlich abgenommen. In Frankreich wird im Schnitt etwas länger gearbeitet als in Deutschland (40,3 Stunden im Vergleich zu 39,1 Stunden), obwohl dort 2002 die 35-Stunden-Woche

Marché du travail et emploi

Temps de travail

De nombreux Allemands et Français passent plus de temps avec leurs collègues pendant la semaine qu'avec leur famille. Cependant, la durée hebdomadaire du travail a sensiblement diminué dans les deux pays par rapport à la période d'après-guerre. En France, les gens travaillent en moyenne un peu plus longtemps qu'en Allemagne (40,3 heures contre 39,1 heures), bien que la semaine de

CDI – das große Los? Le CDI – le gros lot ?

Wer einen CDI (*contrat à durée indéterminée*) – einen unbefristeten Arbeitsvertrag – „ergattert", der hat es in den Augen vieler Franzosen geschafft. Er erleichtert die Wohnungssuche, vereinfacht den Zugang zum Bankkredit und macht einen nur schwer kündbar. Demgegenüber hangeln sich viele, vor allem jüngere, Franzosen von einem befristeten Job (CDD, *contrat à durée déterminée*) zum nächsten, oft ohne echte Aussicht auf Verbesserung. Ähnlich wie mit den Arbeitsmarktreformen in Deutschland Anfang der 2000er-Jahre, wird deshalb versucht, über eine Flexibilisierung wieder mehr Menschen einen Zugang zu stabilen Beschäftigungsverhältnissen zu ermöglichen.

Si vous décrochez un CDI, un contrat à durée indéterminée, vous avez réussi aux yeux de nombreux Français. Il est alors plus facile de trouver un logement, d'accéder à un crédit et un CDI protège l'emploi. En revanche, de nombreux Français, surtout des jeunes, passent d'un emploi temporaire (CDD, contrat à durée déterminée) à un autre, souvent sans réelle perspective d'amélioration. À l'instar des réformes du marché du travail en Allemagne au début des années 2000, le gouvernement français a assoupli les normes afin d'inciter les employeurs à recourir davantage aux CDI.

gesetzlich eingeführt wurde. In Deutschland hängt die vorgeschriebene Arbeitszeit stärker von den Tarifverträgen ab. So gilt in einigen Branchen, vor allem in der Industrie, die 35-Stunden-Woche, während manche Landesbeamte eine Wochenarbeitszeit von bis zu 41 Stunden haben.

In Frankreich liegt das mittlere Nettoeinkommen bei rund 1.800 Euro, in Deutschland liegt der durchschnittliche Lohn bei 2000 Euro. Während man in Deutschland insgesamt etwas mehr verdient, ist dort die Lohnspreizung – also der Unterschied zwischen den Menschen, die sehr viel bzw. sehr wenig verdienen – größer. Dies liegt auch daran, dass es aufgrund der Tarifautonomie lange Zeit keinen gesetzlichen Mindestlohn gab. In Frankreich hingegen gibt es seit 1950 einen Mindestlohn, der im internationalen Maßstab zudem relativ hoch liegt.

Nur ein Teil der Erwerbstätigen arbeitet in Vollzeit. In Deutschland arbeiten vor allem Frauen in Teilzeit: 36 % aller erwerbstätigen Frauen, aber nur rund 10 % der Männer. In Frankreich sind es hingegen nur 20 % der Frauen und 7 % der Männer. Häufig geht es bei partieller Beschäftigung um die Vereinbarkeit von Familie und Beruf. In Deutschland, wo viele Frauen oft über mehrere Jahre nicht berufstätig waren um sich der Kindererziehung zu widmen, hat man vor diesem Hintergrund mit dem Elterngeld+ 2015 neue Anreize geschaffen, um eine Rückkehr in den Beruf zu beschleunigen. Demgegenüber ist in Frankreich die Erwerbstätigkeit der Mütter auch dank eines besseren Betreuungsangebots schon viel länger etabliert. Gleichzeitig ist es in Frankreich für Frauen manchmal schwerer, ihre Arbeitszeit zu reduzieren.

35 heures y ait été introduite par la loi en 2002. En Allemagne, le temps de travail prescrit dépend davantage des conventions collectives. Dans certains secteurs, notamment dans l'industrie, la semaine de 35 heures s'applique tandis que certains fonctionnaires ont une semaine de travail pouvant aller jusqu'à 41 heures.

En France, le revenu net moyen est d'environ 1 800 euros, en Allemagne le salaire moyen est de 2 000 euros. Si les Allemands gagnent globalement un peu plus, l'écart salarial – c'est-à-dire la différence entre les personnes gagnant beaucoup et celles gagnant peu – y est plus important. Cela est également dû au fait que, pendant longtemps, il n'y a pas eu de salaire minimum légal en raison de l'autonomie des négociations collectives. En France, en revanche, un salaire minimum qui est relativement élevé existe depuis 1950.

Seule une partie de la main-d'œuvre travaille à temps plein. En Allemagne, ce sont surtout les femmes qui travaillent à temps partiel : 36 % de toutes celles ayant un emploi, mais seulement 10 % pour les hommes. En France, en revanche, il ne concerne que 20 % des femmes et 7 % des hommes. L'emploi à temps partiel consiste souvent à concilier famille et travail. En Allemagne, où de nombreuses femmes n'ont souvent pas travaillé pendant plusieurs années pour élever leurs enfants, de nouvelles incitations ont été créées avec *Elterngeld+* en 2015 pour accélérer le retour au travail. En France, en revanche, l'emploi des mères est établi depuis beaucoup plus longtemps, grâce aussi à une meilleure offre de services de garde d'enfants. Néanmoins, il est parfois plus difficile pour les femmes en France de réduire leur temps de travail.

Die wichtigsten Arbeitgeber aus dem Nachbarland /
Les principaux employeurs du pays voisin

Der größte deutsche Arbeitgeber in Frankreich ist die Schwarzgruppe (Lidl, 30.000 Arbeitsplätze), gefolgt von Aldi Nord (16.000), Allianz (9.000) und Robert Bosch (7.300). Zu den großen französischen Arbeitgebern in Deutschland zählen seit der Übernahme von Opel die Gruppe um Peugeot und Citroën (Stellantis) mit knapp 19.000 Beschäftigten, das Wertstoffunternehmen Saint Gobain (15.000 Beschäftigte), der Paketdienst dpd, der zum französischen Unternehmen La Poste gehört (9.500), und der Autozulieferer Faurecia aus Saint Nazaire (6.000 Beschäftigte). Insgesamt gibt es über 4.500 deutsche Unternehmensniederlassungen mit rund 312.000 Angestellten in Frankreich und rund 2.500 französische Unternehmen mit knapp 400.000 Mitarbeitern in Deutschland.

Le plus grand employeur allemand en France est le groupe Schwarz (Lidl, 30 000 emplois), suivi par Aldi Nord (16 000), Allianz (9 000) et Robert Bosch (7 300). Depuis le rachat d'Opel, le groupe autour de Peugeot et Citroën (Stellantis) est avec près de 19 000 employés le premier employeur français en Allemagne suivi par l'entreprise de recyclage Saint Gobain (15 000 employés), le livreur de colis dpd qui appartient à La Poste (9 500) et l'équipementier automobile Faurecia de Saint Nazaire (6 000 employés). Au total, il y a plus de 4 500 succursales d'entreprises allemandes avec environ 312 000 employés en France et environ 2 500 entreprises françaises avec près de 400 000 employés en Allemagne.

Arbeitslosigkeit

Nicht alle Menschen im erwerbsfähigen Alter finden Arbeit. In Deutschland ist der Anteil der Arbeitslosen seit Anfang der 2000er-Jahre von über 11 % im Jahr 2019 mit 3 % auf den tiefsten Stand seit der Wiedervereinigung gesunken. Dazu beigetragen haben die sogenannten Hartz-Reformen, die die Betreuung der Arbeitslosen verbesserten, Leistungen kürzten und neue Übergänge in den Arbeitsmarkt durch flexiblere Beschäftigungsformen schafften. Während die Reformen zwar zum wirtschaftlichen Erfolg der vergangenen Jahre beitrugen, wird bis heute kontrovers diskutiert, ob sie soziale Schieflagen verursachen und dazu beitragen, dass manche Menschen von ihrem Erwerbseinkommen nicht leben können und deshalb zu-

Chômage

Toutes les personnes en âge de travailler ne trouvent pas un emploi. En Allemagne, la part des chômeurs est passée de plus de 11 % au début des années 2000 à 3 % en 2019, soit le niveau le plus bas depuis la réunification. Les réformes dites « Hartz » qui ont amélioré l'accompagnement des chômeurs, réduit les allocations et créé de nouvelles transitions vers le marché du travail grâce à des formes d'emploi plus flexibles y ont contribué. En même temps, la question de savoir si elles sont à l'origine de déséquilibres sociaux et si elles contribuent au fait que certaines personnes (appelées *Aufstocker*) ne peuvent pas vivre de leur revenu professionnel et reçoivent donc des aides publiques supplémentaires reste controversée. Le *Bürgergeld,*

sätzlich staatliche Hilfen beziehen (sogenannte „Aufstocker“). Mit dem Bürgergeld, das im Herbst 2022 beschlossen wurde, wurden einige dieser Kritikpunkte aufgegriffen.

In Frankreich ist die Arbeitslosenquote in den Jahren vor der Coronakrise auf 7,5 % gesunken. Schaut man sich die Beschäftigungsquoten in beiden Ländern nach Altersgruppen an, so fällt vor allem der Unterschied bei den Älteren und Jüngeren auf (Grafik). Während sich der Unterschied bei älteren Arbeitnehmern vor allem durch das geringere gesetzliche Renteneintrittsalter in Frankreich erklärt, deutet die niedrigere Beschäftigungsquote bei den 15-24-Jährigen in Frankreich auf größere Schwierigkeiten beim Berufseintritt hin.

adopté en automne 2022, répond à certains aspects critiqués.

En France, le taux de chômage est tombé à 7,5 % dans les années qui ont précédé la crise de Covid-19. Si l'on examine les taux d'emploi dans les deux pays par groupe d'âge, la différence entre les travailleurs âgés et les jeunes est frappante (graphique). Alors que la différence pour les travailleurs plus âgés s'explique principalement par l'âge légal de la retraite plus bas en France, le taux d'emploi plus faible des 15-24 ans en France indique des difficultés plus importantes pour entrer sur le marché du travail. Le taux de chômage des jeunes s'établit à 22 % ce qui est nettement supérieur à celui de la population dans son ensemble. Il est particulièrement élevé

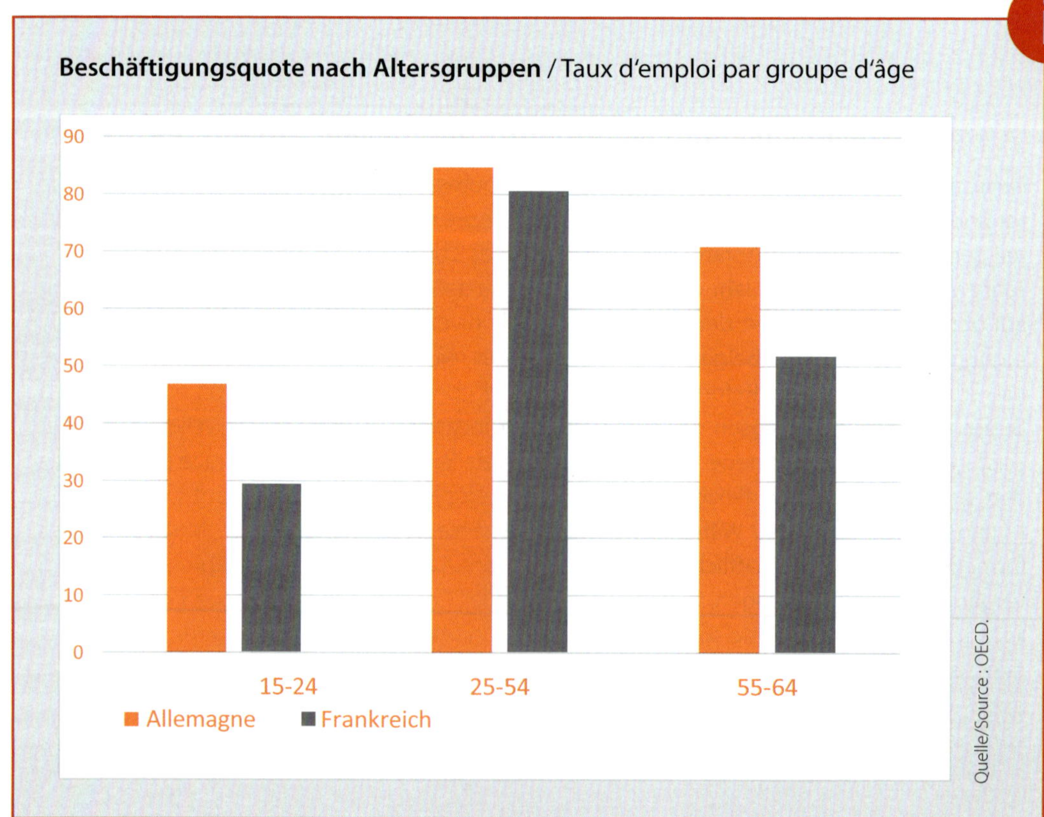

Dort liegt die Arbeitslosenquote bei knapp 22 % – deutlich über der der Gesamtbevölkerung. Besonders hoch ist die Quote bei Jugendlichen ohne oder mit einem niedrigen Bildungsabschluss. In den vergangenen Jahren hat man deshalb vor allem über eine Reform der beruflichen Bildung versucht, diese Jugendlichen leichter auf dem Arbeitsmarkt zu vermitteln.

Rolle der Gewerkschaften

Um ihre Interessen gegenüber der Politik und den Unternehmen zu vertreten, sind Arbeitnehmer in Gewerkschaften organisiert. Über sie werden in größeren Unternehmen und auf Branchenebene mit dem Arbeitgeber bzw. Arbeitgeberverbänden wie dem BDI (Bund Deutscher Industrie) oder Medef (*Mouvement des entreprises de France*) über Löhne und Arbeitszeiten verhandelt. In Frankreich gehören 8 %, in Deutschland 18 % der Arbeitnehmer einer Gewerkschaft an – insgesamt also nur ein relativ kleiner Teil aller abhängig Beschäftigten.

In Deutschland sind Arbeitnehmer überwiegend in Branchengewerkschaften organisiert, auch wenn es mittlerweile einzelne Berufsgewerkschaften, etwa der Lokführer (GDL) oder Piloten (Cockpit), gibt. In vielen Fällen gibt es also genau eine Gewerkschaft und damit einen Tarifvertrag im Unternehmen. In Frankreich war im Vergleich dazu die Gewerkschaftslandschaft schon immer kleinteiliger und stärker politisch verankert. Eine Folge davon ist, dass es in größeren Unternehmen oft mehrere Gewerkschaften gibt, die zueinander in Konkurrenz stehen und sich dadurch manchmal gegenseitig schwächen. Auch gibt es in Frankreich keine Tarifautonomie wie in Deutschland. Dadurch

chez les jeunes sans diplôme ou peu diplômés. Des efforts supplémentaires ont donc été faits ces dernières années pour faciliter l'accès de ces jeunes au marché du travail, notamment en réformant la formation professionnelle.

Rôle des syndicats

Les travailleurs sont organisés en syndicats pour représenter leurs intérêts vis-à-vis de la politique et des entreprises. Les représentants syndicaux négocient les salaires et les heures de travail dans les grandes entreprises et au niveau des branches avec les employeurs ou leurs organisations telles que le BDI (Fédération des industries allemandes) ou le Medef (Mouvement des entreprises de France). En France, 8 % des travailleurs sont membres d'un syndicat, en Allemagne 18 %. Il ne s'agit donc que d'une minorité de salariés.

En Allemagne, les travailleurs sont principalement organisés en syndicats de branches, même s'il existe aujourd'hui des syndicats professionnels individuels, par exemple des conducteurs de train (GDL) ou des pilotes (Cockpit). Ainsi, dans de nombreux cas, il existe exactement un seul syndicat et donc une seule convention collective dans l'entreprise. En France, par contre, le paysage syndical a toujours été plus fragmenté avec un ancrage politique plus fort. L'une des conséquences de cette situation est qu'il y a souvent plusieurs syndicats au sein des grandes entreprises qui se font concurrence et s'affaiblissent parfois mutuellement. En outre, il n'existe pas d'autonomie en matière de négociation collective comme c'est le cas en Allemagne. Cela signifie que l'État français est beaucoup plus présent en tant que médiateur et décideur. Pendant longtemps,

ist der Staat viel stärker als Vermittler und Entscheider präsent. Lange Zeit versuchten die Gewerkschaften deshalb vor allem über Streiks, Demos und Blockaden günstige Arbeitsbedingen zu erwirken. Entsprechend ist die Anzahl der Streiktage in Frankreich deutlich höher als in Deutschland: über 100 auf 1.000 Arbeitnehmer im Jahr im Vergleich zu unter 20 in Deutschland.

In Deutschland ist die Verhandlungs- und damit auch die Streikkultur streng geregelt. Bei Interessenkonflikten oder Lohnverhandlungen gibt es zunächst die Pflicht zu mehreren Verhandlungsrunden. Erst dann werden die gewerkschaftlich organisierten Mitarbeiter in einer Urabstimmung gefragt, ob sie zu einem Streik bereit sind. Auch während eines Streiks wird prinzipiell weiterverhandelt, bis – oft durch Hinzuziehung eines Schlichters – eine Lösung gefunden wird. Der Staat mischt sich so wenig wie möglich in die Verhandlungen ein. Allerdings kann man beobach-

les syndicats ont donc essayé d'obtenir des conditions de travail favorables en exerçant une pression par le biais de grèves, de manifestations et de blocages. Ainsi, le nombre de jours de grève en France est nettement plus élevé qu'en Allemagne : plus de 100 pour 1 000 travailleurs par an, contre moins de 20 en Allemagne.

En Allemagne, la culture de la négociation et donc aussi lors d'une grève est strictement réglementée. En cas de conflit d'intérêts ou de négociations salariales, il y a d'abord une obligation d'organiser plusieurs cycles de négociations. Ce n'est qu'ensuite qu'il est demandé aux employés syndiqués lors d'un vote s'ils sont prêts à faire grève. Même pendant une grève, les négociations se poursuivent en principe jusqu'à ce qu'une solution soit trouvée, souvent grâce à l'intervention d'un médiateur. L'État s'immisce le moins possible dans les négociations. On constate toutefois qu'en Allemagne aussi,

Tarifautonomie / L'autonomie de négociation collective

Die Tarifautonomie ist im deutschen Grundgesetz verankert. Demnach dürfen Arbeitgeber und Gewerkschaften Arbeits- und Wirtschaftsbedingungen möglichst uneingeschränkt im Rahmen von Tarifverträgen untereinander ohne staatliche Einflussnahme aushandeln. Dies bezieht sich vor allem auf die Löhne sowie die Arbeitszeit. Mit der Einführung eines Mindestlohns im Jahr 2015 wurde die Tarifautonomie eingeschränkt, um aufgrund des gestiegenen weltweiten Wettbewerbs einen zu großen Druck auf die Löhne zu vermeiden.

L'autonomie de négociation collective est inscrite dans la Constitution allemande. Selon ce principe, les employeurs et les syndicats sont autorisés à négocier librement les conditions de travail dans le cadre de conventions collectives, sans intervention de l'État. Cela concerne avant tout les salaires et les heures de travail. Avec l'introduction d'un salaire minimum en 2015, l'autonomie des négociations collectives a été restreinte afin d'éviter une trop forte pression sur les salaires due à une concurrence mondiale accrue.

ten, dass auch in Deutschland der Staat um Hilfe gerufen wird, beispielsweise wenn es um massenhafte Entlassungen oder die Auflösung von großen Unternehmen geht.

Auf Unternehmensebene räumt die sogenannte betriebliche Mitbestimmung in Deutschland den Gewerkschaften und Arbeitnehmervertretern in größeren Unternehmen einen wichtigen Platz ein. Besonders groß ist ihr Einfluss in sozialen Angelegenheiten. In den ganz großen Unternehmen sind Arbeitnehmer sogar im Aufsichtsrat, dem obersten Kontrollgremium, vertreten. Bei Unternehmen zwischen 500 und 2.000 Mitarbeitern ist es ein Drittel, ab 2.000 Mitarbeitern die Hälfte aller Aufsichtsratsmitglieder. In Frankreich gibt es in Abhängigkeit von der Größe des Unternehmens ebenfalls Vorgaben zur Arbeitnehmervertretung und Informations- und Anhörungspflichten, allerdings haben sie nicht denselben Stellenwert. Dabei gilt es jedoch zu bedenken, dass es in vielen kleinen deutschen Unternehmen auch keine formale Arbeitnehmervertretung gibt.

In beiden Ländern hat die gewerkschaftliche Organisation in den vergangenen Jahren abgenommen. Vor allem im Dienstleistungsbereich, in dem rund drei Viertel aller Deutschen und Franzosen arbeiten, ist diese schwach. Auch bei neu entstehenden Formen der Arbeitsorganisation, wie etwa der Plattformökonomie, sind derartige Formen der kollektiven Vertretung nur wenig ausgeprägt. Damit Arbeitnehmer auch in der Zukunft gut abgesichert sind, muss deshalb über neue Formen der Vertretung und der Absicherung nachgedacht werden.

l'État est appelé à la rescousse en cas de licenciements collectifs ou de liquidation de grandes entreprises.

Au niveau de l'entreprise, la codétermination *(betriebliche Mitbestimmung)* accorde une place importante aux syndicats. Dans les grandes entreprises, les travailleurs sont même représentés au conseil de surveillance, l'organe de contrôle. Dans les entreprises comptant entre 500 et 2 000 employés, il s'agit d'un tiers et dans les entreprises de 2 000 employés ou plus, de la moitié des membres. En France, il existe également des obligations de représentation des travailleurs et des obligations d'information et de consultation en fonction de la taille de l'entreprise mais elles n'ont pas le même statut. Toutefois, il est également important de se rappeler que dans de nombreuses petites entreprises allemandes, il n'existe pas non plus de représentation formelle des travailleurs.

Dans les deux pays, l'organisation syndicale a diminué ces dernières années. Elle est particulièrement faible dans le secteur des services où travaillent environ trois quarts des Allemands et des Français. Ceci est également le cas pour les nouvelles formes d'organisation du travail comme l'économie de plateforme. Pour que les travailleurs soient bien protégés à l'avenir, il faut donc envisager de nouvelles formes de représentation et de protection.

07 Die Umwelt

Eine Begriffsbestimmung

Heute, im Angesicht des Klimawandels und der anhaltenden Zerstörung natürlicher Ressourcen, redet alle Welt (zurecht) von Umweltschutz. Doch der Begriff „Umwelt" hat viele Facetten. Zunächst geht es um das soziale und kulturelle Umfeld, sozusagen die politische, berufliche und persönliche Entourage jedes Einzelnen. Vor allem aber bezieht sich der Begriff auf das natürliche Umfeld, in dem wir leben. Die Natur ist dabei keine unberührte Wirklichkeit, sondern durch die menschliche Zivilisation verändert. Die Umwelt prägt und bestimmt unser Leben, doch der Umgang mit ihr war zu oft von aus heutiger Sicht erschütternder Sorglosigkeit geprägt. In Deutschland hat das Bewusstsein für die Umwelt vor etwa fünfzig Jahren allerdings erheblich zugenommen, und seit den 1970er Jahren ist Umwelt und deren Schutz als Thema in der Politik verankert. Anfangs vom Bonner Polit-Establishment belächelt oder ignoriert, gewannen die damaligen Sorgen der Umweltschützer und Atomgegner in Deutschland besonders in den 1980er Jahren deutlich an Aufmerksamkeit. Die Gründung der Partei der Grünen trug dazu ebenso bei wie der Reaktorunfall von Tschernobyl. Die immer deutlicher spürbaren Klimaveränderungen der vergangenen Jahre haben schließlich dazu geführt, dass die Notwendigkeit einer veränderten Lebensweise zum Schutz der Umwelt heutzutage durch eine Mehrheit der Deutschen verinnerlicht

L'environnement

Une définition

Aujourd'hui, face au changement climatique et à la destruction continue des ressources naturelles, tout le monde parle (à juste titre) de la protection de l'environnement. Mais le terme « environnement » recouvre bien des choses. C'est notamment une donnée sociologique : le milieu dans lequel on naît, l'entourage dans lequel on se meut, qu'il soit politique, professionnel ou privé. Mais l'environnement, c'est aussi et surtout le milieu naturel qui nous entoure. Ainsi, la nature n'est pas une réalité intacte, mais a été modifiée par la civilisation humaine. L'environnement façonne et détermine nos vies, mais la façon dont nous le traitons a trop souvent été caractérisée par une insouciance qui nous paraît choquante aujourd'hui. Toutefois, la prise de conscience de l'environnement a considérablement augmenté en Allemagne il y a environ cinquante ans. Ainsi, depuis les années 1970, l'environnement et sa protection sont ancrés en tant que thèmes traités en politique. D'abord ridiculisées ou ignorées par l'establishment politique de Bonn, les préoccupations des écologistes et des militants antinucléaires de l'Allemagne de l'époque ont suscité une attention considérable, surtout dans les années 1980. La fondation du parti des Verts y a contribué, tout comme l'accident nucléaire de Tchernobyl. Les changements climatiques de plus en plus perceptibles ces dernières années ont finalement conduit à une intériorisation par une majorité d'Allemands de la nécessité d'un changement de mode de vie pour protéger

ist. In Frankreich beobachtet man eine ähnliche Entwicklung in der breiten Öffentlichkeit. Umfragen zeigen, dass sich die Franzosen um die Zukunft der Umwelt Sorgen machen und die rasanten Veränderungen in der Welt als Bedrohung empfinden.

l'environnement. En France, une tendance similaire est observée auprès du grand public. Les sondages montrent que les Français sont préoccupés par l'avenir de l'environnement et perçoivent les changements rapides dans le monde comme une menace.

Das Verhältnis von Mensch und Natur

Darf sich der Mensch als vermeintliche „Krönung der Schöpfung" die Natur untertan machen? Und wenn ja, wo liegen die Grenzen? Noch weit vor dem Beginn der Industrialisierung und der systematischen (und lange kaum hinterfragten) Ausbeu-

La relation entre l'homme et la nature

L'homme, en tant que supposé « couronnement de la création », est-il autorisé à subjuguer la nature ? Et si oui, où en sont les limites ? Bien avant le début de l'industrialisation et de l'exploitation systématique des ressources naturelles (pendant longtemps

i

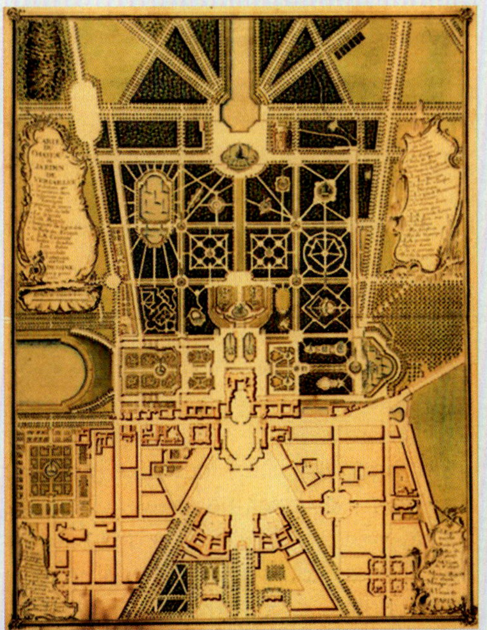
Versailles

André Le Nôtre (1613-1700), dessen Vater und Großvater bereits Gärtner in den Tuilerien waren, verbrachte seine gesamte Jugend als Lehrling des Gärtnerhandwerks und gleichzeitig als Kunstschüler in einer Werkstatt des Louvre. 1652 wird er von Fouquet engagiert, um den Park seines Anwesens in Vaux-Le-Vicomte anzulegen. 1661 vertraut Ludwig XIV. Le Nôtre die Gestaltung des Parks von Versailles an. Der mittlerweile berühmte Gartenarchitekt erneuert ebenfalls die Schlossgärten von Chantilly, Saint-Cloud und Saint-Germain-en-Laye.

André Le Nôtre (1613-1700), fils et petit-fils de jardiniers des Tuileries, passa toute sa jeunesse entre l'apprentissage du métier de jardinier et une formation artistique dans un atelier du Louvre. En 1652, Le Nôtre est engagé par Fouquet pour l'aménagement du parc de son domaine de Vaux-Le-Vicomte. En 1661, Louis XIV confie à Le Nôtre la réalisation du parc du château de Versailles et l'architecte de jardin, devenu alors très célèbre, se consacre également à la rénovation des jardins des châteaux de Chantilly, Saint-Cloud et Saint-Germain-en-Laye.

tung natürlicher Ressourcen entwickelten sich in Frankreich und Deutschland durchaus unterschiedliche Anschauungen zum Umgang mit der Natur.

Das Konzept des französischen Gartens

In Frankreich hatte sich schon sehr früh die Auffassung durchgesetzt, die Natur stelle sozusagen eine Modelliermasse für den Menschen dar. Sie stand ihm und seinen ästhetischen Vorstellungen frei zur Verfügung, und nichts, weder die Zeit noch eventuelle natürliche Hindernisse, sollten sich ihm und seinem Gestaltungswillen widersetzen. Höhepunkt für diese Art der angestrebten Naturbändigung waren die im 17. Jahrhundert sehr beliebten französischen Gärten, die in Versailles ihre wohl berühmteste Umsetzung fanden. Neben dem Schloss symbolisierten die Gärten die absolute Herrschaft des französischen Königs, dem alle untergeben waren, auch die Natur. Wie auf einem Podest inszeniert, befand sich im Zentrum dieser modellierten Natur das Schloss, Symbol der Macht Ludwigs XIV. Trotz des stark gewachsenen Umweltbewusstseins hält sich bis heute in Frankreich durchaus noch die Meinung, dass der Mensch die natürlichen Elemente beherrscht und seinen Zwecken unterordnen kann.

Die deutsche Romantik

In Reaktion auf diesen französischen Gartenstil entwickelte sich in England ein Gartenideal, nach dem sich die Natur frei entfalten sollte: Hecken sollten nicht kunstvoll beschnitten werden, Wasserspiele wurden verbannt, und natürliche Wasserläufe nicht in künstliche Kanäle umgeleitet. Die Landschaft wurde zelebriert. Hügel und Wälder

à peine remise en question), la France et l'Allemagne ont développé des points de vue bien différents sur la manière de traiter la nature.

Un jardin à la française

En France, l'idée que la nature était, pour ainsi dire, un matériau de modelage pour l'homme s'était imposée très tôt. Elle était librement disponible pour lui et ses idées esthétiques, et rien, ni le temps, ni les éventuels obstacles naturels, ne devaient s'opposer à lui et à sa volonté créatrice. Les jardins à la française, très populaires au 17e siècle et dont la réalisation la plus célèbre est sans doute celle de Versailles, sont le point culminant de ce type de domptage de la nature. Outre le palais, les jardins symbolisaient le règne absolu du roi de France, auquel tout le monde était subordonné, y compris la nature. Tel un piédestal, le palais, symbole du pouvoir de Louis XIV, se trouvait au centre de cette nature modélisée. En dépit d'une sensibilisation accrue à l'environnement, l'opinion selon laquelle l'homme peut dominer les éléments naturels et les subordonner à ses objectifs continue encore à persister en France jusqu'à ce jour.

Le romantisme allemand

En réaction à ce style de jardin français, un idéal de jardin s'est développé en Angleterre selon lequel la nature devait se déployer librement : les haies ne devaient pas être taillées avec art, les éléments d'eau étaient bannis et les cours d'eau naturels n'étaient pas détournés en canaux artificiels. Le paysage était célébré. Les collines et les bois servaient de perspective, mais sans donner l'impression d'être des éléments apprivoisés. Ils

Nach mehreren Englandreisen entschließt sich Prinz Léopold III. Friedrich Franz von Anhalt-Dessau (1740-1817), gemeinsam mit dem Architekten Friedrich Wilhelm von Erdmannsdorff ein großes Projekt zur Landschaftsgestaltung zu initiieren, das auf dem englischen Modell beruhte. Aus dem kleinen Fürstentum Anhalt-Dessau wurde ein Königreich der Gärten. Im Zentrum dieses Königreichs befindet sich der Park von Wörlitz, der zwischen 1799 und 1813 gebaut wurde, und der heute als der bedeutendste seiner Art in Deutschland gilt.

Après différents voyages en Angleterre, le prince Léopold Friedrich Franz d'Anhalt-Dessau (1740-1817) décide, en collaboration avec l'architecte Friedrich Wilhelm von Erdmannsdorff, de lancer un vaste projet de conception paysagère à partir du modèle anglais et fait de la petite principauté d'Anhalt-Dessau un royaume des jardins. Au cœur de ce royaume des jardins se trouve le parc de Wörlitz, construit entre 1769 et 1813, connu aujourd'hui comme l'un des plus importants exemples de jardins « à l'anglaise » existant en Allemagne..

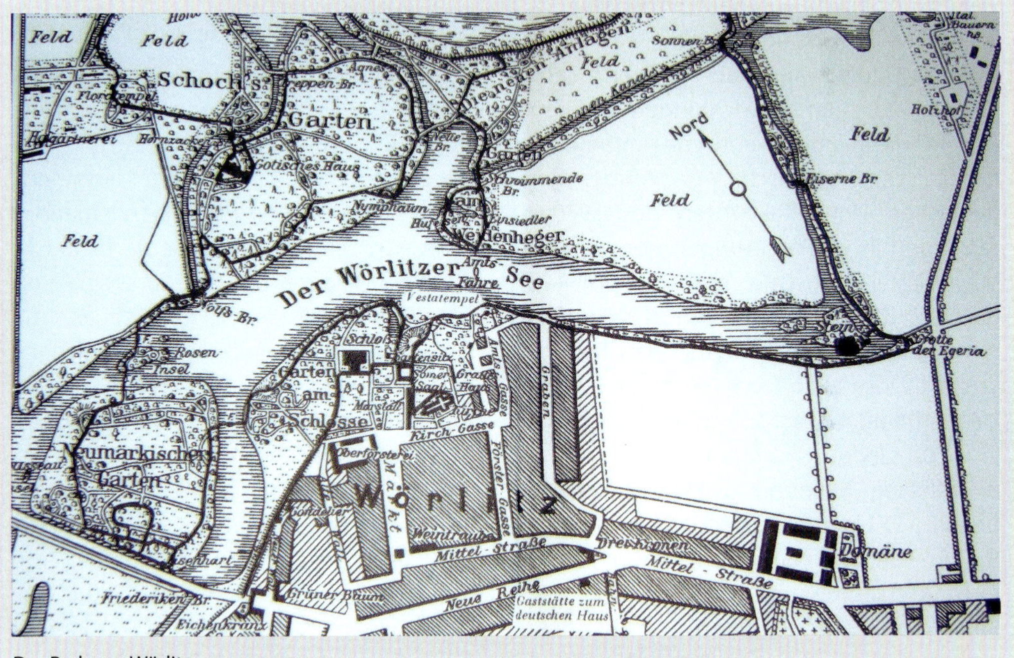

Der Park von Wörlitz

dienten zwar perspektivischen Zwecken, ohne jedoch den Eindruck des gebändigten Elements zu vermitteln. Vielmehr waren sie Ausdruck einer mächtigen, wilden Natur, in die sich der Mensch als ein Element harmonisch einzufügen hatte. Diese englischen Gärten fanden im 18. Jh. bei den deutschen

étaient plutôt l'expression d'une nature puissante et sauvage dans laquelle l'homme devait se fondre harmonieusement comme un élément parmi d'autres. Ces jardins anglais étaient très populaires auprès des princes allemands au 18e siècle et plus tard pendant la période romantique. Des exemples tels

Fürsten und später in der Romantik großen Anklang. Beispiele wie die Wörlitzer Parklandschaft oder der Pücklersche Park in Bad Muskau (Sachsen) zeugen bis heute von dem Bestreben ihrer damaligen Besitzer, ihr humanistisches, der Freiheit verschriebenes Weltbild gartentechnisch in Szene zu setzen. Den Malern der Romantik waren die Naturgewalten ein bevorzugtes Motiv. Ein Blick auf die Werke Caspar David Friedrichs zeigt, wie sehr für ihn der Mensch nur ein winziges Element in der von Gott bestimmten Unendlichkeit der Schöpfung darstellt.

Diese in Deutschland und Frankreich sehr unterschiedlichen Entwicklungen erklären zum Teil die anfangs skeptische Haltung der französischen Gesellschaft gegenüber den deutschen Umweltaktivisten der 1970er Jahre und ihren Forderungen nach einem bewussteren Umgang mit der Umwelt, nach Schutzmaßnahmen zum Erhalt der Artenvielfalt und der schwindenden Bodenschätze. Doch auch wenn in Frankreich die Umweltthematik erst später als in Deutschland zu einem wichtigen Thema in der öffentlichen Meinung avancierte, wurde bereits 1971 ein französisches Ministerium für Umwelt und Naturschutz eingerichtet. In Deutschland wurde erst 1986, nach der Katastrophe von Tschernobyl, ein Bundesministerium für Umwelt, Naturschutz und Reaktorsicherheit gegründet.

Raus ins Grüne

Ein typisches Phänomen in den französischen Großstädten ist das Hinausfahren aufs Land am Wochenende. Mehr und mehr Franzosen haben ein Landhaus, zum Teil sehr bescheiden, aber immerhin ein Ort, an dem sie aus ihren teilweise be-

que le paysage du parc de Wörlitz ou le parc de Pückler à Bad Muskau (Saxe) témoignent aujourd'hui encore des efforts déployés par leurs propriétaires de l'époque pour mettre en scène dans l'aménagement des jardins leur vision humaniste du monde, dédiée à la liberté. Pour les peintres de l'époque romantique, les forces de la nature étaient un motif de prédilection. Un regard sur les œuvres de Caspar David Friedrich montre comment, pour lui, l'homme n'était qu'un élément minuscule dans l'infinité de la création déterminée par Dieu.

Ces évolutions très différentes en Allemagne et en France expliquent en partie l'attitude initialement sceptique de la société française à l'égard des militants écologistes allemands des années 1970 et de leurs demandes d'une approche plus consciente de l'environnement, de mesures de protection pour préserver la biodiversité et les ressources minérales en voie d'épuisement. Si en France l'environnement est devenu un sujet primordial pour l'opinion publique plus tard qu'en Allemagne, il est néanmoins vrai que dès 1971, la France a créé le premier ministère de l'Environnement et de la Protection de la Nature. En Allemagne, il a fallu attendre 1986 et la catastrophe de Tchernobyl pour que soit créé le ministère fédéral de l'Environnement, de la Protection de la Nature et de la Sécurité nucléaire.

À la campagne

Un phénomène typique des grandes villes françaises est la sortie à la campagne le week-end. De plus en plus de Français possèdent une maison de campagne, parfois très modeste, mais il s'agit au moins d'un endroit où ils peuvent échapper à leurs conditions de

engten Wohnverhältnissen in der Stadt ausweichen und „frische Luft tanken" können. Diese Stadtflucht war besonders stark nach Ausbruch der Corona-Pandemie zu beobachten. Wer konnte, fuhr an seinen Zweitwohnsitz, um dort die über mehrere Wochen andauernde Phase des Lockdowns zu verbringen (was teilweise zu erheblichen Anfeindungen durch die örtliche Bevölkerung führte, da die Großstädter vermeintlich das Virus in das anfangs wenig betroffene ländliche Frankreich importierten). Bei einigen Landhäusern handelt es sich um geerbte Familienhäuser. Meist sind es jedoch vom derzeitigen Besitzer in teilweise heruntergekommenem Zustand erworbene Gebäude, die dann in liebevoller Eigenarbeit jahrelang wieder in Stand gesetzt werden. Baumärkte und Gärtnereien finden regen Zulauf. Und auch die Preise für solche Immobilien auf dem Land sind in die Höhe geschossen, vor allem in einem Umkreis von ca. 250 km um Paris, bzw. überall dort, wo der Schnellzug (TGV) die Region schnell erreichbar macht. Die französische Landschaft ist weniger zersiedelt als die deutsche und hat so vielerorts ihren ursprünglichen Charakter bewahren können. Die Dörfer erfreuen sich verschiedenster Bezeichnungen, wie *village de charme,* oder *village fleuri,* und bemühen sich um eine Wiederbelebung der Dorfstruktur. Am Wochenende nehmen die Städter den pittoresken Markt ein und huldigen den kulinarischen Spezialitäten der Region.

Diese Tendenz zur allwöchentlichen „Völkerwanderung" gibt es in Deutschland nicht in dem Maße. Mit dem Ende des Zweiten Weltkriegs wurden nicht nur die

vie parfois exiguës en ville et « prendre l'air ». Cet exode urbain a été particulièrement prononcé après l'apparition de la pandémie de Covid-19. Ceux qui le pouvaient se rendaient dans leur résidence secondaire pour y passer les périodes de confinement, qui a duré à chaque fois plusieurs semaines (ce qui suscitait parfois une grande hostilité de la part de la population locale qui reprochait aux citadins de propager le virus dans la France rurale, initialement peu touchée). Certaines maisons de campagne sont des maisons familiales héritées. Cependant, la plupart sont des bâtiments acquis par le propriétaire actuel dans un état parfois délabré et qui sont ensuite restaurés avec amour par le propriétaire lui-même pendant plusieurs années. Les magasins de bricolage et les jardineries sont très populaires. Et les prix de ces propriétés à la campagne ont également grimpé en flèche, surtout dans un rayon d'environ 250 km autour de Paris ou partout où le train rapide (TGV) rend la région rapidement accessible. La campagne française est moins morcelée que la campagne allemande et a donc pu préserver son caractère d'antan dans de nombreux endroits. Les villages reçoivent des labels variés, tels que *village de charme* ou *village fleuri*, et s'efforcent de faire revivre la structure villageoise. Le week-end, les citadins profitent du marché pittoresque et rendent hommage aux spécialités culinaires de la région.

Cette tendance à la « transhumance hebdomadaire » n'existe pas dans la même mesure en Allemagne. Avec la fin de la Seconde Guerre mondiale, non seulement les structures politiques et étatiques ont été réorganisées, mais la guerre a également eu de profondes conséquences sur les familles et

politischen und staatlichen Strukturen neu geordnet, sondern der Krieg hatte auch für die Familien und deren finanzielle Situation tief greifende Folgen. Viele deutsche Familien verloren ihren gesamten Besitz, ihre Ersparnisse und oft auch ihr Elternhaus. Hinzu kamen die deutschen Flüchtlinge der ehemaligen Ostgebiete, die ihre Ländereien und ihren Besitz aufgeben mussten, gleich ob sie einfache Bauern oder Großgrundbesitzer waren. Sie sahen sich gezwungen, sich eine neue Existenz und Identität in einem Teil Deutschlands aufzubauen, der ihnen fremd war. 1945 war für viele Familien die Stunde Null eines neuen Lebens. Anders als in Frankreich gibt es also in Deutschland nur selten die Vorstellung des „Familienhauses" auf dem Land. Neben diesen historischen Faktoren spielt sicher eine große Rolle, dass die dezentrale Besiedelung in Deutschland zu einem etwas geringeren Kontrast zwischen „Stadt" und „Land" führt als in Frankreich. In Deutschland gibt es hingegen ein anderes Phänomen, den Kleingarten. Diese Erfindung des 19. Jahrhunderts erfreute sich nach 1945 einer großen Renaissance. Für viele Deutsche waren die grünen Oasen nicht nur ein nahes und willkommenes Ausflugsziel, sondern auch jahrelang Ersatz

leur situation financière. De nombreuses familles allemandes ont perdu tous leurs biens, leurs économies et souvent leur maison de famille. À cela s'ajoute le phénomène des réfugiés allemands des anciens territoires de l'Est qui ont dû abandonner leurs terres et leurs biens, qu'ils soient simples agriculteurs ou grands propriétaires terriens. Ils ont été contraints de se construire une nouvelle existence et une nouvelle identité dans une partie de l'Allemagne qui leur était étrangère. Pour de nombreuses familles, 1945 a été l'heure zéro d'une nouvelle vie. Ainsi, contrairement à la France, l'idée de la « maison familiale » à la campagne existe rarement en Allemagne. Outre ces facteurs historiques, le fait que la décentralisation de l'habitat en Allemagne entraîne un contraste entre « ville » et « campagne » un peu moins marqué qu'en France joue certainement un rôle important. En Allemagne, en revanche, il existe un autre phénomène, celui des jardins ouvriers, les *Kleingärten* (ou *Schrebergärten*). Cette invention du 19e siècle a connu un grand renouveau après 1945. Pour de nombreux Allemands, ces oasis de verdure n'étaient pas seulement une destination d'excursion proche et bienvenue, mais aussi, pendant des années, un substitut aux destinations de vacances inabordables, et acces-

***Kleingartenanlage** / Jardins ouvriers*

© Pixabay.com / Jana V. M.

für unerschwingliche Urlaubsziele, und nebenbei wichtige Obst- und Gemüsequelle. Viele Kleingärten wurden zum Ausdruck der Träume ihrer Pächter, im Kleinen eine heile Welt aufzubauen, geschmückt mit Gartenzwerg und „Plastik-Bambi".
Dieser Rückzug ins Private war auch in der ehemaligen DDR zu beobachten und fand seinen Ausdruck in der Datsche auf dem Land. Sie war zugleich Naturerlebnis und Zufluchtsort in einem von Unterdrückung und gegenseitigem Misstrauen geprägten politischen System. Auch wenn heute die meisten Deutschen in Urlaub fahren können und keinen Gemüsegarten brauchen, bleiben die Kleingärten dennoch sehr populär. Sie sind aber vor allem in den wachsenden Großstädten zunehmend bedroht, da dringend Bauland benötigt wird, um dem Mangel an Wohnungen entgegenzuwirken. Die Datsche im Grünen, fernab der städtischen Hektik, bleibt ebenso beliebt, vor allem im erweiterten Berliner Umland. Gleichzeitig hat in beiden Ländern der Trend zur gemeinsamen Bewirtschaftung von Grünflächen eingesetzt. *Urban gardening* ist in, umso mehr, seit mit dem gestiegenen Bewusstsein für die umweltschädigenden Auswirkungen weltweiter Lieferketten regionale Lebensmittel immer stärkeren Zulauf bekommen.

Die Jagd

Fährt der deutsche Besucher durch das herbstliche oder winterliche Frankreich, wird ihm vielerorts die große Anzahl an Jägern auffallen. Jung und Alt scheinen unterwegs zu sein, größtenteils Männer (der Frauenanteil liegt bei gut 2 %), unterschiedlichster sozialer Herkunft, Landwirte

soirement une source importante de fruits et légumes. De nombreux *Kleingärten* sont devenus l'expression du rêve de leurs locataires de construire un monde idéal à petite échelle, décoré de nains de jardin et de « Bambis en plastique ».
Ce repli sur la sphère privée s'observa également en ex-RDA et trouva son expression dans la datcha à la campagne. C'était à la fois une expérience de la nature et un lieu de refuge dans un système politique marqué par l'oppression et la méfiance mutuelle. Même si aujourd'hui la plupart des Allemands peuvent partir en vacances et n'ont pas besoin d'un potager, les jardins familiaux restent très populaires. Cependant, ils sont de plus en plus menacés, notamment dans les grandes villes en expansion, car il est urgent de trouver des terrains à bâtir pour pallier le manque de logements. La datcha à la campagne, loin de l'agitation de la ville, reste tout aussi populaire, notamment dans l'arrière-pays berlinois. Dans le même temps, la tendance à la culture partagée des espaces verts s'est installée dans les deux pays. Le jardinage urbain est à la mode, d'autant plus que l'alimentation régionale devient de plus en plus populaire avec la prise de conscience des effets néfastes sur l'environnement des chaînes d'approvisionnement mondiales.

La chasse

Un visiteur allemand qui sillonne les routes de campagne françaises en automne et en hiver sera frappé par le nombre de chasseurs. Jeunes et moins jeunes semblent être de sortie, surtout des hommes (la proportion de femmes est de 2 %), issus de milieux sociaux très variés, agriculteurs bien sûr,

natürlich, aber auch Arbeiter, Lehrer, bis hin zu Notaren und Großgrundbesitzern. Der ehemalige Staatspräsident Valéry Giscard d'Estaing galt als begeisterter Jäger. Wenngleich ihre Zahl seit den 1970er Jahren um rund die Hälfte gesunken ist, sind rund 1 Million Jagdscheininhaber immer noch eine einflussreiche politische Größe. Seit vielen Jahren gibt es sogar eine eigene Partei (die „Bewegung des ländlichen Raums", früher „Jagd, Fischfang, Natur und Tradition"), die bis 2007 bei den Präsidentschaftswahlen mit einem eigenen Kandidaten angetreten ist. Die Vorliebe für die Jagd wird durch eine rechtliche Eigenheit gefördert, die jedem französischen Bauern seit der Französischen Revolution das Jagdrecht auf dem von ihm bearbeiteten Boden zuspricht, unabhängig davon, ob das Land gepachtet ist oder ihm gehört. Diese Jagdberechtigung besteht neben dem auch in Deutschland üblichen Jagdrecht, das an den Besitz von Land (mindestens 75 Hektar) geknüpft ist. In Deutschland hat es keine vergleichbare Demokratisierung der Jagd gegeben, sie bleibt einer Minderheit vorbehalten. Doch diese Minderheit wächst, und besonders auffällig ist, dass der Frauenanteil in den vergangenen 25 Jahren erheblich gestiegen ist (von 1 auf 7%).

Der Erhalt des eigentlichen französischen Jagdscheins, d.h. eine mündliche und eine schriftliche Prüfung, gilt bisher als für (fast) jeden ab dem 16. Lebensjahr zugänglich. Vereinfacht wird der Zugang zur Jagd durch ein seit 2004 in Kraft getretenes Gesetz, das es einem jungen Jäger ab 15 Jahren erlaubt, unter Aufsicht eines erfahrenen Jagdscheininhabers zu jagen. Dieser Schein der begleiteten Jagd ist kostenlos und soll vor allem

mais aussi ouvriers, enseignants, jusqu'aux notaires et grands propriétaires terriens. L'ancien président Valéry Giscard d'Estaing était considéré comme un chasseur passionné. Bien que leur nombre ait diminué de moitié environ depuis les années 1970, près d'un million de détenteurs de permis de chasse constituent toujours une force politique influente. Pendant de nombreuses années, ils ont même eu leur propre parti (le « Mouvement rural », anciennement « Chasse, pêche, nature et tradition »), qui a présenté son propre candidat aux élections présidentielles jusqu'en 2007. La prédilection pour la chasse est encouragée par une particularité juridique qui, depuis la Révolution française, accorde à chaque paysan français le droit de chasser sur les terres qu'il exploite, que celles-ci soient louées ou possédées. Ce droit de chasse coexiste avec le droit de chasser, également courant en Allemagne, qui est subordonné à la propriété d'un terrain (au moins 75 hectares). En Allemagne, il n'y a pas eu de démocratisation comparable de la chasse ; elle reste l'apanage d'une minorité. Mais cette minorité s'accroît, et il est particulièrement remarquable que la proportion de femmes ait considérablement augmenté au cours des 25 dernières années (de 1 à 7%).

L'obtention du permis de chasse français proprement dit, c'est-à-dire via un examen oral et un examen écrit, a jusqu'à présent été considérée comme accessible à (presque) tous à partir de 16 ans. L'accès à la chasse a été simplifié par une loi en vigueur depuis 2004, qui permet à un jeune chasseur à partir de 15 ans de chasser sous la supervision d'un titulaire de permis de chasse expérimenté. Ce permis de chasse accompagné est gratuit et vise surtout à freiner la chasse clan-

das heimliche Jagen vieler Jugendlicher eindämmen. In Deutschland gilt eine ähnliche Regelung ab 16 Jahren, den Jagdschein kann man mit 18 Jahren erwerben.
In beiden Ländern gibt es derzeit keinen jagdfreien Tag. Laut einer IFOP-Umfrage aus dem Jahr 2017 befürworten mittlerweile allerdings 82% der französischen Bevölkerung den jagdfreien Sonntag (2009 waren es nur 54%). Generell ist die Zustimmung zur Jagd, besonders aus Gründen des Tierschutzes, rückläufig.

destine de nombreux jeunes. En Allemagne, une réglementation similaire s'applique dès l'âge de 16 ans, le permis de chasse pouvant être obtenu à l'âge de 18 ans.
Il n'existe actuellement aucun jour sans chasse dans les deux pays. Cependant, selon un sondage IFOP de 2017, 82% de la population française est désormais favorable à un dimanche sans chasse (en 2009, elle n'était que 54%), et le soutien à la chasse est généralement en baisse, notamment pour des raisons de bien-être animal.

Bedrohte Landwirtschaft

In Frankreich wie in Deutschland sind die Fischer, Jäger und Landwirte die tagtäglichen Nutznießer eines gesunden, ausgewogenen Ökosystems. Sie arbeiten in und mit der Natur. Daher gehören sie zu den unmittelbaren Opfern von Umweltzerstörung und den Folgen des Klimawandels, die sich u.a. in Ernteausfällen und einem Rückgang der Biodiversität, also einem beschleunigten Artensterben, bemerkbar machen. Gleichzeitig hat die Industrialisierung von Fischerei und Landwirtschaft jedoch vielerorts auch zur Belastung der Natur beigetragen. Die Produktion von Grundnahrungsmitteln ist (trotz ihres im Vergleich geringen Anteils an der Wertschöpfung) zugleich Ausdruck nationaler Unabhängigkeit und Wirtschaftsfaktor – in Frankreich noch mehr als in Deutschland – und der Konkurrenz- und Preisdruck ist hoch. Rentabel ist das Geschäft für Bauern eigentlich nur noch, wenn sie große Mengen an Milch, Fleisch, Getreide oder Obst herstellen können, die dann teilweise exportiert werden. Viele kleine landwirtschaftliche Betriebe haben in den vergangenen Jahrzehnten daher das Hand-

Menaces sur l'agriculture

En France comme en Allemagne, les pêcheurs, les chasseurs et les agriculteurs sont les bénéficiaires quotidiens d'un écosystème sain et équilibré. Ils travaillent dans et avec la nature. Ils font donc partie des victimes directes de la dégradation de l'environnement et des conséquences du changement climatique, qui se traduisent, entre autres, par des mauvaises récoltes et un déclin de la biodiversité, c'est-à-dire une extinction accélérée des espèces. Dans le même temps, l'industrialisation de la pêche et de l'agriculture a également contribué à mettre la nature à rude épreuve dans de nombreux endroits. La production de denrées alimentaires de base est (malgré sa part relativement faible de la valeur ajoutée) à la fois une expression de l'indépendance nationale et un facteur économique - en France encore plus qu'en Allemagne - et la pression de la concurrence et des prix est élevée. L'activité n'est en fait rentable pour les agriculteurs que s'ils peuvent produire de grandes quantités de lait, de viande, de céréales ou de fruits, dont une partie est ensuite exportée. De nombreuses petites exploitations ont

tuch geworfen. Dazu beigetragen hat die Funktionsweise der Gemeinsamen Agrarpolitik (GAP) der EU, die bis heute den größten Einzelhaushalt der EU darstellt (40% des Gesamtbudgets). Denn bislang galt: Je größer und leistungsfähiger ein Betrieb war, desto mehr Subventionen bekam er. Die Folgen sind bekannt: Butterberge, Milchseen, schwindende Fischbestände und verseuchte Böden, ganz zu schweigen von den ethisch höchst fragwürdigen Folgen der Massentierhaltung und von Lebendtiertransporten durch ganz Europa und darüber hinaus. Bei den größten Empfängerländern von EU-Agrarsubventionen liegt Frankreich seit langem an der Spitze, gefolgt von Spanien, Deutschland, Italien und Polen. Durchschnittlich 9 Milliarden Euro flossen zuletzt jährlich in die französischen Landwirtschaftsbetriebe (gut 6 Milliarden in Deutschland). Und trotzdem konnte man immer häufiger in französischen Restaurants lesen: „Unser Fleisch kommt aus Deutschland" – sehr zum Verdruss von Frankreichs Viehzüchtern und Schlachtbetrieben, die feststellen mussten, dass die auf Masse und Hochleistung getrimmte Fleischverarbeitung in Deutschland kostengünstiger erfolgt (auch aufgrund der billigen Arbeitskräfte in den Schlachthöfen). Bei der Höhe der Fleischpreise lag Frankreich 2019 europaweit auf Rang 3, Deutschland auf Platz 10 (und damit nur knapp über dem EU-Durchschnitt). Vom Rindfleisch gehen über 40% der deutschen Produktion in den Export (davon 16% nach Frankreich), bei Geflügel sogar die Hälfte (nach Frankreich 12%). Die Bauern fühlen sich in beiden Ländern oft als Sündenböcke, denen die alleinige Verantwortung für die Auswüchse der intensiven Landwirtschaft zugeschoben

donc jeté l'éponge au cours des dernières décennies. Cette situation a été favorisée par le mode de fonctionnement de la politique agricole commune (PAC) de l'UE, qui représente à ce jour le plus gros budget de l'UE (40% du total). Car jusqu'à présent, plus une exploitation était grande et efficace, plus elle recevait de subventions. Les conséquences sont bien connues : montagnes de beurre, lacs de lait, diminution des stocks de poissons et sols contaminés, sans parler des conséquences éthiques très discutables de l'élevage industriel et des transports d'animaux vivants à travers l'Europe et au-delà. La France est depuis longtemps en tête des principaux bénéficiaires des subventions agricoles de l'UE, suivie de l'Espagne, de l'Allemagne, de l'Italie et de la Pologne. Récemment, les exploitations agricoles françaises ont reçu en moyenne 9 milliards d'euros par an (un peu plus de 6 milliards d'euros en Allemagne). Et pourtant, on pouvait lire de plus en plus souvent dans les restaurants français : « Notre viande vient d'Allemagne » - au grand dam des éleveurs et des abattoirs français qui ont dû constater que la transformation de la viande taillée à la masse et à haut rendement est moins chère en Allemagne (grâce aussi à la main-d'œuvre mal rémunérée dans les abattoirs). En ce qui concerne le niveau des prix de la viande, la France s'est classée au 3e rang en Europe en 2019, tandis que l'Allemagne était au 10e rang (juste au-dessus de la moyenne de l'UE). Pour la viande bovine, plus de 40% de la production allemande est exportée (dont 16% vers la France), et pour la volaille, pas moins de la moitié (dont 12% vers la France). Dans les deux pays, les agriculteurs ont souvent l'impression d'être des boucs émissaires, tenus pour seuls respon-

wird. Ihrem Unmut verleihen sie – vor allem in Frankreich – des Öfteren durch öffentlichkeitswirksame Protestaktionen Ausdruck. Umgekehrt wird ihnen häufig vorgeworfen, stur ihre eigenen Interessen zu verfolgen und sich erforderlichen Veränderungen zu widersetzen, obwohl sie nur einen sehr geringen Anteil an der aktiven Bevölkerung ausmachen (siehe Wirtschaft, S. 147). Letztlich geht es bei den Diskussionen über eine Neudefinition der Landwirtschaftspolitik, der so genannten Agrarwende, nicht um einseitige Schuldzuweisungen, sondern um die Frage, wie alle Beteiligten einen Beitrag leisten können, um zu einem schonenderen und respektvolleren Umgang mit Land und Tier zu kommen. Dazu gehören neben den Landwirten die Ernährungsindustrie, die Verbraucher und der Handel. Denn höhere Standards bei der Produktion von Lebensmitteln haben ihren Preis, und es muss ausgehandelt werden, wie sich die Kosten aufteilen lassen. Der Politik kommt dabei die schwierige Auf-

sables des excès de l'agriculture intensive. Ils expriment souvent leur mécontentement - surtout en France - par des manifestations très médiatisées. À l'inverse, ils sont souvent accusés de poursuivre obstinément leurs propres intérêts et de s'opposer aux changements nécessaires, alors qu'ils ne représentent qu'une très faible proportion de la population active (voir Économie, p. 147). En fin de compte, les discussions sur une redéfinition de la politique agricole, le « tournant agricole », ne portent pas sur une répartition unilatérale des responsabilités, mais sur la question de savoir comment toutes les parties concernées peuvent contribuer à un traitement plus prudent et plus respectueux de la terre et des animaux. Outre les agriculteurs, cela inclut l'industrie alimentaire, les consommateurs et le commerce de détail. En effet, des normes plus élevées en matière de production alimentaire ont un prix, et il faut négocier la manière dont les coûts peuvent être partagés. Les vespon responsables politiques

Die Landwirte in Frankreich neigen zu heftigen und sichtbaren Protesten, wenn es um ihre Interessen geht.

© picture alliance / dpa / Jouhannaud Thomas

	Allemagne	Frankreich
Landwirtschaftliche Nutzfläche in Millionen ha (2017) Superficie agricole utilisée en millions d'hectares (2017)	16,7	29,1
Anzahl landwirtschaftlicher Betriebe (2016) Nombre d'exploitations agricoles (2016)	256.100	456.500
Durchschnittlich bewirtschaftete Fläche pro Betrieb in Hektar (2016) Superficie agricole utilisée par exploitation en hectares (2016)	60,5	60,9
Arbeitsplätze in der Landwirtschaft (2017)) Emplois dans l'agriculture (2017)	490.300	646.100
Wert der landwirtschaftlichen Gesamtproduktion in Milliarden Euro (2019) Production agricole en valeur en milliards d'euros (2019)	57	75
Anteil der landwirtschaftlichen Produktion am BIP (2018) Part de la production agricole dans le PIB (2018)	0,8	1,8
Arbeitsplätze in der Ernährungsindustrie (2016) Emplois dans le secteur de l'alimentaire (2016)	913.200	648.800
Anteil der Biolandwirtschaft an der landwirtschaftlicher Nutzfläche in Prozent (2017) Part de la superficie agricole utilisée dédiée à l'agriculture biologique en pour cent (2017)	7,3	7,0
Anteil der Landwirtschaft an der Produktion erneuerbarer Energien in Prozent (2016) Part de l'agriculture dans la production d'énergies renouvelables en pour cent (2016)	26,6	9,9

Quelle: https://www.europarl.europa.eu/factsheets/fr/sheet/104/la-politique-agricole-commune-en-chiffres

gabe des Interessenausgleichs auf nationaler und europäischer Ebene zu. Immerhin: Heute ist den meisten Beteiligten klar, dass ein Festhalten am Status quo die schlechteste Lösung ist.

ont la tâche difficile d'équilibrer les intérêts au niveau national et européen. Néanmoins, il est désormais clair pour la plupart des personnes concernées que le maintien du statu quo est la pire solution possible.

Die bedrohte Umwelt

Deutschland hat mit einer mehr als doppelt so großen Bevölkerungsdichte und der daraus resultierenden größeren Zersiedelung

L'environnement menacé

L'Allemagne, avec une densité de population plus de deux fois supérieure et l'étalement urbain plus important qui en résulte, a déve-

des Territoriums ein frühes Bewusstsein für die Umweltproblematik entwickelt. Dem westlichen Lebensstil entsprechend bedingt eine hohe Bevölkerungsdichte einen größeren Energieverbrauch, was (bisher) auch eine stärkere Umweltbelastung bedeutete. Hinzu kommen die Folgen der Industrialisierung und die stetig steigende Mobilität, die während der Corona-Pandemie nur vorübergehend mehr oder weniger zum Stillstand kam. Prägend für die Umweltdebatte in Deutschland war außerdem der über Jahrzehnte schwelende Konflikt bezüglich der friedlichen Nutzung der Kernenergie. Sie war mitursächlich für das Entstehen einer breiten Umweltbewegung. In Frankreich war die Beherrschung der Natur durch den Menschen seit der Aufklärung eng verknüpft mit dem Fortschrittsglauben und dem Ziel nationaler Souveränität – also der Möglichkeit, sich durch Innovation und Erfindungsgeist unabhängig zu machen, sei es bei der Mobilität (Concorde, TGV), der Energie- oder der Lebensmittelversorgung. Auch wenn im öffentlichen Bewusstsein längst angekommen ist, dass der Raubbau an der Natur nicht wie bisher fortgesetzt werden kann, spielt bei der Bewältigung des Klimawandels der Glaube an grüne Technologien eine große Rolle, während den immer häufiger zu vernehmenden Aufforderungen zum Verzicht meist Skepsis entgegengebracht wurde. Doch in der jungen Generation zeichnet sich diesbezüglich ein deutlicher Wandel ab.

Umweltbewusstsein und Aktivismus

Bereits seit den 1970er Jahren schlugen ökologisch engagierte Gruppierungen und Persönlichkeiten in Deutschland im-

loppé relativement tôt une conscience des problèmes environnementaux. Conformément aux modes de vie occidentaux, une forte densité de population implique une plus grande consommation d'énergie, ce qui (jusqu'à présent) signifiait également une plus grande pollution environnementale. À cela s'ajoutent les conséquences de l'industrialisation et de la mobilité croissante, qui ne s'est interrompue que temporairement durant la pandémie du Covid-19. Le débat environnemental en Allemagne a également été marqué par le conflit sur l'utilisation pacifique de l'énergie nucléaire, qui enflait depuis des décennies. C'est l'une des raisons de l'émergence d'un vaste mouvement environnemental. En France, depuis le siècle des Lumières, la maîtrise de la nature par l'homme est étroitement liée à la croyance dans le progrès et à l'objectif de souveraineté nationale, c'est-à-dire à la possibilité de se rendre indépendant par l'innovation et l'esprit novateur, que ce soit en matière de mobilité (Concorde, TGV), d'énergie ou d'alimentation. Même s'il est admis depuis longtemps dans la conscience publique que la surexploitation de la nature ne peut plus continuer comme avant, la croyance dans les technologies vertes joue un rôle majeur dans la lutte contre le changement climatique, tandis que les appels de plus en plus fréquents au renoncement sont le plus souvent accueillis avec scepticisme. Mais parmi la jeune génération, un changement clair se dessine à cet égard.

Sensibilisation à l'environnement et militantisme

Dès les années 1970, des groupes et des personnalités écologistes ont tiré la sonnette

mer wieder Alarm. Das unbekümmerte Konsumverhalten der Nachkriegsjahre hat die natürlichen Ressourcen ausgebeutet, die Böden verseucht, die Flüsse verdreckt und die Luft verschmutzt, ohne Rücksicht auf das Gleichgewicht der Umwelt. In dieser „Wegwerfgesellschaft" *par excellence* waren Ausdrücke wie Umweltbewusstsein, Waldsterben oder Mülltrennung noch unbekannt. Doch der Bericht des Expertengremiums „Club of Rome" zu den Grenzen des Wachstums und endlichen Ressourcen (1972) rüttelte erstmals viele Menschen auf und bei immer mehr, meist jungen Bürgern führte eine allgemein zunehmend kritische Hinterfragung des Lebensstils ihrer Eltern zu einem Bedürfnis nach Neuorientierung. In Frankreich geriet die ökologische Bewegung in den Blick der Öffentlichkeit, als René Dumont seine Kandidatur für die Präsidentschaftswahlen von 1974 ankündigte. Zeitgleich entstanden in beiden Ländern auch zahlreiche Gruppierungen und Vereinigungen, die sich für den Umweltschutz einsetzten. Es fanden Protestaktionen und Demos gegen Atomkraft und militärische Einrichtungen statt. In Wyhl schlossen sich deutsche und französische Umweltschützer zusammen und verhinderten gemeinsam den Bau eines Kernkraftwerks. Doch es dauerte, bis diese Bewegungen auch politisch aktiv wurden. Die 1980 gegründete Partei der Grünen war schließlich eine Antwort auf die Forderung nach einer Alternative zum so genannten Bonner Polit-Establishment. In Frankreich gab es zwar noch vor der deutschen Bewegung eine erste große Mobilisierung für Umweltschutz und gegen Atomkraft: Die Proteste gegen das

d'alarme à plusieurs reprises en Allemagne. Le consumérisme insouciant de l'après-guerre avait exploité les ressources naturelles, contaminé les sols, souillé les rivières et pollué l'air, sans se soucier de l'équilibre de l'environnement. Dans cette « société du jetable » par excellence, des expressions telles que conscience environnementale, dépérissement des forêts ou tri des déchets étaient encore inconnues. Mais le rapport du « Club de Rome » sur les limites de la croissance et les ressources épuisables (1972) a éveillé pour la première fois la conscience de beaucoup de gens, et chez de plus en plus de citoyens, surtout des jeunes, une remise en question de plus en plus critique du mode de vie de leurs parents a conduit à un besoin de réorientation. Dans l'Hexagone, le courant écologiste a été mis sous le feu des projecteurs alors que René Dumont annonçait sa participation à l'élection présidentielle de 1974 en tant que premier candidat écologiste. C'est d'ailleurs au même moment que de nombreux groupes et associations en faveur de l'écologie se sont créées dans les deux pays et que des protestations et des manifestations contre l'énergie nucléaire et les installations militaires se sont tenues. À Wyhl, des écologistes allemands et français ont uni leurs forces pour empêcher la construction d'une centrale nucléaire. Mais il a fallu du temps pour que ces mouvements deviennent également actifs sur le plan politique. Le parti des Verts en Allemagne, fondé en 1980, a finalement répondu à la demande d'une alternative à ce que l'on appelait l'establishment politique de Bonn. En France, une première grande mobilisation pour la protection de l'environnement et contre le nucléaire a eu lieu, il est vrai, avant

Zur politischen Bedeutung des Umweltthemas in Frankreich hat maßgeblich der bekannte Journalist Nicolas Hulot beigetragen, der sich über viele Jahre mit seiner Stiftung für den Umweltschutz einsetzte, den Rufen nach einem politischen Engagement aber lange widerstand. Erst Emmanuel Macron konnte ihn 2017 überzeugen, als Umweltminister in die Regierung einzutreten. Doch schon zwei Jahre später erklärte er seinen Rücktritt mit der Begründung, dass dem Umwelt- und Klimaschutz von der Regierung nicht die nötige Priorität eingeräumt werde.

Le célèbre journaliste Nicolas Hulot a considérablement contribué à l'importance politique de la question environnementale en France. Pendant de nombreuses années, il a fait campagne pour la protection de l'environnement avec sa fondation, mais a longtemps résisté aux appels à l'engagement politique. Seul Emmanuel Macron a réussi à le convaincre de rejoindre le gouvernement en tant que ministre de l'Environnement en 2017. Mais à peine deux ans plus tard, il a annoncé sa démission au motif que le gouvernement n'accordait pas la priorité nécessaire à la protection de l'environnement et du climat.

Kraftwerk Fessenheim (1971) und gegen einen Truppenübungsplatz im Larzac (1971) waren für die deutschen Grünen Vorbilder. Allerdings konnte sich die grüne Partei in Frankreich zunächst nicht so etablieren wie in Deutschland. Lange Zeit waren es vor allem einzelne Persönlichkeiten bzw. Organisationen wie Greenpeace oder der WWF, die die Umweltproblematik erfolgreich gesellschaftsfähig machten und voranbrachten. Weniger institutionalisiert als in Deutschland nahm der Einsatz für eine bewusste Umweltpolitik in Frankreich oftmals Züge der Rebellion, der Auflehnung gegen die französische Zentralregierung an. Beispiel dafür ist ein Mann wie José Bové, Globalisierungsgegner und Mitbegründer von Attac. Er engagierte sich an der Seite von Greenpeace gegen die 1995 wieder aufgenommenen Atomversuche in Französisch-Polynesien und hat durch seine Aktionen gegen gentechnische Versuche in der Landwirtschaft von sich reden gemacht.

même le mouvement allemand : les manifestations contre la centrale de Fessenheim (1971) et contre une zone d'entraînement militaire dans le Larzac (1971) ont été des modèles pour les Verts allemands. Cependant, le parti des Verts n'a pas réussi, dans un premier temps, à s'imposer en France de la même manière qu'en Allemagne. Pendant longtemps, ce sont principalement des personnalités individuelles ou des organisations telles que Greenpeace ou le WWF qui ont réussi à rendre les enjeux environnementaux socialement acceptables et à les mettre en avant. Moins institutionnalisé qu'en Allemagne, l'engagement en faveur d'une politique environnementale consciente en France a souvent pris des allures de rébellion, de révolte contre le gouvernement central français. Un homme comme José Bové, militant altermondialiste et cofondateur d'Attac, en est un exemple. Il s'est engagé aux côtés de Greenpeace contre les essais nucléaires en Polynésie française, qui ont repris en 1995, et s'est fait connaître par ses actions contre les expérimentations d'organismes génétiquement modifiés en agriculture.

Die grüne Bewegung

In Deutschland diente die grüne Bewegung als Sammelbecken für die vielen kleinen Parteien mit umweltpolitischen Tendenzen, die sich unter dem Banner einer gemeinsamen Vereinigung, der „Sonstige Politische Vereinigung DIE GRÜNEN", mit dem Ziel zusammengeschlossen hatten, bei der Europawahl 1979 gemeinsam anzutreten, bevor sie 1980 zu einer politischen Partei wurden. In Frankreich war das schwieriger, da viele Umweltverbände, darunter die sehr populären Friends of the Earth und Greenpeace, keine politische Partei werden wollten. Im Jahr 1979 wurde jedoch, ebenfalls am Vorabend der Europawahlen, das Mouvement d'Écologie Politique (MEP) gegründet, das als Katalysator für die endgültige Bildung von Umweltparteien wirkte. Während die deutschen Grünen 1983 ihre ersten Bundestagsmandate errangen, fusionierte das MEP 1984 mit Confédération écologiste und verhalf so endgültig der Bewegung der Grünen zur Geburt. Damit war klar: Die Grünen, ob in Deutschland oder Frankreich, sind gekommen, um zu bleiben. Das Ende des 20. Jahrhunderts brachte für sie vielversprechende Entwicklungen: 1997 zogen sie in die französische Nationalversammlung ein und übernahmen unter der Regierung von Lionel Jospin sogar das Umweltministerium (sowie später einen Staatssekretärsposten). Und nach der Bundestagswahl 1998 beteiligten sich die deutschen Grünen zum ersten Mal auf Bundesebene an einer Regierungskoalition. Der Aufwärtstrend setzte sich im neuen Jahrtausend aber nicht ungebrochen fort. Auf französischer Seite haben die katastrophalen Ergebnisse der Parlamentswahlen 2007 den ökologischen Parteien endgültig klargemacht,

Le mouvement des Verts

En Allemagne, le mouvement des Verts a servi à rassembler de nombreux petits partis à tendance écologiste qui se sont regroupés sous la bannière d'une association commune, *Sonstige Politische Vereinigung DIE GRÜNEN*, dans le but d'allier leurs forces lors des élections européennes de 1979, avant de devenir un parti politique en 1980. En France, l'entente a été plus difficile à établir étant donné que nombreuses étaient les associations écologistes, dont les très en vogue Amis de la terre et Greenpeace, qui ne souhaitaient pas se transformer en partis politiques. Pourtant, en 1979, le Mouvement d'Écologie Politique (MEP) se forma, lui aussi, à la veille des élections européennes qui ont agi comme le catalyseur nécessaire à la formation définitive de partis écologistes. Pendant que les Verts allemands obtiennent leurs premiers sièges au *Bundestag* en 1983, le MEP fusionne avec la Confédération écologiste en 1984 pour finalement donner naissance au mouvement « Les Verts ». Le ton est donné : les Verts, qu'ils soient allemands ou français, sont là pour rester. La fin du 20e siècle est porteuse de bonnes nouvelles pour les Verts : ils gagnent les portes de l'Assemblée nationale en 1997 et reprennent même le ministère de l'Environnement (ainsi qu'un poste de secrétaire d'État par la suite) sous le gouvernement de Lionel Jospin. Outre-Rhin, les élections fédérales de 1998 permettent aux Verts allemands de former une première coalition nationale (avec le SPD). Cependant, le nouveau millénaire n'est pas partout de très bon augure pour les partis écologistes. Côté français, les résultats catastrophiques des élections législatives de 2007 font enfin comprendre au front

dass sie ihre Kräfte bündeln müssen: Cécile Duflot, die seit 2006 neue Vorsitzende der Grünen war, und Daniel Cohn-Bendit trugen zur Gründung des Parteienbündnisses Europe Ecologie bei, das bei den Europawahlen 2009 sehr gute Ergebnisse erzielte. Cohn-Bendit, Ikone der Bewegung von 1968 und deutsch-französische Identifikationsfigur, versuchte daraufhin, die positiven Effekte der von den deutschen Grünen verkörperten Sammlungsbewegung aufzugreifen und forderte einen dauerhaften Zusammenschluss. So wurde am 19. September 2010 Europe Écologie Les Verts (EELV) geboren: Es hat also 30 Jahre und einen Deutschen gebraucht, um einen Schlussstrich unter die Differenzen der Vergangenheit zu ziehen. Auf deutscher Seite hat die Partei, nachdem sie 2005 in die Opposition gegangen war, sich auch für Bündnisse mit der CDU geöffnet und damit die Fähigkeit bewiesen, ihre Machtoptionen zu erweitern. Zur gleichen Zeit, mit der Ankunft von François Hollande als französisches Staatsoberhaupt im Jahr 2012, schaffte es EELV dank eines Wahlbündnisses mit der Sozialistischen Partei, erneut in Regierungsverantwortung zu kommen. Aufgrund vieler Spannungen innerhalb der Koalition zogen sich die grünen Minister jedoch zwei Jahre später schon wieder zurück. Während sich EELV auf nationaler Ebene aufgrund des Mehrheitswahlrechts schwertut, konnte die Partei ihr Wählerpotenzial bei den Europawahlen 2019 mit 20,5 % der Stimmen und mehr als 21 Parlamentssitzen ausschöpfen. Dieser Aufstieg spiegelte sich auch in den französischen Kommunalwahlen 2020 wider, bei denen EELV die Rathäuser von Großstädten wie Straßburg, Lyon und Bordeaux erobert hat.

écologique qu'il doit rassembler ses forces : Cécile Duflot, nouvelle secrétaire nationale des Verts depuis 2006, et Daniel Cohn-Bendit contribuent à la création du mouvement Europe Écologie qui obtient de très bons résultats aux élections européennes de 2009. Le franco-allemand Cohn-Bendit, figure emblématique du mouvement de mai 1968, cherche alors à s'emparer des effets positifs du front commun, ouvert aux alliances, qu'incarnent les *Grünen* et appelle à une union française permanente. Le 19 septembre 2010, Europe Écologie Les Verts (EELV) voit le jour : il aura fallu 30 ans et… un Allemand pour tirer un trait sur les différends du passé. Côté allemand, après avoir basculé dans l'opposition en 2005, le parti élargit son jeu d'alliance à la CDU, démontrant ainsi sa capacité à multiplier ses options de pouvoir. Dans le même temps, avec l'arrivée de François Hollande à la tête de l'État en 2012, EELV parvient de nouveau à se hisser au pouvoir en créant une alliance avec le Parti socialiste pour les élections législatives. Cependant, à cause de nombreuses tensions au sein du gouvernement, celle-ci se solde par leur retrait deux années plus tard. Alors qu'au niveau national, les écologistes ont du mal à s'imposer en France, notamment à cause du scrutin majoritaire, ils réussissent à exploiter leur potentiel électoral lors des élections européennes de 2019 avec 20,5% des voix et plus de 21 sièges. Cette ascension trouve un écho supplémentaire lors des élections communales françaises de 2020 où EELV a conquis les mairies de grandes villes comme Strasbourg, Lyon et Bordeaux.

Neue Formen des Protests

Angesichts der immer eindringlicheren Warnungen vieler Wissenschaftler und der mittlerweile deutlich zu Tage tretenden Auswirkungen des Klimawandels ist, angeführt von der Schwedin Greta Thunberg, mit Fridays for Future eine Bewegung entstanden, die versucht, die Regierungen zu einem konsequenteren Klimaschutz zu drängen. Bei öffentlichen Kundgebungen in Frankreich skandierte die Menge „et 1, et 2 et 3 degrés, c'est un crime contre l'humanité" und auf der anderen Rheinseite „es gibt keinen Planet B". Während in Deutschland die Studentin Luisa Neubauer zur Führungsfigur avancierte, hat die französische Jugend bis heute kein nationales Aushängeschild. Es gab jedoch noch weitere französische Initiativen, um die politischen Entscheidungsträger zum Handeln für den Planeten zu bewegen, wie z.B. die von vier Nichtregierungsorganisationen (Notre affaire à tous, Greenpeace, Oxfam und die Nicolas-Hulot-Stiftung) initiierte Petition „die Affäre des Jahrhunderts". In der Folge wurde der französische Staat wegen „schuldhaften Versagens" im Kampf gegen die Erderwärmung verurteilt. Darüber hinaus haben sich in den letzten Jahren weitere, radikalere Bewegungen gebildet. So machte zunächst die weltweite Bewegung Extinction Rebellion immer wieder Schlagzeilen. Sie wurde 2018 in Großbritannien aus Enttäuschung über die Ineffektivität der heutigen umweltpolitischen Parteien und NGOs wie Greenpeace gegründet und setzt auf gewaltfreien zivilen Ungehorsam. In Deutschland macht vor allem die Letzte Generation von sich reden, in Frankreich die *Dernière*

Nouvelles formes de protestation

Face aux avertissements de plus en plus pressants de nombreux scientifiques et aux effets désormais clairement évidents du changement climatique, un mouvement a vu le jour, sous l'impulsion de la Suédoise Greta Thunberg, intitulé Fridays for Future. Il vise à inciter les gouvernements à faire preuve de plus de cohérence en matière de protection du climat. Lors des manifestations en France, la foule a scandé « et 1, et 2 et 3 degrés, c'est un crime contre l'humanité » et, outre-Rhin, « Es gibt keinen Planet B » (« Il n'y a pas de planète B »). Alors que l'étudiante Luisa Neubauer s'est érigée à la tête du mouvement en Allemagne, la jeunesse française ne dispose à ce jour d'aucun meneur national. Toutefois, d'autres initiatives françaises ont émergé pour inciter les responsables politiques à agir pour la planète, telle que la pétition « l'affaire du siècle » initiée par quatre ONG (Notre affaire à tous, Greenpeace, Oxfam et la Fondation Nicolas Hulot). Par la suite, le tribunal administratif de Paris a condamné l'État français pour « carences fautives » dans la lutte contre le réchauffement climatique. À cela s'ajoutent d'autres mouvements plus radicaux, formés au cours des dernières années. Ainsi, le mouvement mondial Extinction Rébellion ne cesse de faire parler de lui. Créé en 2018 au Royaume-Uni, celui-ci s'indigne de l'inefficacité des partis politiques écologistes et ONG contemporaines telles que Greenpeace et prône la désobéissance civile non violente. En Allemagne, c'est surtout *Die letzte Generation* qui fait parler d'elle, en France la Dernière Rénovation. Ses membres protestent contre l'inaction de la politique en bloquant des routes et

Rénovation. Deren Mitglieder protestieren mit Blockaden von Straßen und Landebahnen oder Anschlägen auf Gemälde in Museen gegen die Untätigkeit der Politik.

Die Situation im Vergleich

Wo stehen Deutschland und Frankreich beim Umwelt- und Klimaschutz im internationalen Vergleich? Unterm Strich ist die Umweltsituation in Frankreich bis heute nicht so dramatisch wie im stärker industrialisierten und bevölkerungsreicheren Deutschland, auch wenn in beiden Ländern u. a. die Artenvielfalt stark zurückgegangen ist und die Luftqualität vor allem in den Ballungsräumen zu wünschen übrig lässt. Deutschland muss also größere Anstrengungen unternehmen und hat den Ruf, das auch zu tun. Die amerikanischen Universitäten Yale und Columbia untersuchen seit 2006 in ihrem Environmental Performance Index alle zwei Jahre die umweltpolitischen Maßnahmen in mittlerweile 180 Ländern. Im jüngsten Bericht landete das allgemein als umweltbewusst geltende Deutschland auf Platz 10, während Frankreich den 5. Platz einnahm. Auch wenn man einwenden kann, dass beide Länder nah beieinander und in den Top Ten liegen, hätten viele vermutlich eher Deutschland als vermeintlichen „Musterschüler" vorne gesehen. Doch angesichts der vielfältigen Umwelt- und Klimabelastungen stellen sich – trotz des stark gestiegenen Bewusstseins in Politik und Gesellschaft – nur langsam Verbesserungen ein. Das betrifft insbesondere die Emissionen von Kohlendioxid (CO_2), die nach nahezu einhelliger Meinung maßgeblich zur Erderwärmung beitragen, mit möglicherweise fatalen Fol-

des pistes d'atterrissage ou en attaquant des tableaux dans les musées.

La situation en comparaison

Où se situent l'Allemagne et la France en matière de protection de l'environnement et du climat dans une comparaison internationale ? En définitive, la situation environnementale de la France n'a pas été jusqu'à présent aussi dramatique que celle de l'Allemagne, plus industrialisée et plus peuplée, même si dans les deux pays, la biodiversité a fortement diminué et la qualité de l'air laisse beaucoup à désirer, notamment dans les zones urbaines. L'Allemagne doit donc faire plus d'efforts et a la réputation de le faire. Depuis 2006, les universités américaines Yale et Columbia examinent tous les deux ans, dans leur indice de performance environnementale, les mesures de politique environnementale dans maintenant 180 pays. Dans le rapport le plus récent, l'Allemagne, qui est généralement considérée comme soucieuse de l'environnement, se classe à la 10e place, tandis que la France arrive en 5e position. Bien que l'on puisse arguer que les deux pays soient proches l'un de l'autre et figurent dans le top 10, beaucoup auraient probablement attendu l'Allemagne, le supposé «élève modèle», en tête. Toutefois, compte tenu des multiples contraintes environnementales et climatiques, les améliorations ne se concrétisent que lentement, malgré la sensibilisation accrue de la politique et de la société. Cela vaut en particulier pour les émissions de dioxyde de carbone (CO_2) qui, selon un avis quasi unanime, contribuent de manière significative au réchauffement de la planète, avec des conséquences potentiellement fatales pour les conditions

gen für die Lebensbedingungen von Menschen, Tieren und Pflanzen. Deutschland gehört nach wie vor zu den größten Treibhausgasproduzenten weltweit hinter China, den USA, Indien, Russland, Japan und Iran. In Europa war Deutschland 2018 für über ein Fünftel des CO_2-Ausstoßes verantwortlich und lag damit einsam an der Spitze, während der Anteil Frankreichs (ähnlich wie der Italiens und Großbritanniens) jeweils nur halb so groß war. Auch beim Pro-Kopf-Vergleich rangieren die Deutschen deutlich über dem europäischen Durchschnitt, die Franzosen knapp darunter.

de vie des humains, des animaux et des plantes. L'Allemagne reste l'un des plus grands producteurs de gaz à effet de serre au monde, derrière la Chine, les États-Unis, l'Inde, la Russie, le Japon et l'Iran. En Europe, l'Allemagne a été responsable de plus d'un cinquième des émissions de CO_2 en 2018, ce qui la place en première position, tandis que la part de la France (similaire à celle de l'Italie et du Royaume-Uni) était à chaque fois deux fois moins importante. Dans la comparaison par habitant, les Allemands se classent également bien au-dessus de la moyenne européenne, les Français juste en dessous.

Klimaschutz

Von der COP21 zum Green Deal der EU

Deutschland und Frankreich haben die internationalen Klimaschutzabkommen von Kyoto (1997) und Paris (2015) unterzeichnet und sich damit vor allem zu einer beträchtlichen Reduktion der Treibhausgase verpflichtet. Vor allem die 21. globale Klimakonferenz (Conference of the Parties, kurz COP21) mit Frankreich als Gastgeber sorgte dabei für viel Aufmerksamkeit, die von der Politik genutzt wurde, um ihren Führungswillen beim Klimawandel zur Schau zu stellen. 2019 stellte die Europäische Kommission dann den „Grünen Deal" vor – ein Maßnahmenpaket, mit dem Europa bis 2050 zum ersten klimaneutralen Kontinent werden soll, auch dank massiver Investitionen in umweltfreundliche Technologien. Die Ziele sind also klar formuliert, in den Lösungsansätzen unterscheiden sich Frankreich und Deutschland aus geopolitischen und historischen Gründen jedoch erheblich.

Protection du climat

De la COP21 au Pacte Vert de l'UE

L'Allemagne et la France ont signé les accords internationaux de protection du climat de Kyoto (1997) et de Paris (2015), s'engageant avant tout à réduire considérablement les gaz à effet de serre. La 21e conférence mondiale sur le climat (Conference of the Parties, ou COP21) en particulier, accueillie par la France, a beaucoup attiré l'attention, ce qui a été exploité par les responsables politiques pour montrer leur volonté de prendre des initiatives en matière de changement climatique. Puis, en 2019, la Commission européenne a présenté le « Pacte Vert » - un ensemble de mesures visant à faire de l'Europe le premier continent climatiquement neutre d'ici 2050, grâce notamment à des investissements massifs dans les technologies vertes. Les objectifs sont donc clairement formulés, mais la France et l'Allemagne diffèrent considérablement dans leurs approches pour des raisons géopolitiques et historiques.

Senkung der CO_2-Emissionen

Verglichen mit dem Jahr 1990 ist es Deutschland gelungen, die CO_2-Emissionen bis 2020 deutlich zu senken (um rund 40 %). Frankreich reduzierte seinen Ausstoß an Treibhausgasen im selben Zeitraum um 20 %. Nun stehen beide Länder vor der Aufgabe, das EU-weite Ziel einer Reduktion um 55 % bis 2030 (wiederum gegenüber 1990) zu erreichen. Für Deutschland geht es dabei vor allem darum, den Ausstieg aus der Kohle möglichst rasch umzusetzen, während Frankreich in erster Linie beim Autoverkehr ansetzen muss. Darüber hinaus gilt es, die Emissionen der Industrie, der Privathaushalte (die vor allem durch das Heizen entstehen) und der Landwirt-

Réduction des émissions de CO_2

Entre 1990 et 2020, l'Allemagne a réussi à réduire considérablement ses émissions de CO_2 (d'environ 40 %). La France a réduit ses émissions de gaz à effet de serre de 20 % au cours de la même période. Les deux pays doivent maintenant atteindre l'objectif européen d'une réduction de 55 % d'ici à 2030 (toujours par rapport à 1990). Pour l'Allemagne, le principal défi consiste à sortir du charbon le plus rapidement possible, tandis que la France doit se concentrer sur le trafic automobile. En outre, il faut réduire les émissions de l'industrie, des ménages privés (principalement dues au chauffage) et de l'agriculture (les animaux d'élevage émettent du méthane, les terres cultivées

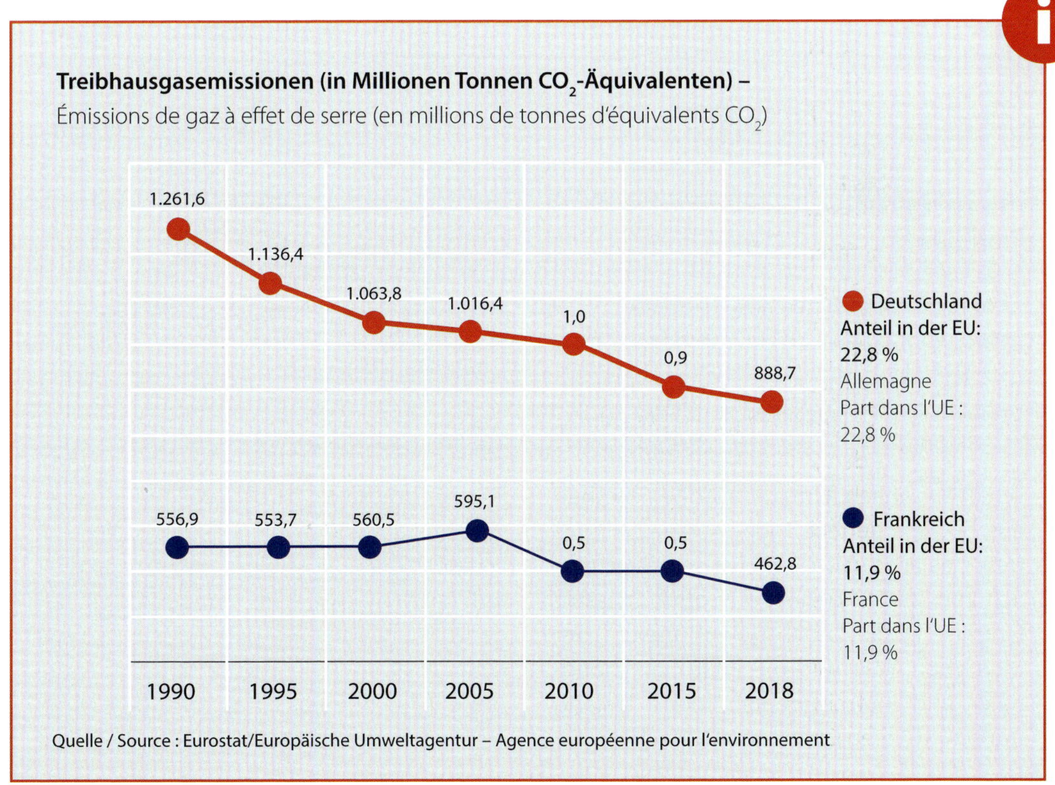

Treibhausgasemissionen nach Wirtschaftssektor, 2021 (in Tausend Tonnen CO2-Äquivalenten) Émissions de gaz à effet de serre par secteur économique, 2021 (en milliers de tonnes métriques d'équivalent CO2)	Allemagne	Frankreich
Landwirtschaft, Forstwesen, Fischerei Agriculture, exploitation forestière, pêche	61.188	83.681
Bergbau, Gewinnung von Steinen und Erden Exploitation minière, exploitation de carrières	4.576	578
Fertigung Fabrication	196.833	87.037
Energieversorgung Approvisionnement énergétique	211.417	25.645
Transport und Lagerung Transport et stockage	70.072	32.123
Sonstige Dienstleistungen, Wasserversorgung und Baugewerbe Autres services, approvisionnement en eau et industrie du bâtiment	71.534	78.216
Gesamte Produktionsaktivitäten Total des activités de production	615.621	307.281
Haushalte Ménages	178.866	113.372
Produktionsaktivitäten plus Haushalte Activités de production plus ménages	794.487	420.653

Quelle: Eurostat (online data code: env_ac_ainah_r2)

schaft zu senken (Nutztiere stoßen Methan aus, bewirtschaftete Böden setzen Lachgas frei). Das alles soll möglichst sozialverträglich von statten gehen, d.h. ohne massive Eingriffe in die Lebensgewohnheiten der Menschen. Während die Politik auf nationaler und internationaler Ebene bislang nur schrittweise vorankommt, wachsen die

libèrent du protoxyde d'azote). Tout cela devra se faire d'une manière aussi socialement acceptable que possible, c'est-à-dire sans interférence massive dans le mode de vie des gens. Si les avancées politiques au niveau national et international ne se sont jusqu'à présent fait que pas à pas, on espère qu'au moins au niveau local et régional, on puisse

Hoffnungen, zumindest lokal und regional schneller Fortschritte zu erzielen. Immer mehr Städte in Frankreich und Deutschland versuchen etwa, den Energieverbrauch von Gebäuden durch kommunale Programme zu mindern und in öffentliche Verkehrsmittel zu investieren, um die Abhängigkeit vom Auto zu reduzieren.

Exkurs : Gilets jaunes und Convention citoyenne pour le Climat

Im November 2018 flammten in ganz Frankreich teils gewaltsame Proteste auf – nicht wie sonst üblich in den benachteiligten Vororten, sondern vor allem auf dem Land. Dort, wo die meisten im Alltag auf das Auto angewiesen sind, hatte sich über Monate eine Wut angestaut, die sich zunächst gegen die Geschwindigkeitsbegrenzung auf Landstraßen (80 statt bisher 90 km/h) richtete und dann, als die geplante Erhöhung der Benzinsteuer bekannt wurde, in den sozialen Medien Bahn brach. Kurze Zeit später kam sie in der analogen Welt an. Die Politik wurde davon kalt erwischt. Sie ist es gewohnt, dass Gewerkschaften an bestimmten Tagen zu Großdemos aufrufen, doch diese Bewegung kam aus dem Nichts. Erzürnte Bürger, die mit ihrem Einkommen gerade so über die Runden kommen, schlossen sich in Facebook-Gruppen zusammen und entschieden schließlich, den Protest auf die Straße zu tragen. Von der hohen Mobilisierung der Bevölkerung waren viele Gelbwesten der ersten Stunde selbst überrascht. Auch wenn die Bewegung sich schon bald zu einem Sammelbecken für Unzufriedene aller Art entwickelte und nach einigen Monaten merklich an Unterstützung verlor, zog Präsident

progresser plus rapidement. De plus en plus de villes en France et en Allemagne tentent, par exemple, de réduire la consommation énergétique des bâtiments par le biais de programmes municipaux et d'investir dans les transports publics pour réduire la dépendance à l'égard des voitures.

Zoom sur les gilets jaunes et la Convention Citoyenne pour le Climat

En novembre 2018, des manifestations, parfois violentes, ont éclaté dans toute la France - pas, comme c'est généralement le cas, dans les banlieues défavorisées, mais principalement dans les campagnes. Là où la plupart des gens dépendent de la voiture pour leur vie quotidienne, la colère s'était accumulée depuis des mois, d'abord dirigée contre la limitation de vitesse sur les routes nationales (80 au lieu de 90 km/h auparavant), puis, lorsque l'augmentation de la taxe sur l'essence est devenue publique, elle a éclaté sur les médias sociaux. Peu de temps après, elle est arrivée dans le monde réel. Les responsables politiques ont été pris au dépourvu par ce phénomène. Ils ont l'habitude de voir les syndicats appeler à de grandes manifestations, mais ce mouvement est venu de nulle part. Des citoyens en colère, qui ont du mal à joindre les deux bouts, se sont réunis dans des groupes Facebook et ont finalement décidé de descendre protester dans la rue. Beaucoup de gilets jaunes de la première heure ont été eux-mêmes surpris par le niveau élevé de la mobilisation populaire. Même si le mouvement est rapidement devenu un point de ralliement pour les mécontents de toutes sortes et qu'il a sensiblement perdu en soutien après quelques mois, le président Macron en a tiré la leçon qu'il de-

Macron daraus die Lehre, dass er den Menschen mehr Gehör schenken muss. Daher organisierte er 2019 eine große, drei Monate dauernde Bürgerbefragung (*Grand Débat*). Neben dem Ärger über die Steuerbelastung und geringe Kaufkraft zeigten sich etliche auch unzufrieden mit der Art und Weise, wie Entscheidungen in der repräsentativen Demokratie getroffen werden, selbst wenn formal alles „mit rechten Dingen" zugeht: ein für fünf Jahre gewähltes Parlament verabschiedet Gesetze, die dann für alle gelten. Um diesem Vertrauensverlust entgegenzuwirken, entschied sich Macron für ein Experiment: 150 geloste Bürger aus allen gesellschaftlichen Schichten sollten mehrere Monate Experten anhören, sich beraten und am Ende Vorschläge für mehr Klimaschutz unterbreiten. Der französische Klimakonvent legte im Juni 2020 ganze 149 Emp-

vait davantage écouter le peuple. Ainsi, en 2019, il a organisé une grande consultation citoyenne (Le Grand Débat) d'une durée de trois mois. Outre la colère liée à la pression fiscale et à la faiblesse du pouvoir d'achat, un certain nombre de personnes étaient également mécontentes de la manière dont les décisions étaient prises dans la démocratie représentative, même si tout se déroule de manière correcte : un Parlement élu pour cinq ans adopte des lois qui s'appliquent ensuite à tous. Pour contrer cette perte de confiance, Macron a décidé de lancer une expérimentation : 150 citoyens tirés au sort et issus de toutes les classes sociales ont passé plusieurs mois à écouter des experts, à les consulter et, à la fin, à soumettre des propositions pour une meilleure protection du climat. En juin 2020, la Convention française sur le climat a présenté un ensemble de 149 recommandations : parmi elles, Macron

Die Gelbwestenproteste 2018-2019 waren in Frankreich der Anlass, mehr Bürgerbeteiligung zu den großen Zukunftsfragen zu organisieren.

Le mouvement des Gilets Jaunes en 2018-2019 a incité le gouvernement français à organiser davantage de participation citoyenne sur les grands enjeux à venir.

fehlungen vor, von denen Macron nur drei aussortierte, weil er sie für nicht umsetzbar hielt. Die übrigen Vorschläge wurden von der Regierung zu Gesetzen ausgearbeitet und anschließend dem Parlament zur Entscheidung zugeleitet. Wie es im demokratischen Gesetzgebungsprozess üblich ist, wurden dabei auch noch viele Änderungen beschlossen. Das missfiel vielen Mitgliedern des Konvents, die darauf gehofft hatten, dass ihre Empfehlungen eins zu eins umgesetzt werden. Doch das ist rechtlich unmöglich, denn letztgültige Entscheidungen können in einer Demokratie nur frei gewählte Volksvertreter treffen und kein zufällig zusammengesetztes Gremium von 150 Bürgern. Ist das Experiment dennoch geglückt? Bei aller Kritik wurde ein Maßnahmenpaket verabschiedet, das durchaus dazu beitragen könnte, dass Frankreich Fortschritte beim Klimaschutz erzielt. Sie allein werden aber nicht ausreichen, die Klimaschutzvorgaben des Pariser Abkommens und des europäischen Green Deal einzuhalten.

Energiemix

Das Thema Klimaschutz ist in Deutschland und Frankreich eng mit der Frage nach einer zukunftsorientierten Energiepolitik verknüpft. Vor allem in die erneuerbaren Energien (Wind, Sonne, Wasser, Biomasse) werden große Hoffnungen gesetzt. Das Problem ist: Derzeit deckt die Produktion dieser alternativen Energiequellen nur einen Teil des eigentlichen Bedarfs. Das in Deutschland 2000 in Kraft getretene Erneuerbare Energie Gesetz (EEG) war ein wichtiger Schritt, um den Willen der Regierung in Sachen Klimaschutz zu bekunden. Doch

n'en a écarté que trois car il les jugeait inapplicables. Les autres propositions ont été rédigées sous forme de lois par le gouvernement, puis envoyées au Parlement pour décision. Comme il est d'usage dans le processus législatif démocratique, de nombreux amendements ont été adoptés au cours du processus. Cela a déplu à de nombreux membres de la Convention, qui avaient espéré que leurs recommandations seraient mises en œuvre sans filtre. Mais c'est juridiquement impossible, car dans une démocratie, seuls les représentants du peuple librement élus peuvent prendre des décisions finales, et non un groupe de 150 citoyens tirés au sort. L'expérience a-t-elle néanmoins été un succès ? Malgré toutes les critiques, un ensemble de mesures a été adopté qui pourrait bien aider la France à progresser en matière de protection du climat. Mais elles ne suffiront pas à elles seules à atteindre les objectifs de protection du climat de l'Accord de Paris et du Pacte Vert pour l'Europe.

Mix énergétique

La question de la protection du climat en Allemagne et en France est étroitement liée à la question d'une politique énergétique tournée vers l'avenir. De grands espoirs sont placés avant tout dans les énergies renouvelables (vent, soleil, eau, biomasse). Le problème est qu'actuellement, la production de ces sources d'énergie alternatives ne couvre qu'une partie de la demande réelle. La loi sur les sources d'énergies renouvelables *(Erneuerbare Energien Gesetz, EEG)*, qui est entrée en vigueur en Allemagne en 2000, a constitué une étape importante dans la démonstration de l'engagement du gouvernement en faveur de la protection du climat. Mais la

der Umbau der Energieversorgung braucht seine Zeit. Denn die Kosten der neuen Infrastrukturen, die jede erneuerbare Energiequelle benötigt, um effektiv und wirtschaftlich sinnvoll zu funktionieren, sind hoch. Nur die Entscheidung, den Produzenten erneuerbarer Energien einen Mindestpreis zu bezahlen (und damit den Strompreis für die Verbraucher zu erhöhen), hat es ermöglicht, den Anteil der erneuerbaren Energien beim Stromverbrauch signifikant zu erhöhen. 2019 belief er sich bereits auf 42%. Doch in den Sektoren Wärme (15,0% Erneuerbare) und Verkehr (5,6%) bleibt Deutschland bis auf weiteres noch stark abhängig von fossilen Energieträgern (Erdgas, Erdöl, Braun- und Steinkohle). Das bringt mehrere Nachteile mit sich: Erstens verursachen sie Treibhausgase (besonders Kohle), zweitens sind diese Ressourcen endlich und es kann zu starken Preisschwankungen kommen, und drittens werden sie überwiegend aus autokratisch regierten Staaten bezogen.

Der im Februar 2022 von Vladimir Putin entfesselte Angriffskrieg gegen die Ukraine hat vor Augen geführt, dass die Abhängigkeit von russischem Erdgas, in die sich Deutschland begeben hatte und die von Partnern wie Frankreich über Jahre kritisiert worden war, ein großes Problem darstellt. Ausbleibende Lieferungen ließen die Gaspreise explodieren, die Energieversorgung der Haushalte und Unternehmen war plötzlich nicht mehr selbstverständlich.

Unterdessen gewinnen auch in Frankreich die erneuerbaren Energien mehr und mehr an Bedeutung. Vor allem im Bereich Biomasse, aber auch bei der Wasserkraft und im Solarbereich gibt es ein großes Potenzial, allerdings machte die französische

restructuration de l'approvisionnement énergétique prend du temps. En effet, les coûts des nouvelles infrastructures dont chaque source d'énergie renouvelable a besoin pour fonctionner efficacement et économiquement sont élevés. Seule la décision de payer un prix minimum aux producteurs d'énergies renouvelables (et donc d'augmenter le prix de l'électricité pour les consommateurs) a permis d'augmenter significativement la part des énergies renouvelables dans la consommation d'électricité. En 2019, elle s'élevait déjà à 42%. Mais dans les secteurs de la chaleur (15,0% d'énergies renouvelables) et des transports (5,6%), l'Allemagne reste pour l'instant fortement dépendante des combustibles fossiles (gaz naturel, pétrole, lignite et houille). Cela présente plusieurs inconvénients : premièrement, ils produisent des gaz à effet de serre (en particulier le charbon), deuxièmement, ces ressources sont limitées et leur prix peut fluctuer fortement, et troisièmement, elles proviennent principalement d'États gouvernés de manière autocratique.

La guerre d'agression déclenchée par Vladimir Poutine contre l'Ukraine en février 2022 a mis en évidence le problème majeur que représentait la dépendance au gaz naturel russe dans laquelle l'Allemagne s'était engagée et qui avait été critiquée pendant des années par des partenaires comme la France. L'absence de livraisons a fait exploser les prix du gaz, l'approvisionnement en énergie des ménages et des entreprises n'était soudain plus une évidence.

Entre-temps, les énergies renouvelables ont pris également de plus en plus d'importance en France. Le potentiel est surtout important dans le secteur de la biomasse, mais aussi dans celui de l'énergie hydraulique et

Primärenergieverbrauch in Frankreich /
Consommation d'énergie primaire en France

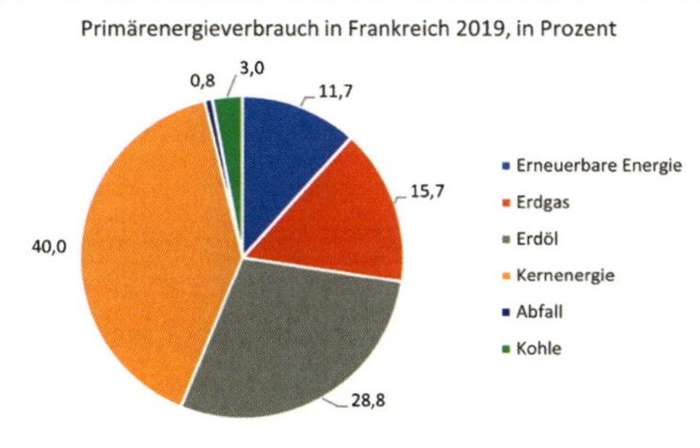

Gesamt: 2.893 TWh = 3,6 x 2.893 PJ = 10.414,8 PJ
Quelle / source: eigene Darstellung nach:
Ministère de la transition écologique, 2020

Primärenergieverbrauch in Deutschland /
Consommation d'énergie primaire en Allemagne

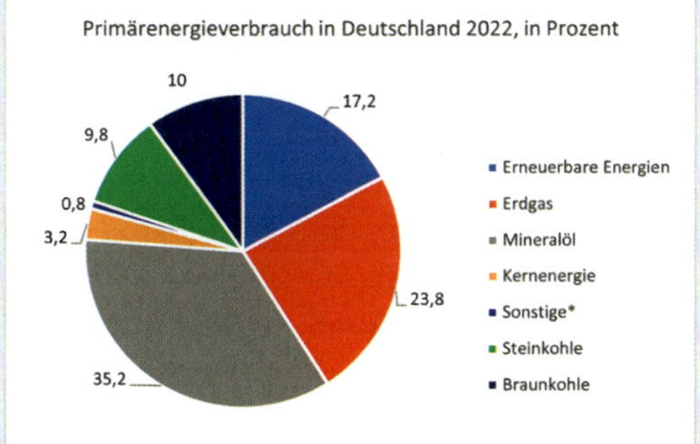

* einschließlich Stromaustauschsaldo

Gesamt: 11.829 PJ = 3.285,8 TWh (vorl. Stand 12/2022)
Quelle / source: eigene Darstellung nach:
AG Energiebilanzen, 2022

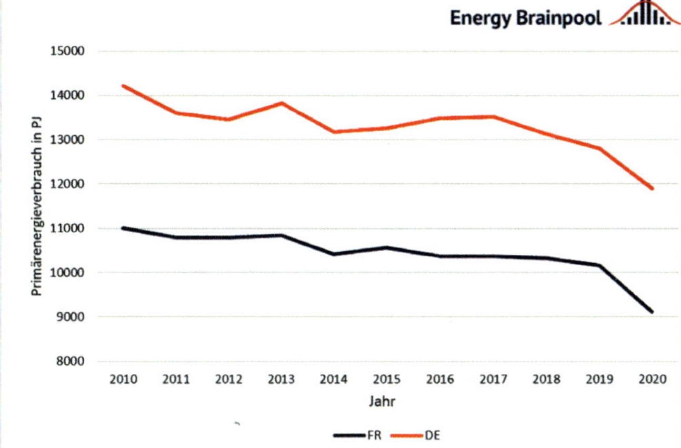

Primärenergieverbrauch Deutschland/Frankreich (Petajoule)
Consommation d'énergie primaire Allemagne/France

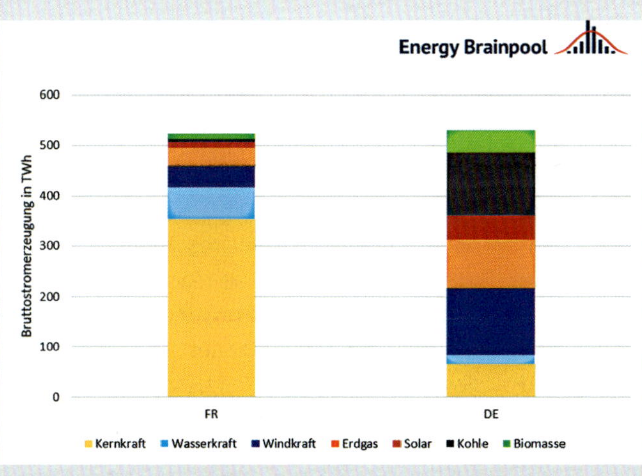

Stromerzeugung in TWh
Production d'électricité en TWh

zivile Atompolitik einen Ausbau dieser Ressourcen (vor allem zur Stromerzeugung) bisher überflüssig. Denn mittelfristig setzt Frankreich zur Einhaltung der Klimaziele auf die Kernenergie, der Deutschland den Rücken gekehrt hat. Das Risiko nuklearer Katastrophen soll durch die Investition in neue Technologien weiter reduziert werden. Der große Vorteil der Atomenergie ist, dass keine Treibhausgase freigesetzt werden und eine Produktion im eigenen Land möglich ist, so dass die Abhängigkeit von Öl- und Gasimporten sinkt. Angesichts des steigenden Energiebedarfs (vor allem der weltweite Stromverbrauch dürfte sich bis 2050 verdoppeln) kann zudem der Ausbau der erneuerbaren Energien möglicherweise nicht Schritt halten. Denn hierfür bedarf es nicht nur der Schaffung von Infrastruktur wie Windkraftanlagen (die im Übrigen bei betroffenen Anwohnern oft auf Widerstand stoßen). Benötigt werden auch Speicherkapazitäten, die eine Überproduktion von Strom (etwa an windigen Tagen) und Engpässe bei Flaute ausgleichen können.

Renaissance der Kernenergie?

Nicht zuletzt deshalb ist die Atomenergie wieder im Aufwind, wodurch sich – so die Hoffnung Frankreichs – auch neue Absatzmärkte für die neueste Reaktorgeneration „Made in France" (Europäischer Druckwasserreaktor, EPR) ergeben könnten. Aufgrund dieser Zahlen und trotz der Ereignisse von Fukushima 2011 möchte Frankreich, anders als Deutschland, nicht auf die nukleare Energiegewinnung verzichten. Im Frühjahr 2023 gingen in Deutschland die letzten drei Atomkraftwerke vom Netz, die aufgrund der Energiekrise noch einige Monate wei-

solaire, bien que la politique nucléaire civile de la France ait jusqu'à présent rendu superflue l'expansion de ces ressources (surtout pour la production d'électricité). En effet, à moyen terme, la France compte sur l'énergie nucléaire, à laquelle l'Allemagne a tourné le dos, pour atteindre ses objectifs climatiques. Le risque de catastrophe nucléaire doit continuer à être réduit en investissant dans les nouvelles technologies. Le grand avantage de l'énergie nucléaire est qu'elle n'émet pas de gaz à effet de serre et qu'elle peut être produite sur place, ce qui réduit la dépendance à l'égard des importations de pétrole et de gaz. En outre, compte tenu de l'augmentation de la demande d'énergie (la consommation mondiale d'électricité en particulier devrait doubler d'ici 2050), l'expansion des énergies renouvelables pourrait ne pas pouvoir suivre le rythme. Car cela ne nécessite pas seulement la création d'infrastructures telles que des éoliennes (qui se heurtent d'ailleurs souvent à la résistance des résidents concernés). Elle nécessite également des capacités de stockage permettant de compenser la surproduction d'électricité (les jours de grand vent, par exemple) et les goulets d'étranglement pendant les périodes creuses.

Renaissance du nucléaire ?

C'est l'une des raisons pour lesquelles l'énergie nucléaire a le vent en poupe, ce qui - espère la France - pourrait également ouvrir de nouveaux marchés de vente pour la dernière génération de réacteurs « Made in France » (European Pressurized Water Reactor, EPR). Sur la base de ces chiffres et malgré les événements de Fukushima en 2011, la France, contrairement à l'Allemagne, ne veut

terbetrieben worden waren. In Frankreich sind es auch nach der Abschaltung des an der deutsch-französischen Grenze gelegenen AKW Fessenheim im Juni 2020 hingegen immer noch 56. Bei der Kernkraft handelt es sich freilich nicht um eine erneuerbare Energie, denn sie hängt von der Versorgung mit dem endlichen Rohstoff Uran ab. Zudem bleiben die große Problematik der nuklearen Abfälle und ihrer Lagerung, das Problem der Alterung der Reaktoren und die Sicherheit vor schweren Unfällen oder gezielten Angriffen. Die Wiederaufbereitung der verstrahlten Brennstäbe aus Deutschland erfolgt übrigens in Frankreich und Großbritannien, und die Suche nach einer Endlagerungsstätte dauert seit Jahrzehnten an. In Deutschland wird es vor 2046 keine geben. Die Atomenergie ist ein Paradebeispiel für die Probleme, die Deutschland und Frankreich, aber auch die Europäische Union insgesamt, bei der Formulierung einer gemeinsamen Energiepolitik haben.

Mülltrennung und Recycling

Jeder Haushalt bekommt sie in seiner Gemeinde zu spüren: die Mülltrennung. Es ist die einzige Möglichkeit für die Industrie, einen Teil des Hausmülls wiederaufzubereiten und damit eine beunruhigende Tendenz zu stoppen. Aus einem Bericht der Weltbank aus dem Jahr 2018 geht hervor, dass die weltweit produzierte Menge an Müll bis 2050 noch einmal um 70% steigen könnte, vor allem aufgrund des rasanten Wachstums der Bevölkerung, insbesondere in den Städten. Auch wenn dieses Wachstum in erster Linie in Asien zu beobachten sein wird, tragen die Europä-

pas abandonner la production d'énergie nucléaire. Au printemps 2023, les trois dernières centrales nucléaires allemandes, dont l'exploitation avait été prolongée pendant quelques mois en raison de la crise énergétique, ont été déconnectées du réseau. En revanche, la France en compte encore 56, même après la fermeture en juin 2020 de la centrale nucléaire de Fessenheim, située à la frontière franco-allemande. Le nucléaire n'est toutefois pas une énergie renouvelable, car il dépend de l'approvisionnement en uranium, une matière première finie. Il y a aussi le problème majeur des déchets nucléaires et de leur stockage, le problème du vieillissement des réacteurs et la sécurité face aux accidents graves et attaques ciblées.. Par ailleurs, le retraitement des barres de combustible contaminées provenant d'Allemagne a lieu en France et en Grande-Bretagne, et la recherche d'un site de stockage définitif se poursuit depuis des décennies. Il n'y en aura pas en Allemagne avant 2046. L'énergie nucléaire illustre parfaitement les problèmes que rencontrent l'Allemagne et la France, mais aussi l'Union européenne dans son ensemble, pour formuler une politique énergétique commune.

Tri et recyclage des déchets

Chaque ménage le connaît de sa commune : le tri des déchets. C'est le seul moyen pour l'industrie de recycler une partie des déchets ménagers et de mettre fin à une tendance inquiétante. Un rapport de la Banque mondiale de 2018 indique que la quantité de déchets produits dans le monde pourrait encore augmenter de 70% d'ici 2050, principalement en raison de la croissance rapide de la population, notamment dans les villes.

Ein Beispiel für Mülltrennung: Die geltenden Regeln im Kommunalverband / Plateau de Caux-Doudeville-Yerville im Département Seine-Maritime (Normandie)

er erheblich zur globalen Müllproduktion bei. Die Konsequenz: Die Mülldeponien laufen über, neue Deponien müssen eröffnet werden. Daraus hat sich ein eigener, sehr lukrativer, manchmal auch skandalträchtiger Wirtschaftszweig mit mafiösen Zügen entwickelt. Müll wird über Ländergrenzen und sogar Kontinente hinweg verschoben und die Kosten steigen. All dies geht zu Lasten des Konsumenten, und das grundlegende Problem wird dabei auch nicht gelöst. Erste Voraussetzung für die Verringerung des Müllaufkommens ist die individuelle Bewusstseinsbildung. In Deutschland ist die Bevölkerung seit

Même si cette croissance se fera principalement en Asie, les Européens contribuent de manière significative à la production mondiale de déchets. En conséquence, les décharges débordent et de nouvelles doivent être ouvertes. Cela a conduit au développement d'une industrie très lucrative, parfois scandaleuse et aux allures mafieuses. Les déchets sont transférés au-delà des frontières nationales et même des continents, et les coûts augmentent. Tout cela se fait au détriment du consommateur et ne résout pas le problème fondamental. La première condition préalable à la réduction de la quantité de déchets est la prise de conscience indivi-

Anfang der 90er Jahre für das Thema sensibilisiert. Alle Haushalte sind angehalten, Glas, Papier und Pappe, Plastik oder Metallverpackungen sowie Bioabfälle getrennt zu sammeln und in den dafür vorgesehenen Containern zu entsorgen. Das wird vor allem dann zu einem logistischen Problem, wenn man in einer kleinen Wohnung lebt und für 3 oder 4 Mülleimer kein Platz ist. Frankreich hat etwas später mit der Mülltrennung begonnen, aber heute gelten ähnliche Regeln, die als *consignes de tri* an die Haushalte kommuniziert werden. Auch über eine App, den *Guide du Tri,* kann man sich informieren, wie die Mülltrennung in der eigenen Kommune funktioniert (https://www.consignesdetri.fr/). Bunte Tonnen und öffentliche Sammelbehälter, in Deutschland bekannt als Wertstoffinseln, prägen mittlerweile auch das Straßenbild in Frankreich.

Die meisten Menschen haben sich an die Mülltrennung gewöhnt, auch wenn die Regeln angesichts unterschiedlicher Logos und Entsorgungssysteme manchmal schwer zu durchschauen sind. Deutschland produziert pro Kopf weiterhin mehr Hausmüll (2019: 609 kg) als Frankreich (548 kg), konnte die Menge aber in den letzten 20 Jahren etwas reduzieren (während sie im Hexagon kontinuierlich wuchs) und liegt bei der Recyclingquote mit rund 66 % europaweit an der Spitze (Frankreich: 46%). Vor allem bei Kunststoffverpackungsabfällen besteht in beiden Ländern jedoch noch erheblicher Handlungsbedarf. Aufgrund von EU-Vorgaben sind manche Einwegprodukte (wie etwa Teller, Besteck oder Strohhalme aus Plastik) bereits aus den Supermarktregalen verschwunden.

duelle. En Allemagne, la population est sensibilisée à la question depuis le début des années 1990. Tous les ménages sont tenus de collecter séparément le verre, le papier et le carton, les emballages plastiques ou métalliques et les déchets organiques et de les jeter dans les conteneurs prévus à cet effet. Cela devient un problème logistique surtout si vous vivez dans un petit appartement et qu'il n'y a pas de place pour 3 ou 4 poubelles. La France a commencé à trier les déchets un peu plus tard, mais dispose aujourd'hui de règles similaires, qui sont communiquées aux ménages sous forme de « consignes de tri ». Vous pouvez également découvrir comment fonctionne le tri des déchets dans votre propre commune grâce à une application, le « Guide du Tri » (https://www.consignesdetri.fr/). Les poubelles colorées et les conteneurs de collecte publics, connus en Allemagne sous le nom d'îlots de recyclage (*Wertstoffinseln*), font désormais partie du paysage urbain en France.

La plupart des gens ont pris l'habitude de trier les déchets, même si les règles sont parfois difficiles à comprendre compte tenu des différents logos et systèmes d'élimination. L'Allemagne continue de produire plus d'ordures ménagères par habitant (2019 : 609 kg) que la France (548 kg), mais elle a pu en réduire quelque peu la quantité au cours des 20 dernières années (alors qu'elle n'a cessé d'augmenter dans l'Hexagone) et elle est en tête de l'Europe pour les taux de recyclage, à environ 66 % (France : 46 %). Toutefois, il reste encore beaucoup à faire dans les deux pays, notamment en ce qui concerne les déchets d'emballages plastiques. En raison de la réglementation européenne, certains produits jetables (tels que les assiettes, les couverts

In den vergangenen Jahren wurden außerdem in Frankreich mehrere Gesetze verabschiedet, die auf die Wiederverwertung bzw. die komplette Vermeidung von (Plastik)Müll abzielen und dabei auch die Lebensmittelverschwendung und die bewusste Verkürzung der Lebensdauer von Produkten durch die Hersteller (sog. geplante Obsoleszenz) bekämpfen sollen. Die Kreislaufwirtschaft soll zum Standard werden. Der einzige nennenswerte Unterschied zwischen beiden Ländern besteht heutzutage darin, dass es in Deutschland Pfandsysteme gibt. Für bestimmte Glas- und Plastikflaschen zahlt man einen Aufpreis, den man bei deren Rückgabe erstattet bekommt. Dabei wird unterschieden zwischen Mehrwegflaschen, die bis zu fünfzigmal befüllt werden können und 8 bis 15 Cent Pfand kosten, und Einwegbehältern, die nach Gebrauch nicht direkt wiederzuverwenden sind (25 Cent). Daneben gibt es zahlreiche Getränkeverpackungen (etwa für Milch, Wein und Säfte), die in den Plastikmüll gehören. Für den Verbraucher ist es da nicht immer einfach, den Überblick zu wahren.

ou les pailles en plastique) ont déjà disparu des rayons des supermarchés. Ces dernières années, la France a également adopté plusieurs lois visant à recycler ou à éviter complètement les déchets (plastiques), tout en luttant contre le gaspillage alimentaire et la réduction délibérée de la durée de vie des produits par les fabricants (ce que l'on appelle l'obsolescence programmée). L'économie circulaire doit devenir la norme. La seule différence notable entre les deux pays aujourd'hui est que l'Allemagne dispose de systèmes de consigne. Vous payez une surtaxe pour certaines bouteilles en verre et en plastique, et vous la récupérez quand vous les rendez. Une distinction est faite entre les bouteilles consignées, qui peuvent être remplies jusqu'à cinquante fois et coûtent 8 à 15 centimes de consigne, et les récipients jetables, qui ne sont pas directement réutilisables après usage (25 centimes). En outre, de nombreux emballages de boissons (pour le lait, le vin et les jus de fruits, par exemple) font partie des déchets plastiques. Pour le consommateur, il n'est pas toujours facile de suivre l'évolution de la situation.

Das Thema unserer Zeit …

Mittlerweile hat sich in unseren Gesellschaften weitgehend die Erkenntnis durchgesetzt, dass wir unseren Lebensstil anpassen müssen, um eine Erderwärmung um mehr als 2 Grad zu verhindern (und selbst das gilt nur als absolutes Minimalziel). Vor allem viele junge Menschen wollen vermitteln, dass man nicht länger die Augen verschließen dürfe vor den gewaltigen Ri-

Le problème de notre époque...

Aujourd'hui, il est largement admis dans nos sociétés que nous devons adapter nos modes de vie afin d'éviter un réchauffement climatique de plus de 2 degrés (et même cela n'est considéré que comme un objectif vraiment minimum). De nombreux jeunes, en particulier, militent pour que nous ne fermions plus les yeux sur les risques énormes du changement climatique. Pour ce mouvement dit « woke » qui veut exprimer l'ur-

siken des Klimawandels. Für diese „woke community", die der Dringlichkeit des Handelns Ausdruck verleihen möchte, gilt ganz besonders: Man muss mit gutem Beispiel vorangehen. Doch wo setzt man an? Was kann der Einzelne tun, um einen Beitrag zu leisten? Die Liste ist lang und lässt sich beliebig fortsetzen: regionale Lebensmittel bevorzugen, Plastikverpackungen meiden, den Fleischkonsum einschränken, weniger (am besten gar nicht) Auto fahren und schon gar keinen SUV, so weit wie möglich auf Flugreisen verzichten, Elektrogeräte bei Defekten reparieren und nicht neu kaufen, Videos und Musik nicht im Mobilnetz streamen, weniger Kleidung kaufen usw. Gleichzeitig bleibt von der Gelbwestenbewegung in Frankreich ein Ausspruch ganz besonders in Erinnerung: „Ihr redet über das Ende der Welt, wir über das Ende des Monats". Viele Menschen, auch im reichen Westen, plagen sich mit der Frage, wie sie mit dem verfügbaren Haushaltseinkommen über die Runden kommen sollen, die mittelfristigen Folgen des Klimawandels treten da zunächst in den Hintergrund. Hinzu kommt, dass die Politik in Frankreich wie in Deutschland über Jahrzehnte Anreize für einen Lebensstil geschaffen hat, der heute weithin als klimaschädlich gilt: der Bau eines Eigenheims vor den Toren der Stadt (mit Öl-, Gas- oder Elektroheizung), das tägliche Einpendeln zur Arbeit mit dem Auto, der Einkauf in Supermärkten am Stadtrand, die zahlreiche Produkte vom anderen Ende der Welt anbieten … Das Dilemma besteht nun darin, eine Verhaltensänderung herbeizuführen, ohne die Schuld und die finanziellen Belastungen einzig bei den Bürgern abzuladen. Der 2019 verabschiedete „Green

gence d'agir, il est évidemment important de donner le bon exemple. Mais par où commencer ? Que peuvent faire les particuliers pour apporter leur contribution ? La liste est longue et peut être complétée à l'infini : préférer les aliments régionaux, éviter les emballages plastiques, limiter la consommation de viande, conduire moins (de préférence pas du tout) et certainement pas un SUV, éviter autant que possible les voyages en avion, réparer les appareils électriques lorsqu'ils sont défectueux au lieu d'en acheter de nouveaux, ne pas consommer des vidéos et de la musique sur les réseaux mobiles, acheter moins de vêtements, etc. Dans le même temps, une phrase du mouvement des gilets jaunes en France reste particulièrement mémorable : « Vous parlez de la fin du monde, nous parlons de la fin du mois ». De nombreuses personnes, même dans les pays occidentaux riches, se demandent comment joindre les deux bouts à la fin du mois, et les conséquences à moyen terme du changement climatique sont d'abord reléguées au second plan. De plus, en France comme en Allemagne, les politiques ont encouragé pendant des décennies des modes de vie aujourd'hui largement considérés comme néfastes pour le climat : construire une maison en périphérie de la ville (avec un chauffage au fioul, au gaz ou électrique), se rendre chaque jour au travail en voiture, faire ses courses dans des supermarchés situés à l'extérieur de la ville et proposant de nombreux produits provenant de l'autre bout du monde... Le dilemme est désormais de faire évoluer les comportements sans faire porter la responsabilité et la charge financière aux seuls citoyens. Le Pacte Vert de l'Union européenne, adopté en 2019, et les

Deal" der Europäischen Union und nationale Programme für nachhaltige Entwicklung in Deutschland und Frankreich mögen manch ökologische Herausforderung auch mit technischen Innovationen meistern, doch ganz ohne die Bereitschaft zum Verzicht wird es vermutlich nicht gehen. Eine Umfrage der Europäischen Investitionsbank hat gezeigt, dass eine große Mehrheit in beiden Ländern der Meinung ist, das eigene Verhalten könne zur Bekämpfung des Klimawandels beitragen. Bei der Frage, worauf sie am ehesten verzichten könnten, nannten sowohl Franzosen als auch Deutsche Flugreisen an erster Stelle (rund 40 %). Alle anderen Einschränkungen, die das tägliche Leben betreffen, fanden bei den Befragten hingegen deutlich weniger Akzeptanz, sofern es sich nicht nur um einen teilweisen Verzicht handelte. Rund ein Fünftel der Bevölkerung zeigt jeweils wenig bis keine Bereitschaft, etwas zu ändern. Radikale Umstellungen der Lebensweise stoßen im internationalen Vergleich bei den Franzosen und Deutschen auf besonders große Vorbehalte, nur 12 % respektive 15 % zeigten sich dazu bereit (Europäischer Durchschnitt: 19 %). Lange Zeit wäre es in Deutschland wohl auch als radikal empfunden worden, ein generelles Tempolimit auf Autobahnen einzuführen, um einen Beitrag zum Klimaschutz zu leisten und die Verkehrssicherheit zu erhöhen. Doch eine repräsentative Umfrage vom Herbst 2020 hat gezeigt, dass sich mittlerweile eine deutliche Mehrheit von 59 % für eine Geschwindigkeitsbeschränkung ausspricht. Selbst der mächtige Autofahrerclub ADAC (21 Millionen Mitglieder!), der einst den Slogan „freie Fahrt für freie Bürger" prägte, hat seinen Widerstand mittlerweile aufgegeben.

programmes nationaux de développement durable en Allemagne et en France peuvent relever certains défis environnementaux, notamment grâce à l'innovation technologique, mais il est peu probable qu'on puisse y arriver sans un certain renoncement. Une enquête de la Banque européenne d'investissement a montré qu'une grande majorité des habitants des deux pays pensent que leur propre comportement peut contribuer à la lutte contre le changement climatique. Lorsqu'on leur demande ce dont ils seraient le plus susceptibles de se passer, les Français et les Allemands placent le transport aérien en tête (environ 40 %). En revanche, toutes les autres restrictions qui affectent la vie quotidienne sont nettement moins bien acceptées par les personnes interrogées, pour autant qu'il ne s'agisse pas seulement de renonciations partielles. Environ un cinquième de la population a montré peu ou pas de volonté de changer quoi que ce soit. En comparaison internationale, les changements radicaux de mode de vie ont suscité des réticences particulièrement fortes chez les Français et les Allemands, avec respectivement 12 % et 15 % seulement qui se sont montrés disposés à le faire (moyenne européenne : 19 %). Pendant longtemps, il aurait probablement été considéré comme radical en Allemagne d'introduire une limitation de vitesse générale sur les autoroutes afin de contribuer à la protection du climat et d'accroître la sécurité routière. Mais un sondage représentatif de l'automne 2020 a montré qu'une nette majorité de 59 % est désormais en faveur d'une limitation de vitesse. Même la puissante association d'automobilistes ADAC (21 millions de membres !), qui avait jadis lancé le slogan « conduite libre pour citoyens libres » *(freie Fahrt für freie Bürger)*, a désormais renoncé à s'y opposer.

TANDEM Deutsch-Französische Klimaschutzpartnerschaften –
Partenariats franco-allemands pour la protection du climat

TANDEM wird durch die Städtenetzwerke Energy Cities und Klima-Bündnis koordiniert und bringt Kommunen und relevante Akteure aus Deutschland und Frankreich zusammen, die den kommunalen Klimaschutz gestalten und fördern. Ziel ist es, die Umsetzung konkreter, beispielhafter Kooperationsprojekte zu unterstützen und einen grenzüberschreitenden Austausch zu ermöglichen, um beide Länder in der Energie- und Klimapolitik voranzubringen.

TANDEM est coordonné et mis en œuvre par les réseaux de villes Energy Cities et Climate Alliance et rassemble les autorités locales et d'autres organismes d'Allemagne et de France qui contribuent à la protection du climat au niveau municipal. L'objectif est de soutenir la mise en œuvre de projets de coopération concrets et exemplaires et de faciliter un échange transfrontalier afin de faire avancer les politiques énergie et climat des deux pays.

https://ville-tandem.eu/ und https://tandem-staedte.eu/

Deutsch-Französische Energieplattform – Plateforme énergétique franco-allemande

Die Plattform ist ein Gemeinschaftsvorhaben der Deutschen Energie-Agentur und der französischen Energieagentur ADEME. In Kooperation mit Politik, Unternehmen, Wissenschaft und Gesellschaft bearbeitet die Plattform bilaterale Energiewende-Projekte.

La plateforme est un projet commun entre l'Agence française de l'Environnement et de la Maîtrise de l'Energie (ADEME) et l'agence allemande de l'énergie (dena). En coopération avec les acteurs politiques, le monde de l'entreprise, les milieux scientifiques et la société dans son ensemble, cette plateforme élabore des projets bilatéraux relatifs à la transition énergétique.

https://www.d-f-plattform.de/

Deutsch-Französisches Büro für die Energiewende –
Office franco-allemand pour la transition énergétique

Das DFBEW ist in Berlin und Paris direkt im Bundesministerium für Wirtschaft und Energie bzw. im Ministerium für ökologischen Wandel angesiedelt und ist damit im engen Austausch mit den zuständigen Behörden.

Étant directement ancré au sein du ministère de la Transition écologique à Paris et du ministère fédéral de l'Économie et de l'Énergie à Berlin, l'OFATE est en échange permanent avec les autorités compétentes.

https://energie-fr-de.eu/

Deutsch-Französisches Zukunftswerk (df-zukunftswerk.eu)

Forum pour l'avenir franco-allemand

Das Zukunftswerk wurde 2019 durch den Vertrag von Aachen ins Leben gerufen. Seine Aufgabe ist es, den Erfahrungsaustausch zwischen Akteuren der deutschen und französischen Gesellschaft (vor allem auf kommunaler Ebene) zu fördern. Ausführlich dazu im Kapitel „Gesellschaft".

Le Forum pour l'avenir a été créé par le Traité d'Aix-la-Chapelle en 2019. Sa mission est de promouvoir l'échange entre acteurs de la société allemande et française – surtout au niveau communal. Voir plus de détails dans le chapitre « Société ».

08 Kultur und Medien

Culture et médias

Der Kontext

In den vergangenen Jahren haben sich die Rahmenbedingungen für Kunstproduktion und –konsum sowie für die kulturelle Welt insgesamt tiefgreifend verändert. Die Digitalisierung hat neue Kunstformen aufgebracht, Ausstellungskonzepte revolutioniert und das Verhalten des Publikums verändert. Deshalb werden in diesem Kapitel die Themen „Kultur" und „Medien" im Zusammenhang behandelt, weil z.B. die Nutzung der sozialen Medien unmittelbaren Einfluss auf die kulturelle Produktion hat – Stichwort „Generation Netflix". Auch die Pandemie hat den kulturellen Sektor und die mediale Praxis der Menschen tiefgreifend verändert.
Im ersten Teil geht es um kulturelles Selbstverständnis, traditionelle Unterschiede zwischen deutscher und französischer Kulturpolitik sowie um die Rolle der Sprache. Im zweiten Teil wird dann auf das Mediensystem und auf den Medienkonsum in beiden Ländern eingegangen.

Deutschland, Land der Dichter und Denker

Am Ende des 18. Jahrhunderts wurde Weimar zu einem Symbol und Zentrum für die Entwicklung der deutschen Kulturszene, weit weg vom preußischen Berlin und vom habsburgischen Wien. Goethe, Schiller, Herder, Wieland, alles, was Rang und Namen hatte, traf sich in Weimar, inspiriert von den Idealen der griechischen Klassik. Man wandte sich ab vom französischen

Le contexte

Ces dernières années, le contexte de la production et de la consommation artistiques, ainsi que le monde culturel dans son ensemble, ont connu de profonds changements. La numérisation a fait apparaître de nouvelles formes d'art, révolutionné les concepts d'exposition et modifié le comportement du public. C'est pourquoi les thèmes « culture » et « médias » sont traités ensemble dans ce chapitre, car l'utilisation des médias sociaux, par exemple, a une influence directe sur la production culturelle – pensons à la « génération Netflix ». La pandémie a également profondément modifié le secteur culturel et les pratiques médiatiques des publics.
Dans la première partie, il sera question de la conception même de « culture », des différences traditionnelles entre la politique culturelle française et allemande ainsi que du rôle de la langue. La deuxième partie aborde ensuite le système médiatique et la consommation des médias dans les deux pays.

L'Allemagne, « pays des poètes et des penseurs »

A la fin du 18e siècle, la ville de Weimar devint un centre symbolique pour l'émergence de la culture allemande, loin de la capitale prussienne de Berlin et du centre habsbourgeois de Vienne. Goethe, Schiller, Wieland, Herder et d'autres personnalités éminentes se retrouvaient à Weimar, ins-

Revolutionsgedankengut, vom politischen Hegemonialstreben Frankreichs und dem dort herrschenden Machtzentralismus, der sich an das antike Rom anlehnte. Nicht durch Gewalt und Chaos, sondern durch die Vernunft, durch Kunst und Bildung sollte der Mensch sich erhöhen und so zu einer besseren, humaneren Wandlung der Gesellschaft beitragen.

Angesichts der territorialen Zersplitterung des Reichs fehlte den deutschen „Vielvölkern" eine politische Einheit, mit der sie sich hätten identifizieren können. Was diese vielen Völker einte, war ihre deutsche Sprache und ihre gemeinsame Kultur. Statt der politischen hatte sich eine kulturelle Einheit entwickelt, eine Kulturnation. Diese sehr intellektuelle, kosmopolitische Herangehensweise wandelte sich im Laufe des 19. Jahrhunderts zu einem aggressiveren deutschen Nationalstolz, bedingt durch die Niederlagen gegen Napoleon und gefördert durch die Dichter der deutschen Romantik. Die deutsche Sprache wurde beim Heraufbeschwören einer deutschen Nation instrumentalisiert. Ein wirtschaftlich erstarktes Bürgertum und ein in Militär und Verwaltung aufgehender Adel verfolgten zunehmend wirtschaftliche und strategische Ambitionen, die verstärkt nach der Reichsgründung und nach dem deutsch-französischen Krieg 1871 auch in die Tat umgesetzt wurden.

Frankreich – ein universalistischer Anspruch

Der Aufstieg der deutschen Sprache und Kultur im späten 18. und frühen 19. Jh. war gleichzeitig eine Abgrenzung vom französischen Modell, das sich durch den Absolutismus des 17. Jhs. in ganz Europa

pirés par les idéaux de l'antiquité grecque. Ils se détournaient de la pensée de la Révolution française et gardaient leurs distances par rapport à une politique culturelle française qui chantait les louanges de Rome, se détournant aussi du centralisme politique et de l'ambition d'hégémonie de la France. Ce n'est pas par la violence et le chaos, mais par la raison, l'art et l'éducation que l'homme devait s'élever et contribuer ainsi à une transformation meilleure et plus humaine de la société.

Compte tenu du morcellement territorial de l'Empire, il manquait aux différents peuples allemands une unité politique à laquelle ils auraient pu s'identifier. Ce qui unissait ces nombreux peuples, c'était leur langue allemande et leur culture commune. Au lieu d'une unité politique, une unité culturelle s'était développée, une Kulturnation. Cette approche très intellectuelle et cosmopolite s'est transformée au cours du 19e siècle en une fierté nationale allemande plus agressive, conditionnée par les défaites contre Napoléon et encouragée par les poètes du romantisme allemand. La langue allemande a été instrumentalisée dans l'évocation d'une nation allemande. Une bourgeoisie économiquement renforcée et une noblesse absorbée par l'armée et l'administration poursuivaient de plus en plus d'ambitions économiques et stratégiques, qui se concrétisent successivement après la création de l'Empire allemand et après la guerre franco-allemande de 1871.

La France - une prétention universaliste

L'essor de la langue et de la culture allemandes à la fin du 18e et au début du 19e siècle a été en même temps une prise de

als dominant durchgesetzt hatte. Die französische Kultur, in direkter Verbindung mit dem politischen Vormachtanspruch des Hofes von Ludwig XIV., sah sich als Erbin der römischen Antike und als Vollendung menschlicher Schaffenskraft schlechthin. Das galt für die Literatur ebenso wie für die Malerei, aber auch für den Gartenbau und die militärische Architektur oder die klerikale Rhetorik. Die großen Namen dieser Glanzzeit französischer Hochkultur sind bis heute bekannt: Molière, Racine und Corneille für die Literatur, Le Nôtre für den Gartenbau, Vauban für die Festungen und Bossuet für die Rhetorik. Das Zeitalter des Sonnenkönigs wurde zum „goldenen Zeitalter" stilisiert. Die höfische Kultur in ganz Europa sprach Französisch.

Der Anspruch, die französische Kultur und Sprache habe einen besonderen Platz in der Entwicklung der Menschheit, wurde im Zeitalter der Aufklärung im 18. Jh. nicht aufgegeben. Ganz im Gegenteil: mit der französischen Revolution kam es zur Formulierung der universellen Menschenrechte. Philosophen dieser Epoche vertraten die Auffassung, Frankreich habe die *civilisation* schlechthin entwickelt, die andere Gesellschaften so gut wie möglich imitieren sollten. Die französische Sprache galt als perfekt und damit als universell vorbildlich – Rivarol gewann 1782 den von der preußischen Akademie ausgeschriebenen Preis mit seiner Abhandlung *De l'universalité de la langue française.*

distance par rapport au modèle français, qui s'était imposé comme dominant dans toute l'Europe grâce à l'absolutisme du 17e siècle. La culture française, en lien direct avec la prétention à la suprématie politique de la cour de Louis XIV, se considérait comme l'héritière de l'Antiquité romaine et comme l'aboutissement par excellence de la créativité humaine. Cela s'appliquait aussi bien à la littérature qu'à la peinture, mais aussi à l'horticulture et à l'architecture militaire ou à la rhétorique cléricale. Les grands noms de cette période faste de la haute culture française sont encore connus aujourd'hui : Molière, Racine et Corneille pour la littérature, Le Nôtre pour l'horticulture, Vauban pour les fortifications et Bossuet pour la rhétorique. L'époque du Roi-Soleil a été stylisée comme un « âge d'or ». La société de la cour de toute l'Europe parlait français.

La revendication selon laquelle la culture et la langue françaises ont une place particulière dans le développement de l'humanité n'a pas été abandonnée au 18e siècle, au siècle des Lumières. Bien au contraire : la Révolution française a donné lieu à la formulation des droits de l'homme universels. Les philosophes de cette époque considéraient que la France avait développé la civilisation par excellence, que les autres sociétés devaient imiter autant que possible. La langue française était considérée comme parfaitement développée et donc comme un modèle universel – Rivarol a remporté en 1782 le prix mis au concours par l'Académie prussienne avec son traité De l'universalité de la langue française.

Die Sprache

Neben ihrem unschätzbaren Wert als Kommunikationsmittel vermittelt die Sprache auch bestimmte Weltvorstellungen. Sie ist Ausdruck gesellschaftlicher Werte und kultureller Ansichten, sie verkörpert in gewisser Weise das Erbe und die Identität einer Region, eines Landes, der Menschheit im Ganzen. Auf nationaler und zunehmend auf europäischer Ebene verfolgen Frankreich und Deutschland ähnliche Ziele, und der Bereich der Sprache spielt eine große Rolle in der Kulturpolitik beider Länder. Die französische Sprache war für lange Zeit die Sprache der Diplomatie schlechthin, und heute noch gehört sie zu den offiziellen Amtssprachen der EU und den zwei Arbeitssprachen der Vereinten Nationen. Neben Englisch ist Französisch die meistgebrauchte Arbeitssprache innerhalb der europäischen Institutionen. Die deutsche Sprache scheint hingegen als dritte Arbeitssprache oft ins Hintertreffen zu geraten, obwohl Deutsch die innerhalb der EU am meisten gesprochene Muttersprache ist. Französisch ist mit Englisch die einzige Sprache, die auf allen 5 Kontinenten gesprochen wird (Französisch ist in 29 Ländern Amtssprache). Sobald man nach der Muttersprache oder „Erstsprache" fragt, wird Deutsch hingegen deutlich mehr gesprochen als Französisch.

Die Frankophonie

Die französische Sprache, die traditionell als Ausdruck der französischen Eleganz, des Raffinements und einer gewissen Lebensart galt, hat über Jahrhunderte zur Ausstrahlung Frankreichs in der Welt we-

La langue

Outre sa valeur inestimable en tant que moyen de communication, la langue véhicule également certaines représentations du monde. Elle est l'expression de valeurs sociales et de points de vue culturels, elle incarne en quelque sorte le patrimoine et l'identité d'une région, d'un pays, de l'humanité dans son ensemble. Au niveau national et, de plus en plus, au niveau européen, la France et l'Allemagne poursuivent des objectifs similaires, et le domaine de la langue joue un rôle majeur dans la politique culturelle des deux pays. Le français a longtemps été la langue de la diplomatie par excellence, et aujourd'hui encore, il fait partie des langues officielles de l'UE et des deux langues de travail des Nations unies. Avec l'anglais, le français est la langue de travail la plus utilisée au sein des institutions européennes. En revanche, l'allemand semble souvent être relégué au second plan en tant que troisième langue de travail, bien que l'allemand soit la langue maternelle la plus parlée au sein de l'UE. Le français est, avec l'anglais, la seule langue parlée sur les cinq continents (le français est la langue officielle de 29 pays). En revanche, dès que l'on demande quelle est la langue maternelle ou « première langue », l'allemand est nettement plus parlé que le français.

La Francophonie

La langue française, traditionnellement considérée comme l'expression de l'élégance française, du raffinement et d'un certain art de vivre, a largement contribué pendant des siècles au rayonnement

sentlich beigetragen. Der in Frankreich begonnene Zivilisationsprozess sollte an den Landesgrenzen nicht Halt machen, sondern mit dem Anspruch universeller Gültigkeit auch in anderen Ländern zur Anwendung kommen. Zunächst beschränkte sich Frankreich auf eine sprachliche Expansionspolitik, gestützt durch die Migration vor allem nach Amerika. Progressiv verstärkte Frankreich jedoch auch seine militärischen und wirtschaftlichen Positionen auf den anderen Kontinenten, angefangen mit dem Senegal, dann über ganz Afrika verstreut und rund um den Indischen Ozean. Im 19. Jahrhundert folgte auf die militärischen Erfolge eine konsequente Missionierungs- und Schulpolitik, die die französische Sprache überall dort durchsetzte, wo Paris das Sagen hatte.

de la France dans le monde. Le processus de civilisation entamé en France ne devait pas s'arrêter aux frontières nationales, mais s'appliquer également à d'autres pays avec une prétention de validité universelle. Dans un premier temps, la France s'est limitée à une politique d'expansion linguistique, soutenue par la migration, surtout vers l'Amérique. Progressivement, la France a toutefois renforcé ses positions militaires et économiques sur les autres continents, à commencer par le Sénégal, puis dans toute l'Afrique et autour de l'océan Indien. Au 19e siècle, les succès militaires ont été suivis d'une politique missionnaire et scolaire cohérente, qui a imposé la langue française partout où Paris faisait la loi.

Par Francophonie (avec un grand F), on entend l'ensemble des États et gouverne-

Die *Académie française* ist bis heute die Autorität in Sprachfragen in Frankreich. Das Ziel dieser 1635 gegründeten Einrichtung ist die Pflege der französischen Sprache. Die 40 auf Lebenszeit berufenen Mitglieder dieser Gesellschaft werden die „Unsterblichen" genannt.

In Deutschland ist das Institut für deutsche Sprache an der Universität Mannheim seit 1964 die zentrale wissenschaftliche Einrichtung zur Dokumentation und Erforschung der deutschen Sprache in Gegenwart und neuerer Geschichte. Der Rat für deutsche Rechtschreibung ist von staatlichen Stellen eingerichtet und somit die maßgebende Instanz in Fragen der deutschen Rechtschreibung.

L'Académie française fait encore aujourd'hui autorité en matière de langue en France. L'objectif de cette institution, fondée en 1635, est de cultiver la langue française. Les 40 membres de cette société, nommés à vie, sont appelés les «immortels».

En Allemagne, l'Institut de la langue allemande de l'université de Mannheim est depuis 1964 l'institution scientifique centrale pour la documentation et l'étude de la langue allemande à l'époque contemporaine et dans l'histoire récente. Le Conseil de l'orthographe allemande (Rat für deutsche Rechtschreibung), mis en place par les pouvoirs publics, est l'instance qui fait autorité en matière d'orthographe allemande.

Unter Frankophonie (mit einem großen F) versteht man die Gesamtheit der Staaten und Regierungen (54 Vollmitglieder), die sich in der „Internationalen Organisation der Frankophonie" zusammengeschlossen haben. Die francophonie mit kleinem f meint hingegen alle Länder oder Sprecher, die Französisch teilweise oder dauernd als Verkehrssprache benutzen. Diese Rückbesinnung auf die französische Sprache erfolgte nach dem 2. Weltkrieg zu einem Zeitpunkt, als der Einfluss der angloamerikanischen Kultur in Europa immer stärker wurde. Ziel ist es, die französische Sprache und die französischsprachige Kultur (Film, Musik) in der Welt zu stärken. Seit 1986 findet alle 2 Jahre ein Gipfeltreffen der Frankophonie statt.

Von je her stand der Schutz des Französischen in Frankreich an oberster Stelle: Schon 1635 gründete der Kardinal de Richelieu in Paris die Académie française. Hauptanliegen dieser ehrwürdigen Institution ist bis heute die Pflege und Förderung der Reinheit der französischen Sprache. Der Gebrauch des Französischen wird angesichts des steigenden Einflusses des Englischen auch durch Gesetze geschützt (Toubon-Gesetz von 1994). Die Sorge um die französische Sprache als Pfeiler des kulturellen Erbes Frankreichs hat 1992 auch zur Aufnahme der Sprache in die Verfassung geführt („Die Sprache der Republik ist Französisch"). Der § 1 der französischen Verfassung, der die Gleichheit aller Bürger vor dem Gesetz, unabhängig von ihrer Herkunft, Rasse oder Religion garantiert, hilft auch zu verstehen, warum Frankreich bisher nicht die Europäische Charta der Regional- und Minderheiten-

ments (54 membres à part entière) réunis au sein de « l'Organisation internationale de la Francophonie ». La francophonie avec un f minuscule désigne en revanche l'ensemble des pays ou des locuteurs qui utilisent le français comme langue véhiculaire de manière partielle ou permanente. Cette nouvelle valorisation de la langue française a eu lieu après la Seconde Guerre mondiale, à un moment où l'influence de la culture anglo-américaine se faisait de plus en plus sentir en Europe. L'objectif est de renforcer la langue française et la culture francophone (cinéma, musique) dans le monde. Depuis 1986, un Sommet de la Francophonie a lieu tous les deux ans.

Depuis des siècles, la protection du français en France est une priorité : dès 1635, le cardinal de Richelieu fondait à Paris l'Académie française. L'objectif principal de cette vénérable institution est aujourd'hui encore de préserver et de promouvoir la pureté de la langue française. Face à l'influence croissante de l'anglais, l'usage du français est également protégé par des lois (loi Toubon de 1994). Le souci de la langue française en tant que pilier de l'héritage culturel de la France a également conduit à l'inscription de la langue dans la Constitution en 1992 (« La langue de la République est le français »). Le § 1 de la Constitution française, qui garantit l'égalité de tous les citoyens devant la loi, indépendamment de leur origine, de leur race ou de leur religion, aide également à comprendre pourquoi la France n'a pas encore ratifié la Charte européenne des langues régionales ou minoritaires (1992). Quelques critiques parlent même d'un certain impérialisme linguistique vis-à-vis des langues régionales en

sprachen (1992) ratifiziert hat. Einige Kritiker sprechen sogar von einem gewissen sprachlichen Imperialismus gegenüber den Regionalsprachen in Frankreich. Auch wenn dies, vor allem in der Vergangenheit, zutreffen mag, sollte man nicht vergessen, dass sich die „eine und unteilbare" Nation dank der Sprache herausgebildet hat und dass der „erzwungene" Erwerb dieser gemeinsamen Sprache den sozialen Aufstieg und die Chancengleichheit für alle Bürger ermöglicht. Regionale Sprachen wie das Korsische, das Bretonische und das Elsässische sind mittlerweile durch ein besonderes Statut anerkannt, was aber an der sprachlichen Einheit Frankreichs nichts ändert.

Die deutsche Sprache – Garant der Einheit

Für Deutschland hat die Sprache historisch eine ganz andere Rolle gespielt. Während die französische Sprache es der Republik erlaubt hat, Bevölkerungsteile, die eine andere Muttersprache hatten, an die gemeinsamen Werte zu binden, ist es der deutschen Sprache zu verdanken, dass die unterschiedlichen germanischen Volksgruppen schrittweise zueinander fanden, sich mit der Sprache identifizieren konnten und schließlich auch zur Bildung eines gemeinsamen Staates beitrugen. In der deutschen Sprache gibt es ein Wort, das den Unterschied zwischen einem konkreten Nationalstolz und einer abstrakten, eher romantischen Konzeption verständlich werden lässt: der Begriff der Heimat. In Französisch lässt sich dieses Wort kaum übersetzen. Es ist schwer zu vermitteln, dass mit Heimat etwas gemeint ist, das sowohl ein konkreter Ort (der Geburts-

France. Même si cela peut être vrai, surtout dans le passé, il ne faut pas oublier que la nation « une et indivisible » s'est construite grâce à la langue et que l'acquisition « forcée » de cette langue commune permet la promotion sociale et l'égalité des chances pour tous les citoyens. Les langues régionales comme le corse, le breton et l'alsacien sont désormais reconnues par un statut particulier, mais cela ne change rien à l'unité linguistique de la France.

La langue allemande - gage d'unité

Pour l'Allemagne, la langue a joué un tout autre rôle historique. Alors que la langue française a permis à la République de lier aux valeurs communes des parties de la population dont la langue maternelle était différente, c'est grâce à la langue allemande que les différents groupes ethniques germaniques se sont progressivement rapprochés, ont pu s'identifier à la langue et ont finalement contribué à la formation d'un État commun. En allemand, il existe un mot qui permet de comprendre la différence entre une fierté nationale concrète et une conception abstraite et plutôt romantique : le concept de *Heima*t. En français, ce mot est difficilement traduisible. Il est difficile de faire comprendre que par *Heimat*, on entend quelque chose qui peut être aussi bien un lieu concret (le lieu de naissance) qu'un lieu abstrait (la langue allemande) où l'on se sent « chez soi » et d'où l'on tire des sentiments d'identité. Cette notion abstraite d'identité culturelle, détachée des frontières géographiques et d'un patriotisme restrictif, a permis un échange intellectuel unique dans toute l'Europe centrale. Reliés par un horizon linguistique

ort), als auch ein abstrakter Ort (die deutsche Sprache) sein kann, an dem man sich „heimisch" fühlt und aus dem man Identitätsgefühle ableitet. Dieser abstrakte Begriff der kulturellen Identität, losgelöst von geographischen Grenzen und einengendem Patriotismus, ermöglichte einen einmaligen intellektuellen Austausch in ganz Mitteleuropa. Verbunden durch den gemeinsamen Sprach- und Bildungshorizont fand ein reger Dialog zwischen Berlin und Wien, aber auch Prag, München, Hamburg, usw. statt, ungeachtet der Nationalitäten oder der Religionen. Die Liste der deutschsprachigen Künstler und Intellektuellen jüdischen Glaubens in jener Zeit ist lang: Zweig, Kafka, Freud ...
Dies alles sollte 1933 mit der Machtergreifung der Nazis ein brutales Ende nehmen. Das Regime erstickte jegliche Kreativität im Keim, verfolgte alle, die ihren Gedanken, ihren Überzeugungen und Begabungen freien Lauf ließen. Dies betraf nicht nur die Juden, sondern jeden „freien Geist", ob Atheisten, Kommunisten, Christen, Juden oder Ausländer. Die deutsche Sprache wurde von der nationalsozialistischen Propaganda zu eigenen Zwecken missbraucht. 1945 war die Stunde Null für Deutschland. Es galt, mit der Schuld fertig zu werden, in den Nachbarstaaten neues Vertrauen aufzubauen, die Zerstörungen des Krieges zu beseitigen und sich eine neue Identität zu geben, da auf der alten nicht aufgebaut werden konnte. Auch die deutsche Sprache musste von der Beschmutzung durch die Nazis befreit werden – Udo Lindenberg gehört zu denjenigen Künstlern, die sich in ihren Werken die deutsche Sprache „zurückholen" wollten –

et éducatif commun, un dialogue actif s'est instauré entre Berlin et Vienne, mais aussi Prague, Munich, Hambourg, etc. indépendamment des nationalités ou des religions. La liste des artistes et intellectuels germanophones de confession juive à cette époque est longue : Zweig, Kafka, Freud ...
Tout cela devait prendre fin brutalement en 1933 avec l'arrivée des nazis au pouvoir. Le régime étouffa dans l'œuf toute créativité, persécuta tous ceux qui laissaient libre cours à leurs pensées, à leurs convictions et à leurs talents. Cela ne concernait pas seulement les juifs, mais tout esprit libre, qu'il soit athée, communiste, chrétien, juif ou étranger. La langue allemande a été détournée par la propagande nationale-socialiste à ses propres fins. 1945 était l'heure zéro pour l'Allemagne. Il s'agissait de faire face à la culpabilité, de reconstruire la confiance dans les pays voisins, de réparer les destructions de la guerre et de se donner une nouvelle identité, car il était impossible de construire sur l'ancienne. La langue allemande devait également être libérée de la souillure des nazis – Udo Lindenberg fait partie de ces artistes qui ont voulu se réapproprier la langue allemande dans leurs œuvres - avec succès.
La prochaine catastrophe était déjà à la porte : la division du pays et la perte de l'unité nationale qui en découlait. Tout semblait séparer les deux pays : le système politique et économique ainsi que les alliés. Deux facteurs allaient toutefois conserver un caractère unificateur au cours des 40 années de division de l'Allemagne. Premièrement, la position stratégique particulière des deux Allemagne, à l'ouest et à l'est du rideau de fer, qui les exposait chacune à un

mit Erfolg. Die nächste Katastrophe stand schon vor der Tür: die Teilung des Landes und der damit verbundene Verlust der nationalen Einheit. Alles schien die beiden Teilländer zu trennen: das politische und wirtschaftliche System ebenso wie die Verbündeten. Zwei Faktoren allerdings sollten über die 40 Jahre deutscher Teilung einen einigenden Charakter behalten. Erstens die besondere strategische Position der beiden Deutschlands westlich und östlich des eisernen Vorhangs, wodurch jeder auf seiner Seite einer wirklichen Gefahr ausgesetzt war. Und zweitens die gemeinsame deutsche Sprache und das gemeinsame kulturelle Erbe. Die Möglichkeit, dieselbe Sprache zu sprechen, hat einen kulturellen Austausch trotz aller Umstände erlaubt.
Als die Mauer 1989 fiel, konnte man die Bedeutung dieser gemeinsamen Sprache mit Händen greifen. Nicht Gewalt und Waffen überwanden schließlich die deutsche Teilung, sondern Worte und friedliche Demonstrationen. Leonard Bernstein ließ es sich nicht nehmen, in dem Jahr das Weihnachtskonzert der Berliner Philharmoniker zu dirigieren und kurzerhand Schillers Ode an die Freude zur Feier des Tages in eine Ode an die Freiheit umzudichten.

Die französische Kulturpolitik – eine Staatsangelegenheit

Sprache und Kultur, Kunst und Zivilisation, nationale Identität und weltweite Ausstrahlung: alle Aspekte des französischen kulturellen Erbes sind zentralisiert zusammengefasst im französischen Ministerium für Kultur, dessen Sitz sich mitten im histo-

réel danger. Et deuxièmement, la langue allemande commune et l'héritage culturel commun. La possibilité de parler la même langue a permis des échanges culturels malgré les circonstances.
Lorsque le mur est tombé en 1989, on pouvait toucher du doigt l'importance de cette langue commune. Ce ne sont pas la violence et les armes qui ont finalement surmonté la division de l'Allemagne, mais les mots et les manifestations pacifiques. Cette année-là, Leonard Bernstein ne s'est pas privé de diriger le concert de Noël de l'Orchestre philharmonique de Berlin et, pour fêter l'événement, il a sans hésiter réécrit l'Ode à la joie de Schiller en une Ode à la liberté.

La culture, une affaire d'Etat en France

Langue et culture, art et civilisation, identité nationale et rayonnement universel, tous ces aspects du patrimoine français sont regroupés, dirigés, financés ou subventionnés au ministère de la Culture, dont le siège se trouve bien évidemment dans le centre historique de Paris, et qui portait le nom de ministère de la Culture et de la Communication jusqu'en 1997. Paris est la métropole culturelle par excellence. Bien que d'autres centres culturels de haut niveau existent dans le pays, jamais aucune ville n'a été élevée au rang de Paris. Ce qui peut paraître évident aux yeux des Français ne l'est pas du tout aux yeux des Allemands. Habitué de par son histoire à une forte décentralisation des pouvoirs politiques, et plus particulièrement en ce qui concerne les affaires culturelles, l'Allemand

rischen Zentrum von Paris befindet und das bis 1997 den Zusatz „et de la communication" trug. Von dort aus wird gelenkt, entschieden, delegiert und finanziert. Paris ist die kulturelle Metropole schlechthin. Während in Deutschland eine Konzentration der Mittel und Aufmerksamkeit zugunsten einer einzigen Stadt schlecht akzeptiert würde, ist es für die Franzosen aus der historischen Entwicklung heraus eine Normalität. Die offizielle Präsenz des französischen Kulturministers sowohl bei den Filmfestspielen in Cannes, wie auch bei der Eröffnung eines Pariser Museums oder dem Theaterfestival von Avignon ist eine Selbstverständlichkeit. Kultur ist eine Staatsangelegenheit.

Das Kulturministerium

1959 wurde unter General de Gaulle das „Ministerium der kulturellen Angelegenheiten" aus der Taufe gehoben. Die Leitung übernahm André Malraux, Freund de Gaulles, Widerstandskämpfer und Schriftsteller. Das Gründungsdekret gibt die wichtigsten Ziele des neuen Ministeriums vor: Der Zugang zu den kulturellen Gütern soll demokratisiert werden. Möglichst viele Franzosen sollen die großen Kunstwerke der Welt und besonders Frankreichs genießen können, und die Entstehung neuer Kunstwerke soll gefördert werden. Dieses Ziel wurde in den vergangenen Jahrzehnten nicht aus den Augen verloren. In jeder größeren Stadt wurden so genannte Häuser der Kultur gegründet, wo die Bevölkerung kostenfrei Ausstellungen, Konzerte und andere kulturelle Aktivitäten besuchen kann. Ähnliche Beweggründe führten auch zur Entwicklung

s'étonnera peut-être de l'omniprésence officielle du ministre de la Culture au Festival d'Avignon, à l'ouverture d'un nouveau musée à Paris ou au Festival international du cinéma à Cannes. En France, la Culture, c'est une affaire d'Etat.

Le ministère de la Culture

En 1959, la Vème République toute jeune crée pour André Malraux, ami du Général de Gaulle, un ministère des Affaires culturelles. A l'époque, un souci de démocratisation culturelle est perceptible dans le décret fondateur de ce ministère qui « a pour mission de rendre accessibles les œuvres capitales de l'humanité, et d'abord de la France, au plus grand nombre de Français ; d'assurer la plus vaste audience à notre patrimoine culturel, et de favoriser la création des œuvres d'art et de l'esprit qui l'enrichissent » (Malraux). Cette volonté d'égalité et d'accessibilité n'a pas faibli au cours des soixante dernières années. Elle a donné naissance à une multitude d'établissements à Paris mais aussi en province et en banlieue comme les Maisons de la Culture, la création d'événements populaires comme la Fête de la Musique (en 1982), la Journée nationale du Patrimoine (1984), la Nuit des Musées (2005) etc., tous accessibles au grand public. Certains événements ont été imités à l'échelle européenne ou même mondiale, remportant un franc succès auprès du public qui en apprécie certes la gratuité, mais surtout un moment de convivialité et d'échange artistique et humain.

Le ministère gère une multitude d'institutions sur le territoire français, toutes vouées au service de la transmission des valeurs

kultureller Höhepunkte wie den jährlich stattfindenden Musiknächten, dem Tag des kulturellen Erbes oder der Nacht der Museen. Diese Initiativen haben nationale, sogar internationale Ausstrahlung und erfreuen sich eines großen Publikumsinteresses, nicht nur weil die Angebote gratis sind, sondern auch wegen der Geselligkeit und des Austauschs mit und über Kunst.

Im französischen Kulturministerium sind eine Reihe von Einzelinstitutionen, Delegationen und Abteilungen unter einem Dach zusammengefasst, die alle der gleichen Aufgabe dienen: Vermittlung der französischen Werte (Laizismus, Staatsbürgertum) und Normen (französische Sprache, zivilisiertes Verhalten).

Dass in Frankreich Kultur eine Staatsangelegenheit ist, lässt sich besonders gut anhand der großen staatlichen Bauprojekte veranschaulichen, die seit dem spektakulären Bau des Schlosses von Versailles Tradition sind. Sie gehen meist auf den Willen eines französischen Staatspräsidenten zurück. So zum Beispiel das der modernen Malerei gewidmete Centre Georges Pompidou, die von François Mitterrand initiierte Pyramide des Louvre, die Bastille-Oper oder die Neue Nationalbibliothek, und letztlich das von Jacques Chirac eröffnete Ethnologiemuseum Musée du Quai Branly. Hinzu kommen Großprojekte, welche die französische Leistungsfähigkeit eher in technischen und wissenschaftlichen Bereichen wie dem Brückenbau (viaduc de Millau) oder der Hochgeschwindigkeitsbahn (TGV) unterstreichen. Gleich ob künstlerischer oder wirtschaftlicher Art werden diese Projekte von einer Inszenierung begleitet, welche die Identifizierung

(la laïcité, la notion de citoyenneté) et des normes (la langue française, le comportement civilisé) qui font la fierté de la France. Autre manifestation du lien parfois fusionnel entre l'Etat et la culture : les Grands Projets, dont le plus prestigieux exemple dans l'histoire de la France est sans doute le château de Versailles ! Portant parfois les noms de leurs initiateurs, on reconnaît au Centre Beaubourg, dédié à la culture contemporaine, la signature de Georges Pompidou ; à la pyramide du Louvre, à l'opéra Bastille ou à la Bibliothèque nationale de France celle de François Mitterrand ; et plus récemment au Quai Branly, musée consacré aux Arts Premiers, la signature de Jacques Chirac. A ces grands travaux présidentiels s'ajoutent ce qu'on a appelé des « projets étato-industriels » grandioses comme le viaduc de Millau ou le TGV. Des projets aux budgets faramineux, mais qui contribuent au prestige et au rayonnement de la France dans le monde. Pour faire connaître leurs prouesses techniques, architecturales et artistiques, ces projets sont en général mis en scène dès le stade de la planification par le gouvernement français qui prévoit des journées officielles de « chantiers ouverts » pour la population.

Le patrimoine français et les quotas

Une certaine forme de politique culturelle étatique existait déjà sous l'Ancien Régime. Le mécénat royal, la création de la Comédie française et des Académies en sont les exemples les plus connus. Deux épisodes marquants de l'histoire de France renforcèrent cette politique en faveur du patrimoine : d'abord, en réaction au pillage et aux destructions, la Révolution de 1789

des französischen Volkes mit dem jeweiligen Projekt erlaubt, vom Planungsbeginn bis zur Einweihung.

Nationales Kulturerbe und Quotenpolitik

Schon in der Zeit vor der Revolution gab es eine gewisse Form von staatlicher Kulturpolitik. Das Mäzenatentum des Hofes, die Gründung der Comédie française und der Akademien sind dafür die bekanntesten Beispiele. Zwei einschneidende Daten in der französischen Geschichte verstärken diese Förderpolitik des nationalen Kulturerbes. Nachdem während der Revolution zahlreiche Kulturgüter geraubt und zerstört worden waren, beschließen die Revolutionäre die weitgehende Nationalisierung von historischen Bauwerken und Kunstgegenständen. 1905 kam im Rahmen der Trennung von Staat und Kirche die Leitung und Unterhaltung der kirchlichen Besitzungen seitens der Kommunen hinzu.

décida un transfert massif de monuments (châteaux) et d'objets d'art à la République ; et ensuite la séparation de l'Eglise et de l'Etat en 1905 confia à l'Etat et aux collectivités locales la responsabilité des édifices cultuels (églises, monastères).

C'est dans ce contexte qu'il faut situer la politique de protection du patrimoine et du système des quotas qui s'ensuit. L'Etat français se doit d'être garant de ce qu'on a appelé « l'exception culturelle ». Pour cela, il a instauré toute une série d'aides législatives et financières qui ont pour but de soutenir la production française. Vu de l'extérieur, cela peut paraître une contradiction : l'exception culturelle refuse de considérer la production culturelle comme une marchandise, ce qui justifie la politique de subvention qui est censée protéger l'art face aux règles du marché « à l'américaine ». Mais en même temps, le marché de l'art peut rapporter gros, ou comme l'exprimait Malraux dans son Esquisse d'une psycho-

Das Amt des Bevollmächtigten für die deutsch-französischen Kulturbeziehungen wurde mit dem Elysée-Vertrag 1963 geschaffen, um die Bundesländer an den deutsch-französischen Konsultationen angemessen zu beteiligen. Der Bevollmächtigte (jeweils der Regierungschef eines Bundeslandes) vertritt alle Themen, die zur Zuständigkeit der Länder gehören (vor allem Kultur, Medien und Bildung). Für 4 Jahre wird er bei deutsch-französischen Regierungstreffen Mitglied der Bundesregierung.

Le Traité de l'Elysée crée en 1963 la fonction du « Plénipotentiaire de la République fédérale d'Allemagne chargé des affaires culturelles » pour que les Länder soient représentés dans la coopération franco-allemande. Le Plénipotentiaire, qui est un des dirigeants des Länder, représente tous les sujets dont la compétence appartient aux Länder (avant tout culture, médias et éducation). Elu pour 4 ans, il devient membre du gouvernement fédéral allemand pendant les rencontres gouvernementales franco-allemandes.

In diesem Rahmen muss man die französische Kulturpolitik bis heute verstehen. Der besondere Wert der Kunstgüter, der sie außerhalb des rein ökonomischen Marktes stellt, rechtfertigt die Eingriffe des Staates im Kulturbereich und auf dem Kunstmarkt. Paris hat die Aufgabe, ein rechtlich und finanziell günstiges Klima zu garantieren, um ein möglichst großes Potential an französischer kreativer Produktion zu erlauben. Marktregulierungen und Quotenregelungen stehen dabei auf der Tagesordnung. Auch wenn sich der Staat gegen eine Definition von Kunst als Ware sträubt, ist er mit dieser Politik doch Akteur am Markt. Schon Malraux hatte auf dieses Paradox hingewiesen: Das Kino, so sagt er in seinem Essay Esquisse d'une psychologie du cinéma, ist eine Kunst, und im Übrigen auch eine Industrie.
Für alle Bereiche der Kommunikation und Unterhaltung (Kino, Theater, Fernsehen usw.) existiert ein System der finanziellen Unterstützung. So wird für jede gekaufte Kinokarte automatisch ein gewisser Prozentsatz (zwischen 10 und 16 %) für die französische Filmindustrie abgezweigt. Außerdem hat Frankreich seit 1994 eine Quotenregelung speziell für die Musikbranche im Radio eingeführt, um damit der angloamerikanischen Dominanz Herr zu werden. Konkret bedeutet dies, dass die Radiosender innerhalb einer Sendestunde 60 % frankophone Lieder senden müssen, dabei bis zu 10 % neue Titel (Regel aus dem Jahr 2000). Die Entwicklung zeigt die unmittelbaren Folgen dieser Entscheidung: innerhalb von 8 Jahren (zwischen 1996 und 2004) hat man in Frankreich eine Umkehrung der Verhältnisse beim Verkauf

logie du cinéma : le cinéma est un art, « et par ailleurs une industrie ».
Dans chaque branche (cinéma, théâtre, télévision ou autre moyen de communication) il existe un système d'aide automatique à la création. C'est ainsi que par exemple sur chaque billet de cinéma vendu, un certain pourcentage (entre 10 % et 16 %) est prélevé pour soutenir le cinéma français.
Depuis 1994, la France a adopté des quotas de diffusion d'œuvres francophones à la radio pour résister au quasi-monopole de la chanson anglo-américaine sur les ondes. Concrètement, sur une journée de diffusion, les radios doivent diffuser « 60 % de titres francophones, dont un pourcentage de nouvelles productions pouvant aller jusqu'à 10 % du total, avec au minimum un titre par heure en moyenne » (2000). Le résultat ne s'est pas fait attendre : en 2004 le CSA (Conseil supérieur de l'audiovisuel) annonça que par rapport à 1996, la proportion de vente de musique en France s'était exactement inversée : 40 % pour la variété internationale, 60 % pour la chanson francophone. Cette mesure, critiquée à l'époque par les pays voisins, est aujourd'hui plébiscitée à l'étranger.
Autre système qui fait des envieux à l'étranger, même si certains artistes français ne s'en rendent pas compte : le statut des intermittents du spectacle, statut unique au monde et qui a permis de faire vivre la création en protégeant les métiers du spectacle pendant les périodes d'inactivité. Le gouvernement français a cherché à modifier ce statut dernièrement pour prévenir un éventuel abus, ce qui a provoqué un tollé dans le milieu du spectacle.

festgestellt: 2004 waren 40% der französischen Musikkäufe internationale Titel und 60% frankophone Produktionen. Wurde diese drastische Maßnahme anfangs in den Nachbarstaaten noch belächelt, erkennt man heute den Nutzen für die heimische Musikbranche an.
Ein anderes System, das im Ausland für neidvolle Blicke sorgt, auch wenn die Betroffenen selbst sich dessen selten bewusst sind, ist die Unterstützung für die französischen *intermittents*. Gemeint sind alle die Beschäftigten der darstellenden Künste, die nicht durchgehend unter Vertrag stehen, also unregelmäßige Einkommen beziehen. Für diese „Durststrecken", die am Theater, im Filmgeschäft, aber auch im Zirkus vorkommen, stehen ihnen staatliche Hilfen zu. Um Missbrauch dieses finanziell vorteilhaften Systems zu vermeiden, arbeitet der französische Staat an einer Reform der Unterstützungen, was im Künstlermilieu für einen Aufschrei der Empörung gesorgt hat.

Und das französische Publikum?

SSelbstverständlich finanziert der französische Steuerzahler mit seinen Abgaben größtenteils die Kulturpolitik seines Landes. Was denken die Bürger darüber? Im Hinblick auf die damals anstehenden Präsidentenwahlen wurde im Winter 2006 eine Meinungsumfrage von TNS-Sofres publiziert, die sich mit eben diesem Thema auseinandersetzte. Festgestellt wurde dabei zunächst, dass eine Mehrheit (71 %) der Befragten die Kultur als ein wichtiges Thema bei den anstehenden Wahlen ansehen. Allerdings empfanden 54% keinen großen Unterschied zwischen linker und rechter

Et le public français?

Il va sans dire que toutes ces institutions, ces mesures de soutien et de protection sont presque entièrement financées par le service public et donc les contribuables. Et le public français justement, qu'en pense-t-il ?
Dans la perspective des présidentielles de 2007, TNS-Sofres a publié fin 2006 un sondage intitulé : « Les Français et la politique culturelle » dans lequel une majorité de personnes interrogées (71 %) considéraient la culture comme un des enjeux importants des élections. 54 % déclaraient ne voir « pas de différence » gauche-droite en matière de culture. On constate donc un certain consensus politique au sein de la population française lorsqu'il s'agit de culture. 44 % s'accordaient pour dire que le financement des activités culturelles doit se faire « par l'Etat ou les collectivités », et que l'effort des pouvoirs publics devait porter en premier lieu sur « La préservation et le rayonnement du patrimoine culturel de la France » (57 %).
La question suivante concernait les formes d'expressions culturelles à encourager à l'avenir : 51 % portaient leur soutien aux « nouvelles formes d'expressions culturelles ». Les Français interrogés estimaient qu'une politique culturelle efficace pouvait :

1. « dynamiser les zones rurales » (70 %),
2. « lutter contre les inégalités face à l'éducation » (64 %),
3. « combattre le racisme et les extrémismes » (61 %)
4. « renforcer l'identité nationale » (60 %).

Le « coût élevé des activités culturelles » (40 %) et la « montée des intégrismes et de l'intolérance » (39 %) sont perçus comme

Kulturpolitik in Frankreich. Man kann also fast von einem vom Volk so empfundenen politischen Konsens in Kulturfragen sprechen. Die Finanzierung der Kultur soll vom Staat und den Gebietskörperschaften gewährleistet werden, so 44 % der Befragten, und Hauptaufgabe der Kulturpolitik sei der Schutz des französischen Kulturerbes (57 %). Kulturpolitik kann nach Meinung der befragten Franzosen:

1. dem ländlichen Raum neue Dynamik verleihen (70 %),
2. gleiche Bildungsbedingungen für alle schaffen (64 %),
3. Rassismus und Extremismus bekämpfen (61 %) und
4. das nationale Bewusstsein stärken (60 %).

Auch wenn eine Umfrage zunächst nur dem subjektiven Empfinden Ausdruck verleiht, zeigt sie doch die Tatsache, dass dem französischen Staat weiterhin eine große – finanzielle und ethische – Rolle im Bereich Kultur und Kunst zugemessen wird.

Kulturpolitik in Deutschland

Die Kulturhoheit der Länder in Deutschland

Kennt man die historische Entwicklung in Deutschland und die Rolle, die der Kultur dabei zukam, dann verwundert es nicht, dass deutsche Kulturpolitik in erster Linie Ländersache ist. Die im Grundgesetz (Art. 30) festgelegte Kulturhoheit der Länder ist nach dem Mauerfall auf die neuen Bundesländer ausgeweitet worden. Trotz einer hin und wieder geführten Diskussion um die Aufgabenverteilung werden dem Bund bis

les principales menaces qui pèsent sur la culture en France.

Tout en calculant une marge évidente entre la subjectivité des chiffres et la réalité, ce sondage démontre l'importance du rôle accordé à l'Etat dans le soutien - financier et autre - de sa culture et de son patrimoine.

La politique culturelle en Allemagne

La souveraineté des Länder en matière de culture

Lorsqu'on connaît la construction historique de l'identité nationale de l'Allemagne, on ne s'étonnera pas que la politique culturelle y soit principalement du ressort des états régionaux allemands, les Länder, et ceci avant même la naissance de la République fédérale d'Allemagne en 1949. Après la réunification, ce système a été étendu aux régions allemandes de l'Est. Ce système fédéral, bien que discuté, s'est maintenu jusqu'à aujourd'hui.

Les Länder gèrent leur politique culturelle ainsi que l'éducation de façon indépendante et souveraine, c'est ce qu'on appelle en Allemagne la Kulturhoheit des Länder, principe fixé par la Constitution (Article 30). Bien sûr, il existe des questions d'importance nationale dont la responsabilité revient à l'Etat. C'est par exemple le cas de la promotion de la langue et de la culture allemande à l'étranger (Instituts Goethe), le problème de la restitution des biens juifs spoliés, et plus généralement la mise en place et la garantie d'un cadre législatif et financier pour protéger toute institution culturelle d'importance natio-

heute nur eingeschränkte Zuständigkeiten eingeräumt. Selbstverständlich gibt es auch Bereiche, die naturgemäß dem Bund unterstehen. Dies ist ganz allgemein der Fall für die auswärtige Kulturpolitik, die Förderung der deutschen Sprache und Kultur im Ausland (Goethe-Institute), die Problematik der Kriegsbeutekunst und der Rückgabe widerrechtlich erworbener Kulturgüter sowie die zunehmende Koordinierung mit den europäischen Institutionen.

Nicht unerwähnt bleiben sollte aber auch die Existenz der offiziellen Vertretungen der Bundesländer bei der Europäischen Union mit teilweise beträchtlichen Budgets (siehe z. B. Bayern) und einem nicht zu unterschätzenden Einfluss auf europäischer Ebene.

Berlin und die Last der Vergangenheit

Der Mauerfall 1989 und die Hauptstadtentscheidung für Berlin 1991 haben ihre Spuren in der deutschen Kulturpolitik hinterlassen. Weltweit besitzt Berlin, vor allem in Erinnerung an die glanzvollen 20er Jahre des 20. Jahrhunderts, eine kulturelle Ausstrahlung und Anziehungskraft, die Bonn nie hatte. Obwohl Bonn seine Rolle als provisorische Hauptstadt glänzend gespielt und einen unbestrittenen Rang als Universitätsstadt hat, stellte die Stadt am Rhein in den Zeiten der deutschen Teilung nie eine ernstzunehmende Konkurrenz für die Kulturstädte München, Köln oder Hamburg dar. Daran haben auch die Museumsprojekte, die Bundeskanzler Helmut Kohl in den Jahren vor dem Mauerfall angestoßen hatte, nichts ändern können. Seit der Wiedervereinigung spürt man eine Verschiebung und Konzentration der kultu-

nale. La défense des intérêts nationaux au niveau européen et international incombe aussi à Berlin. Mais il ne faut pas omettre de souligner l'existence des représentations officielles des Länder auprès de l'Union européenne, avec des budgets parfois considérables (voir par exemple la Bavière) et une influence non négligeable à l'échelle européenne.

Berlin et le poids du passé

La politique culturelle de l'Allemagne a quelque peu changé après la chute du mur. Le retour de la capitale à Berlin a attiré tous les regards sur cette ville qui avait connu une grande tradition culturelle, avec une apogée dans les années 20 du siècle dernier.

Berlin n'est pas Bonn. Pendant les années de la Guerre froide, des villes comme Munich, Cologne ou Hambourg affirmaient pleinement leur souveraineté culturelle à côté de cette capitale provisoire qu'était Bonn. Cette dernière avait certes une réputation de ville universitaire, mais jamais de centre d'art et de création. Et ce ne sont pas les projets de musées lancés par le chancelier Helmut Kohl à Bonn dans les années précédant la chute du mur qui auraient pu y changer quelque chose. Si les régionalismes artistiques de haut niveau s'épanouissaient donc sans concurrence jusqu'en 1989, on observe depuis de nombreuses années un déplacement de l'intérêt et des financements en direction de Berlin. L'ouverture sur les régions de l'Est et le charisme d'une ville qui représente à la fois le tragique de l'histoire allemande et le renouveau pacifique, font de Berlin un aimant pour toute l'avant-garde culturelle

rellen Aufmerksamkeit in Richtung Berlin. Trotz leerer Kassen zieht Berlin die künstlerische Avantgarde Europas an, und dieses intensive Kulturleben stärkt den Status der Stadt. Seit 1998 gibt es in Deutschland einen Beauftragten der Bundesregierung für Kultur und Medien (BKM), der als Staatsminister dem Kanzleramt zugeordnet ist. Diese Neuerung verleitete einen bayerischen Minister zu der Äußerung, ein Bundeskulturminister sei in Deutschland so nötig wie ein Marineminister in der Schweiz. Immerhin hat diese neue Bundesinstitution ca. 400 Mitarbeiterinnen und Mitarbeiter, und sie erlaubt eine bessere Koordinierung der verschiedenen kulturellen Aufgaben des Bundes, die bis dahin auf mehrere Ministerien verteilt waren. Zusammen mit dem Ausschuss für Kultur und Medien des Deutschen Bundestages achtet die Beauftragte – aktuell ist es Claudia Roth – auf die Einhaltung und Verbesserung der Rahmenbedingungen für deutsche Kunst und Kultur. Ausschuss und Beauftragter bearbeiten ein breites Themenspektrum von der Kulturförderung über die Hauptstadtkultur bis zur Filmförderung (darunter auch das berühmte Berliner Filmfestival) und der Erinnerungskultur, die in der deutschen Politik einen großen Raum einnimmt. Der langsame Beginn einer Zentralisierung einiger Zuständigkeiten im Kulturbereich erleichtert auch den Dialog mit den Kunstschaffenden, privaten Förderern wie Stiftungen und den nationalen wie internationalen Institutionen.

Die heutige Situation

Es ist unmöglich, einen vollständigen Überblick über die heutige Kunstproduk-

européenne, et confortent son statut de capitale.
Depuis 1998, l'Allemagne s'est dotée d'un Délégué du gouvernement fédéral à la Culture et aux Médias, *Beauftragter der Bundesregierung für Kultur und Medien (BKM)*, ce qui inspira à un ministre bavarois la remarque qu'un ministère fédéral de la culture était aussi nécessaire à l'Allemagne « qu'un ministère de la marine en Suisse » Cette nouvelle institution occupe pourtant environ 400 personnes. Elle permet une meilleure coordination des questions culturelles à l'échelle nationale et regroupe des politiques culturelles auparavant dispersées entre différents ministères. Claudia Roth, actuellement en charge du dossier, travaille étroitement avec la Commission de la culture et des médias du *Bundestag* pour gérer les questions de culture de la capitale, le soutien à la création cinématographique avec, entre autres, le fameux Festival du cinéma de Berlin, et les lieux de mémoire qui tiennent une place très importante dans la politique allemande. Ce début encore hésitant de « centralisation » de certaines compétences culturelles facilite le dialogue avec les acteurs culturels, les fondations et les institutions au niveau fédéral et international.

La situation actuelle

Il est impossible de donner une vision complète, et il est même difficile de définir les secteurs de pointe de la production culturelle dans l'Allemagne d'aujourd'hui. Le film, la littérature, la peinture, les arts plastiques et décoratifs jouissent d'une renommée internationale. Les prix Nobel de littérature, des oscars pour la produc-

tion in Deutschland zu geben, und es ist schwer, herausragende Bereiche zu benennen. Film, Literatur, Malerei und darstellende Kunst genießen internationales Ansehen. Literaturnobelpreise, Oscar-Preise für die Filmschaffenden, internationales Renommee zeitgenössischer Maler – die deutsche Nachkriegskunst hat insgesamt einen guten Ruf. Allerdings kann man mit Fug und Recht sagen, dass die Musik auch heute in der Gesellschaft einen besonders wichtigen Platz einnimmt. Mit seiner Musik identifiziert sich Deutschland in höherem Maße als Frankreich, wo eher die Literatur im Vordergrund steht. Alle größeren deutschen Städte haben sehr gute Orchester und hochwertige Konzertsäle. Als herausragendes Beispiel sei die Berliner Philharmonie genannt. Obwohl schon 60 Jahre alt, ist das Gebäude noch heute architektonisch interessant, und die Akustik des Saals gilt als vollkommen. Die Elbphilharmonie in Hamburg ist ein neueres, 2016 fertiggestelltes Beispiel für die Bedeutung großer Konzertsäle im deutschen Kultursystem.

Musikalische Früherziehung ist Teil deutscher Kulturpolitik. Das Netz an guten Musikschulen ist in Deutschland dichter als in anderen europäischen Ländern. Die musikalische Ausbildung der Kinder ist weniger verschult als es in den französischen conservatoires der Fall ist. Man kann die Musik, sowohl die klassische als auch die modernere, sogar als Teil deutscher Außenpolitik betrachten. Der Deutsche Musikrat, in dem die Musikschulen organisiert sind, hat durch seine Konzertreisen in Länder, zu denen wenig offizielle diplomatische Kontakte bestanden, viele Türen öffnen und bessere Kontakte anbahnen können.

tion cinématographique, des peintres de renommée internationale – l'art allemand d'après-guerre jouit d'une grande estime. Pourtant, il est vrai que la place de la musique reste particulièrement importante dans la société.

A l'opposé de la France, l'Allemagne se définit aujourd'hui plus facilement par sa culture musicale que par ses écrivains. Les villes allemandes sont toutes dotées d'orchestres de haut niveau, et d'excellentes salles de concert construites à cet effet. Citons l'exemple de la Philharmonie de Berlin. D'une architecture innovante malgré ses plus de 60 ans d'existence, elle est dotée d'une acoustique parfaite et est le symbole d'une tradition musicale qui cherche son équivalent en France. L'Elbphilharmonie de Hambourg est un exemple récent, achevé en 2016, de l'importance des grandes salles de concert dans le système culturel allemand.

L'initiation à la musique dès le plus bas âge fait partie de la politique culturelle en Allemagne. La densité en écoles de musique d'un bon niveau est nettement plus élevée que dans d'autres pays européens. Les petits Allemands reçoivent une formation musicale, qui est moins élitiste et scolaire que celle des conservatoires français.

La musique, surtout la grande tradition classique, mais aussi des créations plus récentes, peut être considérée comme faisant partie de la diplomatie allemande. Le *Deutsche Musikrat*, fédération nationale des écoles de musique et organisation clé pour la promotion de la musique, a joué un rôle important en organisant des tournées de grands orchestres allemands dans des pays avec lesquels il n'y avait que très peu de contacts officiels.

Deutsch-französische Kulturprojekte

Die staatlichen Stellen finanzieren ein immer noch relativ dichtes Netz von Kulturinstituten bzw. Goethe-Instituten im anderen Land. Neue Formen der Mischfinanzierung sind dazugekommen: deutsche Kommunen haben teilweise die früher französischen Instituts culturels übernommen, in Frankreich erhal-

Projets culturels franco-allemands

Les pouvoirs publics financent un réseau toujours relativement dense d'instituts culturels français ou d'instituts Goethe dans l'autre pays. De nouvelles formes de financement mixte sont apparues : les communes allemandes ont en partie repris les instituts culturels autrefois français ; en France, les « maisons de l'Allemagne »

Filmfestivals des frankophonen Films - Festivals du film allemand

Weltberühmt sind die beiden großen Filmfestivals in Cannes und in Berlin, wo sich die großen Namen der Filmkunst auf dem roten Teppich treffen.
Aber der Film hat auch spezielle Festivals in Deutschland und Frankreich inspiriert. Eine besonders lange Tradition haben die Französischen Filmtage Tübingen-Stuttgart, die 2023 zum 40. Mal stattfinden.
In Frankreich hat sich das jährliche Festival du cinéma allemand in Paris einen Namen gemacht (27. Ausgabe im Jahr 2022).
Daneben gibt es kleinere Festivals und Programmkinos, die sich um die Filme des jeweils anderen Landes verdient gemacht haben.

Les deux grands festivals du film de Cannes et de Berlin, où les grands noms du cinéma se retrouvent sur le tapis rouge, sont célèbres dans le monde entier.
Mais le cinéma a également inspiré des festivals spéciaux en Allemagne et en France. Les Journées du film français de Tübingen-Stuttgart (Französische Filmtage Tübingen-Stuttgart), dont la 40e édition aura lieu en 2023, ont une tradition particulièrement longue.
En France, le Festival du cinéma allemand à Paris, qui se tient tous les ans, s'est fait un nom (27e édition en 2022). Parallèlement, il existe des festivals et des cinémas d'art et d'essai de moindre envergure qui ont rendu de grands services aux films de l'autre pays.

Eine der originellsten Produktionen von ARTE ist die Serie „Karambolage", die man auch als DVD oder kleines Buch beziehen kann. In kurzen amüsanten Stücken werden Eigenheiten der deutschen und französischen Kultur vorgeführt, Missverständnisse erläutert und sprachliche Kuriositäten analysiert. Unbedingt empfehlenswert, auch für den Sprachunterricht!

Une des productions les plus originales d'ARTE est la série « Karambolage », dont il existe une version DVD et une édition imprimée. Dans cette série, on présente, sous forme de petits films ou de dessins animés, les particularités de la civilisation allemande et française, on explique des malentendus et des curiosités linguistiques. A ne pas manquer ! Et fort intéressant pour l'enseignement de la langue …

ten in einigen Städten die so genannten „Deutschlandhäuser" auch Unterstützung der Städte und Regionen. Kulturellen Austausch und wechselseitige Faszination zwischen zwei Ländern kann man aber nicht allein von Regierungsseite dekretieren. Kultur ist in hohem Maße subjektiv und unterliegt unvorhersehbaren konjunkturellen Schwankungen. Niemand konnte den großen Erfolg von Good bye, Lenin in Frankreich vorhersehen, und niemand wusste, ob Ziemlich beste Freunde in Deutschland den Geschmack des Massenpublikums treffen würde. Wer hätte die Prognose gewagt, dass die Musik von Tokio Hotel in Frankreich zu einem riesigen Interesse an der deutschen Sprache führen würde oder das ZAZ das deutsche Publikum mit ihren Songs begeistern würde? Man sollte also bescheiden bleiben, wenn man über die staatlichen (und privaten) Initiativen spricht, die bewusst auf eine Stärkung des deutsch-französischen Kulturaustauschs und zudem die gemeinsame Kulturförderung abzielen. Die deutsch-französische Kulturzusammenarbeit, die sich die Regierungen zum Ziel setzen, wird von mehreren Institutionen umgesetzt. Federführend dabei sind na-

de certaines villes reçoivent également le soutien des villes et des régions. L'échange culturel et la fascination réciproque entre deux pays ne peuvent toutefois pas être décrétés uniquement par les gouvernements. La culture est en grande partie subjective et soumise à des fluctuations conjoncturelles imprévisibles. Personne n'aurait pu prévoir l'énorme succès de Good bye, Lenin en France, et personne ne savait si Intouchables allait rencontrer le goût du public de masse en Allemagne. Qui aurait osé prédire que la musique de Tokio Hotel susciterait un énorme intérêt pour la langue allemande en France ou que ZAZ enthousiasmerait le public allemand avec ses chansons ? Il faut donc rester modeste quand on parle des initiatives publiques (et privées) qui visent délibérément à renforcer les échanges culturels franco-allemands et, en outre, la promotion culturelle commune.

La coopération culturelle franco-allemande, que les gouvernements se sont fixés comme objectif, est mise en œuvre par plusieurs institutions. Les ministères des Affaires étrangères, les ministères de la Culture et différentes commissions d'experts sont bien entendu les princi-

türlich die jeweiligen Außenministerien, die Kultusministerien und verschiedene Expertenkommissionen. Um die Zusammenarbeit zwischen den zentralisierten Pariser Instanzen und den 16 deutschen Ländern zu vereinfachen, wird jeweils für vier Jahre ein deutscher „Bevollmächtigter für die deutsch-französischen Kulturbeziehungen" ernannt, aktuell ist Ministerpräsidentin Anke Rehlinger aus dem Saarland die Kulturbevollmächtigte.

Die kulturellen Projekte werden in der deutsch-französischen Zusammenarbeit von einer Vielzahl von Vereinen, Stiftungen, Ministerien, Botschaften und Einzelpersönlichkeiten getragen. Eine besondere Rolle spielt der Fernsehsender ARTE, der das Ergebnis eines gemeinsamen politischen Willens ist. ARTE ist aus der Fusion von La SEPT und ARTE Deutschland TV GmbH entstanden und hat 1992 die ersten Sendungen in deutscher und französischer Version ausgestrahlt. Mittlerweile ist ARTE auch mit anderen europäischen, öffentlichen Fernsehanstalten (Belgien, Polen, Schweiz usw.) vertraglich verbunden. Erklärtes Ziel von ARTE ist „das Verständnis und die Annäherung der Völker in Europa" zu fördern. Die Entscheidungsgremien sind paritätisch deutsch und französisch besetzt, und auch wenn der Sitz der Anstalt im französischen Straßburg liegt, wird ARTE anteilig durch die deutschen und französischen Fernsehgebühren finanziert. Trotz der ausgewogenen deutsch-französischen Struktur hat ARTE in beiden Ländern sehr unterschiedliche Einschaltquoten. 2021 lagen sie in Deutschland bei 1,3 %, in Frankreich bei 2,9 %.

Trotz der geringen Einschaltquoten und der manchmal schwerfälligen deutsch-

paux acteurs de cette coopération. Afin de faciliter la collaboration entre les instances centralisées françaises et les 16 Länder allemands, un « Plénipotentiaire pour les relations culturelles franco-allemandes » est nommé du côté allemand pour quatre ans. Actuellement c'est la ministre-présidente de la Sarre, Anke Rehlinger, qui occupe cette fonction.

Dans la coopération franco-allemande, les projets culturels sont portés par une multitude d'associations, de fondations, de ministères, d'ambassades et de personnalités individuelles. La chaîne de télévision ARTE, fruit d'une volonté politique commune, joue un rôle particulier. ARTE est née de la fusion de La SEPT et d'ARTE Deutschland TV GmbH et a diffusé ses premières émissions en version française et allemande en 1992. Entre-temps, ARTE est également liée par contrat à d'autres chaînes de télévision publiques européennes (Belgique, Pologne, Suisse, etc.). L'objectif déclaré d'ARTE est de promouvoir « la compréhension et le rapprochement des peuples en Europe ». Les organes de décision sont composés à parité de Français et d'Allemands, et même si le siège de l'institution se trouve à Strasbourg en France, ARTE est financée proportionnellement par les redevances télévisuelles allemande et française. Malgré l'équilibre de la structure franco-allemande, ARTE a des taux d'audience très différents dans les deux pays. En 2021, elles étaient de 1,3 % en Allemagne et de 2,9 % en France.

Malgré ces faibles audiences et une structure de direction franco-allemande parfois lourde, la chaîne s'en tient à sa mission principale qui est le rapprochement artis-

französischen Leitungsstruktur hält der Sender an seiner Kernaufgabe fest, die in der künstlerischen und kulturellen Annäherung zwischen Deutschen, Franzosen und allen Europäern besteht. Der Sender ruft zu Offenheit und Neugierde über die nationalen Grenzen hinweg auf, und könnte damit einer der Schlüssel zur Zukunft der europäischen Kulturpolitik sein.

Die Medienlandschaft in Deutschland und Frankreich

Der Kampf für die Presse- und Meinungsfreiheit gehörte in der europäischen Geschichte zu den Kernforderungen der demokratischen Bewegungen. Zensur und staatliche Kontrolle sind wichtige Elemente des Machterhalts in autokratischen Systemen und Diktaturen – das haben die jüngsten weltweiten Entwicklungen erneut ins Bewusstsein rücken lassen. Mit gezielter Desinformation über die allgegenwärtigen sozialen Medien hat sich zusätzlich eine neue Form der Beeinflussung und Destabilisierung von Demokratien herausgebildet.

Die Medienlandschaft ist seit dem Beginn der Digitalisierung vielseitiger und unübersichtlicher geworden, die Suche nach verlässlicher Information schwieriger. Deshalb hat schulische und außerschulische Medienerziehung noch mehr Bedeutung.

Die klassischen Bereiche Print, Radio und Fernsehen waren bis zum Beginn der Digitalisierung dominant und haben auch heute noch ein großes Gewicht. Sowohl in Deutschland als auch in Frankreich gibt es den Bereich der „öffentlich-rechtlichen"

tique et culturel entre les Allemands, les Français et tous les Européens. La chaîne appelle à l'ouverture et à la curiosité au-delà des frontières nationales, et pourrait ainsi être l'une des clés de l'avenir de la politique culturelle européenne.

Le paysage médiatique en Allemagne et en France

Dans l'histoire européenne, la lutte pour la liberté de la presse et de l'expression a fait partie des revendications essentielles des mouvements démocratiques. La censure et le contrôle de l'Etat sont des éléments importants pour le maintien du pouvoir dans les systèmes autocratiques et les dictatures - les récents développements mondiaux en ont à nouveau fait prendre conscience. Avec la désinformation ciblée via les médias sociaux omniprésents, une nouvelle forme d'influence et de déstabilisation des démocraties a également vu le jour.

Depuis le début de la numérisation, le paysage médiatique est devenu plus diversifié et moins cohérent, et la recherche d'informations fiables plus difficile. C'est pourquoi l'éducation aux médias à l'école et en dehors de l'école revêt une importance encore plus grande.

Les domaines classiques de la presse écrite, de la radio et de la télévision ont été dominants jusqu'au début de la numérisation et ont encore un poids important aujourd'hui. En Allemagne comme en France, il existe aussi bien le domaine des chaînes de radio et de télévision publiques que celui des chaînes privées. En Allemagne, une rede-

und der privaten Radio- und Fernsehsender. In Deutschland wird für die öffentlichen Sender von allen Bürgerinnen und Bürgern eine Gebühr erhoben, in Frankreich gab es bis vor Kurzem eine ganz ähnliche „redevance", die aber 2022 abgeschafft und durch direkte finanzielle Unterstützung durch den Staat ersetzt wurde. Der private Sektor finanziert sich vor allem durch Werbung. Da auch der öffentliche Bereich Einnahmen aus Werbung hat, gibt es schon länger eine Debatte um die Berechtigung, von der gesamten Bevölkerung Gebühren zu verlangen.

Die Printmedien haben in beiden Ländern unterschiedliche Bedingungen, weil die französische Presse mit staatlichen Zuschüssen unterstützt wird, während das in Deutschland schlicht undenkbar ist.

Die finanzielle Unterstützung in Frankreich betrifft zu einem großen Teil die Hilfe bei der Zustellung der Presseprodukte, sowohl postalisch als auch durch Zeitungsausträger. Das Ziel der Subventionen ist der Erhalt der Meinungsvielfalt und der Zugang zu Qualitätsinformation auch im ländlichen Raum.

Die Digitalisierung wirkt sich auf die Medien unterschiedlich aus: die klassischen Medien stellen ihr Angebot sukzessive auf digitale Angebote (bei gleichen Inhalten) um und entwickeln damit neue Geschäftsmodelle. Andere Medien wie die zahlreichen sozialen Medien oder Online-Sender sind hingegen erst mit der Digitalisierung entstanden.

Soziale Medien als Informationsquellen

93% der französischen Bevölkerung hat Zugang zum Internet und nutzt es regel-

vance est prélevée sur tous les citoyens pour les chaînes publiques, tandis qu'en France, une redevance très similaire existait jusqu'à récemment, mais elle a été supprimée en 2022 et remplacée par un soutien financier direct de l'État. Le secteur privé se finance principalement par la publicité. Comme le secteur public tire également des revenus de la publicité, il existe depuis longtemps un débat sur la légitimité de demander des redevances à l'ensemble de la population.

La presse écrite connaît des conditions différentes dans les deux pays, car la presse française est soutenue par des subventions publiques, alors que cela est tout simplement impensable en Allemagne. Le soutien financier en France concerne en grande partie l'aide à la distribution des produits de presse, que ce soit par voie postale ou par des porteurs de journaux. L'objectif de ces subventions est de préserver la diversité des opinions et l'accès à une information de qualité, y compris dans les zones rurales.

La numérisation a un impact différent sur les médias en place : les médias classiques transforment progressivement leur offre en offres numériques (tout en conservant les mêmes contenus) et développent ainsi de nouveaux modèles économiques. En revanche, d'autres médias, comme les nombreux médias sociaux ou les chaînes en ligne, sont apparus seulement grâce à la numérisation.

Les médias sociaux comme sources d'information

93 % de la population française a accès à internet et l'utilise régulièrement (Digital Report 2022). Environ 80 % utilisent en

mäßig (Digital Report 2022). Etwa 80% nutzen zudem soziale Medien, bei den über 13jährigen sind es 94%. Die Bevölkerung in Frankreich ist durchschnittlich 5,34 Stunden täglich online. Dabei ist die Suche nach Informationen, auch zur politischen Aktualität, das häufigste Motiv. Die sozialen Medien erlangen in diesem Zusammenhang eine große Bedeutung als Informationsquelle. Allerdings machen sich mehr als die Hälfte der Nutzer Sorgen bezüglich der Verlässlichkeit von Informationen aus dem Internet. Daher ist es verständlich, dass die traditionellen Qualitätsmedien besonders in Krisenzeiten (wie der Corona-Pandemie) viel Zulauf haben.

In Deutschland ist die Situation vergleichbar, der Zugang zum Internet betrifft auch 93 % und die Nutzung sozialer Medien ist mit 86 % sogar etwas höher als in Frankreich. Die Verweildauer im Internet ist mit 5,22 Stunden täglich fast genauso hoch. Die Rolle als Informationsquelle ist bei Nutzern in Deutschland vergleichbar, und auch die Skepsis ist die gleiche wie bei den Nutzern im anderen Land.

Zusammenfassend lässt sich sagen, dass die Auswirkungen der Digitalisierung und der sozialen Medien im Besonderen in beiden Ländern weitestgehend gleich sind. Das Internet-Zeitalter homogenisiert die Gesellschaften ganz erheblich.

Journalismus

Traditionell wurden die meisten Journalistinnen und Journalisten in Deutschland von den Unternehmen in Volontariaten ausgebildet – ganz im Sinne der dualen Ausbildung. In Frankreich stand und steht dagegen die Ausbildung in staatlich aner-

outre les médias sociaux, et ce chiffre atteint 94% chez les plus de 13 ans. En France, la population passe en moyenne 5,34 heures quotidiennement en ligne. La recherche d'informations, y compris sur l'actualité politique, est le motif le plus fréquent. Dans ce contexte, les médias sociaux prennent une grande importance en tant que source d'information. Toutefois, plus de la moitié des utilisateurs s'inquiètent de la fiabilité des informations provenant d'internet. Il est donc compréhensible que les médias traditionnels de qualité soient très fréquentés, surtout en temps de crise (comme la pandémie du Covid).

En Allemagne, la situation est comparable, l'accès à internet concerne également 93 % et l'utilisation des médias sociaux est même un peu plus élevée qu'en France avec 86 %. Le temps passé en ligne est presque aussi élevé, avec 5,22 heures par jour. Le rôle de source d'information est comparable chez les utilisateurs en Allemagne, et le scepticisme est également le même que chez les utilisateurs dans l'autre pays.

En résumé, l'impact de la numérisation et des médias sociaux en particulier est largement similaire dans les deux pays. L'ère d'internet homogénéise les sociétés de manière très significative.

Journalisme

Traditionnellement, la plupart des journalistes en Allemagne ont été formés par les entreprises dans le cadre de contrats de formation - tout à fait dans l'esprit de la formation en alternance. En France, la formation s'est faite et se fait dans des écoles de journalisme reconnues par l'Etat.

kannten Journalistenschulen statt. Davon gibt es aktuell 14, verteilt über ganz Frankreich mit einem Schwerpunkt in Paris. Auf deutscher Seite hat das sich verändernde Berufsbild (multimedial, multifunktional) und die Konkurrenz um guten Nachwuchs dazu geführt, dass mehr und mehr jüngere Journalisten Quereinsteiger sind.

Il en existe actuellement 14, réparties dans toute la France, avec un accent sur Paris. Du côté allemand, l'évolution du profil professionnel (multimédia, multifonctionnel) et la concurrence pour attirer les jeunes générations ont conduit à ce que de plus en plus de jeunes journalistes rejoignent les entreprises en venant d'autres contextes professionnels.

Symbole der klassischen Medienwelt – Symboles du monde médiatique classique

Der Stuttgarter Fernsehturm wurde 1956 eröffnet, nachdem in Deutschland Weihnachten 1952 offiziell der Fernsehbetrieb aufgenommen wurde. Der Ingenieur Fritz Leonhardt hatte bei Stadt und Land ein technisch ambitioniertes Bauwerk durchgesetzt. Mit 216,6 m Höhe ist der Turm bis heute einer der höchsten Fernsehtürme in Deutschland. Als architektonische Meisterleistung und aufgrund der Bautechnik innovative Ingenieursleistung erhielt er zahlreiche Preise und wurde zum Wahrzeichen der Stadt Stuttgart.

Die Maison de la Radio ist der zentrale Sitz der französischen öffentlichen Rundfunks. Das Bauwerk wurde 1963 von Staatspräsident de Gaulle und dem damaligen Kulturminister André Malraux eröffnet. Architekt Henry Bernard hatte ein Gebäude konzipiert, das aus einem 500 Meter langen, halbrunden Ring besteht, in dessen Mitte ein Zentralbau und ein fast 70 Meter hoher Turm stehen. Dieser besondere Grundriss inspirierte die früheren Logos von Radio France.

© Radio France / Christophe Abramowitz

© Pixabay.com

Auch in Frankreich hat sich das Spektrum der Tätigkeiten von Journalistinnen und Journalisten erheblich verändert. Die Grenzen zwischen Print-, Audio- und Bildjournalismus verschwimmen durch Online-Angebote und die sozialen Medien. Die aktuellen Möglichkeiten, Inhalte auf allen erdenklichen Kanälen auch ohne Qualitätskontrolle auszuspielen, bringen die seriöse journalistische Arbeit in Konkurrenz zu Influencern oder gar „Content-Creator", Medienkampagnen und Fake-News. Klickzahlen treten an die Stelle von Einschaltquoten. Diese Tendenzen betreffen den gesamten Journalismus in liberalen Demokratien weltweit.

Die internationale Zusammenarbeit zwischen Qualitätsmedien ist noch nicht sehr weit entwickelt, obwohl sie gerade für die Herausbildung einer europaweiten öffentlichen Meinung wichtig wäre. Zwischen deutschen und französischen Medien gibt es immerhin punktuelle Kooperationen. Beispiele sind die Zusammenarbeit der Regionalzeitung Ouest France mit der Funke-Mediengruppe oder die unregelmäßig erscheinende Beilage zu Europa von Süddeutscher Zeitung, Le Monde und weiteren europäischen Partnern. Eine bewusste Gestaltung einer transnationalen Öffentlichkeit steht noch am Anfang – hier könnten Deutschland und Frankreich beispielhaft vorangehen.

En France également, l'éventail des activités des journalistes a considérablement évolué. Les frontières entre journalisme écrit, audio et visuel s'estompent grâce aux offres en ligne et aux médias sociaux. Les possibilités actuelles de diffuser des contenus sur tous les canaux imaginables, même sans contrôle de qualité, mettent le travail journalistique sérieux en concurrence avec les influenceurs, voire les « créateurs de contenu », les campagnes médiatiques et les fake news. Le nombre de clics remplace les taux d'audience. Ces tendances touchent l'ensemble du journalisme dans les démocraties libérales du monde entier.

La coopération internationale entre médias de qualité n'est pas encore très développée, alors qu'elle serait justement importante pour la formation d'une opinion publique à l'échelle européenne. Il existe tout de même des coopérations ponctuelles entre les médias français et allemands. Citons par exemple la collaboration du journal régional Ouest France avec le groupe Funke-Medien ou le supplément, pourtant irrégulier, sur l'Europe de la Süddeutsche Zeitung, du Monde et d'autres partenaires européens. La création consciente d'une sphère publique transnationale n'en est qu'à ses débuts - l'Allemagne et la France pourraient ici montrer l'exemple.

09

Die Schule

L'école

Unser modernes demokratisches System mit dem fest verankerten Gleichheitsprinzip (ein Mensch – eine Stimme) geht davon aus, dass prinzipiell jede Bürgerin und jeder Bürger ein entscheidungsfähiges und mündiges Mitglied der Gesellschaft ist. Historisch gesehen ging die Entwicklung unserer westlichen Demokratien mit der Alphabetisierung der Bürger und mit der Teilhabe an öffentlicher Meinung einher. Die Entwicklung eines öffentlichen Schulwesens und die Einführung der allgemeinen Schulpflicht im 19. und 20. Jahrhundert sind große Errungenschaften der Zivilisation, die zu den Grundpfeilern von Wohlstand und Frieden in Europa gehören. Die Schule war aber auch der Ort, an dem die Nationen ihr jeweiliges nationales Selbstverständnis, bis hin zum aggressiven Nationalismus, in den Köpfen der Jugend verankert haben. Daher ist es im geeinten Europa besonders wichtig, die

Notre démocratie moderne, fondée sur le principe de l'égalité des droits, suppose que toute citoyenne et tout citoyen est en mesure d'exercer de manière compétente et autonome ses droits démocratiques. Dans une perspective historique, le développement de nos démocraties occidentales et l'alphabétisation des citoyens ainsi que la création d'une opinion publique vont de pair. La création du système scolaire public et l'introduction de l'école obligatoire au 19e ou au début du 20e siècle sont des événements d'une importance capitale pour l'avenir d'une civilisation européenne basée sur la paix et le bien-être. S'il est vrai que l'école a été un lieu d'émancipation, elle a parfois aussi pu être en Europe à l'origine de certaines perceptions chauvines, responsables même de l'apparition d'un nationalisme agressif dans la tête de certains citoyens. Il est donc particulièrement important, dans une Europe unifiée, de mettre à profit la scolarité pour transmettre

i

Internetseiten zur Bildung / Sites internet sur l'éducation
www.eduserver.de – deutscher Bildungsserver in englischer Sprache mit umfangreichen Informationen zum deutschen Bildungssystem
www.bildungsministerium.de – deutscher Bildungsserver in deutscher Sprache mit umfangreichen Informationen zum deutschen Bildungssystem
www.bmbf.de – Site du Ministère fédéral de la recherche
www.education.gouv.fr – Site du Ministère de l'éducation nationale, de la jeunesse et des sports
https://eduscol.education.fr – Site officiel pour les acteurs pédagogiques, informations, matériel pédagogique, formation

Zeit der Schulpflicht zu nutzen, um allen jungen Menschen breite Kenntnisse über die Mitgliedstaaten und einen toleranten Blick auf die kulturelle Vielfalt in Europa zu vermitteln.
Die Organisation der Schulen, die Inhalte und die pädagogischen Formen müssen sich immer wieder neu an die Bedingungen der Gesellschaften anpassen. Für Europa geht es heute darum, durch eine breite Bildungsinitiative den einzigen nennenswerten „Rohstoff", den wir besitzen, nämlich gut ausgebildete Menschen, zu erhalten, weiter zu entwickeln und für die Zukunft vorzubereiten. Die Corona-Pandemie hat uns schlagartig vor Augen geführt, wie zentral das Schulwesen für unsere Gesellschaften und Volkswirtschaften ist. Während der Anpassung an die pandemiebedingte Situation ist auch deutlich geworden, wo Chancen und Grenzen digitaler Möglichkeiten in der Bildung liegen.

aux jeunes de solides connaissances sur les pays de l'Union et les amener à un regard tolérant sur la diversité culturelle européenne.
L'organisation de l'école, ses contenus aussi bien que ses méthodes pédagogiques sont constamment appelés à s'adapter aux besoins changeants de la société. Si nous voulons assurer notre niveau de vie de demain, il est nécessaire aujourd'hui de mettre en valeur la seule matière première digne de ce nom dont nous disposons, à savoir des êtres humains ayant reçu une formation exemplaire. La pandémie de la Covid nous a ouvert les yeux sur le rôle fondamental qu'a l'enseignement pour nos sociétés et pour les tissus économiques. L'adaptation du système scolaire pendant la crise nous a également révélé les opportunités ainsi que les limites de l'enseignement à distance.
Comme chaque pays doit relever ces défis dans le respect de ses propres traditions, il faut renforcer la coopération entre les écoles

i

Einführung der allgemeinen Schulpflicht in Europa
Introduction de la scolarité obligatoire en Europe

Schweden / Suède	1842
Spanien / Espagne	1857
Italien / Italie	1877
England / Angleterre	1880
Frankreich / France	1882
Deutschland / Allemagne	1919*

*** In Deutschland wurde der Grundsatz der allgemeinen Schulpflicht bereits im 18. Jh. in allen Territorien gesetzlich ausformuliert. Bis 1919 wurde die Schulpflicht aber eher als Unterrichtspflicht praktiziert. Die Eltern sind zwar dazu verpflichtet, ihren Kindern z. B. durch Privatunterricht Mindestkenntnisse zu vermitteln, ein Zwang zum Besuch öffentlicher Schulen besteht jedoch nicht. Endgültig gesichert und verfassungsrechtlich garantiert wurde die allgemeine Schulpflicht dann in Art.145 der Weimarer Verfassung von 1919.**

* Dans les territoires allemands, il existe depuis le 18e siècle une obligation d'enseignement, qui peut être dispensé à la maison ou dans des établissements publics ou privés. Ce n'est qu'en 1919 que la scolarité générale obligatoire est inscrite dans la constitution de la République de Weimar.

Einerseits muss jedes Land auf die Herausforderungen vor dem eigenen historischen Hintergrund reagieren, andererseits ist die Kooperation im schulischen Bereich besonders wichtig, wenn man an der Idee des geeinten Europas festhalten will. Das deutsche und französische Schulsystem sind radikal verschieden und kommen von gegensätzlichen Traditionen her. Wenn die französische und die deutsche Gesellschaft trotz aller Ähnlichkeiten immer noch so verschieden sind, wenn man immer wieder frappierende Unterschiede in der gesellschaftlichen Organisation, im Sprachgebrauch, in der Arbeitsweise und im intellektuellen Zugang zu denselben Themen feststellen kann, so liegt dies vor allem an der stark prägenden Schulzeit. Daher ist es besonders wichtig, über diese Unterschiede Bescheid zu wissen, denn nur bei gegenseitiger Kenntnis werden die Bemühungen um schulischen Austausch zum dauerhaften Erfolg führen.

des différents pays européens afin de maintenir le cap vers une Europe unifiée. Les systèmes scolaires allemand et français sont fondamentalement différents et résultent de traditions opposées. Si nos deux sociétés sont si différentes malgré toutes les convergences et les similitudes, si l'on en revient toujours à ce constat surprenant que les formes d'organisation de la société, les styles de travail et les approches intellectuelles sont fondamentalement autres, cela tient principalement à la formation scolaire qui marque profondément les jeunes Français et les jeunes Allemands. Il est donc essentiel de bien connaître et de comprendre ces différences. Les programmes d'échanges scolaires ne porterons leurs fruits au niveau pédagogique et humain que si les partenaires arrivent à se connaître et à se respecter dans leur diversité.

i

Eine Studie hat in Deutschland im Jahre 2018 ergeben, dass 6,2 Millionen Deutsche nicht richtig schreiben und lesen können. In der Tat stellt man in Deutschland einen schleichenden Analphabetismus fest. Viele davon betroffene Jugendliche werden als „nicht ausbildungsfähig" eingestuft und können daher keine Lehrstellen annehmen, selbst wenn es Angebote gibt.

Une enquête de l'Agence Nationale de Lutte Contre l'Illettrisme (ANLCI) de 2018 permet d'analyser les questions liées à l'illettrisme en France. Actuellement, on estime que 7 % de la population vivant en France est en difficulté de lecture.

Die Organisation des Bildungssystems

Zentralismus – Föderalismus

Wenn der französische Bildungsminister sich mit seinem deutschen Kollegen treffen und über gemeinsame Projekte sprechen möchte, wird es kompliziert. Denn in Deutschland ist Bildung Ländersache. 16 Bildungsminister (oft heißen sie „Kultusminister") kümmern sich um die Schulen im Land. Lehrpläne, Schulbücher, Lehrerausbildung, sogar die Anzahl der Schuljahre: alles kann von Land zu Land verschieden sein. Damit es dennoch eine gewisse Durchlässigkeit gibt und z.B. der Schulwechsel von einem Bundesland ins andere möglich ist, gibt es die Kultusministerkonferenz (KMK). Die KMK soll ein gewisses Maß an Einheit garantieren. Die Rolle der KMK ist in den letzten Jahren oft kritisiert worden, weil die Struktur sehr bürokratisch und schwerfällig ist. Die Ministerpräsidenten der Länder wollen eine Reform der KMK durchsetzen, um schneller und besser auf die neuen Anforderungen der Schule eingehen zu können.

Die Suche nach bundesweiten Standards ist verstärkt worden, nachdem die erste PISA-Studie im Jahr 2000 für die deutschen Schulen mittelmäßige bis schlechte Noten ergeben hat. Seitdem ist viel unternommen worden, um die grundlegenden Leistungen der Schülerinnen und Schüler zu verbessern. Die jüngeren Pisa-Vergleichsstudien zeigen tatsächlich deutlich bessere Werte, auch wenn Deutschland nicht zur Spitzengruppe gehört. Für Frankreich zeigt die jüngste PISA-Studie übrigens Ergebnisse, die denen für Deutschland

L'organisation du système scolaire

Centralisme – fédéralisme

Quand le ministre français de l'Éducation nationale veut rencontrer son homologue allemand pour discuter de projets communs, il se trouve dans l'embarras le plus complet. En Allemagne, en effet, l'éducation relève de la compétence des *Länder*, donc des Régions-États qui forment la République fédérale. 16 ministres s'occupent des écoles allemandes. Tout peut varier d'un *Land* à l'autre : les programmes, les manuels, la formation des professeurs, même la durée de la scolarité jusqu'au baccalauréat. Pour assurer un minimum d'homogénéité et pour permettre, pour citer un exemple concret, le passage d'une école d'un *Land* à un autre, on a créé la Conférence fédérale des Ministres de l'Éducation. Elle a pour fonction de garantir un certain degré d'égalité. Cette institution a été fortement critiquée dernièrement car il s'agit d'une structure lourde et fort bureaucratique. Les Ministres-Présidents des *Länder* veulent réformer cette structure afin de pouvoir réagir plus rapidement aux exigences de l'école.

Ces dernières années, on est revenu en Allemagne vers l'idée d'un tronc commun, surtout après les résultats de la première enquête internationale de l'OCDE connue sous le nom de « PISA 2000 », qui a fait apparaître des résultats médiocres pour les écoles allemandes. Depuis beaucoup d'efforts ont été fait pour améliorer la performance des élèves. Les études PISA plus récentes montrent en effet une nette amélioration, bien que l'Allemagne ne fasse toujours pas partie des meilleurs pays. La situation des élèves en France

ähneln. In beiden Ländern gibt es jedoch einen relativ hohen Prozentsatz von Schülerinnen und Schülern, die in den Grundfertigkeiten Lesen und Mathematik ein schlechtes Niveau haben.

Auch in Frankreich ist das Thema „Schule" weit oben auf der politischen Tagesordnung. Organisatorisch ist die nationale Zuständigkeit in 17 regionale *académies* aufgeteilt, die für die jährliche Planung und Aufsicht über die Schulen zuständig sind. Im Rahmen der Dezentralisierung sind einige Zuständigkeiten auf die Departements (Bau und Unterhalt der *Collèges)* und die Regionen (Bau und Unterhalt der *Lycées)* übergegangen. Seit 2004 wird zudem das gesamte technische Personal nicht mehr vom Staat, sondern von den Regionen/Departements verwaltet. Die Regionen können Zuschüsse zum Erwerb der Schulbücher gewähren und somit auch einen

est d'ailleurs assez comparable à la situation en Allemagne. Il n'en reste pas moins vrai que dans les deux pays un nombre bien trop élévé de jeunes ne dispose pas des qualifications de base nécessaires pour pouvoir continuer leur formation en vue du marché du travail.

En France également, le sujet de l'école a une place de choix sur l'agenda politique. En France, 17 académies regionales assurent l'organisation de l'année scolaire et veillent sur la bonne marche des établissements. Avec la décentralisation en cours, des domaines de compétences ont été transférés aux régions (les lycées) et aux départements (les collèges). Depuis 2004, au lieu de relever de l'autorité de l'État, le personnel technique est passé sous la tutelle des régions/départements. Les régions peuvent accorder des soutiens aux familles pour l'achat de manuels scolaires et donc pratiquer une

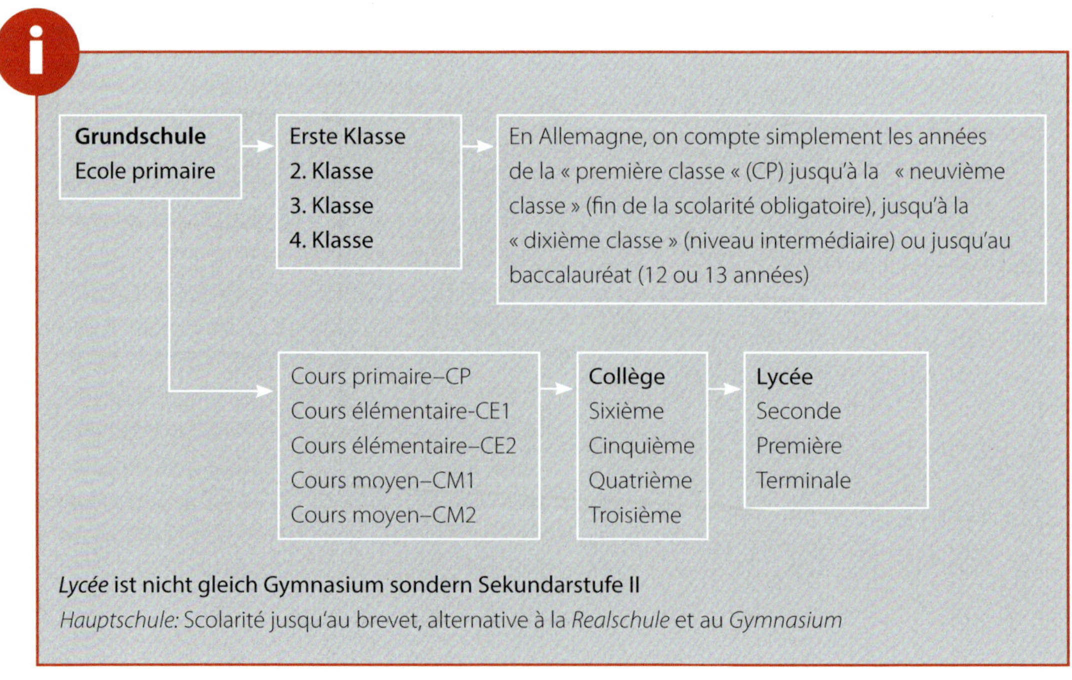

Lycée ist nicht gleich Gymnasium sondern Sekundarstufe II

Hauptschule: Scolarité jusqu'au brevet, alternative à la *Realschule* et au *Gymnasium*

Teil Familienpolitik betreiben. Fast ein Viertel der gesamten Bildungsausgaben Frankreichs werden in der Regie von Gemeinden, Departements und Regionen ausgegeben. Alle Angelegenheiten des Unterrichts, des schulischen Programms und der Lehrerausbildung bleiben allerdings auch in Zukunft völlig zentral, und niemand kann sich das in Frankreich anders vorstellen.

Die Phasen der schulischen Ausbildung

Während in Deutschland der Kindergarten immer noch nicht vollständig als Teil der Schulpflicht betrachtet wird, ist der Besuch der *école maternelle* in Frankreich für Kinder ab 3 Jahren seit 2019 Pflicht. Die Schüler werden dann in beiden Ländern etwa im gleichen Alter eingeschult, nämlich mit 6 Jahren. Damit hören die Parallelen aber auch schon auf. Die Grundschule dauert in Deutschland in der Regel 4 Jahre, in Frankreich 5. In Frankreich gehen alle Schülerinnen und Schüler anschließend 4 Jahre lang auf das *collège* und erhalten nach 9 Schuljahren das *brevet d'études,* das Zeugnis über die absolvierte Schulpflicht. Die meisten (fast 80 %) gehen dann noch 3 Jahre weiter zur Schule und machen nach insgesamt 12 Schuljahren das Abitur *(baccalauréat général, technologique* oder *professionnel*). In Deutschland gibt es bei den „weiterführenden Schulen" ab der 5. Klasse verschiedene Möglichkeiten. Nach der vierjährigen Grundschulzeit (in manchen Bundesländern auch erst nach 6 Schuljahren) gehen die Schüler auf die weiterführende Schule, wobei es unterschiedliche Profile gibt. Traditionell gab es die Hauptschule, die vor allem als Vorbereitung für die berufliche Ausbildung

vraie politique familiale. Presque un quart du budget français lié à l'éducation est géré par les communes, départements et régions. Tout ce qui relève des programmes et de la formation des enseignants reste par contre sous le contrôle de l'État national.

Les différentes étapes de la scolarité

Tandis qu'en Allemagne les annés au *Kindergarten* ne font pas partie de la scolarité obligatoire, l'inscription dans une école maternelle a été rendue obligatoire en France en 2019 pour tout enfant âgé de trois ans. L'école primaire commence à l'âge de six ans pour les petits Français comme pour leurs camarades allemands, mais c'est bien là le seul point commun. En Allemagne, l'école primaire ne dure en général que 4 ans contre 5 ans en France. Ensuite, les élèves français fréquentent tous pendant 4 ans le collège et passent leur brevet d'études après 9 ans de scolarité. La plupart d'entre eux (presque 80 %) continuent leur parcours scolaire encore trois ans et quittent l'école au bout de 12 ans avec un baccalauréat général, technique ou professionnel. En Allemagne, après l'école primaire (donc au bout de 4 ans en général, 6 ans dans certains *Länder),* les élèves sont répartis dans trois types d'établissements secondaires. Ils peuvent fréquenter une *Hauptschule*, une *Realschule* ou bien le *Gymnasium*. Il n'y a donc pas de collège unique. Ces derniers temps il y a eu un débat sur l'avenir de la *Hauptschule* dont l'objectif a été à l'origine de préparer les jeunes à une formation professionnelle en entreprise. Dans la plupart des *Länder* ce type de collège n'a plus d'avenir et a été ou sera fusionné avec les *Realschulen*. En l'an 2006 on comptait en Allemagne 4 800 établissements du

gedacht war, die Realschule oder das Gymnasium. Heute ist die Hauptschule in einigen Bundesländern vollständig abgeschafft worden und in anderen Schulformen aufgegangen. Während es im Jahr 2006 in ganz Deutschland 4.800 Hauptschulen gab, sind es 2019 noch 1.900. Etwa 13 % eines Jahrgangs schließen die Hauptschule (bzw. die entsprechenden Schulformen) ab, 41 % die Realschule und ca. 32 % schließen die Schulausbildung mit dem Abitur ab. Rechnet man die Schüler mit einer Fachhochschulreife

type *Hauptschulen*, il n'en restent que 1 900 en 2019. Environ 13 % d'une tranche d'âge obtiennent le brevet après avoir fréquenté une *Hauptschule*, 41 % terminent la *Realschule* et 32 % vont jusqu'au baccalauréat général. Si l'on considère qu'une partie des élèves de la *Realschule* aura accès à certaines formes d'enseignement universitaire (par la *Fachochschulreife*, comparable à un bac professionnel), le nombre d'élèves qui peut accéder à l'enseignement supérieur est de 40 %. 6 % des élèves n'ont même pas le brevet. Dans la plupart des *Länder*, il faut 13 ans

Ferdinand Buisson (1841 -1932), ein enger Vertrauter von Jules Ferry, hat das Substantiv „Laizität" geprägt. Von 1879 bis 1896 war er Direktor für Grundschulangelegenheiten und überwachte die Ausformulierung der Gesetze zur Laizität der Schule.

Ferdinand Buisson (1841-1932), grand commis de l'État et proche de Jules Ferry, a imposé l'usage du mot « laïcité ». Agrégé de philosophie, il a été de 1879 à 1896 directeur de l'Enseignement Primaire. Il a supervisé le travail d'écriture et de conception des lois sur la laïcité.

(das könnte man als Entsprechung des *bac professionnel* bezeichnen) hinzu, so ergibt sich eine Zugangsquote zu allen Hochschultypen von 40 %. Ungefähr 6 % eines Jahrgangs haben überhaupt keinen Schulabschluss. In den meisten Bundesländern dauert es bis zum Abitur insgesamt 13 Schuljahre, in einigen 12. Im Vergleich haben also viel mehr französische Schüler ein *baccalauréat* als deutsche Schüler ein Abitur. In Frankreich findet nach dem Abitur noch einmal eine harte Auswahl statt, bevor die leistungsstarken

pour arriver au baccalauréat, 12 ans suffisent dans les autres. Les élèves français arrivent donc au bac en bien plus grand nombre que leurs camarades allemands, mais il faut dire que les modes de sélection diffèrent considérablement dans les deux pays. En France, il y a une forte sélection après le bac. C'est là que se décident les carrières professionnelles, car l'accès aux « grandes écoles » hautement réputées est réglé par les fameuses classes préparatoires. En Allemagne, la sélection se fait en premier lieu tout au long de l'enseignement secondaire et non pas après

Schüler dann die besten Hochschulen mit optimalen Karrierechancen besuchen dürfen, in Deutschland findet die Selektion stärker schon während der Schulzeit selbst statt. Der Zugang zu Hochschulen wird vor allem über die Abiturnoten geregelt.

Kirche und Schule

Ein weiterer grundsätzlicher Unterschied, der sofort auffällt, ist die Rolle der Kirchen in der Schule. Frankreich ist ein laizistischer Staat (Gesetz von 1905) und betrachtet Religionsausübung als reine Privatsache – womit die Tatsache, dass der französische Staat und die französische Gesellschaft historisch sehr stark durch die katholische Kirche geprägt worden sind, nicht geleugnet werden soll. In Deutschland sind die beiden großen christlichen Konfessionen in den meisten Bundesländern schon in der Grundschule ein richtiges Schulfach mit Benotung, während sich französische Schüler in ihrer Freizeit in Katechismus üben können. Weil es in den deutschen Schulen heute sehr viele Schülerinnen

le baccalauréat. L'accès aux universités se fait sur la base des notes au baccalauréat.

Église et État

Le rôle de l'Église dans les écoles ne pourrait être plus différent dans nos deux pays. La France, État laïque par définition (loi de 1905), considère que la religion est uniquement une affaire d'ordre privé – ce qui ne signifie pas que l'on nie l'impact historique qu'a eu l'Église catholique sur le développement de la société française. En Allemagne, les deux grandes religions chrétiennes font partie dans la plupart des *Länder*, dès le primaire, du programme des cours dans les écoles publiques. Les élèves allemands sont notés sur leurs connaissances en la matière, tandis que leurs camarades français vont au catéchisme après l'école, s'ils le souhaitent. Comme il y a en Allemagne de nombreux élèves musulmans, on a commencé à former, au niveau des *Länder*, des professeurs de religion musulmane pour qu'ils enseignent en langue allemande dans les écoles publiques. L'objectif est de mieux intégrer les jeunes et

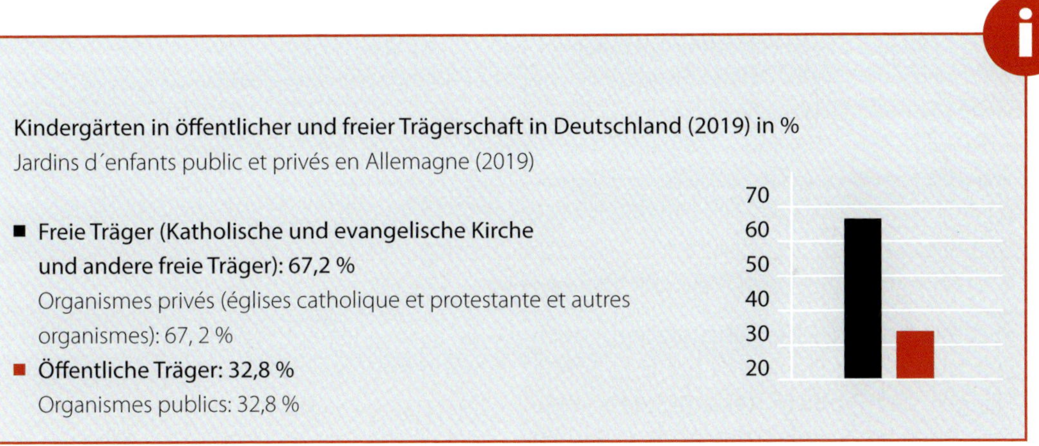

und Schüler muslimischen Glaubens gibt, geht man in einigen Bundesländern dazu über, Islam-Lehrer auszubilden und Islam-Kunde als Schulfach anzubieten. Ziel ist es, den radikalen außerschulischen Islam-Schulen das Wasser abzugraben. Auch im laizistischen Frankreich hat man schon länger das Problem erkannt, dass viele muslimische Schüler durch den Besuch von (mehr oder minder radikalen) Islam-Schulen dem Einfluss der republikanischen Schule immer mehr entzogen werden. Auf Grundlage eines neuen Gesetzes zur Stärkung der republikanischen Werte wird die französische Regierung härter gegen Einrichtungen vorgehen, die junge Menschen mit einer radikalen Interpretation des muslimischen Glaubens indoktrinieren.

de réduire l'influence des écoles coraniques plus ou moins islamistes. En France, pays pourtant laïque, on prend désormais en considération le fait que beaucoup d'élèves musulmans échappent en partie à l'influence de l'enseignement républicain en fréquentant des écoles coraniques à côté de l'école française. Sur la base d'une nouvelle loi pour le renforcement des valeurs républicaines le gouvernement français adoptera une attitude plus ferme par rapport aux écoles coraniques dont certaines cherchent à influencer les jeunes par une lecture radicale de la foi musulmane.

Lehrer/Schüler mit aktuellen Zahlen / Enseignants/étudiants avec chiffres actuels

Deutschland 2020

782.613	Lehrkräfte an allgemeinbildenden Schulen (auch Teilzeitkräfte)
8.330.000	Schülerinnen und Schüler
32.332	allgemeinbildende Schulen

Ces chiffres prennent en compte l'enseignement du premier et second degré et comprennent donc les maternelles.
Ministère de l'Éducation nationale

France 2021

1.174.000	Employés du Ministère de l'Education nationale, dont
886.000	Professeurs (2020)
6.528.000	Élèves dans le primaire
5.729.000	Élèves dans le secondaire

Diese Zahlen schließen die Vorschulen in Frankreich mit ein.
Quelle: statistica.com

Die Eltern in der Schule?

Die Eltern sind im deutschen Schulsystem viel stärker eingebunden. Dies ist durch-

Les parents à l'école ?

En Allemagne, les parents d'élèves jouent un rôle bien plus important dans l'organisation de l'école qu'en France. Ce rôle n'est pas sans ambiguïtés. Les parents peuvent exercer une influence sur les activités scolaires puisqu'ils sont informés régulièrement des

aus eine zweischneidige Sache: Natürlich können die Eltern auf die Gestaltung des Unterrichts stärker Einfluss nehmen, weil sie bei den regelmäßigen Elternabenden insgesamt informiert werden. Die Bildung und Erziehung der Kinder wird dabei als gemeinsame Aufgabe von Familie/Eltern und Staat/Schule verstanden. Auf den Elternabenden herrscht in deutschen Schulen großer pädagogischer Eifer, manchmal meinen auch die Eltern, die Lehrer bei ihrer Arbeit ganz erheblich beeinflussen zu müssen. Dieses Ritual gibt es in Frankreich nicht. Bei den Treffen *parents-profs* handelt es sich um Lehrersprechstunden, in denen die Eltern die Leistungen ihrer eigenen Kinder abfragen und um eine individuelle Einschätzung bitten. Diese Einrichtung gibt es in Deutschland ebenfalls, aber sie ist nicht mit dem kollektiven Erlebnis des Elternabends zu vergleichen.

Die Ferien sind zu Ende

Deutsche Touristen findet man in den Urlaubsländern fast das ganze Jahr über. Das liegt u.a. an der Organisation der Sommerferien, die sich zeitversetzt je nach Bundesland von Juni bis September erstrecken. Die Staus auf den Autobahnen gehören zur Sommerzeit genauso dazu wie der Schulbeginn. Allerdings wird um den Schulbeginn in Deutschland kein großes Aufheben gemacht – die Bundesländer organisieren das selbst, es gibt keine nationale „Wiedergeburt" nach dem langen Sommer. Das ist in Frankreich anders.

Während die „kleinen Ferien" im Winter und Frühjahr nicht mehr für alle zur gleichen Zeit stattfinden, sondern in drei Zonen etwas zeitversetzt sind, bleiben die

programmes en cours, des choix pédagogiques et des initiatives en tout genre qui complètent le programme habituel. L'institution qui établit le contact étroit entre enseignants et parents d'élèves s'appelle « Soirée des parents » *(Elternabend)*. Il s'agit d'une réunion où tous les parents d'élèves passent une (longue) soirée dans l'école avec plusieurs enseignants de la classe en question. L'éducation des enfants est considérée comme une tâche collective qui implique aussi bien les familles que les autorités de l'État, l'inconvénient de cette structure étant que certains parents, trop bien intentionnés, font parfois du zèle et se mêlent un peu trop du travail des professeurs. En France, les « rencontres parents-professeurs » sont l'équivalent des *Lehrersprechstunden*, durant lesquelles les parents rencontrent individuellement les professeurs pour s'entretenir sur le parcours de leurs enfants. Cette forme de concertation enseignants-parents n'a rien de commun avec la mise en scène d'une soirée des parents au caractère collectif.

La rentrée des classes

Dans les régions touristiques européennes, on trouve des vacanciers allemands pendant presque toute l'année. Cela est dû entre autre au fait que les vacances scolaires - et notamment les grandes vacances - varient de *Land* à *Land* et sont échelonnées sur quatre mois, de juin à septembre. Les embouteillages sur les autoroutes ne se limitent pas à quelques journées noires comme en France, elles font malheureusement parti du quotidien. Il n'existe d'ailleurs pas de phénomène collectif de « rentrée » tel que le connaît la société française. Chaque *Land* reprend ses activités après les vacances, le premier jour de classe

langen Sommerferien ein kollektives Erlebnis für alle Schülerinnen und Schüler. Juli und August sind Ferienmonate. Bevor es Anfang September wieder losgeht, werden die Eltern von Supermärkten und Fachgeschäften mit spezieller Werbung angelockt. Das Ferienende ist auch ein wichtiger Moment des Konsums, sowohl für schulisches Material als auch für Kleidung. Die Familien erhalten vom Staat jedes Jahr zum Schuljahresbeginn einen Zuschuss, der je nach Alter des Kindes zwischen 470 € und 500 € beträgt.
Der Begriff der *rentrée* als offizielles Ende der Sommerzeit ist im Bewusstsein der Franzosen fest verankert, dies gilt für die politische Welt, für die Kunstszene und für die Schule gleichermaßen. Eine Entsprechung im Deutschen gibt es für den Begriff *rentrée* nicht, man würde eher vom „Ende der Sommerpause" sprechen. Am Tag der *rentrée des classes* sind dann alle Radio- und Fernsehsender voll mit Informationen, Reportagen, Erlebnisberichten, als ginge es um eine noch nie gemachte Erfahrung. Dies betrifft Lehrer, Eltern und Schüler gleichermaßen.

Ein typischer Schultag

Montags ist es für alle Schülerinnen und Schüler gleich schwierig. Nur die deutschen Kindergartenkinder haben es etwas besser, denn da gibt es meistens flexible Anfangszeiten. Die kleinen Franzosen gehen hingegen zu festen Uhrzeiten in die *école maternelle,* die eben eine richtige Schule und kein Kindergarten ist. Die meisten deutschen Schüler fahren mit

passant presque inaperçu. Il n'en est pas ainsi en France.
Les vacances scolaires plus courtes, en hiver et au printemps, sont, certes, organisées à des dates différentes selon 3 zones, mais les vacances d'été restent un événement collectif pour tous les élèves en France. Juillet et août sont des mois de vacances. Avant la reprise en septembre, les parents d'élève sont attirés par les magasins grâce à une publicité spécifique de « rentrée ».
En effet, la fin des vacances est un moment fort pour la consommation des ménages, aussi bien concernant le materiel scolaire que les vêtements. Les familles reçoivent une aide de rentrée qui peut varier, selon l'âge des enfants, entre 470 € et 500 €. La notion de rentrée, équivalent à la fin officielle des grandes vacances, est profondément ancrée dans l'imaginaire collectif des Français, que ce soit dans la sphère politique, dans le domaine culturel ou éducatif. Il n'existe d'ailleurs aucun mot allemand pour traduire « la rentrée », on appelle ce moment tout simplement la fin des vacances. Le jour de la rentrée des classes les journaux, les radios et les chaînes de television en France sont pleins d'infos, de reportages et de témoignages comme si un nouveau monde était en train de naître. Ceci concerne les élèves tout comme les professeurs et les parents.

Une journée à l'école

Le lundi est une journée difficile pour tous les écoliers. Les enfants allemands qui fréquentent l'école maternelle, le *Kindergarten,* échappent cependant à cette règle, car leurs horaires sont très flexibles. Les parents

öffentlichen Verkehrsmitteln zur Schule, in Frankreich gibt es wegen der geringeren Bevölkerungsdichte und wegen der weiträumigen ländlichen Gebiete mehr Schulbusse *(car de ramassage)*. Und sehr oft werden die Schüler von den Eltern, meist der Mutter, auf deren Weg in die Arbeit bis vor das Schultor gebracht. Das Schultor ist in französischen Schulen eine größere Hürde als für die deutschen Schüler: Es gibt zwar nicht überall regelrechte Einlasskontrollen wie in einigen Schulen in den Großstädten, aber es ist nicht leicht, in einer Freistunde einfach das Schulgelände zu verlassen. Dafür bedarf es zumindest einer Genehmigung der Eltern. Für deutsche Schüler ist es ab der 5. Klasse und dann vor allem in den höheren Altersstufen relativ normal, das Gelände der Schule zu verlassen und dann zur nächsten Unterrichtsstunde wiederzukommen. In unterrichtsfreien Stunden gehen deutsche Schüler oft in der Stadt spazieren, sitzen in einem Park oder machen auf einem nahe gelegenen Platz Sport. Dies führt natürlich zu einer größeren praktischen Selbstständigkeit deutscher Schüler. Die französischen Kinder und Jugendlichen sind dies nicht in demselben Maße gewöhnt.

Die Schüler in der Schule

Der Schulbeginn ist in beiden Ländern in der Regel gegen 8 Uhr, in den fran-

peuvent en effet les amener et aller les reprendre quand bon leur semble. Les petits Français, eux, sont assujettis à des horaires stricts et se rendent tôt à l'école maternelle qui est une véritable école et non pas un « jardin d'enfants ». Beaucoup d'élèves allemands utilisent les transports en commun, alors qu'en France, on trouve beaucoup de cars de ramassage, résultat d'une densité de population inférieure à celle de l'Allemagne et d'un monde rural beaucoup plus important. En France, on accompagne, souvent ce sont les mères de famille, les enfants en voiture jusqu'au portail de l'école en partant au travail. Ce portail, appelé aussi « la grille », est inconnu en Allemagne et représente un véritable obstacle physique pour les élèves. Dans certains établissements, en effet, on assiste à un contrôle systématique des entrées et des sorties des élèves, et en règle générale, il est assez difficile de quitter le terrain de l'école, à moins de posséder dans son carnet de correspondance une autorisation des parents. Pendant les heures creuses, on voit donc nettement moins d'élèves se promener en dehors de l'enceinte du collège ou du lycée en France qu'en Allemagne. Pour les jeunes Allemands, surtout dans les grandes classes, il est relativement normal de sortir de l'école pendant les heures libres et d'y revenir quand les cours reprennent. Le fait d'être libre de sortir pendant les heures creuses amène les élèves allemands, à qui l'on fait d'emblée

Depuis le 19e siècle, il existe une tradition allemande, originaire de Thuringe et de Saxe, qui veut que l'on offre aux enfants, pour fêter leur entrée à l'école primaire, une sorte d'énorme pochette-surprise en forme de cornet géant *(Schultüte)*. On leur racontait qu'il y avait dans la maison du maître un arbre sur lequel poussaient ces drôles de cornets. Dès que le cornet était mûr, l'enfant était assez grand pour aller à l'école. Ces cornets sont traditionnellement remplis de sucreries, mais aussi de crayons, de petits livres ou de cassettes.

La pochette-surprise

zösischen Grundschulen wird erst um 8.30 Uhr begonnen. Die französischen *collégiens* (Klasse 6-9) werden um 17.00 Uhr entlassen, während ihre deutschen Kolleginnen und Kollegen meist um 13 Uhr den Schultag beenden, wobei allerdings an einigen Nachmittagen zusätzlich Unterricht sein kann. Die *lycéens* bleiben dann noch eine Stunde länger in der Schule. Der entscheidende Unterschied zwischen beiden Systemen ist, dass ein französischer Schüler den ganzen Tag in der Schule „versorgt" wird – Unterricht, Aufsicht, Essen, Sport – und ein Großteil der deutschen Schüler ab 13 Uhr in die Obhut der Familie zurückgeschickt wird.

Die Tendenz zu Ganztagsschulen hat in Deutschland jedoch stark zugenommen. 2014/15 besuchten knapp 40 % der Schülerinnen und Schüler in Deutschland eine Ganztagsschule.

Ab 2017 ist man in Frankreich zu einer alten Tradition zurückgekehrt: der Mittwoch ist für die meisten Schülerinnen und Schüler (mehr als 80 %) schulfrei. An diesen Tagen bieten die Gemeinden außerschulische Aktivitäten an, um die arbeitenden Eltern zu entlasten.

confiance, à acquérir davantage d'autonomie. Les élèves français sont plus encadrés et ils ont moins l'habitude d'être responsables de l'organisation de leurs journées.

Les élèves à l'école

L'école commence vers 8 heures dans les deux pays et même plus tôt dans certaines écoles allemandes (entre 7 heures 20 et 8 heures). Dans les écoles primaires françaises, en revanche, on ne commence qu'à 8 heures et demi. Les collégiens français (de la 5e à la 9e classe selon le système allemand) rentrent chez eux vers 17 heures, tandis que la plupart de leurs camarades allemands sortent de l'école vers 13 heures. Ils ont cependant quelques heures de cours l'après-midi un ou deux jours par semaine. La différence fondamentale est que l'élève français passe toute sa journée à l'école – cours, repas, salle d'études, sport – alors que l'écolier allemand est de retour dans sa famille, en règle générale, après 13h.

Il y a pourtant en Allemagne une tendance croissante d'aller vers l'école « à plein temps », mais il faudra encore des années avant que les infrastructures nécessaires (cantines etc.) soient réalisées partout. Pen-

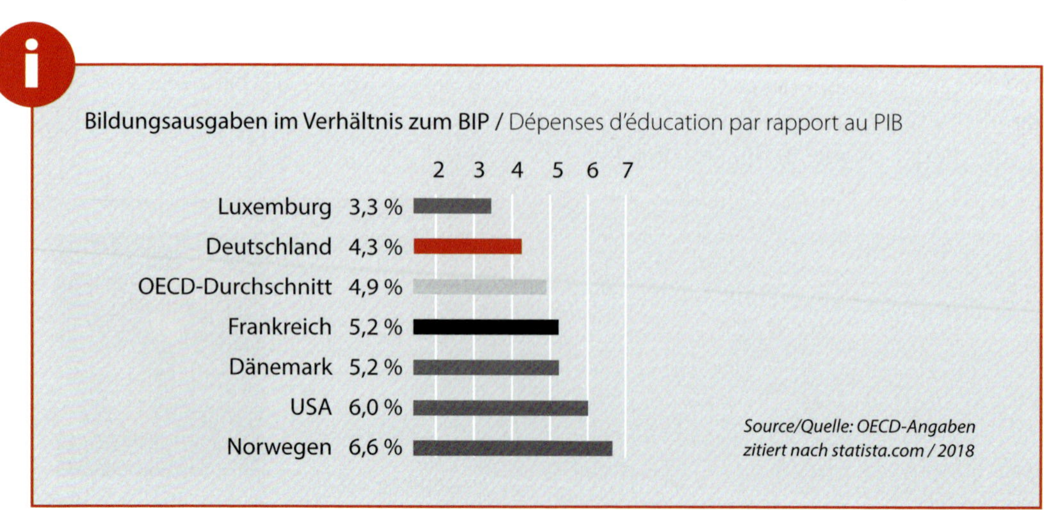

Die Pausenaufsicht haben in der französischen Schule die *surveillants,* in Deutschland die Lehrer selbst im Schichtbetrieb. Die Mittagspause findet in Frankreich in der Kantine statt. Diese Stunden sind im Alltag der französischen Schüler insofern wichtig, als hier Sozialverhalten geübt wird. Das mag manchmal stressig sein und nicht jedem gefallen, aber es gibt Gelegenheit, sich in sozialen Gruppen zu organisieren. Im deutschen Schulalltag spielt das familiäre Umfeld trotz der Tendenz zur Ganztagsschule eine viel größere Rolle. Die Einübung in soziales Verhalten findet oft in den privat organisierten Aktivitäten statt – dabei ist das in Deutschland sehr vielfältige Vereinsleben besonders wichtig, gleich ob es Sport- oder Musikvereine sind. Die Hausaufgaben haben die deutschen und französischen Schüler gemeinsam. Denn obwohl die Schule den ganzen Tag dauert, sind die französischen Schüler auch am Abend mit Hausaufgaben beschäftigt.

Wer arbeitet in der Schule?

In der Schule gibt es Schüler, Lehrer – und noch eine Reihe von Angestellten. In Frankreich sind viel mehr Menschen dort beschäftigt. Einen besonderen Stellenwert haben die *surveillants* (auch umgangssprachlich *pions,* neuerdings *assistants d'éducation*). Sie sind „Aufseher" in mehrfacher Hinsicht: Sie sorgen für Ordnung in den Pausen und in den Hohlstunden, wenn die Schüler in die *salle d'études* gehen und dort ihre Hausaufgaben machen oder sich sonst beschäftigen. Für die Schüler sind sie deshalb sehr wichtig, weil sie zu ihnen ein lockeres Verhältnis haben können, das

dant l'année scolaire 2014/15, presque 40 % des écoliers allemands fréquentaient une école « à plein temps ». En 2017, la France est revenue vers un rythme scolaire traditionnel: le mercredi il n'y a pas d'école pour la grande majorité (plus de 80 %) des élèves. Ce jour-là les municipalités organisent des activités périscolaires pour venir en soutien aux parents qui travaillent.

En France, ce sont les « pions » (les surveillants, dernièrement intitulés « assistants d'éducation ») qui sont chargés de surveiller les élèves pendant les différentes pauses de la journée, tandis qu'en Allemagne, ce sont les enseignants qui se relaient pour maintenir l'ordre. Les heures passées à l'école en dehors des cours sont importantes pour les élèves français, car elles représentent un instrument de socialisation. En Allemagne, les familles jouent un rôle bien plus important dans le quotidien scolaire malgré une tendance vers le journée scolaire plein temps. Ce sont plutôt les activités extrascolaires qui jouent le rôle d'outil de socialisation, et tout particulièrement la vie associative, très riche en Allemagne, qu'il s'agisse d'activités sportives ou artistiques. Quant aux devoirs, ils sont aussi peu populaires en France qu'en Allemagne, les Français ayant néanmoins plus de raison de se plaindre si l'on considère qu'ils sont encore obligés de les faire le soir après avoir passé une journée entière à l'école.

Qui fait quoi à l'école ?

A l'école, on trouve des élèves et des professeurs ainsi que d'autres employés. En France, les catégories professionnelles sont plus variées qu'en Allemagne dans les structures scolaires. Les surveillants ont une importance toute particulière. Comme leur nom l'indique,

sie zu Lehrern nicht haben. Und dann gibt es noch die Krankenschwester, die technischen Arbeiter, die Sozialarbeiter und die *conseillers principaux d'éducation,* die auch für den Kontakt zu den Familien zuständig sind. Die entsprechenden Aufgaben werden in Deutschland von Personen wahrgenommen, die in der Regel in den Schulämtern oder Oberschulämtern angesiedelt sind. Sie sind also nicht täglich im schulischen Alltag.
In deutschen Schulen gibt es keine *surveillants,* dafür aber einen Hausmeister. Dies sind sehr wichtige Personen, weil sie viele Aufgaben parallel erfüllen. Sie sind von den Schülern in der Regel respektiert, und können daher ab und zu für Disziplin sorgen.

Autorität

Der unterschiedliche Umgang mit Autorität und Selbstverwaltung führt dazu, dass es einen immer wieder überraschenden Befund gibt: in deutschen Schulen scheint Unordnung vorzuherrschen, obwohl wir doch alle mit dem Vorurteil leben, dass es in deutschen Landen ordentlich zugeht. Und die angeblich so individualistischen und tendenziell chaotischen Franzosen entpuppen sich in der Schule als wahre Ordnungs- und Regelungsfanatiker. Diese Beobachtung machen alle Austauschlehrer und -schüler – die tiefere Dimension

ils surveillent les élèves à différents niveaux : ils assurent la discipline pendant les récréations, la pause de midi et pendant les heures creuses. Pour les élèves, les rapports envers les « pions » sont plus détendus qu'avec les professeurs. Dans l'enceinte de l'école, on trouve également une infirmière, des techniciens, ainsi que des « conseillers principaux d'éducation ». Ces catégories professionnelles travaillent parfois pour plusieurs écoles à la fois. En Allemagne, ces fonctions sont assurées par des employés des organismes de surveillance des établissements scolaires. Ils ne sont pas automatiquement intégrés dans le quotidien de la vie scolaire mais se rendent sur place lorsque l'on a besoin d'eux.
Dans les écoles allemandes, il n'y a pas de surveillants, mais il y a un concierge. Cette fonction est importante car le concierge effectue une multitude de tâches diverses. Les élèves le respectent ou le craignent, ce qui lui confère l'autorité nécessaire pour assurer le respect de la discipline de temps à autre.

L'autorité

Les différences dans la définition de l'autorité et la gestion interne des écoles est l'un des premiers constats que font la plupart des Français lors des échanges scolaires : dans les écoles allemandes, il semble régner le désordre le plus complet, ce qui contredit l'image stéréotypée des Allemands très dis-

„Was uns in der französischen Schule schnell aufgefallen ist, sind die ungewöhnlich langen Unterrichtszeiten manchmal bis in den Abend hinein. Auch das Essen in der Kantine, das dadurch notwendig wird, war neu für uns." *Andreas und Jakob (11. Klasse)*

Comme souvent il n´y a pas de cantine à l´école en Allemagne et comme les élèves ne reviennent chez eux qu´à 13h30 environ, ils se munissent d´une boîte à goûter, qui peut avoir des noms différents selon les régions (*Vesperbox, Butterbrotdose* etc.). La plupart du temps ce sont les mères qui remplissent ces boîtes de tartines, de légumes ou de fruits.

© Andreas Holzapfel

dieser oberflächlichen Wahrheit wird erst sichtbar, wenn man die Selbstregulierung im deutschen Chaos und die unterschwellige Macht des chaotischen Ausbruchs in Frankreich in Rechnung stellt.

Was lernen deutsche und französische Schüler?

Eigentlich wäre es doch ganz einfach: Alle Schüler in Europa lernen einen gemeinsamen Grundstock an Wissen und Fähigkeiten, um für die Wirklichkeit des europäischen Binnenmarktes gut gerüstet zu sein. Darüber hinaus können alle Länder ihre Eigenheiten pflegen und durch die Schule tradieren. Leider aber sieht die Realität anders aus. Und zwar sowohl im Hinblick auf eine mangelnde gemeinsame Bildungsgrundlage als auch auf die Verschiedenartigkeit der Bildungssysteme. Überspitzt formuliert kann man sagen, dass die Europäer erst durch die Schule zu ganz unterschiedlichen Bürgern der Union werden. Diese Tatsache ist von besonderer Bedeutung für das deutsche und französische Bildungssystem. Viele der oft besprochenen kulturellen Unterschiede im sozialen oder intellektuellen Bereich gehen zurück auf die unterschiedlichen Bildungssysteme.

ciplinés et parfaitement organisés. Même constat paradoxal de l'autre côté du Rhin : ces Français, perçus dans le monde entier comme des individualistes aux tendances chaotiques, se révèlent dans l'enceinte de l'école être de vrais génies de l'organisation et de la discipline. Les élèves aussi bien que les professeurs participant aux échanges scolaires sont témoins de cette réalité, bien surprenante à première vue. Néanmoins, pour percevoir sa dimension profonde, il faut tenir compte du fait que, sous le désordre apparent des écoles allemandes, se cache une puissante force d'autorégulation venant des élèves.

Qu'aprennent les élèves allemands et français ?

Cela pourrait être si simple : tous les élèves européens suivraient pendant leur scolarité un enseignement commun qui leur permettrait d'acquérir les mêmes connaissances et aptitudes et de pouvoir entrer ainsi bien préparés sur le marché du travail européen. A côté de ce tronc commun, chaque pays pourrait continuer à inculquer aux écoliers ses traditions et ses particularités nationales. Dans la réalité nous en sommes encore loin, qu'il s'agisse de la définition des contenus communs de l'enseignement ou des structures et des méthodes pédagogiques des

Typischer Speiseplan einer Kantine in einer französischen Grundschule

Gänge	Montag	Freitag
Vorspeise	Radieschen mit Butter	Gemüsesuppe
Hauptgericht	Frankfurter Würstchen oder Geflügelwürstchen	Fischfilet mit Butter und Oregano
Gemüse	grüne Bohnen	Blumenkohl in Teig
Käse	Joghurt mit Zucker	Quark mit Zucker
Nachtisch	Marmorkuchen	Obst

Historische Hintergründe

Die Worte sprechen für sich: Bildung ist nicht *éducation*. Ein Blick in die Geschichte zeigt uns schnell, wo der grundlegende Unterschied in der Konzeption von höherer Schule liegt. In Frankreich herrscht die jesuitische Tradition vor, der zufolge es darum geht, die jungen Menschen (die Zöglinge) durch die richtigen Botschaften zu formen und zu prägen. Es handelt sich um einen Zivilisierungsvorgang nach vorgegebenen Normen. Das Bildungsideal in Deutschland ist historisch als Gegenmodell gegen die jesuitische Tradition entwickelt worden. Der junge Mensch ist nicht ein Zögling, sondern ein mitwirkender, aktiver Teil eines Prozesses, in dem auch der Lehrer ein Lernender ist. Mit Bildung ist ein Vorgang gemeint, bei dem ein Mensch zu sich selbst findet, wo etwas aus ihm „herauswächst". Nicht von ungefähr gibt es das Verb „sich bilden", aber man kann nicht „jemanden bilden". Bildlich gesprochen füllt die jesuitische (französische) Tradition etwas in die jungen Menschen hinein, im deutschen Bildungskonzept wird etwas herausgeholt. Es soll jedoch nicht der Eindruck entstehen, diese jesuitische Tradition sei die einzig denkbare in Frankreich – der bedeutende Humanist Montaigne hat schon im 16. Jh. eine ganz andere Erziehung eingefordert, die der späteren deutschen Bildungsidee ganz nahe kam. Diese beiden sehr unterschiedlichen Traditionen treten heute natürlich nicht mehr in Reinform auf, weil sich das Bildungswesen international angeglichen und weiterentwickelt hat. Und trotzdem berichten Austauschschüler immer wieder von frappierenden Unterschieden im Schulalltag.

différents systèmes scolaires nationaux. Pour simplifier, on peut dire que l'école enracine plus profondément les différences. C'est particulièrement vrai pour les systèmes allemand et français. Un certain nombre des différences culturelles, intellectuelles et sociales analysées dans les publications sur la cooperation franco-allemandes sont le résultat de traditions scolaires divergentes.

Le poids de l'histoire

Il suffit d'analyser les expressions : éducation n'est pas *Bildung*. Un bref aperçu historique montre où se situe la différence fondamentale dans la définition même de l'enseignement. En France, la tradition des jésuites, qui vise à former les élèves avant tout par l'acquisition passive de connaissances, a laissé des traces profondes dans la pédagogie moderne. Il s'agit d'un processus d'éducation de l'enfant (« l'élève » qui doit être « élevé » vers un idéal) selon des normes préétablies où le savoir prévaut sur l'expérience. L'idéal de la *Bildung* en Allemagne a été conçu au 18e siècle en tant qu'alternative au modèle jésuite. L'enfant ou l'adolescent n'est pas un élément passif, un récipient, mais participe de manière active au processus de formation auquel le professeur, lui aussi, prend part. La *Bildung* se réfère à un processus où l'individu trouve lui-même son chemin vers sa propre identité. Le verbe *bilden* est réflexif, on peut *sich bilden* (se former), mais non pas *jemanden bilden* (former quelqu'un). Si dans la tradition jésuite on inculque un savoir extérieur à l'enfant, la conception allemande veut, elle, faire sortir la connaissance de l'écolier. N'oublions pourtant pas qu'en France il y a aussi une tradition pédagogique autre que celle des jésuites. Au 16e siècle déjà, Michel de

Formen der Pädagogik heute

Französische Lehrer haben eine größere Distanz zu ihren Schülern als ihre deutschen Kolleginnen und Kollegen. Der Unterricht findet viel öfter als „Frontalunterricht" statt, wo der Lehrer diktiert und die Schüler mitschreiben. Natürlich gibt es auch in der französischen Schule Gruppenarbeit, aber der Grundansatz ist eher ein individuelles Verhältnis der „Nicht Wissenden" (Schülerinnen und Schüler) zum „Wissenden" (den Lehrkräften). Das kommt z. B. auch dadurch zum Ausdruck, dass die Mitschriebe dessen, was der Lehrer diktiert hat, die wichtigste Grundlage für die Klassenarbeiten sind. Die Stärke der französischen Schülerinnen und Schüler liegt daher in erster Linie in der Fähigkeit, viel Stoff schnell zu lernen und präzise zu reproduzieren. Der Vorteil dieser pädagogischen Tradition ist eine sehr breite Allgemeinbildung.

In deutschen Klassenzimmern hingegen gilt tendenziell, dass Schülerinnen und Schüler – besonders in den höheren Klassen – an der Erarbeitung des Wissens Anteil haben. Dies geschieht entweder durch mehr Gruppenarbeit, oder aber durch viel mehr Diskussionen in den Unterrichtsstunden. Deshalb gibt es im Deutschen auch den Ausdruck der „konstruktiven Kritik", und in der Schule wird großer Wert darauf gelegt, dass Dinge gemeinsam er-

Montaigne prônait une éducation qui ne soit pas basée sur le principe de « l'entonnoir ». Ces deux traditions pédagogiques dominantes n'existent évidemment plus de façon pure aujourd'hui, car il y a une tendance convergente dans les systèmes éducatifs européens ou internationaux. Et pourtant celles et ceux qui participent à des échanges scolaires franco-allemands témoignent des differences souvent surprenantes dans la réalité quotidienne dans les établissements.

La pédagogie aujourd'hui

Un enseignant français garde plus ses distances par rapport aux jeunes que le professeur allemand. Les leçons se font plus souvent sous forme de cours magistraux, le professeur dictant et les élèves remplissant leurs cahiers. Bien entendu, il y a aussi à l'école française des travaux de groupe, mais le rapport essentiel est celui qui existe entre le « non-savant » (l'élève) et le « savant » (l'enseignant). Ce n'est pas un hasard si, pour préparer les contrôles, les écoliers utilisent avant tout leurs notes qui sont en somme la copie conforme du cours du professeur. La force des élèves qui fréquentent une école française réside avant tout dans leur capacité à vite saisir un grand nombre d'informations et à les reproduire de manière rapide et précise. L'effet positif de cette forme d'enseignement est une culture générale de haut niveau.

Disziplin war jedoch nicht nur in der Kantine zu spüren. Auch auf dem Pausenhof herrschte Ordnung – das Sitzen auf einer Mauer oder Treppe war nicht erlaubt. „Aufpasser" achteten peinlichst genau darauf, dass alle Vorschriften eingehalten wurden. Mit dem Klingeln gingen die Schüler nicht direkt in die Zimmer, sondern stellten sich in Reihen auf dem Schulhof auf und folgten den Lehrern in die Klassenzimmer. 11. Klasse

J'aime bien les règles strictes et autoritaires au collège, les élèves sont plus polis qu'en Allemagne et ils ont beaucoup de respect pour leurs professeurs. 11e classe

arbeitet werden. Die Stärke der deutschen Schülerinnen und Schüler wird also eher in der Fähigkeit liegen, thematische Zusammenhänge kritisch zu hinterfragen und Gedanken in eine Diskussion einzubringen. Die Vertiefung einzelner Themen geht allerdings auf Kosten der Allgemeinbildung, deren unzureichendes Niveau bei deutschen Schülern oft beklagt wird.

Dans les classes allemandes, les élèves prennent part à l'élaboration de ce savoir. Cela se concrétise par davantage de travaux de groupe et par des discussions avec le professeur pendant les heures de cours. C'est pour cette raison que la langue allemande use souvent de l'expression « critique constructive ». A l'école allemande, les sujets abordés sont traités en commun et non pas

Wilhelm von Humboldt (1767-1835)

Der klassische deutsche Bildungsbegriff wurde um 1800 entwickelt. Da in der Gesellschaft der Einzelne immer mehr „verzweckt" würde und sich spezialisieren müsste, wäre eine „volle Menschlichkeit" kaum noch möglich. Deshalb müsse sie durch eine allseitige, ganzheitliche Menschenbildung gefördert werden. Wilhelm von Humboldt sah in der vielseitigen Bildung der Individualität die vornehmste Aufgabe des Menschen. Für ihn war der Zweck des Menschen „die höchste und proportionierlichste Bildung seiner Kräfte zu einem Ganzen". „...dass daher der wahren Moral erstes Gesetz ist: bilde dich selbst, und nur ihr zweites: wirke auf andere durch das, was du bist."

La conception allemande de la *Bildung* remonte à 1800. Pour Humboldt, l'individu doit, s'il veut survivre à l'esprit utilitaire de la société, se réaliser à travers un épanouissement le plus complet possible et approprié à sa personnalité. C'est la raison d'être de l'espèce humaine.

Es ist nicht von der Hand zu weisen, dass die Unterrichtsstile vom Kindergarten bis in die Universität hinein sehr unterschiedlich sind. Jedem Austauschschüler und -lehrer fällt dieser grundlegende Unterschied auf. In den Schulbehörden wird immer mal wieder versucht, neue pädagogische Akzente zu setzen, und dabei liest man im deutschen Kontext oft, es müsse „wieder mehr gelernt" werden, d. h. mehr Wissen reproduziert (was ein Schritt hin zum französischen System

uniquement par le professeur. La force des élèves allemands réside donc plutôt dans leur capacité à approfondir des sujets complexes et à contribuer au débat à l'intérieur du groupe. L'approfondissement des sujets ne peut se faire qu'au détriment de la culture générale des élèves dont on dit souvent qu'elle est moins bonne en Allemagne qu'en France. Il est indéniable que de l'école maternelle à l'université, les approches pédagogiques diffèrent de la France à l'Allemagne. Cependant, on tente régulièrement de ré-

wäre). In Frankreich hingegen wird gefordert, mehr vernetztes Denken und eine größere Kritikfähigkeit zu fördern – was ein Schritt in Richtung des deutschen Systems wäre. Es ist interessant zu beobachten, wie schwierig solche Reformversuche sind, denn viele der Beteiligten wollen am Status quo festhalten.

Sozialverhalten in den Klassen

Junge Menschen verbringen zwischen 6 und 16 (oder 18) Jahren die meiste Zeit ihres Lebens in der Schule. Dadurch bekommt die Schule als Organisationsform einen erheblichen Einfluss auf die Sozialisation. Neben Elternhaus und Medienkonsum ist die Schule die wichtigste Sozialisierungsinstanz. So wie bei den pädagogischen Formen in Frankreich weniger Gruppenarbeit gemacht und in Deutschland weniger abfragbares Wissen vermittelt wird, so werden im französischen System die individuelle Konkurrenz und im deutschen System die Teamfähigkeit vorrangig gefördert. Das heißt natürlich nicht, dass im deutschen Schulsystem keine Konkurrenz besteht, aber sie wird völlig anders dargestellt und wahrgenommen. Französische Schüler lernen sehr früh, dass sie sich dauernd in einem *classement* befinden. Nicht nur die schülerspezifische Leistung wird angeschaut, sondern die Position des Einzelnen im Verhältnis zu den anderen. Dies kann sehr anschaulich anhand der Schulzeugnisse beobachtet werden. Französische Zeugnisse nennen natürlich die in-

former les traditions pédagogiques. Dans le contexte allemand, on parle souvent de la nécessité « d'apprendre davantage », donc de transmettre plus de connaissances factuelles (ce qui serait un pas vers le système français). En France, par contre, on demande une plus grande capacité de réflexion critique et d'autonomie, ce qui équivaut à se rapprocher de la pratique allemande. Il est intéressant d'observer les réactions par rapports à de telles tentatives de changement. Les parents d'élèves, les élèves eux-mêmes et la plupart des enseignants ont en effet tendance à prôner le maintien du statu quo.

Le comportement social à l'école

De 6 à 16 ans (voire 18 ans), les jeunes passent la plus grande partie de leur vie à l'école. De ce fait, l'école en tant qu'organisation occupe, avec la famille et les médias, une place de choix dans le processus de socialisation des jeunes générations. Parallèlement aux formes pédagogiques, qui privilégient le travail de groupe dans le système allemand et la transmission des connaissances dans la logique de l'école française, on observe des différences significatives au niveau du comportement social en classe. Les élèves français apprennent à raisonner en termes de concurrence au niveau individuel, leurs collègues allemands sont orientés vers la capacité à travailler en équipe. Ce qui ne veut pas dire qu'il n'y ait pas de concurrence dans le système allemand, cependant celle-ci est perçue et présentée de manière fondamentalement différente. Les élèves français

---

Les élèves boivent pendant les cours. Certains professeurs se font appeler par leurs prénoms et dans une des classes un professeur se faisait même tutoyer par ses élèves !
Ceux-ci disent franchement ce qu'ils pensent au professeur et le critiquent s'ils ne sont pas d'accord avec lui. Chez nous, il serait impensable de prendre de telles libertés !

Lucie, Classe de troisième

Schulzeugnis aus der 10. Klasse

Baden-Württemberg

Kepler - Gymnasium
Tübingen

Zeugnis des Gymnasiums

Klasse: 10C   Schuljahr 2003/2004

Vor- und Zuname:

Verhalten	**gut**	Mitarbeit	**gut**

Leistungen in den einzelnen Fächern:

Religionslehre (evangelisch)	**gut**	--------------	------------
		--------------	------------
--------------	------------	Mathematik	**sehr gut**
Deutsch	**gut**	Physik	**sehr gut**
--------------	------------	Chemie	**sehr gut**
Geschichte	**sehr gut**	Biologie	**gut**
Gemeinschaftskunde	**gut**	Sport	**gut**
Englisch	**gut**	Musik	**gut**
Französisch	**gut**	Bildende Kunst	**gut**
--------------	------------	--------------	------------
--------------	------------	--------------	------------

Teilnahme an Arbeitsgemeinschaften:

Bemerkungen: wird versetzt und erhält eine Belobung.

Datum: 15.07.04

Kepler-Gymnasium Tübingen — Dienstsiegel der Schule

Schulleiter   Klassenlehrer/in

Gesehen! Erziehungsberechtigte/r

Notenstufen:
sehr gut (1), gut (2), befriedigend (3), ausreichend (4), mangelhaft (5), ungenügend (6)

Le bulletin scolaire d´une troisième

COLLEGE ELIE FAURE

BP115 - PORT SAINTE FOY

33220 - SAINTE FOY LA GRANDE

Tél : [illegible] / Fax : [illegible]

[illegible] Malika - 3D
Née le 06/09/1988 - Demi-pensionnaire

BULLETIN DE NOTES >> 1er Trimestre 2002-2003

Mme [illegible]

Imprimé le : 04/12/2002

Matières / *Professeurs*	Elève Moy.	Classe Moy.	Classe Max.	Classe Min.	Professeur principal : Mme [illegible] (26 élèves) - Appréciations générales - Progrès et efforts - Conseils pour progresser
Arts plastiques	**15.5**	14.6	17.8	10.3	- Bon travail d' ensemble, sérieux et réfléchi. - - Continuez ainsi en essayant de participer plus activement à l' oral.
Education physique et sportive	**12.8**	12.8	16	10	- Bonne attitude, bon trimestre - -
Education musicale	**17**	17.1	19.8	13.6	- Bon trimestre - Elève sérieuse, discrète. Bien en chant, très bien à l'écrit - Continue
Francais	**13.2**	11.7	18.5	4.8	- Ensemble satisfaisant et travail sérieux. - -
Anglais lv1	**17.3**	11	18.8	2.8	Ecrit : 17.4 Oral : 17 - Très bon trimestre à tous points de vue,travail,interet et participation. - -
Espagnol lv2	**14.4**	10.5	17.6	2.1	Ecrit : 16.3 Oral : 11.4 - Bilan satisfaisant, des qualités à l'écrit, oral mal maîtrisé, se contente de peu, peut mieux faire - Trop de bavardages - Ne négligez aucune activité, prenez confiance en vous, participez plus à l'oral
Histoire et geographie	**12.4**	10.5	16.2	5.8	- Ensemble satisfaisant, des qualités d'analyse - Bonne attitude - Appliquez-vous à l'écrit, plus de rigueur, participez plus à l'oral
Mathematiques	**16.5**	12.3	17.8	4	- Très bon trimestre.Elève sérieuse et réfléchie.Continuer. - -
Physique-chimie	**17.5**	14	19.5	5	- Bons résultats. Travail très sérieux. Malika a pris confiance. - - Continuez ainsi !
Sciences de la vie et de la terre	**11.6**	10.2	18	2.2	- Ensemble très moyen et plutot décevant ; il faut fournir un travail plus soutenu et plus personnel . - -
TECHNO	**14**	13.3	17.4	6.2	**Technologie**
Technologie2	14	11.8	17.4	6.2	- Ensemble assez satisfaisant, élève agréable et appliquée - Travail consciencieux - Persévérez dans cette voie
Latin	**15.3**	13.9	19.8	4.7	- Très bon trimestre . - Travail sérieux,mais attention à une tendance à la dispersion en classe parfois... - Halte aux bavardages.
Moyenne périodique	**14.8**				

Vie scolaire : Nombre de demi-journée(s) d'absence : 0 - Nombre de retard(s) : 0

Appréciation de l'équipe pédagogique

Bon trimestre.De belles qualités de réflexion et d'analyse.Travail sérieux.Continuez ainsi.

Le Principal

ATTENTION : Ce bulletin est l'original, il doit être conservé par la famille.

CAMPUS® - © LAUREATS Informatique

dividuellen Leistungen des Schülers – das haben sie mit den deutschen gemeinsam. Dann aber werden diese Noten in Beziehung zum Rest der Klasse gesetzt: Man erhält Informationen über die beste und die schlechteste Leistung in diesem Fach, und das Zeugnis nennt auch den Klassendurchschnitt. Für jedes Fach weiß also jede Schülerin und jeder Schüler genau, wo sie und er im Verhältnis zu den anderen stehen. Nicht so im deutschen Zeugnis: Dort geht es um die Leistung des Einzelnen als solche, nicht um ein schulisches „ranking".

Ein zweiter Punkt, der auffällt und der auf einen großen Unterschied zwischen der deutschen und französischen Gesellschaft hinweist, betrifft den Umgang mit Regeln. Deutsche Schüler lernen sehr früh, sich in der Gruppe selbst Regeln zu geben – dies kann zwar prinzipiell auch in französischen Klassen gemacht werden und in neuerer

apprennent très tôt qu'ils se trouvent dans une logique de « classement ». On ne prend pas seulement en compte les prestations de l'élève par rapport à ses propres capacités, mais aussi le positionnement de l'individu par rapport au reste de la classe. Une analyse même succincte des bulletins scolaires français et allemands fait ressortir de manière flagrante ces différences. En France, on mentionne bien sûr les notes individuelles, tout comme dans les bulletins allemands. Mais ces notes sont mises en rapport avec les prestations de la classe entière. Le bulletin nous informe sur la meilleure note et sur la plus mauvaise, ainsi que sur la moyenne générale de la classe. Dans chaque matière, l'élève (et ses parents) peut situer sa place dans le classement général. Le bulletin allemand en dit beaucoup moins long : ce sont avant tout les notes individuelles qui comptent et non la place d'un élève par rapport aux autres.

Das deutsch-französische Jugendwerk DFJW / L'office franco-allemand pour la Jeunesse – OFAJ
www.dfjw.org / www.ofaj.org

Das Deutsch-Französische Jugendwerk (DFJW) ist eine internationale Organisation im Dienst der deutsch-französischen Zusammenarbeit mit zwei Adressen in Berlin und in Paris. Seine Gründung geht auf den Elysée-Vertrag von 1963 zurück. Das DFJW ermöglicht jungen Deutschen und Franzosen mittels finanzieller und pädagogischer Unterstützung im Nachbarland, aber auch in anderen Ländern Europas und weltweit, Jugendliche zu treffen.

Das DFJW fördert und unterstützt Austausch und Begegnung von Jugendlichen, interkulturelles Lernen, Sprachmotivation, berufliche Qualifikation, pädagogische Fortbildung und begleitende Forschung zu diesen Themen.

L'Office Franco-Allemand pour la Jeunesse (OFAJ) est une organisation internationale au service de la coopération franco-allemande avec deux adresses, l'une à Paris, l'autre à Berlin. Il a été créé en 1963 par le Traité de l'Elysée. En apportant son soutien financier et pédagogique aux projets et rencontres, l'OFAJ permet aux jeunes Français et aux jeunes Allemands de se rencontrer, voire même de rencontrer des jeunes d'autres pays d'Europe ou du monde. Depuis sa création, l'OFAJ n'a cessé de favoriser et soutenir les rencontres de jeunes, le dialogue interculturel, l'apprentissage linguistique, la formation professionnelle, la formation pédagogique et la recherche appliquée aux rencontres.

Zeit haben dies Lehrer in der Grundschule auch versucht, allerdings ist es nicht überall der Fall. Die Einübung von Selbstverpflichtung führt Schüler zu einem Verhalten, in dem sie die Autorität durchaus infrage stellen, die selbst eingeführten Regeln aber stärker respektieren werden. In der französischen Tradition wird die Autorität der Lehrerin oder des Lehrers kaum infrage gestellt, die Regeln aber bisweilen soweit wie möglich umgangen oder ausgehebelt.

La seconde différence concerne la façon dont sont gérées les normes et les règles dans les sociétés allemande et française. Les élèves allemands apprennent très tôt à définir eux-mêmes les règles qui régissent le groupe. Il est bien sûr possible d'imposer le même exercice d'autorégulation dans les classes françaises, et en effet des tentatives ont été faites dans quelques établissements, mais ce n'est pas la règle. Dans la société (et l'école) française, on s'attend beaucoup plus à ce que les règles soient dictées par les autorités. Dans le système allemand qui donne une certaine responsabilité aux jeunes, les élèves remettent volontiers en question l'autorité mais respectent plus facilement les règles. L'approche française les amène par contre à respecter l'autorité mais à contourner les règles, dans la mesure du possible.

Einige Schulprogramme des DFJW / Quelques programmes scolaires de l'OFAJ

Le programme Voltaire: **Das Programm richtet sich an Schüler der 8., 9. und 10. Klasse. Die deutschen Schüler nehmen zuerst ihren französischen Austauschpartner für 6 Monate auf und fahren anschließend nach Frankreich, wo sie in der Familie ihres Austauschpartners wohnen.**

Le programme Voltaire: Ce programme d'échange s'adresse à des élèves de troisième et de seconde. Les élèves français séjournent dans leur famille d'accueil allemande pendant 6 mois et accueillent leur correspondant allemand en France pour les 6 mois suivants.

Das Brigitte Sauzay Programm: Dieses Programm richtet sich an Schülerinnen und Schüler der Klassen 8-11. Die deutschen Schüler bleiben in der Regel drei Monate in Frankreich. Während ihres Aufenthaltes sind die deutschen Schüler in der Familie ihres Austauschpartners untergebracht und besuchen mindestens sechs Wochen lang den französischen Unterricht. Im Gegenzug nehmen die deutschen Schüler ihren französischen Partner in ihrer Familie auf.

Le programme Brigitte Sauzay: Ce programme s'adresse aux élèves de la quatrième jusqu'à la première qui veulent passer trois mois dans une famille dans l'autre pays. L'élève assiste aux cours dans l'établissement partenaire au moins pendant six semaines. Il est hébergé dans une famille allemande ayant un enfant du même âge. A son tour, le jeune Allemand séjourne en France.

10 Ausbildung und Studium

In der Europäischen Union sind die jeweiligen nationalen Bildungssysteme in Bewegung geraten, und zwar sowohl durch die erhöhten Anforderungen an den zunehmend internationalen Arbeitsmarkt als auch durch die Bestrebungen der EU, einen gemeinsamen Hochschul- und Forschungsraum zu schaffen. Die nationalen Traditionen wirken aber noch in erheblichem Maße fort, so dass eine gelungene deutsch-französische Zusammenarbeit auf diese gewachsenen Unterschiede Rücksicht nehmen muss. Gleichzeitig gibt es wie in anderen Bereichen der Gesellschaft auch eine Tendenz zur Angleichung der Situation. Beide Aspekte, die Fortdauer der nationalen Traditionen und die gleichzeitige Annäherung, gelten für den Bereich der Berufsbildung ebenso wie für den Bereich der Hochschulen und der Forschungseinrichtungen.

Berufliche Bildung

Es gibt kaum einen anderen Bereich im Bildungssystem, in dem sich Deutschland und Frankreich seit Jahrzehnten mit so unterschiedlichen Konzepten gegenüberstehen. In Frankreich hat man seit den späten 60er Jahren das traditionelle handwerkliche Ausbildungssystem im Betrieb zugunsten einer vorwiegend schulischen Berufsausbildung abgelöst. Je höherwertiger das erworbene schulische oder auch universitäre Diplom, desto höher das An-

Formation professionnelle et enseignement supérieur

Depuis quelques décennies, sous l'effet conjugué des exigences accrues d'un marché du travail de plus en plus international et des efforts de l'Union européenne pour créer un espace européen de l'enseignement supérieur et de la recherche, les systèmes de formation des pays membres de l'UE ont connu d'importantes évolutions. Toutefois, ces différents systèmes de formation gardent l'empreinte de traditions nationales persistantes, qui doivent être prises en compte dans la coopération franco-allemande. En même temps, on observe dans les domaines de la formation professionnelle et de l'enseignement supérieur la même tendance au rapprochement des situations nationales que dans d'autres secteurs de la société. Ces deux aspects concomitants, c'est-à-dire la pérennité des traditions nationales et la tendance des différents systèmes à s'adapter les uns aux autres, valent autant pour la formation professionnelle que pour l'enseignement supérieur et la recherche.

La formation professionnelle

Aucun autre domaine des systèmes de formation français et allemand ne compte autant de divergences conceptuelles que celui de la formation professionnelle. En France, depuis la fin des années 1960, la plupart des formations professionnelles sont scolarisées et ce modèle basé sur la scolarisation a remplacé le système traditionnel d'apprentissage à l'atelier ou à l'usine. Dans cette pers-

sehen der Absolventin oder des Absolventen. In dieser Logik wurden über viele Jahre zahlreiche Ausbildungsberufe an höhere Bildungseinrichtungen verlagert, so dass ein Ausbildungsgrad „Abitur plus 2 Jahre" als akademischer Abschluss gilt (z.B. die sehr erfolgreichen BTS, *brevet de technicien supérieur*), während vergleichbare Berufsqualifikationen in Deutschland durch das duale System (Hauptschule oder Realschule plus 3 Jahre betriebliche Ausbildung oder Abitur plus 2 Jahre betriebliche Ausbildung) erworben werden. Das Ergebnis ist durchaus vergleichbar, aber im deutschen System steht die berufliche Praxis stärker im Vordergrund als in Frankreich.

Vereinfacht kann man sagen, dass seit langer Zeit im französischen System auf möglichst hohe und auch formell anerkannte Diplome geachtet wurde, in Deutschland traditionell mehr auf die handwerkliche Fertigkeit. Die Folge war und ist immer noch, dass die Berufsbildung in Frankreich dominant schulisch ist – wobei natürlich die schulische Ausbildung auch berufspraktische Elemente beinhaltet – während sie in Deutschland immer noch dominant betrieblich ist – wobei auch das deutsche System die Berufsschule als begleitende Schule kennt und etliche Berufe mittlerweile vorwiegend schulisch erlernt werden.

Diese sehr unterschiedliche Situation mit den beiden genannten Traditionen hat in Frankreich immer wieder Politiker dazu veranlasst, das deutsche System als vorbildlich und modellhaft zu bezeichnen. Seit einigen Jahren gibt es eine deutliche Aufwertung der beruflichen Ausbildung in Frankreich, die von vielen Unternehmen

pective, plus un élève obtiendra un diplôme scolaire ou universitaire élevé, plus il sera considéré. Ainsi, en France, on a assisté ces dernières décennies au transfert progressif de nombreux types de formation vers des établissements universitaires, si bien que le niveau « BAC +2 » correspond systématiquement à un degré de l'enseignement supérieur (c'est le cas par exemple des BTS), alors qu'en Allemagne les élèves acquièrent des qualifications professionnelles semblables dans le cadre du système dual, un système qui permet aux diplômés de l'enseignement secondaire de faire un apprentissage sous contrat en entreprise (soit pendant 3 années après la *Hauptschule* ou la *Realschule* soit pendant 2 années après le baccalauréat). Même si, au final, ces deux systèmes de formation débouchent sur des résultats assez identiques, le diplôme obtenu en France est un diplôme de l'enseignement supérieur, ce qui n'est pas le cas en Allemagne.

Pour le dire de manière simplifiée, dans le système français, on prête une attention toute particulière aux diplômes, symboles d'une reconnaissance officielle que l'on voudrait être la plus haute possible, et moins aux savoir-faire et compétences pratiques qu'en Allemagne. Aussi, en France, la formation professionnelle demeure-t-elle essentiellement scolaire (même si cette formation scolaire a évidemment un lien avec la pratique professionnelle), tandis qu'une place prépondérante est accordée à l'apprentissage direct en entreprise en Allemagne (néanmoins, le système allemand comprend également des écoles professionnelles qui accompagnent ces processus de formation en entreprise).

Conformément au traditionnel système dual allemand, les apprentis commencent leur

unterstützt wird. Es wird seit Jahren versucht, auch leistungsstarke Jugendliche für eine betriebliche Ausbildung zu motivieren, um so das negative Image zu verbessern.
Im traditionellen deutschen „dualen System" beginnen die Auszubildenden sofort mit der Tätigkeit im Betrieb und besuchen im Wechsel mit der lernenden praktischen

formation directement par la pratique, au sein d'une entreprise, et suivent en alternance des cours généraux ou plus théoriques dans des écoles professionnelles. En allemand *Auszubildender* (que l'on peut traduire littéralement comme « celui devant être formé ») est un terme chargé d'un prestige social dont le terme français « apprenti » ne bénéficie pas, car, dans le système fran-

Die Deutsch-Französische Agentur für den Austausch in der beruflichen Bildung ProTandem mit Sitz in Saarbrücken wurde 1980 gegründet. Ziel ist die Förderung des Austauschs in der beruflichen Bildung. Die von beiden Staaten geförderte Organisation bietet Berufsschulen und Unternehmen die Möglichkeit, für ihre Auszubildenden Stipendien zu beantragen und Austausch anzubieten. Die Angebote betreffen auch Fortbildungsmaßnahmen. (https://protandem.org/)
L'Agence franco-allemande pour les échanges dans l'enseignement et la formation professionnels ProTandem a été créée en 1980, son siège est à Sarrebruck. Sa mission est de promouvoir les échanges dans le domaine de la formation professionnelle. L'agence, qui est financée par la France comme par l'Allemagne, offre aux établissements de formation professionnelle et aux entreprises des bourses et des soutiens pour les échanges. L'offre s'adresse également aux mesures de formation continue. (https://protandem.org/fr/)

Programme des Deutsch-französischen Jugendwerks DFJW: Das Jugendwerk bietet verschiedene Programme zur Förderung des Austauschs in der beruflichen Bildung, während der Schulzeit und auch danach. (https://www.dfjw.org)
Les programmes de l'Office franco-allemand pour la jeunesse OFAJ: L'office offre différents programmes pour la promotion des échanges dans la formation professionnelle, pendant la scolarité et après. (https://www.ofaj.org)

Das Projekt AzubiBacPro richtet sich vorwiegend an französische Lycées professionnels und an deutsche Ausbildungsbetriebe. Vor allem in grenznahen Regionen ist es möglich, die theoretische Ausbildung in einem und die praktische Ausbildung im anderen Land zu machen.
Le projet AzubiBacPro s'adresse avant tout aux Lycées professionnels en France et aux entreprises qui recrutent des apprentis en Allemagne. Pas exclusivement, mais surtout dans les régions frontalières, il est possible d'effectuer la formation théorique dans un pays et de réaliser la formation pratique en entreprise dans l'autre..

Tätigkeit die Berufsschule. Der Begriff „Auszubildender", der den umgangssprachlichen „Lehrling" abgelöst hat, hat mehr soziales Prestige als der *apprenti* im französischen System, denn als *apprenti* arbeitet dort vor allem der- und diejenige, denen ein höherwertiges Diplom nicht zugänglich war. In Deutschland hingegen machen auch viele Abiturientinnen und Abiturienten eine berufliche Ausbildung (Lehre), und es gibt sogar Lehrberufe, zu denen fast nur Abiturienten eingestellt werden.

Diese sehr unterschiedliche Situation mit den beiden genannten Traditionen hat in Frankreich immer wieder Politiker dazu veranlasst, das deutsche System als vorbildlich und modellhaft zu bezeichnen. Man bemüht sich um eine deutliche Aufwertung der beruflichen Ausbildung in Frankreich, die von vielen Unternehmen unterstützt wird. Die Anzahl der Ausbildungsverträge ist stark angestiegen, wobei man vor allem die Jugendlichen gewinnen wollte, die ohne Erfolg aus dem Schulsystem ausgeschieden waren. In Frankreich wurden 2020 mehr als 500.000 Ausbildungsverträge abgeschlossen, was eine Steigerung von fast 40 % gegenüber 2019 bedeutet. Es wird seit Jahren versucht, auch leistungsstarke Jugendliche für eine betriebliche Ausbildung zu motivieren, um so das negative Image zu verbessern. Die französische Regierung zahlt den Unternehmen, die einen Ausbildungsvertrag abschließen, eine Prämie zwischen 5.000 und 8.000 Euro. Mittelfristig kann sich dieser Versuch der Aufwertung der beruflichen Ausbildung auf viele Berufe positiv auswirken. Hinzu kommt in Frankreich, dass die Zuständigkeiten für die Ausgestal-

çais, on sous-entend qu'un apprenti est quelqu'un qui ne peut pas poursuivre sa formation scolaire et prétendre à un diplôme supérieur. En revanche, en Allemagne, nombreux sont les bacheliers à s'engager dans la voie de la formation professionnelle en alternance et il existe même des secteurs professionnels qui ne prennent pratiquement que des bacheliers en apprentissage.

Au regard de ces deux traditions et des différences de situation qui en découlent, certains hommes et femmes politiques français n'ont eu cesse de réclamer de prendre modèle sur le système allemand. D'ailleurs, depuis quelques années, la formation professionnelle a été fortement valorisée en France. On observe une augmentation considérable du nombre de contrats d'apprentissage, surtout ceux destinés aux jeunes en situation d'échec scolaire ou ayant quitté l'école. En 2020, plus de 500.000 contrats d'apprentissage ont été signés en France, ce qui représente une augmentation de presque 40 % par rapport à 2019.

De même, ces dernières années, diverses tentatives ont été amorcées pour encourager également les bons élèves à s'orienter vers une formation professionnelle et améliorer ainsi l'image véhiculée par l'apprentissage en France. Le gouvernement français paie même une prime entre 5.000 et 8.000 € aux entreprises qui embauchent un apprenti. A cela faut-il ajouter que, en France, toutes les compétences relatives à l'offre de formation professionnelle ont été transférées aux régions, permettant une meilleure prise en compte de la spécificité des besoins régionaux dans la conception des programmes de formation en alternance.

tung des gesamten Berufsbildungsangebots auf die Regionen übertragen worden ist. Damit können die regionalspezifischen Bedürfnisse bei der Konzeption von dualer Ausbildung berücksichtigt werden.
In Deutschland hat es eine gegenläufige Bewegung gegeben: Mehr und mehr Berufe werden nicht mehr im klassischen beruflichen dualen System unterrichtet, sondern werden durch spezialisierte Fachschulen vermittelt. Zur Zeit sind etwa 20 % der Auszubildenden in rein schulischen Ausbildungsberufen, die anderen besuchen das traditionelle duale Ausbildungssystem. Das liegt vor allem daran, dass es viele neue Berufsbilder gibt, die nicht im Betrieb ausgebildet werden (können). Die Gesamtzahl der Ausbildungsverträge lag in Deutschland in den letzten Jahren bei etwa 500.000, 2020 lag die Zahl aufgrund der Corona-Pandemie zum ersten Mal unter 500.000.

Die Hochschulen

Universitäten gehören seit dem Hochmittelalter zur europäischen Kultur. Weltberühmte Namen wie Bologna, Sorbonne, Oxford oder Heidelberg stehen für Qualität und Fortschritt des Wissens. Hochschulstudien sind heute nicht mehr eine Sache für eine kleine Minderheit, sondern für den Großteil einer Generation. Die nationalen Traditionen sind in jedem europäischen Land unterschiedlich, und zwischen dem deutschen und dem französischen System gibt es tiefgreifende Unterschiede. Allerdings hat vor etwas über 20 Jahren in Europa ein Reformprozess

En Allemagne, c'est une évolution en sens inverse qui s'est opérée ces dernières années : de plus en plus de jeunes apprennent un métier en dehors du traditionnel système dual de formation professionnelle, dans des écoles techniques spécialisées. Aujourd'hui, environ 20 % des apprentis allemands fréquentent des organismes de formation professionnelle strictement scolaires, ce qui marque un recul du système dual. Cette situation tient surtout au fait que nombre de métiers et savoirs nouveaux ne peuvent plus être directement transmis au sein d'une entreprise. Le nombre total des contrats d'apprentissage était d'environ 500.000 les dernières années. En 2020, dû à la pandémie Covid, le nombre de contrats était inférieur à 500.000 pour la première fois.

Les établissements d'enseignement supérieur

Depuis le Moyen Âge, les universités constituent une part essentielle de la culture européenne. Bologne, la Sorbonne, Oxford ou Heidelberg sont autant d'universités européennes reconnues dans le monde entier comme des hauts lieux du savoir et du progrès de la science. Aujourd'hui, l'enseignement supérieur n'est plus réservé à une petite minorité comme autrefois, mais accueille la majorité des jeunes d'une génération. En Europe, les universités et l'enseignement supérieur sont ancrés dans des traditions nationales très variables d'un pays à l'autre. Cependant, depuis plus de vingt ans, un processus de réforme de l'enseignement supérieur, communément appelé le processus de Bologne, a été mis en oeuvre à l'échelle

eingesetzt, der Vieles in beiden Ländern verändert: Der so genannte Bologna-Prozess soll die Vergleichbarkeit der Studienabschlüsse gewährleisten und dadurch die Mobilität erhöhen. Für deutsche wie für französische Hochschulen heißt dies, die Lehrpläne an ein zweistufiges System anzupassen. In der Regel gibt es den ersten Abschluss nach 3 Jahren, die nächste Stufe nach weiteren 2 Jahren. Aber auch wenn die Abschlüsse ähnlich aussehen und sogar die Studienleistungen durch das ECTS-System (European Credit Transfer System) verglichen werden sollen, bleiben die Unterschiede der Konzeption eines Studiums doch bestehen und von den nationalen Traditionen geprägt. Für Studenten, die einen Teil ihrer Ausbildung im jeweiligen Nachbarland verbringen wollen, ist eine bessere Kenntnis der Unterschiede unverzichtbar, wenn der Auslandsaufenthalt nicht zu einem fruchtlosen Abenteuer werden soll.

Deutsche Universitäten – Humboldts Erbe

Die deutsche Universitätslandschaft bleibt von den Grundzügen der humboldtschen Universitätsreform des frühen 19. Jahrhunderts geprägt. Die großen Fortschritte des allgemeinen und naturwissenschaftlichen Wissens während der Aufklärung machten eine Neudefinition erforderlich. Humboldts Konzept, das sich in Deutschland durchgesetzt hat und bald für andere Länder als vorbildlich galt, ging von einer engen Verbindung von Lehre und Forschung aus. Grundlagenforschung und angewandte Forschung wurden in verschiedenen Instituten gepflegt. Die Universitäten ihrerseits sollten ihren Bil-

européenne. Ce processus, dont l'objectif est de faciliter la comparaison et la reconnaissance des diplômes nationaux et ainsi d'accroître la mobilité des étudiants, a déjà occasionné de nombreux changements aussi bien en France qu'en Allemagne. Dans ces deux pays, une réforme des études supérieures a été engagée et s'est traduite par la mise en place d'une structure en deux cycles - un premier cycle de trois années (parfois quatre) débouchant sur un diplôme de type licence ou bachelor et un second cycle de deux années (parfois divisé en master 1 et master 2) menant au grade de master. Toutefois, même si les diplômes délivrés dans les différents pays de l'UE correspondent à des grades semblables et que le système ECTS (European Credit Transfer System) permet une meilleure lecture et comparaison des programmes d'études nationaux et de la charge de travail qu'ils impliquent, de nombreuses différences persistent. Ainsi, les étudiants qui souhaitent faire une partie de leurs études dans un autre pays européen doivent absolument disposer d'une meilleure connaissance de ces spécificités nationales s'ils veulent profiter pleinement de cette opportunité.

Les universités allemandes – l'héritage de Humboldt

Le paysage universitaire allemand actuel porte encore la marque de la réforme des universités lancée par Wilhelm von Humboldt au début du 19e siècle. En raison des progrès considérables accomplis dans de nombreux domaines de la connaissance pendant les Lumières, un renouveau des universités était devenu nécessaire. Au centre de la réforme de Humboldt se trouvait la

dungsauftrag durch eigenständige, unabhängige Forschung erfüllen. Bildung wird dabei ganzheitlich verstanden, deshalb darf in diesem Verständnis „Universität" nur jene höhere Bildungseinrichtung heißen, die alle Fakultäten vereint und damit den letztlich philosophisch fundierten Dialog der Wissenschaften erlaubt. Mit dieser Auffassung wendet sich das Universitätsmodell gegen die Spezialschulen und die rein nutzorientierte Forschung, die zwar weiterhin existierte und gute Ergebnisse erzielte, die aber in der Hierarchie deutlich unter den Universitäten standen. In diesem Modell ist die zentrale Figur der Professor, der für die Einheit von Lehre und Forschung steht. Aus dieser Zeit stammt das erhebliche soziale Prestige des Professors in Deutschland, das zwar abgenommen hat, aber heute noch spürbar ist.

Die aktuelle Situation

Der Alltag an deutschen Universitäten im 21. Jahrhundert ist von dieser Grundkonzeption heute immer noch, wenn auch sehr viel weniger geprägt. Die wesentlichen pädagogischen Formen sind dem Ideal der Einheit von Forschung und Lehre geschuldet. Im Idealfall bietet die Vorlesung des Professors den jeweils neuesten Forschungsstand. Im Seminar werden Studenten von Anfang an in die Methodik wissenschaftlichen Arbeitens eingeführt – sie sind nicht nur Lernende, sondern kooperieren bei der Produktion von Erkenntnis und Wissen. Deshalb gilt es für Studienanfänger von der Schule an die Universität einen großen Schritt zu vollziehen. Für Studenten aus anderen europäischen Ländern, auch aus Frankreich, ist diese Verbindung von

volonté d'un lien plus étroit entre l'enseignement et la recherche, et cette conception de l'université finit par s'imposer en Allemagne, avant d'être prise pour modèle dans d'autres pays. La recherche fondamentale fut séparée de la recherche appliquée afin de permettre aux universités de mener leurs travaux scientifiques en toute indépendance, sans influence extérieure, car cette liberté académique était considérée comme la meilleure garantie d'un enseignement de qualité. En d'autres termes, ce modèle donna la priorité à la recherche fondamentale au sein de l'université. Celle-ci se distingua ainsi des écoles spécialisées et des établissements dédiés à l'application pratique de la science dont l'existence ne fut pas remise en cause et qui continuèrent de produire de bons résultats malgré leur relégation au second plan dans la hiérarchie scientifique. Enfin, un autre aspect de ce modèle allemand de l'université est la place centrale qu'y occupe la figure du professeur, titulaire d'une chaire, et garant de l'unité de l'enseignement et de la recherche.

Situation actuelle des universités allemandes

Aujourd'hui, ce principe fondamental hérité du 19e siècle continue à marquer, bien qu'en moindre mesure qu'à l'origine, le quotidien des universités allemandes et les cours qui y sont dispensés illustrent très bien l'unité de la recherche et de l'enseignement. Dans l'idéal, les cours magistraux sont l'occasion pour les professeurs de présenter l'état actuel de la recherche dans leur discipline. Dès les premiers séminaires, les étudiants doivent être initiés aux méthodes du travail scientifique – en cela, les étudiants sont à l'université à la fois pour apprendre et pour participer à la pro-

Lehre und Forschung vom ersten Studienjahr an ungewohnt. Da die Erwartungshaltungen und die akademischen Normen von Land zu Land variieren, kommt es trotz der Austauschprogramme und trotz des gemeinsamen europäischen Hochschulraums immer wieder zu Anerkennungsproblemen der jeweiligen Studienleistungen. Nachdem die deutschen Universitäten seit den 60er Jahren zu Massenuniversitäten geworden sind, blieb das Niveau im Durchschnitt zwar hoch, aber die einstige Spitzenstellung deutscher Universitäten im weltweiten Vergleich ging verloren. Daher gab es von 2005-2006 bis 2017-2018 eine so genannte „Exzellenzinitiative", mit der alle Universitäten zum Wettbewerb um sehr hohe staatliche Fördermittel aufgerufen waren. Mit diesen zusätzlichen Millionen sollte es einigen Universitäten ermöglicht werden, zur Weltspitze aufzuschließen und gleichzeitig sollte der Wissenschaftsstandort Deutschland insgesamt attraktiver werden. Seit 2019 läuft das Nachfolgeprogramm Exzellenzstrategie des Bundes und der Länder.

In dem Maße, wie die Konkurrenz und die Leistungsunterschiede zwischen den Universitäten zunimmt, wird auch die Selektion stärker. Und zwar in beide Richtungen: Die Studenten drängen an die Universitäten (und andere Hochschulen), die einen besonders guten Ruf und in den sehr zahlreichen Rankings gute Plätze belegt haben. Und die renommierten Universitäten können sich mehr und mehr ihre Studenten durch eigene Selektionsverfahren selbst aussuchen. Allerdings bleibt in Deutschland trotz unterschiedlicher Rekrutierungsverfahren eine gute Abiturno-

duction de savoirs et de connaissances. Dès lors, les étudiants allemands ont parfois du mal à franchir le fossé immense qui sépare le lycée de l'université sans parler des étudiants d'autres pays européens, notamment les Français, pour qui ce lien entre enseignement et recherche dès la première année est tout à fait inhabituel.

Avec le phénomène de massification qui a débuté dans les années 1960 et même si leur niveau reste en moyenne assez élevé, les universités allemandes ne figurent plus depuis longtemps parmi les meilleures universités au monde. Pour remédier à cette situation, les pouvoirs publics avaient lancé en 2005-06 une « initiative de l'excellence », où les universités étaient amenées à concourir entre elles en vue de subventions très importantes. Les universités auxquelles ce prix de l'excellence a été décerné ont bénéficié de millions supplémentaires qui étaient censés les aider à se hisser en haut du palmarès international et d'augmenter l'attractivité des universités allemandes dans leur ensemble. Cette initiative a pris fin en 2017-18 et a été remplacée en 2019 par une stratégie commune des *Länder* et du niveau federal.

L'intensification de la concurrence et des différences de niveau entre universités s'est également accompagnée d'un durcissement de la sélection des étudiants, pour deux raisons : d'une part, le nombre d'étudiants à vouloir entrer dans les universités et autres établissements d'enseignement supérieur les mieux placés dans les classements ne cesse d'augmenter et, d'autre part, ces universités réputées peuvent de plus en plus se permettre de choisir leurs étudiants par des procédures de sélection spécifiques. Malgré tout, avoir de bonnes notes à *l'Abitur* reste le meilleur

te immer noch der beste Türöffner für eine qualitätsvolle Hochschulausbildung.

Fachhochschulen und Berufsakademien

Zu den Hochschulen in Deutschland gehören auch die Fachhochschulen. Sie wurden seit den 50er Jahren in hoher Anzahl gegründet, als immer mehr junge Menschen eine höhere Berufsausbildung suchten, ohne deshalb das hohe Forschungs- und Bildungsideal der Universität einlösen zu wollen. Das Studium an einer Fachhochschule gilt bis heute als praxisorientierter und verspricht eine effiziente Vorbereitung auf den Arbeitsmarkt für gut qualifizierte Absolventen. Die Unterschiede zur Universität haben abgenommen – die Fachhochschulen forschen und verleihen den Doktorgrad. Auch ihr Prestige hat zugenommen, renommierte Fachhochschulen können sich heute die besten Abiturienten für ihre stark nachgefragten Studiengänge aussuchen. Ihre Internationalisierung steht der deutscher Universitäten in nichts nach, viele deutsch-französische Studiengänge sind in und mit Fachhochschulen organisiert.

Eine weitere Hochschulform sind die Berufsakademien, die in den 70er Jahren in Baden-Württemberg entstanden und heute auch in anderen Bundesländern existieren, in Baden-Württemberg nennt man sie seit 2009 Duale Hochschule. Hier werden dreijährige (manchmal vierjährige) BA-Studiengänge angeboten, wobei die Hälfte der Zeit in einem Unternehmen absolviert wird. Es handelt sich also um eine duale Hochschulausbildung, bei der die Studenten einen Vertrag mit dem Unternehmen abschließen und einen aka-

sésame pour l'entrée dans un établissement d'enseignement supérieur de qualité.

Fachhochschulen et *Berufsakademien*

En Allemagne, il existe d'autres types d'établissement d'enseignement supérieur que les universités : les *Fachhochschulen* (instituts spécialisés d'enseignement supérieur) et les *Berufsakademien* (littéralement académies professionnelles). Depuis les années 1950, le succès des *Fachhochschulen* ne s'est jamais démenti car elles représentent une véritable alternative pour un nombre croissant de jeunes qui ne se reconnaissent pas dans l'idéal de formation et de recherche des universités. En effet, les cursus proposés par les *Fachhochschulen* sont davantage orientés vers la pratique et s'avèrent être d'excellentes préparations à l'entrée sur le marché du travail. Par ailleurs, peu à peu, les différences entre universités et *Fachhochschulen* s'amenuisent et ces dernières sont de plus en plus nombreuses à faire de la recherche et à ouvrir des formations doctorales. Le prestige de ces établissements d'enseignement supérieur n'a cessé de grandir et les plus réputés d'entre eux peuvent aujourd'hui sélectionner leurs recrues parmi les meilleurs bacheliers tant certaines formations sont prisées. Enfin, du point de vue de leur internationalisation, les *Fachhochschulen* n'ont rien à envier aux universités et sont, par exemple, impliquées dans de nombreux cursus franco-allemands.

Quant aux *Berufsakademien*, les premières ont été fondées dans les années 1970 dans le Bade-Wurtemberg, et elles existent aujourd'hui partout en Allemagne. Au Bade-Wurtemberg leur nom a d'ailleurs été changé en *Duale Hochschule* (université en

demischen Grad erwerben. Diese heute fest etablierte duale Form akademischer Ausbildung wurde von großen deutschen Unternehmen eingefordert, die möglichst viele Abiturienten in hochwertige betriebliche Ausbildung bringen wollten. Die Studierenden erhalten während des Studiums ein Gehalt und haben sehr gute Chancen auf eine spätere Anstellung.

Universitäten in Frankreich

Französische Universitäten haben eine völlig andere historische Entwicklung genommen als die deutschen und auch ihr Platz in der heutigen Gesellschaft ist ein anderer. Bis zum 18. Jh. verlief die Entwicklung der Universitäten in Europa weitgehend parallel. Als im späten 18. und frühen 19. Jh. die Anforderungen moderner Wissenschaft eine Anpassung erforderlich machten, trennten sich die Entwicklungslinien in Deutschland und Frankreich. Kann man noch in beiden Ländern die Schaffung von technischen Spezialschulen als Reaktion auf die Nachfrage nach Ingenieuren beobachten, beendet Frankreich in der Revolution die universitäre Tradition, während die deutschen Universitäten mit dem humboldtschen Modell einen anderen Weg beschreiten. Die Revolutionäre wollten alle aus dem *Ancien Régime* stammenden Organisationsformen abschaffen und neue, demokratischere Bildungseinrichtungen begründen. 1793 wird die französische Universität offiziell geschlossen, und für fast 100 Jahre gab es nur wenige „Restfakultäten", die ihre Forschungs- und Wissenstradition fortsetzen konnten. Im Mittelpunkt der von Na-

alternance). Ces établissements proposent une formation en trois ans (parfois quatre ans), dont la moitié se déroule au sein même d'une entreprise. Il s'agit donc d'études supérieures en alternance où les étudiants sont liés à une entreprise par un contrat et à la fin desquelles ils obtiennent un diplôme universitaire. Ce mode d'enseignement supérieur en alternance, aujourd'hui très reconnu, a été instauré sur demande des grandes entreprises allemandes qui voulaient qu'un grand nombre de bacheliers reçoivent une formation économique et commerciale de qualité pour pouvoir faire carrière au sein de leurs services. Les étudiantes et étudiants inscrits dans ces établissements reçoivent un salaire pendant leurs études et ont de fortes chances d'être embauchés par la suite.

Les universités en France

L'histoire des universités françaises n'est en rien comparable à celle de leurs voisines allemandes, et leur place au sein de la société contemporaine est tout à fait différente. En Europe, jusqu'au 18e siècle, toutes les universités avaient connu une évolution pratiquement identique. Mais lorsque, vers la fin du 18e et au début du 19e siècle, les exigences de la science moderne rendirent le changement inéluctable, les universités françaises et allemandes empruntèrent des chemins différents. Même si, à cette époque, les deux pays réagirent de la même façon aux besoins en ingénieurs en fondant des écoles techniques spécialisées, ils étaient loin de partager la même conception des universités. En France, les révolutionnaires voulurent supprimer toutes les formes d'organisation héritées de

poleon gegründeten *université impériale* standen nun die zahlreich gegründeten Spezialhochschulen *(grandes écoles)*, die auf unmittelbar nützliches Wissen ausgerichtet waren. Alle Hochschulen unterstanden der zentralen Kontrolle des Staates. Die offizielle Wiedereröffnung der französischen Universitäten erfolgte erst nach 1870, wobei man sich an den renommierten deutschen Universitäten orientierte. Dabei galt die starke Forschungsorientierung als vorbildlich und auch die Verbindung aller Fächer unter einem ideellen Dach allgemeinen Wissens schien wünschenswert. Allerdings übernahm nicht die Philosophische Fakultät die verbindende Rolle, sondern im Geiste des Positivismus des späten 19. Jh. wurden in Frankreich die Naturwissenschaften und vor allem die Mathematik zur Leitwissenschaft. Diese hohe Bewertung der Naturwissenschaften wirkt sich bis heute in den Gymnasien aus, wo die mathematischen Klassen das höchste Prestige haben und Grundlagen für die besten Karrierechancen bieten.

Die Situation heute

Die französischen Universitäten sind heute ebenso wie die deutschen zu Massenuniversitäten geworden. Durch die besondere historische Entwicklung stehen die Universitäten in Konkurrenz zu den Spezialschulen, den *grandes écoles*, die ein höheres soziales Prestige haben. Universitäten sind nur in einigen Fächern die unbestritten besten Lehr- und Forschungseinrichtungen, vor allem in Jura und Medizin. In allen anderen wissenschaftlichen Bereichen haben sie gegenüber den *grandes écoles* das Nachsehen. Dies äußert sich etwa in den finanziellen Ausstattungen, angefangen bei

l'Ancien Régime et instaurer de nouvelles institutions plus démocratiques pour la transmission des savoirs et des connaissances. En 1793, un décret proclama la fermeture officielle des universités et, pendant près de cent ans, seules quelques facultés purent poursuivre leurs activités. Quant à l'université impériale créée par Napoléon, il s'agissait d'un corps d'Etat unique réunissant les cinq facultés (facultés de théologie, de droit, de médecine, des sciences et des lettres) et l'enseignement des disciplines techniques fut alors confié à des écoles spécialisées, orientées vers l'application concrète des savoirs. Ce partage des disciplines fut à l'origine du système des grandes écoles en France. Il fallut attendre 1870 pour que les universités françaises puissent de nouveau ouvrir leurs portes et c'est à cette époque que l'exemple des universités allemandes, alors très renommées, suscita le plus grand intérêt. La place prépondérante accordée à la recherche dans les universités allemandes était perçue comme exemplaire et l'idée de rassembler toutes les disciplines sous la bannière commune du progrès de la science fut également reprise par les universités françaises. Mais, dans l'esprit du positivisme de la fin du 19e siècle, ce rôle unificateur ne revint pas aux facultés de philosophie, ce furent les sciences naturelles et surtout les mathématiques qui furent considérées comme les disciplines de référence. D'ailleurs, le prestige actuel des sciences naturelles – dans les lycées français, les filières scientifiques sont les plus renommées et celles qui offrent les plus belles perspectives de carrière – est un héritage de cette époque.

Les universités françaises aujourd'hui

Les universités françaises sont, tout comme leurs voisines allemandes, devenues des

den Gebäuden, aber auch bei den Bibliotheken und sonstiger Infrastruktur. Diese Situation wird noch dadurch verstärkt, dass die Forschung im französischen System nicht automatisch an den Fakultäten angesiedelt ist, sondern durch so genannte *laboratoires de recherche* von der zentralen Forschungsinstitution CNRS *(Centre national de la recherche scientifique)* geleistet wird. Diese teilweise Trennung von universitärer Lehre und wissenschaftlicher Forschung (Forscher können an den Universitäten lehren, müssen es aber nicht) ist als unbefriedigend empfunden worden, weshalb seit einigen Jahren die Forschung an den Universitäten durch ein Förderprogramm gestärkt wird. 2005 wurde die ANR *(Agence nationale de la recherche)* gegründet, um flexiblere Projektförderung auch für Universitäten zu ermöglichen.

Die *grandes écoles*

Die Besonderheit des französischen Hochschulsystems sind die *grandes écoles*. Die bekanntesten unter ihnen sind weltberühmt und machen bis heute den Stolz des französischen Hochschulwesens aus. Historisch sind sie das Ergebnis der Bevorzugung praktischen Wissens verbunden mit dem Misstrauen der fortschrittlichen Kräfte gegenüber den traditionellen Universitäten. Die ersten bedeutenden Hochschulen dieses Typs entstanden im 18. Jahrhundert und während der Revolution. Sie dienten vor allem dem Bauwesen, der Marine und dem Militär. Die heute noch berühmtesten und besten Ingenieurschulen sind Gründungen dieser Zeit: die *Ecole Polytechnique* entstand 1794; die renommiertesten Wirtschaftshochschulen

universités de masse. Toutefois, en raison de l'histoire particulière de l'enseignement supérieur en France, elles se trouvent en concurrence avec les grandes écoles qui jouissent d'un prestige social bien plus grand. Si nul ne peut mettre en doute la supériorité des universités en termes d'enseignement et de recherche dans des disciplines comme le droit ou la médecine, la primauté des grandes écoles est indéniable dans tous les autres domaines du savoir. Cette différence de niveau et de réputation est particulièrement visible en ce qui concerne les moyens financiers des unes et des autres, les grandes écoles ayant souvent des bâtiments et des infrastructures bien plus imposants et des bibliothèques mieux fournies que les universités. Par ailleurs, le fait que la plupart des laboratoires de recherche dépendent, dans le système français, d'organisations centrales comme le CNRS (Centre national de la recherche scientifique), et ne soient pas systématiquement rattachés à une faculté, contribue à affaiblir la recherché universitaire. La séparation de l'enseignement et de la recherche (les chercheurs français peuvent enseigner à l'université mais n'y sont pas obligés) suscite de plus en plus de critiques, si bien que des programmes particuliers ont été mis en place il y a quelques années pour faciliter les activités de recherche au sein des universités. En 2005 fut créée l'Agence nationale de la recherche (ANR) qui facilite l'accès à des fonds pour promouvoir des projets de recherché, notamment dans les universités.

Les grandes écoles

Les grandes écoles font incontestablement la spécificité du système d'enseignement

sind HEC *(Ecole des hautes études commerciales),* eine privat finanzierte Universität, ESSEC (die vom Wirtschaftsministerium abhängt und finanziert wird) und ESCP-EAP, die schon 1819 gegründet wurde und von der Industrie- und Handelskammer Paris abhängt. Die Anzahl der *grandes écoles* ist größer als gemeinhin angenommen, da alle bei diesem Begriff nur an die bekanntesten Ingenieurs- und Wirtschaftsschulen denken. Es können 227 aus dem

supérieur français. Les plus prestigieuses d'entre elles sont connues dans le monde entier et font la fierté de l'enseignement français. D'un point de vue historique, leur création exprime à la fois la méfiance des partisans du progrès vis-à-vis des universités jugées trop soumises au clergé et la volonté des pouvoirs publics de privilégier les savoirs techniques. Les premières grandes écoles virent le jour au 18e siècle et sous la Révolution dans les domaines des ponts et chaus-

Das *Academic Ranking of World Universities* (www.shanghairanking.com) zeigt eine große Dominanz der amerikanischen und britischen Universitäten. Frankreich hat in den letzten Jahren aufgeholt.

Le Academic Ranking of World Universities montre une forte prédominance des universités américaines et britanniques. La France a amélioré son score ces dernières années.

Paris Saclay, 13ème rang

Die Universität Paris Saclay wurde vor wenigen Jahren als Zusammenschluss renommierter Forschungseinrichtungen und *grandes écoles* auf einem großen Campus südwestlich von Paris gegründet. Ziel war es, durch die Bündelung der Kompetenzen bessere internationale Sichtbarkeit zu erlangen. Zu den Mitgliedsinstitutionen gehören die Wirtschaftshochschule HEC und die Ingenieurshochschule Polytechnique.

L'Université Paris Saclay a été fondée il y a quelques années comme union d'institutions de recherche, d'universités et de grandes écoles sur un grand campus au Sud-Ouest de Paris. L'objectif était d'améliorer la visibilité internationale par le regroupement des compétences. La grande école de commerce HEC en fait partie tout comme la grande école d'ingénieur Polytechnique.

Université de la Sorbonne 35ème rang
Paris Sciences & Lettres University 38ème rang
Auch die « PSL-University » ist ein Zusammenschluss renommierter Institutionen. Zu ihr gehören u.a. die Ecole Normale Supérieur und das Collège de France.

L'Université PSL est également un regroupement d'institutions réputées. Entre autres en font partie l'Ecole Normale Supérieur et le Collège de France.

Universität München 48ème rang
Technische Universität München 52ème rang
Universität Heidelberg 57ème rang

Bereich Ingenieurwesen dazu gerechnet werden, 3 aus den Geisteswissenschaften und 220 Wirtschaftshochschulen. Eine offizielle Liste dieser Schulen gibt es jedoch nicht. Tatsächlich studieren etwa 30% der französischen Studenten an diesen fachlich spezialisierten Hochschulen. Die erste Besonderheit ist die Tatsache, dass die *grandes écoles* wenig Forschung betreiben. Nur wenige haben das Recht, Doktortitel zu vergeben und so das Grundrecht eigenständiger Forschung auszuüben. Das tut ihrem Renommee in der Gesellschaft, bei den jungen Menschen und bei den Arbeitgebern aber keinen Abbruch. Sie können sich daher ihre Studenten selbst aussuchen. Dies geschieht durch *concours*, also schriftliche Aufnahmeprüfungen, die von Hochschule zu Hochschule variieren und unterschiedliche thematische Schwerpunkte haben. Allerdings reicht ein einfaches Abitur zur Teilnahme an diesen sehr schwierigen Aufnahmeprüfungen nicht aus. Im Anschluss an das Abitur kann man, wenn man von der Schule vorgeschlagen wird, an zweijährigen Vorbereitungskursen teilnehmen, um eine reelle Chance zu haben, einen der sehr anspruchsvollen *concours* zu bestehen. Diese Vorbereitungskurse heißen dementsprechend *classes préparatoires*. Wer einmal in die Hochschule aufgenommen wurde, wird dann mit einiger Sicherheit auch die Abschlussprüfung bestehen. Die Absolventen können vom Prestige der besuchten Schule profitieren. Ausführliche, oft internationale Praktika öffnen den Blick für die Realitäten in Wirtschaft und hoher Verwaltung. Bis heute ist eine beträchtliche Zahl von Führungskräften aus den

sées, de la marine et de la formation militaire. Les meilleures et les plus célèbres écoles d'ingénieurs que compte la France aujourd'hui datent également de cette époque. L'École Polytechnique, par exemple, a été fondée en 1794. Des grandes écoles ont également été créées dans le secteur économique et commercial. Les plus renommées sont l'Ecole des Hautes Etudes Commerciales, HEC (fondée en 1881), l'Ecole Supérieure des Sciences Economiques et Commerciales, ESSEC (fondée en 1907, qui est placée sous la tutelle du ministère de l'Economie) et l'Ecole Supérieure de Commerce de Paris, ESCP (fondée en 1819 et financée par la Chambre de Commerce et d'Industrie de Paris), qui a fusionné avec l'Ecole Européenne des Affaires en 1999 pour former l'ESCP-EAP. On sous-estime souvent le nombre des grandes écoles françaises puisque l'expression même « grandes écoles » fait communément penser aux plus célèbres écoles d'ingénieurs et de commerce. On peut compter 227 écoles d'ingénieur, 3 écoles de sciences humaines et 220 écoles de commerce. Pourtant il n'existe pas de liste officielle. En réalité, 30 % des étudiants français environ sont formés dans des établissements d'enseignement supérieur de ce genre. Ces écoles procèdent à une sélection très stricte de leurs étudiants par le biais de concours d'entrée dont les thématiques et les modalités varient d'une école à l'autre. En effet, avoir le baccalauréat n'est pas une garantie de réussite à ces concours souvent très difficiles et les bacheliers qui veulent entrer dans une grande école suivent pendant deux années des cours de préparation plus connus sous le nom de « classes préparatoires ». En revanche, une fois admis dans une grande école, les étu-

bekanntesten *grandes écoles* hervorgegangen.
Für die Rekrutierung der französischen Eliten gibt es zwei Einrichtungen, die eine besonders große Rolle spielen: die *Fondation des Sciences politiques* in Paris (kurz *Sciences Po*) und die nationale Verwaltungshochschule *(Ecole nationale d'administration ENA)*. Sie sind in mancher Hinsicht vergleichbar, komplementär und stehen dennoch in dauernder Konkurrenz. Die Mehrzahl der Führungskräfte aus Wirtschaft und Politik haben eine oder beide dieser Schulen absolviert. Der Unterricht ist dort zwar auch wissenschaftlich, aber die Besonderheit liegt in der großen Rolle, die hochrangige Praktiker beim Unterricht spielen. Oft gingen die Absolventen von *Sciences Po* danach noch für zwei Jahre auf die ENA, um ihre Ausbildung zu vervollkommnen und optimale Aussichten auf eine gute Karriere zu haben. 2021 hat Staatspräsident Macron angekündigt, die ENA zu schließen und durch ein neues *Institut du service public* zu ersetzen. Ziel der Reform ist es, allen Beamten eine gemeinsame Grundausbildung zu bieten, den Zugang zum öffentlichen Dienst für alle sozialen Schichten zu erleichtern und die Zusammenarbeit mit den Universitäten zu stärken.

diants sont pratiquement assurés de pouvoir mener à bien leurs études et d'obtenir leur diplôme. Outre les enseignements qui leur sont dispensés, les grandes écoles offrent de nombreux autres avantages à leurs élèves, notamment la possibilité de se faire une idée du fonctionnement du monde économique ou de la haute fonction publique grâce à des stages obligatoires en France ou à l'étranger. Un nombre considérable de managers et de hauts fonctionnaires d'hier et d'aujourd'hui sont issus d'une grande école célèbre.
Pour le recrutement des élites en France il y a deux institutions particulièrement importantes : la fondation des Sciences politiques de Paris « Sciences Po » et l'Ecole nationale d'administration « ENA ». Comparables, complémentaires et pourtant dans une concurrence permanente, ces deux écoles forment des dirigeants d'entreprise ou de la fonction publique. L'enseignement est théorique certes, mais la particularité réside dans l'enseignement effectué par des praticiens, hauts responsables en fonction. Souvent, les diplômés de Sciences Po ont intégré l'ENA ensuite pour perfectionner leur formation et être sûr d'une bonne carrière. En 2021, le Président Macron a annoncé de vouloir fermer l'ENA et de la faire remplacer par un nouveau Institut du service public. L'objectif de cette réforme et de garantir une bonne formation de base à tous les fonctionnaires de l'État, de faciliter l'accès de toutes les couches sociales à la fonction publique et de renforcer la coopération avec les universités.

Nobelpreisträger und –trägerinnen aus Deutschland und Frankreich:
Prix nobel français et allemands:
Deutschland: insgesamt 84, besonders viele im Bereich Chemie (28) und Physik (24).
Allemagne: en tout 84, nombreux dans le domaine de la chimie (28) et la physique (24)
Frankreich: insgesamt 65, besonders viele Physiologie-Medizin (13), Physik (14) und Literatur (15)
France: 65 en tout, dont 13 en physiologie-médecine, 14 en physique et 15 en littérature.

Die *classes préparatoires*

Für deutsche Schüler ist nur schwer vorstellbar, dass in Frankreich mit dem Abitur der Selektionsprozess erst richtig anfängt. Die besten Schüler werden noch vor der eigentlichen Abiturprüfung animiert, sich für eine der *classes préparatoires* anzumelden. Die Selektion erfolgt aufgrund der Schulnoten der beiden letzten Jahre, und die Lehrer schlagen den Schülern die Bewerbung um einen Platz in einer der vielen *classes préparatoires* vor. Allerdings führen viele Kandidaten mit den Gymnasien, wo diese zweijährigen Vorbereitungskurse angeboten werden, individuelle Gespräche, um sich richtig entscheiden zu können. Auch die Gymnasien, die solche Vorbereitungskurse anbieten, haben wiederum eine Rangordnung. Dieses Renommee besteht nicht nur auf dem Papier, sondern es gibt Statistiken mit den Erfolgsquoten der einzelnen Vorbereitungskurse. Und auch in den *grandes écoles* besteht ein präzises Wissen darüber, wer von welcher Schule gekommen ist und wie hoch die Erfolgsquote war. Die *classes préparatoires* werden von besonders guten Gymnasiallehrern „im Nebenjob" abgehalten. Für die Schüler heißt es, sich auf zwei Jahre große Entbehrungen vorzubereiten – das genaue Gegenteil des Gefühls großer Freiheit, das deutsche Abiturienten in der Regel erfüllt. Der Lerndruck ist so hoch, dass viele nach kurzer Zeit aufgeben, manche halten das erste Jahr durch, verzichten aber auf das zweite Jahr und wechseln an die Universität. Der Wechsel wird erleichtert, weil ein Jahr „prépa" wie ein Studienjahr an der Universität zählt.

Les classes préparatoires

Pour un élève allemand, il est assez difficile de concevoir que le processus de sélection puisse véritablement commencer une fois le baccalauréat en poche, comme c'est le cas en France. Les meilleurs élèves de première sont encouragés par leurs professeurs à postuler pour une place dans une des nombreuses classes préparatoires du pays. La sélection des élèves s'effectue alors sur la base de leurs notes des deux dernières années et, parfois, d'entretiens individuels. Les lycées qui proposent des classes préparatoires font l'objet d'un classement, réalisé à partir des taux de réussite des élèves aux concours d'entrée des grandes écoles, et qui joue un rôle essentiel pour la réputation de l'établissement. Les professeurs enseignant en classes préparatoires sont choisis parmi les meilleurs professeurs du secondaire et le niveau des cours dispensés est très élevé. Pour les élèves, la classe préparatoire correspond à deux années d'efforts et de sacrifices importants, tout le contraire du sentiment de liberté que peuvent ressentir la plupart des bacheliers allemands. Les élèves de classe préparatoire sont souvent soumis à une telle pression que beaucoup abandonnent après quelques semaines, d'autres après une année, et préfèrent continuer leurs études à l'université. Etant donné qu'une année de classe préparatoire compte comme une année d'université, le passage d'un établissement à l'autre pose rarement problème. Ainsi, les meilleurs lycées français, les classes préparatoires et les grandes écoles les plus réputées sont les maillons d'une chaîne élitaire destinée à produire les dirigeants de demain. Par ailleurs, le principe de l'égal accès de tous à l'éducation est au coeur du

Mit den anerkannt „guten" Gymnasien, den Erfolg versprechenden *classes préparatoires* und den besten Hochschulen *(grandes écoles)* entsteht ein geschlossener Kreislauf elitärer Rekrutierung des Führungsnachwuchses von morgen. Die Idee des gleichen Zugangs zu Bildungschancen für alle wird durch das System der *concours* gewährleistet: Nicht das Bildungsniveau oder der soziale Status der Eltern soll den Ausschlag geben, sondern die individuelle Leistung in einer Prüfung, die für alle gleich ist. Diese sympathische Idee wird in der Praxis aber immer schlechter verwirklicht, denn wie in Deutschland sind die sozialen Aufstiegschancen durch dieses Bildungssystem begrenzt. Heute sind weniger Studenten aus Arbeiterfamilien erfolgreich als noch in den 50er und 60er Jahren des 20. Jahrhunderts.

Hochschul- und Forschungskooperation

Enge Zusammenarbeit in den höheren Bildungsinstitutionen und in der wissenschaftlichen Forschung hat es seit Gründung der Universitäten im Mittelalter in Europa immer gegeben. Die Universitäten waren der Ort, wo Wissen unabhängig von der Nationalität der Intellektuellen und Gelehrten zirkulierte, mit dem Lateinischen und später dem Französischen gab es internationale Verkehrssprachen, die per-

système d'enseignement supérieur français et les concours en sont la meilleure illustration. En eff et, selon ce modèle de méritocratie, ce sont les performances et les résultats d'un individu à un concours, qui est le même pour tous, qui sont déterminants, et non son origine sociale ou le niveau d'études de ses parents. De plus en plus, cette conception louable est pourtant démentie par la réalité, et ce système de formation – tout comme le système allemand – peine à offrir de véritables chances de promotion sociale. Aujourd'hui, les étudiants issus de familles d'ouvriers ont encore moins de chances de réussir que dans les années 1950 et 1960.

La coopération en matière d'enseignement supérieur et de recherche

Depuis la création des universités au moyen âge, il y a toujours en des liens de coopération entre elles en Europe, aussi bien au niveau de l'enseignement que de la recherche. Dès cette époque, les universités étaient des lieux de production et de transmission des connaissances où se côtoyaient savants et érudits de différentes nationalités. Le latin puis le français étaient alors les langues internationales qui permirent la communication et la coopération entre les différentes universités européennes. Pendant des siècles, la Sorbonne attira de nombreux savants originaires de toute l'Europe et, au 19e siècle,

Jährlich sind ca. 7000 französische Studierende an deutschen Hochschulen, ca. 9000 deutsche Studierende sind jährlich in Frankreich.

Tous les ans, environ 7000 étudiantes et étudiants sont inscrits à des universités allemandes, environ 9000 Allemands vont étudier en France.

sönliche Kommunikation ermöglichten. Die Sorbonne war über Jahrhunderte Anziehungspunkt für Gelehrte aus ganz Europa, und die deutschen Universitäten im 19. Jh. waren Orte internationaler Lehre und Forschung. Diese Tatsache sollte man in Erinnerung behalten, wenn man heute über Mobilität von Studierenden und von einem gemeinsamen Forschungsraum in der Europäischen Union spricht. Allerdings ist richtig, dass die heutige Massenuniversität an die Organisation des Austauschs und der Mobilität ganz andere Anforderungen stellt als früher, als die absolute Zahl der Studierenden sehr gering war. Mobilität der Studierenden ist ein Ziel der europäischen Politik. Neben dem europaweiten Erasmus-Programm gibt es viele spezifisch deutsch-französische Institutionen und Programme, um die Zusammenarbeit in Studium, Lehre und Forschung zwischen Deutschland und Frankreich zu fördern.

Die Deutsch-Französische Hochschule

Eine erfolgreiche Bilanz kann die Deutsch-Französische Hochschule vorweisen. Seit über 20 Jahren fördert diese von Frankreich und Deutschland gleichermaßen finanzierte Organisation mehr als 180 deutsch-französische Studiengänge aller Fächer. Der Grundgedanke ist, dass es sich lohnt, neben der europaweiten Mobilität, die etwa durch das Erasmus-Programm gefördert wird und Tausenden von Studenten einen längeren Aufenthalt an einer europäischen Universität im Ausland ermöglicht, spezielle bilaterale Ausbildungen anzubieten. Hierbei verbringen die Studenten in der Regel die Hälfte der

les universités allemandes étaient de grands centres internationaux d'enseignement et de recherche. Il faut donc garder cette dimension historique à l'esprit lorsque l'on parle aujourd'hui de la mobilité des étudiants au sein de l'Union européenne ou de la réalisation d'un espace européen de la recherche. Mais il est vrai que le contexte actuel des universités de masse rend l'organisation d'échanges et la gestion de la mobilité bien plus compliquées qu'autrefois, lorsque très peu d'étudiants fréquentaient les universités.

La mobilité des étudiantes et étudiants est un objectif majeur de la politique européenne. A côté du programme européen Erasmus il y a une série d'institutions et de programmes spécifiquement franco-allemands ayant comme but le renforcement de la coopération dans l'enseignement et la recherche entre nos deux pays.

L'Université franco-allemande (UFA)

La création de l'Université franco-allemande, il y a plus de 20 ans, se solde par un bilan positif. Cette organisation, financée à parts égales par la France et l'Allemagne, propose plus de 180 cursus binationaux dans de nombreuses disciplines. Parmi les principes fondateurs de cette université se trouve la volonté d'accroître la mobilité en Europe en complétant le programme Erasmus, qui permet déjà à des milliers d'étudiants de passer un an dans une autre université européenne, par une offre étendue de formations binationales spécifiques. En règle générale, les étudiants inscrits dans un des cursus de l'UFA passent la moitié de leur formation à l'étranger (c'est-à dire en France ou en Allemagne, selon le pays d'origine) et se voient délivrer un diplôme de fin d'études de chacun des

Studienzeit im anderen Land und erlangen in beiden Universitätssystemen einen Abschluss. Der Mehrwert besteht darin, dass die Absolventen hohe Motivation zeigen, sich in einem anderen soziokulturellen Umfeld behaupten müssen und am Ende mindestens dreisprachig sind (wenn man das Englische als internationale Verkehrssprache als Standard annimmt). Der Arbeitsmarkt nimmt diese Absolventen gerne auf, denn sie bringen Qualitäten mit, die nicht bei jedem Studenten gegeben sind.

Die Karrieren der Absolventen bilateraler Studiengänge (mit oder ohne Doppeldiplom) zeigen aber auch etwas, das unterstrichen werden muss: Die Absolventen werden nicht in erster Linie eingestellt, weil sie eine „deutsch-französische Kompetenz" haben, sondern weil sie in einem Fachgebiet gut qualifiziert sind – erst im zweiten Schritt wirkt sich die besondere deutsch-französische Komponente aus. Es ist also Vorsicht geboten, wenn Studiengänge mit höheren Chancen am Arbeitsmarkt wegen dieser oft „interkulturell"

établissements fréquentés. En suivant une formation binationale de l'UFA, les étudiants donnent la preuve de leur motivation et de leur capacité à s'affirmer dans un nouvel environnement socioculturel, et ils ont l'avantage de maîtriser au moins trois langues à la fin de leurs études (en plus du français et de l'allemand, on peut supposer que ces étudiants maîtrisent également l'anglais international). Une fois sur le marché du travail, les diplômés de l'UFA bénéficient de nombreuses opportunités professionnelles car ils possèdent des compétences très recherchées qui sont autant d'atouts supplémentaires par rapport aux autres demandeurs d'emploi.

Il est toutefois intéressant de noter un aspect évident dans les carrières des diplômés de cursus binationaux : ils ne sont pas engagés sur la base de leur « compétence franco-allemande », mais plutôt en raison de la qualité de leur formation et de leur spécialisation dans leur domaine, la dimension franco-allemande n'entrant en compte que dans un second temps. Une certaine vigilance doit donc être observée vis-à-vis des cursus binationaux qui mettent en avant la

Die Deutsch-Französische Hochschule ist eine internationale Einrichtung und wurde 1997 durch ein Regierungsabkommen gegründet. Die Hochschule hat keinen eigenen Campus. Der Verwaltungssitz der Hochschule, die von Deutschland und Frankreich zu gleichen Teilen finanziert wird, ist Saarbrücken. Sie fördert im akademischen Jahr 2020/21 186 binationale und trinationale Studiengänge.

L'Université franco-allemande est une institution internationale créée en 1997 par un accord intergouvernemental. Elle n'a pas de campus propre. Le siège administratif de cette université, financée à parts égales par la France et l'Allemagne, est Sarrebruck.
En 2020/21, l'UFA soutient 186 cursus intégrés, binationaux et trinationaux. (www.dfh-ufa.org).

genannten Kompetenz werben. Einen Arbeitsmarkt speziell für „deutsch-französische Kompetenz" gibt es nicht. Richtig aber ist, dass diese Trumpfkarte im entscheidenden Moment den Ausschlag geben kann, wenn die fachliche Ausbildung hochwertig und konkurrenzfähig ist.

Forschungskooperation

Spitzenforschung ist per definitionem international. Das Beispiel der großen nordamerikanischen Forschungszentren zeigt, dass die guten Forscher weltweit von den exzellenten Arbeitsbedingungen angezogen werden. Die Forschungsförderung in allen europäischen Staaten muss daher alles daran setzen, attraktive Strukturen zu schaffen. In vielen Naturwissenschaften gelingt dies. In Deutschland sind es die renommierten Max Planck Institute, die Helmholtz-Gesellschaft und die Fraunhofer-Institute, bei denen sich neben den Universitäten internationale Spitzenforschung bündelt. Auch in Frankreich sind herausragende Forschungszentren in der Medizin, der Physik oder anderen

dimension interculturelle comme atout sur le marché du travail. Il n'existe aucun marché du travail particulier pour la « compétence franco-allemande ». En revanche, lorsque les candidats à un emploi ont déjà un solide bagage d'enseignement supérieur, la dimension binationale et interculturelle peut aider à faire la différence.

La coopération scientifique

La recherche de pointe est par définition internationale. En leur offrant d'excellentes conditions de travail, les grands centres de recherche d'Amérique du Nord attirent les meilleurs chercheurs au monde. Cet exemple devrait donc inciter les pays européens à intensifier leurs efforts de soutien à la recherche, en créant notamment des structures attractives. Force est de reconnaître que, dans de nombreux domaines des sciences naturelles, de telles structures existent déjà. En Allemagne, il s'agit des Instituts Max-Planck, de la Société Helmholtz et des Instituts Fraunhofer qui sont tous des centres de recherche performants dont la renommée dépasse les frontières nationales. En France, de grands

Das Deutsch-französische Forum bringt seit 1999 jährlich Absolventen, Hochschulen und Arbeitgeber zusammen. Besonders die Absolventen von Doppelstudiengängen haben hier die Möglichkeit, sich direkt zu bewerben und ihre Chancen einschätzen zu lernen. Gleichzeitig werben Dutzende von deutschen und französischen Hochschulen für ihre jeweiligen Doppeldiplomstudiengänge. (www.ffa-dff.org)

Depuis 1999, le Forum franco-allemand réunit une fois par an des diplômés, des universités allemandes et françaises ainsi que de nombreuses entreprises. Les diplômés, notamment ceux des cursus intégrés franco-allemands, peuvent postuler directement pour un poste et ainsi apprendre à évaluer leurs chances. En même temps, des douzaines d'universités font de la publicité pour leurs cursus intégrés respectifs. (www.ffa-dff.org)

Naturwissenschaften Orte internationaler Forschung. Herausragendes Beispiel ist das Kernforschungsinstitut CERN, das teils in der Schweiz, teils in Frankreich liegt.

In den Naturwissenschaften ist die Internationalisierung oft eine objektive Notwendigkeit, weil hochspezialisierte Kompetenzen nicht überall vorhanden sind. Steuern lässt sich dieser Prozess kaum, aber es gibt ausreichend Anreize und Stipendien, um hier auch die deutsch-französische Kooperation voranzubringen.

Anders sieht es bei den Geistes- und Sozialwissenschaften aus. In diesen Fächern sind die Forschungsthemen nicht im gleichen Maße objektiv vorgegeben wie in den Naturwissenschaften. Zudem wirken sich nationale Traditionen, einschließlich der in der Forschung verwendeten Sprachen, erschwerend aus. Um den Dialog überhaupt lebendig zu erhalten und fruchtbaren Austausch zu ermöglichen, sind Institutionen und Förderprogramme eingerichtet worden, die ganz speziell auf deutsch-französische Forschungskooperation abzielen. Von deutscher Seite wurden nach dem Krieg in Paris mehrere Einrichtungen gegründet und gefördert. 1964 wurde das Deutsche Historische Institut

centres spécialisés dans la recherche médicale, la physique ou autres sciences naturelles figurent également au nombre des instituts scientifiques internationaux les plus connus. Un exemple particulièrement fameux est le centre de recherché nucléaire CERN, situé en partie en Suisse, en partie en France.

Dans de nombreux domaines des sciences naturelles, étant donné le haut degré de spécialisation, les laboratoires de recherche doivent souvent faire appel à des chercheurs étrangers et leur internationalisation est donc incontournable. Le constat n'est pas le même en ce qui concerne les sciences humaines et sociales. Ces matières se prêtent moins bien à une définition objective des thèmes de recherche qui s'imposent et sont davantage soumises à l'influence des traditions nationales et aux difficultés linguistiques. Un certain nombre de mesures ont dû être prises et d'institutions créées pour maintenir un dialogue constructif entre chercheurs français et allemands et permettre des échanges fructueux dans les sciences humaines et sociales. Du côté allemand, cette volonté de coopération s'est traduite par l'ouverture, après la Seconde Guerre mondiale, de plusieurs instituts de recherche à Paris. L'Institut Historique Allemand de Paris, dont l'une des missions est

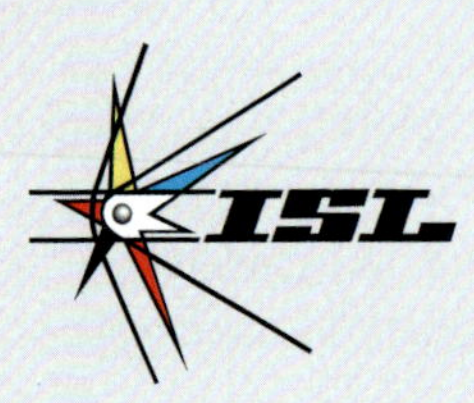

Das Deutsch-französische Forschungsinstitut von Saint-Louis wurde bereits 1959 durch einen Staatsvertrag gegründet. Heute arbeiten dort ca. 460 Mitarbeiter in unterschiedlichen Forschungs- und Entwicklungsbereichen der Militärtechnik.

L'Institut franco-allemand de recherches de Saint Louis, fondé en 1959 par un traité d'Etat, travaille dans différents domaines de l'armement et de la défense. Aujourd'hui 460 employés environ y développent des technologies et des produits innovants. www.isl.eu

eröffnet, dessen Aufgabe die historische Erforschung der deutsch-französischen Beziehungen ist. Dem kunsthistorischen Bereich widmet sich das 1997 gegründete Deutsche Forum für Kunstgeschichte Paris, das die Zusammenarbeit zwischen deutschen und französischen Kunsthistorikern fördert. Im Bereich der Sozialwissenschaften gibt es eine intensive Zusammenarbeit deutscher Forscher mit der *Maison des Sciences de l'homme.* Der Deutsche Akademische Austauschdienst, der die internationale Zusammenarbeit der deut-

de mener des travaux de recherche sur l'histoire des relations franco-allemandes, a ainsi été inauguré en 1964. Le Centre Allemand d'Histoire de l'Art de Paris, fondé en 1997, se consacre quant à lui à la promotion de la coopération entre historiens de l'art des deux pays. Dans le domaine des sciences sociales, il convient de mentionner l'intense coopération des chercheurs allemands avec leurs collègues français des Maisons des Sciences de l'Homme. Enfin, l'Office allemand d'échanges universitaires (DAAD), qui a pour tâche principale de promouvoir la coopération des uni-

dfi

Das Deutsch-Französische Institut (dfi) ist ein unabhängiges Forschungs-, Dokumentations- und Beratungszentrum für Frankreich und die deutsch-französischen Beziehungen in ihrem europäischen Umfeld. Als Plattform für den Dialog von Akteuren beider Länder begleitet und gestaltet es seit 75 Jahren die deutsch-französische Kooperation in den Bereichen Politik, Wirtschaft und Gesellschaft. Das dfi verbindet praxisrelevante Forschung mit der gezielten Förderung des grenzüberschreitenden Informations- und Erfahrungsaustausches und schafft so die Grundlage für einen offenen Dialog und eine konstruktive Zusammenarbeit beider Länder im europäischen Kontext. Dank der umfassenden Dokumentation und Archivierung der relevanten Materialien zu Frankreich und den deutsch-französischen Beziehungen ist das dfi in der Lage, wichtige Akteure bei ihrer Arbeit mit wissenschaftlichen Analysen sowie aktuellen Informationen und Hintergründen zu unterstützen.

Le Deutsch-Französisches Institut (Institut Franco-Allemand) est un institut indépendant de recherche, de documentation et d'expertise consacré à la France et aux relations franco-allemandes dans le contexte européen. Depuis 75 ans, il constitue une plate-forme du dialogue franco-allemand, promeut et accompagne la coopération politique, économique et sociale entre les deux pays.
Le dfi réunit des activités de recherche orientées vers l'actualité et la promotion de l'échange d'information et d'expérience d'un pays à l'autre. Il pose ainsi les fondations nécessaires à un dialogue ouvert et une coopération fructueuse entre les deux pays, dans le contexte européen. Grâce à une documentation exhaustive relative aux relations franco-allemandes, le dfi est en mesure d'assister et de conseiller ses interlocuteurs du monde de la politique, des médias, de l'administration et de l'économie en leur fournissant des expertises et des informations actuelles.

schen Universitäten und Forschung weltweit fördert, ist mit einem großen Büro in Paris vertreten und vergibt zahlreiche Stipendien für deutsche Forscher nach Frankreich und für französische Forscher nach Deutschland. Von Seiten der französischen Institutionen ist 1992 das sozialwissenschaftlich ausgerichtete *Centre Marc Bloch* in Berlin gegründet worden, das heute auch von der Bundesregierung finanziell unterstützt wird. Bereits seit 1977 existierte in Göttingen die *Mission historique française en Allemagne*, die 2009 in das *Institut français d'histoire en Allemagne* in Frankfurt umgewandelt wurde. 2015 wiederum wurde das thematische Spektrum erweitert in ein *Institut franco-allemand de*

versités et centres de recherche allemands avec des établissements étrangers, possède une antenne importante à Paris et attribue de nombreuses bourses aux chercheurs français et allemands qui souhaitent séjourner dans le pays voisin pour poursuivre leurs travaux. Quant aux institutions françaises présentes en Allemagne, l'une des plus connues est le Centre Marc-Bloch établi à Berlin depuis 1992. Aujourd'hui, ce centre de recherche en sciences sociales bénéficie également du soutien financier du gouvernement allemand. Depuis 1977 déjà la Mission historique française en Allemagne siègeait auprès de l'université de Göttingen. En 2009, la mission a été mutée à Frankfurt et porte désormais le nom de Institut français d'histoire en Alle-

Forschungseinrichtungen in Sozial- und Geisteswissenschaften
Centre Marc Bloch – www.cmb.hu-berlin.de
Institut franco-allemand de sciences historiques et sociales – https://ifra-francfort.fr
Frankreich Zentrum Freiburg – www.fz.uni-freiburg.de
Frankreich Zentrum Berlin – www.fu-berlin.de
Frankreich Zentrum Saarbrücken – www.uni-saarland.de
Frankreich Zentrum Leipzig – www.zv.uni-leipzig.de
Centre Ernst Robert Curtius Bonn – www.cerc.uni-bonn.de
Deutsche Gesellschaft für Auswärtige Politik (DGAP), Arbeitsstelle Frankreich – www.dgap.org
Stiftung Wissenschaft und Politik (SWP) – www.swp-berlin.org

Centres de recherche en sciences humaines
Maison des sciences de l'homme (MSH) – www.msh-paris.fr
Comité d'études des relations franco-allemandes (CERFA) à l'Institut français des relations internationales (IFRI) – www.ifri.org
Centre interdiscplinaire d'études et de recherches sur l'Allemagne (CIERA) – www.ciera.fr
Centre d'information et de recherche sur l'Allemagne contemporaine (CIRAC) – www.cirac.u-cergy.fr
Deutsches Historisches Institut – www.dhi-paris.fr
Deutsches Forum für Kunstgeschichte Paris – www.dtforum.org

sciences historiques et sociales an der Universität Frankfurt.
Zusätzlich zu diesen Forschungszentren bemüht man sich seit vielen Jahren um eine Koordinierung der Studien, die sich in Frankreich mit der deutschen Gesellschaft, Politik und Kultur, und in Deutschland mit der soziokulturellen Aktualität Frankreichs befassen. Zu diesem Zweck wurde die Dachorganisation CIERA geschaffen, in der zahlreiche französische Seminare, Professoren und Forschungsstellen mitarbeiten. In Deutschland nimmt diese Rolle das Netz der Frankreich-Zentren in Freiburg, Berlin, Leipzig und Saarbrücken sowie das Deutsch-Französische Institut in Ludwigsburg wahr, dessen Bibliothek und Archiv das größte Dokumentationszentrum für deutsch-französische Beziehungen bildet.
Zusammenfassend lässt sich sagen, dass der deutsch-französischen Forschungskooperation für alle Fachgebiete ausreichend Instrumente und Einrichtungen zur Verfügung stehen, um jedem, der ein Projekt realisieren möchte, die Möglichkeit dazu zu eröffnen. Richtig ist aber auch, dass bilaterale genauso wie europaweite Projekte ein erhebliches Maß an Motivation und Verwaltungsanstrengungen erfordern.

magne. En 2015 cet institut s'est ouvert vers de nouveaux sujets et a été rebatisé Institut franco-allemand de sciences historiques et sociales, associé à l'Université de Frankfort.
Enfin, parallèlement à ces centres de recherche, des efforts importants ont été déployés depuis de nombreuses années pour mieux coordonner les cursus français et allemands consacrés à l'étude de la culture, de la société et des institutions politiques du pays partenaire. C'est dans ce but qu'a été fondé le Centre Interdisciplinaire d'Etudes et de Recherches sur l'Allemagne (CIERA), qui rassemble une dizaine d'établissements membres (centres de recherche sur l'Allemagne et universités) au sein d'un groupement d'intérêt public. En Allemagne, cette mission de coordination est assumée par le réseau des Centres français de Fribourg, Berlin, Leipzig et Sarrebruck ainsi que par l'Institut Franco-Allemand de Ludwigsburg, dont la bibliothèque et les archives constituent le plus grand fonds documentaire sur les relations franco-allemandes.
Pour résumer, on peut donc avancer qu'il existe suffisamment d'instruments et d'institutions dont la fonction est de promouvoir la coopération franco-allemande dans tous les domaines de la recherche. Néanmoins, même si le contexte est théoriquement favorable, mettre en oeuvre des projets de recherche bilatéraux, et a fortiori européens, suppose d'entreprendre de multiples démarches administratives, et donc d'être animé d'une forte motivation.

11 Essen und Trinken

Manger et boire

Leben wie Gott in Frankreich …

„Leben wie Gott in Frankreich", das heißt für die Meisten vor allem „Essen und Trinken wie die Franzosen". Im Vordergrund steht das besondere Verhältnis zur Küche, den kulinarischen Produkten und den dazugehörenden Weinen. *Les plaisirs de la table*, die Gaumenfreuden: Die deutsche Übersetzung trifft den Sinn nur ungenau. Mit der französischen Küche wird eben nicht nur der Gaumen gekitzelt, sondern sämtliche Sinne werden geweckt. Diese französische Auffassung der Esskultur ist weltweit bekannt und trägt erheblich zur französischen Identität bei. Nicht umsonst wird der typische Franzose mit einer Flasche Rotwein in der Hand und einer Baguette unter dem Arm karikiert. Frankreich erleben heißt französisch essen, dies ist auch in Deutschland die erste Assoziation mit dem Nachbarland. Bei Austauschen, vor allem wenn eine Unterbringung in einer Gastfamilie vorgesehen ist, ist die Erfahrung mit den doch unterschiedlichen Esskulturen prägend und wichtig.

Vivre comme Dieu en France …

Le proverbe allemand « vivre comme Dieu en France » signifie avant tout « manger et boire comme les Français ». L'accent est mis sur la relation particulière avec la cuisine, les produits culinaires et les vins qui les accompagnent. Les plaisirs de la table, die *Gaumenfreuden* : la traduction allemande ne rend pas exactement le sens de l'expression française. La cuisine française ne chatouille pas seulement le palais, mais éveille tous les sens. Cette conception française de la culture alimentaire est connue dans le monde entier et contribue de manière significative à l'identité française. Ce n'est pas pour rien que le Français typique est caricaturé avec une bouteille de vin rouge à la main et une baguette sous le bras. Se rendre en France, c'est manger à la française – c'est d'ailleurs souvent la première association de l'Allemagne avec le pays voisin. Pendant les échanges, surtout si un hébergement en famille d'accueil est prévu, l'expérience des différentes cultures alimentaires est formatrice et importante.

Ursprung der *Grande Cuisine*

Was wir essen und trinken hängt auch von klimatischen und geographischen Gegebenheiten ab. Generell kann man in Europa sagen, dass die kulinarische Vielfalt in dem Maße zunimmt, wie wir uns von Norden nach Süden bewegen. Mit den heu-

Origine de la Grande Cuisine

Ce que nous mangeons et buvons dépend également des conditions climatiques et géographiques. En général, on peut dire qu'en Europe, la diversité culinaire augmente à mesure que l'on se déplace du nord au sud. Avec les possibilités actuelles de transport

tigen weltweiten Transportmöglichkeiten nehmen diese klimatisch bedingten Unterschiede sicherlich ab. Aber Essgewohnheiten sind nicht nur geographischer Natur, sondern auch und vor allem das Ergebnis von langen zivilisatorischen Prozessen. Die Ursprünge dessen, was man heute als kulinarische Gewohnheiten beobachten kann, reichen teils weit in die Geschichte zurück. Der römische Einfluss hat in den Gebieten, die westlich des Limes lagen – und dazu gehören neben Frankreich auch die südlichen und westlichen Gebiete Deutschlands – Spuren hinterlassen. Die Dreiteilung des Tages in Frühstück, Mittag- und Abendessen stammt ebenso aus dieser Zeit wie die Angewohnheit des Brotreichens bei den Mahlzeiten und die Kunst der Saucenzubereitung. Schon die Römer tranken neben Wasser auch Wein, roten wie weißen. Das Mittelalter entwickelte seine eigene Kochkunst. Dabei treten Früchte und Gemüse in den Hintergrund. Hauptbestandteil eines mittelalterlichen Büfetts ist, neben dem Brot, das Fleisch. Die katholische Kirche prägt mit ihren Vorschriften, den Fastenzeiten wie den Feiertagen die

mondial, ces différences déterminées par le climat sont certainement en train de diminuer. Mais les habitudes alimentaires ne résultent pas seulement de différences géographiques mais sont aussi et surtout le résultat de longs processus de civilisation. Les origines des habitudes culinaires actuelles remontent en partie loin dans l'histoire. L'influence romaine a laissé son empreinte sur les régions situées à l'ouest du Limes, dont la France ainsi que les régions méridionales et occidentales de l'Allemagne. La division de la journée en trois parties correspondant aux petit-déjeuner, déjeuner et dîner remonte à cette époque, tout comme l'habitude de servir du pain aux repas et l'art de préparer les sauces. Même les Romains buvaient du vin, rouge et blanc, ainsi que de l'eau. Le Moyen Âge a développé son propre art de la cuisine. Les fruits et légumes ont été relégués au second plan. Le principal composant d'un buffet médiéval, à part le pain, était la viande. L'Église catholique a façonné les habitudes alimentaires avec ses règlements, ses périodes de jeûne et ses fêtes. Aujourd'hui encore, le poisson est consommé le vendredi dans une grande partie de la population chrétienne. Le premier

Festtafel im gallischen Dorf
Le banquet gaulois

Essgewohnheiten. Bis heute wird in großen Teilen der christlich geprägten Bevölkerung am Freitag Fisch gegessen. Aus dem Mittelalter stammt auch Frankreichs erstes berühmtes Rezeptbuch, der *Viandier de Taillevent* (14. Jh.), in dem die Kochkunst zur Wissenschaft erhoben wird. Entscheidend aber für die bis heute gültige Vorstellung der großen französischen Küche war die Epoche der höfischen Kultur. Die *Grande Cuisine*, die den weltweiten Ruf Frankreichs als Heimat raffinierter Küche begründet, entwickelt sich im 17. und 18. Jh. Neue Produkte und Zutaten aus der Neuen Welt und Fernost erweitern das Spektrum. Pompöse Essen werden zum Symbol der Macht und des Reichtums, zunächst bei Hof, dann auch in den wohlhabenden adeligen und bürgerlichen Schichten. Zum Ideal der Kunst des Essens gehören aber nicht nur aufwendige Gerichte und teure Produkte, sondern auch eine komplizierte Etikette und gewisse Umgangsformen, die bis in die heutige Zeit nachwirken.

Die Französische Revolution führte zunächst zu einem Bruch mit der Stilisierung der elitären Kochkünste. Das oberste politische Ziel war es, den Hunger in der Bevölkerung

livre de recettes célèbre de France, le Viandier de Taillevent (14e siècle), dans lequel l'art de la cuisine est élevé au rang d'une science, date également du Moyen Âge. Cependant, l'époque de la culture de cour royale a été décisive pour l'idée de la grande cuisine française, qui est toujours d'actualité. La Grande cuisine, qui a fait la réputation mondiale de la France en tant que foyer de la cuisine raffinée, s'est développée aux 17e et 18e siècles, tandis que de nouveaux produits et ingrédients provenant du Nouveau Monde et de l'Extrême-Orient ont élargi l'offre. Les repas somptueux sont devenus un symbole de pouvoir et de richesse, d'abord à la cour, puis également dans les classes aristocratiques et bourgeoises aisées. Cependant, l'idéal de l'art de la table ne comprend pas seulement des plats élaborés et des produits coûteux, mais aussi une étiquette compliquée et certaines conventions qui continuent à avoir un effet jusqu'à aujourd'hui.

La Révolution française a d'abord permis de rompre avec la stylisation d'un art culinaire élitiste. Le premier objectif politique était de lutter contre la faim au sein de la population. Après que la situation sociale en France se soit apaisée et que la situation économique

---

Traurige Berühmtheit hat François de Vatel erlangt, der Spitzenkoch des Prinzen von Condé. Im April 1671 sollte er ein prächtiges Festmahl zu Ehren des Königs inszenieren. Als die Lieferung von Fisch und Meeresfrüchten zu spät eintraf und er deshalb seine Pläne nicht umsetzen konnte, stürzte er sich in seinen Degen.

In Deutschland begründete Carl Friedrich von Rumohr die interdisziplinäre Wissenschaft des Kochens, die Gastrosophie (Der Geist der Kochkunst, 1822).

François de Vatel, chef à la cour du Prince de Condé, a acquis une triste célébrité. En avril 1671 il devait réaliser un dîner somptueux en honneur du roi Louis XIV. Quand une livraison de poissons et de fruits de mer n'arriva pas à temps, il ne vit pas d'autre solution que de se suicider pour sauver son honneur. En Allemagne, c'est Carl Friedrich von Rumohr qui publie en 1822 le premier ouvrage sur la gastrosophie, une approche interdisciplinaire de la science culinaire.

zu bekämpfen. Nachdem sich die gesellschaftliche Situation in Frankreich wieder beruhigt hatte und die wirtschaftliche Situation es erlaubte, ließ sich im Laufe des 19. Jh. eine Demokratisierung der französischen Küche beobachten. Sie war nicht mehr nur der Elite vorbehalten, sondern das Volk griff nach ihr. Die französische Küche wurde schrittweise zum Nationalgut, jeder hatte ein Recht darauf, jeder sollte in ihren Genuss kommen, und jeder war stolz auf sie. Weißbrot und das Glas Rotwein zum Essen wurden zum Symbol der sozialen Gerechtigkeit. In Deutschland orientierte sich die Elite, die sich im Laufe der Jahrhunderte für die Verfeinerung der Speisen interessierte, an diesem Ideal der *Grande Cuisine*. Es war Mode, *à la française* zu kochen. Dies galt im Grunde bis in die Nachkriegszeit, feine Küche war französische Küche. Aber im Allgemeinen ist die deutsche Küche bodenständig. Auch wenn sie noch lange kein Volkssport ist, wie er in Frankreich gepflegt wird, die deutsche *haute cuisine* entwickelt sich und wird jedes Jahr mit zusätzlichen Sternen von Michelin und Gault-Millau ausgezeichnet. Die deutsche Küche zeigt ein hohes Maß an Kreativität und Flexibilität angesichts der neuen kulinarischen Tendenzen (vegetarisch, vegan, ohne x...).

l'ait permis, une démocratisation de la cuisine française a pu être observée au cours du 19e siècle. Elle n'était plus réservée à l'élite ; le peuple s'en est également emparé. La cuisine française est progressivement devenue un bien national, tout le monde y a droit, tout le monde doit en profiter, et tout le monde en est fier. Le pain blanc et le verre de vin rouge accompagnant le repas sont devenus un symbole de justice sociale. En Allemagne, l'élite, intéressée par le raffinement de la nourriture au fil des siècles, s'inspire de cet idéal de grande cuisine. Il était à la mode de cuisiner à la française. C'était fondamentalement vrai jusqu'à l'après-guerre ; la bonne cuisine était la cuisine française. Traditionnellement, par contre, la cuisine allemande est terre-à-terre. Une haute cuisine allemande propre est en train de se développer et de s'affiner dans certains restaurants, et chaque année, le nombre de restaurants allemands récompensés par des étoiles au Guide Michelin ou au Gault-Millaut augmente. Même si elle est loin d'être un sport national, et encore moins une fierté nationale, comme on la cultive en France.

Der Guide Michelin ist seit fast 100 Jahren ein fester Bezugspunkt für alle Liebhaber hochwertiger Kochkunst. Wer einen, zwei oder gar drei der begehrten Sterne des Michelin bekommt, steigt in die oberste Liga der Chefköchinnen und -köche auf. 627 französische Restaurants gehören 2022 zu dieser Elite, 31 davon haben 3 Sterne. Im gleichen Jahr gibt es in Deutschland 327 Sterneköche, davon 9 mit 3 Sternen. Spitzenreiter ist Baden-Württemberg.

Le Guide Michelin est depuis presque cent ans une référence pour tout amateur de la haute cuisine. Les chefs qui reçoivent une, deux ou même trois des étoiles prestigieuses entrent dans les sphères supérieures de l'art culinaire. En 2022, 627 restaurants français font partie de cette élite, dont 31 peuvent se vanter de trois étoiles. La même année, l'Allemagne compte 327 restaurants étoilés, dont 9 avec trois étoiles. Le *Land* avec le plus d'étoiles est de loin le Bade-Wurtemberg.

Frühstück, Mittag- und Abendessen im Vergleich

Die Hauptmahlzeiten sind meistens im Tagesablauf so verankert, dass man kaum mehr darüber nachdenkt. Doch gestalten sich diese in Frankreich und Deutschland unterschiedlich.

Das *petit-déjeuner*, das „kleine" Frühstück, trägt in Frankreich zu Recht seinen Namen *petit*. Mehr als ein Stück Weißbrot mit Butter und Marmelade, manchmal auch ein *croissant* und einen Milchkaffee oder Tee nimmt man in Frankreich meist nicht zu sich. Nicht selten sitzt man auch allein am Küchentisch oder isst sein Frühstück auf dem Weg zur Arbeit oder zur Schule. In Deutschland dagegen wird für das Frühstück mehr Zeit eingeplant und dieses fällt auch deutlich üppiger aus: Es gibt Brötchen, oft Wurst und Käse, Nusscreme, Marmelade, Honig und dazu Tee, Kaffee oder Kakao. Sehr beliebt ist auch Müsli mit Milch oder Joghurt, nicht selten mit frischen Früchten. Am Wochenende dehnt sich das Frühstück sogar zum Brunch aus und man lädt gerne auch Gäste dazu ein. Dann gibt es frisch gekochte Eier, Salate, Rohkost, Zopf und schon mal ein Glas Sekt. Dies wäre in Frankreich undenkbar, denn vormittags wird meistens bereits für das Sonntagsmittagessen gekocht.

Petit-déjeuner, déjeuner et dîner

Les repas principaux sont généralement si bien ancrés dans la routine quotidienne que l'on n'y pense presque plus. Mais ils sont pratiqués différemment en France et en Allemagne.

Le petit-déjeuner est à juste titre appelé « petit » en France. En France, on ne mange généralement pas plus qu'un morceau de pain blanc avec du beurre et de la confiture, parfois un croissant et un café au lait ou du thé. Il n'est pas rare de s'asseoir seul à la table de la cuisine ou de prendre son petit-déjeuner sur le chemin du travail ou de l'école. En Allemagne, en revanche, le temps consacré au petit-déjeuner est plus important et il est aussi beaucoup plus copieux : Il y a des petits pains, souvent de la charcuterie et du fromage, de la pâte à tartiner, de la confiture, du miel et du thé, du café ou du cacao. Des céréales au lait ou au yaourt sont également très populaires, souvent accompagnées de fruits frais. Le week-end, le petit-déjeuner est même étendu au brunch et les gens aiment inviter des amis. Dans ce cas, il y a des œufs à la coque, des salades, des crudités, de la pâtisserie et parfois même une coupe de champagne. Impensable en France, surtout le dimanche, car cela entrâverait les préparations du déjeuner.

„Ich verbrachte viel mehr Zeit mit meiner Gastfamilie als ich normalerweise mit meiner richtigen Familie in Deutschland verbringe. … Ich durfte nicht essen wann ich Hunger hatte und die ganze Familie musste mit dem Essen auf die Mutter warten." (Austauschschüler)

« Je passais beaucoup plus de temps avec ma famille d'accueil que je passe normalement avec ma vraie famille en Allemagne. … Je n'avais pas le droit de manger quand j'avais faim et toute la famille devait attendre la mère pour manger. » (Elève en échange scolaire)

Quelle/source: OFAJ (éd.): L'immersion dans la culture et la langue de l'autre. Une recherche évaluative du programme Voltaire. No. 23, 2006, p. 89

Das Mittagessen ist in Deutschland unter der Woche die Hauptmahlzeit des Tages. Schulen und Büros haben meistens frühere Anfangszeiten als in Frankreich und so ertönt schon ab 12 Uhr der fröhliche Gruß „Mahlzeit!". Viele Teilzeitbeschäftigte und Schüler essen zu Hause zum Mittag, auch wenn die Anzahl der Schulkantinen mit dem Aufbau der Ganztagsschulen zugenommen hat. In Frankreich essen die meisten Schüler und auch die Angestellten in der *Cantine*. In größeren Städten werden Mittagstische auch gerne wahrgenommen, was dank der steuerlich begünstigten *tickets-restaurant* möglich ist. Vor 15 Jahren verbrachten die Franzosen noch durchschnittlich 1,5 Stunden am Mittagstisch. Dies ist heutzutage nicht mehr der Fall. Die Mittagspause ist deutlich geschrumpft und beläuft sich für fast 80 % der Angestellten aktuell auf ca. 30 Minuten.

Hauptmahlzeit in Frankreich ist das Abendessen. Dieses wird als vollwertige, warme Mahlzeit zubereitet. Nach den langen Tagen in der Schule oder im Büro nehmen sich Franzosen am Abend Zeit für das Zusammensein mit der Familie. Gegessen wird meistens gegen 20 Uhr, deutlich später als in Deutschland, wo zwischen 18 und 19 Uhr ein leichtes Abendmahl genommen wird, oftmals nur ein paar Brote, deswegen auch der Ausdruck „Abendbrot". Aber die Uhrzeit und der Inhalt des Abendessens können in den Familien stark variieren.

Kartoffel bitte!

Betrachtet man das Angebot in den Supermärkten und die vielen Einkaufsmöglichkeiten in beiden Ländern, so kann man

En Allemagne, le déjeuner est le principal repas de la journée pendant la semaine. Les écoles et les journées de travail commencent généralement plus tôt qu'en France, de sorte que l'on entend la joyeuse salutation *Mahlzeit* (ce qui équivaut à ‚bon appétit') dès 12 heures. De nombreux travailleurs à temps partiel et élèves déjeunent souvent à la maison, même si le nombre de cantines scolaires a augmenté avec le développement d'écoles toute la journée *(Ganztagesschule)*. En France, la plupart des élèves et aussi des employés mangent par contre à la cantine. Dans les grandes villes, les repas au restaurant sont également populaires, grâce aux tickets-restaurant qui bénéficient d'avantages fiscaux. Il y a quinze ans, les Français passaient en moyenne une heure et demie à la table du déjeuner. Ce n'est plus le cas aujourd'hui. La pause déjeuner s'est considérablement réduite et s'élève actuellement à environ 30 minutes pour près de 80 % des employés.

Le repas principal en France est le dîner. Il est préparé comme un repas complet et chaud. Après de longues journées à l'école ou au bureau, les Français prennent le temps, le soir, de se retrouver en famille. Le dîner est généralement pris vers 20 heures, bien plus tard qu'en Allemagne, où l'on mange un dîner léger entre 18 et 19 heures, souvent quelques tartines , d'où le terme *Abendbrot* (le pain du soir). Mais ici aussi, l'heure et le contenu du dîner peut considérablement varier d'une famille à l'autre.

Des pommes de terre, s'il vous plaît !

Si l'on regarde la gamme de produits dans les supermarchés et les nombreuses possibilités d'achats dans les deux pays, on peut

sagen, dass das Sortiment an Obst, Gemüse, Fleisch, auch Käse und Brot sich in den letzten Jahren ein Stück weit angenähert hat. Trotzdem ist der Inhalt der Teller in Frankreich und Deutschland unterschiedlich. Es gibt gewisse nationale Gepflogenheiten aber auch regionale Unterschiede.

Deutschland gehört zu den größten Kartoffelessern Europas. Kartoffeln werden unterschiedlich zubereitet. Es gibt sie als Pellkartoffeln oder Reibekuchen, als Salat oder Knödel verarbeitet und sie sind die beliebteste Beilage, noch vor Reis, Nudeln oder Gemüse. Der Fleischkonsum in Deutschland ist seit zwanzig Jahren rückläufig und betrug 2021 insgesamt 55 Kilo pro Kopf. Der Konsum von Schweinefleisch geht zurück, bleibt aber sehr beliebt und findet sich auch in den vielen Wurstsorten, die zum Frühstück oder Abendbrot serviert werden. Dies spiegelt sich in der Fleischproduktion wider, wo Schweinefleisch 65 % ausmacht. Lamm und Kalb sind eher selten, Pferdefleisch ist kaum vorhanden, im Unterschied zu Geflügel. Fische kommen regelmäßig auf den Tisch zum Beispiel Hering oder Forelle, auch gern Barsch oder Karpfen.

In Frankreich ist Schwein (vor allem in Form von Wurst und Pasteten) auch die meist konsumierte Fleischsorte, vor Geflügel und Rindfleisch. Seit 2000 ist ein deutlicher Anstieg des Konsums von Hähnchenfleisch zu verzeichnen. Während 2009

dire que l'assortiment de fruits, de légumes, de viande, et même de fromage et de pain s'est un peu rapproché ces dernières années. Néanmoins, le contenu des assiettes en France et en Allemagne est différent. Il existe certaines coutumes nationales mais aussi des différences régionales.

L'Allemagne est l'un des plus gros mangeurs de pommes de terre en Europe. Les pommes de terre sont préparées de différentes manières. On les trouve sous forme de pommes de terre en chemise ou de galettes de pommes de terre, de salades ou de boulettes, et elles constituent le plat d'accompagnement le plus populaire, devant le riz, les pâtes ou les légumes. La consommation de viande diminue en Allemagne depuis une vingtaine d'années. En 2021 elle s'élevait à 55 kilos de viande par habitant. Le porc est en nette baisse mais reste très populaire ici et on le retrouve dans les nombreux types de charcuterie et de saucisses servis au petit-déjeuner ou au dîner. Cela se reflète dans la production de viande, où le porc représente 65 %. L'agneau et le veau sont plutôt rares, la viande de cheval est à peine présente, contrairement à la volaille. Les poissons sont régulièrement sur la table, par exemple le hareng ou la truite, mais aussi la perche ou la carpe.

En France, le porc (notamment sous forme de saucisses et de pâtés) est également le type de viande le plus consommé, devant la volaille et le bœuf. Depuis 2000, on constate une augmentation significative

„Ein Land, das in der Lage ist, der Welt 300 Käsesorten zu schenken, kann nicht sterben."

« Un pays capable de donner au monde trois cents fromages ne peut pas mourir. »

Winston Churchill, Juin /Juni 1940

« Que voulez-vous, cher ami, on ne peut rassembler à froid un pays qui compte 265 spécialités de fromages», Charles de Gaulle

Quelle/source: Jean-Raymond Tournoux: La tragédie du Général, Paris : Plon 1967, p.111.

im Durchschnitt 14 kg Hähnchenfleisch pro Kopf verzehrt wurden, waren es 2019 schon 22 kg. Dagegen gehen Lamm- und Putenfleisch kontinuierlich zurück. Die Tomate ist in Frankreich das beliebteste Gemüse. In der Top Ten gehören aber auch Karotte, Bohnen und Zucchini.

Und wie könnte man über Frankreichs Esskultur sprechen, ohne den Käse zu erwähnen. *Du pain, du vin, du boursin*, dieser bekannte Werbespruch lässt sich beliebig anpassen, den es gibt in Frankreich circa 350 Käsesorten. Einige sind sehr bekannt, auch über die Landesgrenze hinweg, so wie der *Brie*, der *Camembert* oder der *Comté*, andere sind eher regional wie zum Beispiel der *Rocamadour* im Südwesten Frankreichs oder der *Maroilles* in den Hauts-de-France. Der Käse ist Bestandteil einer Mahlzeit, er schließt sie ab und kann sogar den Nachtisch ersetzen. Das Brot ist dabei nebensächlich, meist ein in Scheiben geschnittenes Baguette, dafür wird Wert auf den passenden Wein gelegt. Auch in Restaurants und Straßencafés ist Käse unverzichtbar und im Speiseplan verankert. Im Übrigen kommen Leitungswasser und Brot in Frankreich nie auf die Rechnung – eine Errungenschaft der französischen Revolution.

Deutschland ist der größte Abnehmer von französischen Käseprodukten. Frankreich exportiert Käse im Wert von ca. 7 Milliarden Euro; davon ist Deutschland der wichtigste Markt. Und auch wenn in Deutschland der holländische Gouda mit Abstand auf Platz 1 der beliebtesten Käsesorten steht, findet man immer häufiger neben dem *Camembert* weitere Sorten aus Frankreich im Angebot.

de la consommation de viande de poulet. Alors qu'en 2009, une moyenne de 14 kg de viande de poulet par habitant était consommée, en 2019, ce chiffre était passé à 22 kg. En revanche, la viande d'agneau et de dinde est en baisse constante. La tomate est le légume le plus populaire en France. Mais le top 10 comprend également la carotte, le haricot et la courgette.

Et comment parler de la culture alimentaire de la France sans mentionner le fromage. « Du pain, du vin, du boursin », ce slogan publicitaire bien connu peut être adapté à volonté, car il existe environ 350 types de fromages en France. Certains sont très connus, même au-delà des frontières du pays, comme le Brie, le Camembert ou le Comté, tandis que d'autres sont plus régionaux, comme le Rocamadour dans le sud-ouest de la France ou le Maroilles dans les Hauts-de-France. Le fromage fait partie intégrante d'un repas, il le complète et peut même remplacer le dessert. Le pain est secondaire, généralement une baguette coupée en tranches, mais on accorde de l'importance au vin assorti. Le fromage est également indispensable dans les restaurants et les brasseries et fait partie du menu traditionnel. Soit dit en passant, l'eau du robinet et le pain ne figurent jamais sur l'addition en France – un acquis de la Révolution Française.

L'Allemagne est le plus grand consommateur de produits fromagers français. La France exporte du fromage pour une valeur d'environ 7 milliards d'euros, dont l'Allemagne est le marché le plus important. Et même si, en Allemagne, le Gouda néerlandais est de loin le type de fromage le plus populaire, vous trouverez de plus en plus d'autres types de fromages français, à côté du Camembert.

Essen und Trinken als Thema bei ARTE / La nourriture et les boissons comme sujet sur ARTE

Die bekannte Sendung von ARTE Karambolage erläutert humorvoll einige Unterschiede und Gepflogenheiten zwischen Deutschland und Frankreich. Die wichtige Rolle von Essen und Trinken vor allem bei Begegnungen zeigt sich auch in der Anzahl der Beiträge zu dem Thema: Abendbrot, Schnecken, Apéritif…

www.arte.tv/de/videos/RC-014034/karambolage/

Le célèbre programme Karambolage d'ARTE explique avec humour certaines différences et coutumes entre l'Allemagne et la France. Le rôle important de la nourriture et des boissons, notamment lors des rencontres, se reflète également dans le nombre de contributions sur le sujet : souper, escargots, apéritif…

www.arte.tv/de/videos/RC-014034/karambolage/

Ein Genuss für Auge und Gaumen sind in beiden Ländern die Bäckereien und Konditoreien. In Frankreich bringen einen die knusprigen Baguettes, süßen *Chouquettes* oder kleine Obsttörtchen stets in Versuchung. In Deutschland bewundert man die Brezeln, süße „Teilchen" und die vielen Brotsorten und Brötchen, besonders auch Mehrkornsorten, sowie dunkle Brotarten. Im Übrigen wurde das deutsche Kulturgut Brot als immaterielles Kulturerbe 2014 durch die UNESCO anerkannt.

Nach einem gelungenen (Abend-)Essen und einem kleinen, aber starken Kaffee wird in Frankreich ein *digestif* empfohlen. Entweder bleibt man beim Alkoholischen und trinkt einen *Armagnac*, einen *Cognac*, einen Obstschnaps oder *Calvados*. Oder man geht über zur *infusion*, auch *tisane* genannt, einem Kräutertee. Dagegen ist es nicht üblich, nach dem Essen noch weiter Wein zu trinken – die „gute Flasche" nach dem Essen im gemütlichen Wohnzimmer, wie sie in Deutschland bei einem Abend unter Freunden gerne zelebriert wird, gibt es in Frankreich nicht. Dafür darf in Frankreich der Aperitif nicht fehlen. Vor dem Essen wird

Les boulangeries et les pâtisseries des deux pays sont un régal pour les yeux et le palais. En France, les baguettes croustillantes, les chouquettes sucrées ou les petites tartes aux fruits sont toujours tentantes. En Allemagne, on admire les bretzels, les *Teilchen* sucrés (pâtisseries à base de pâte feuilletée ou levée différemment garnies) et les nombreux types de pain et de petits pains, notamment les variétés multicéréales et les pains complets. Le pain allemand a d'ailleurs été reconnu comme patrimoine culturel immatériel par l'UNESCO en 2014.

Après un dîner réussi et un café , un digestif est souvent proposé en France, par exemple un Armagnac, un Cognac, une eau-de-vie de fruits ou un Calvados. Ou bien on passe à l'infusion, également appelée tisane, un thé aux herbes. En revanche, il n'est pas d'usage de continuer à boire du vin après le repas – la « bonne bouteille » après le dîner dans le salon cosy, comme on la célèbre souvent en Allemagne lors d'une soirée entre amis, n'existe pas en France. Mais en France, l'apéritif est incontournable. Avant le repas, on trinque au champagne, au pastis, à la bière ou à l'un des nombreux vins apéritifs régionaux. Cela

mit Champagner, Pastis, Bier oder einem der vielen regionalen Aperitifweine angestoßen. Dazu reicht man allerlei Finderfood. Der Aperitif kann vor allem mit Gästen oder bei Festen als richtiger erste Gang gezählt werden und dauert gern mal eine Stunde.

Tendenz Bio und Nachhaltigkeit

Seit einigen Jahren sind die Lebensmittelwirtschaft und die Ernährung im Umbruch. Umwelt, Tierwohl und faire Löhne sind Themen, die viele Menschen beschäftigen. In der europäischen Union ist der Konsum an Bio-Lebensmitteln und der Anteil des Ökolandbaus gestiegen. Die zweitgrößte ökologische Anbaufläche bringt Frankreich mit 15%; Deutschland weist einen Anteil von 9% auf. Dieser Trend ist auch bei den Konsumenten zu sehen. Seit 2015 ist der Anteil derer, die häufig oder gelegentlich Bio-produkte kaufen, stark gestiegen und beläuft sich in beiden Ländern auf ca. 70%. Beliebteste Bio-produkte in Deutschland sind Eier, Mehl und Milch; in Frankreich Gemüse, Obst und Milchprodukte. Trotzdem bleibt der Bioanteil am gesamten Lebensmittelmarkt bei nur knapp über 5 %.

Damit einhergehend geht der Fleischkonsum zurück und weitere Ernährungsformen entwickeln sich. In Deutschland erklären sich 2019 5% als Vegetarier, 1% als vegan. In Frankreich sind es ähnliche Zahlen: 5% Vegetarier und 2% Veganer. Steigend ist die Zahl der sogenannten Flexitarier, das heißt die Menschen, die gelegentlich bewusst auf Fleisch verzichten. Dieser Anteil beträgt 11% in Frankreich in 2019 und hat sich im Vergleich zu 2018 verdoppelt. In Deutschland bekennen sich

s'accompagne de toutes sortes d'amuse-bouches. L'apéritif peut être considéré comme une véritable entrée, surtout avec des invités ou lors de festivités particulières, et peut facilement durer une heure.

Tendance bio et antigaspillage

Depuis quelques années, l'industrie alimentaire et la nutrition sont en plein bouleversement. L'environnement, le bien-être des animaux et les salaires justes sont des questions qui préoccupent de nombreuses personnes. Dans l'Union européenne, la consommation d'aliments biologiques et la part de l'agriculture biologique ont augmenté. La France a la deuxième plus grande surface biologique avec 15% ; l'Allemagne a une part de 9%. Cette tendance s'observe également chez les consommateurs. Depuis 2015, la proportion de ceux qui achètent fréquemment ou occasionnellement des produits biologiques a fortement augmenté pour atteindre environ 70% dans les deux pays. Les produits biologiques les plus populaires en Allemagne sont les œufs, la farine et le lait ; en France, les légumes, les fruits et les produits laitiers. Néanmoins, la part des produits biologiques dans le marché alimentaire total reste à peine supérieure à 5%.

Ce phénomène s'accompagne d'une baisse de la consommation de viande et du développement de régimes alimentaires alternatifs. En Allemagne, 5% se déclarent végétariens en 2019, 1% végétaliens. En France, les chiffres sont similaires : 5% de végétariens et 2% de végétaliens. Le nombre de personnes dites flexitariens, c'est-à-dire qui s'abstiennent occasionnellement et consciemment de consommer de la viande, est en augmentation. Cette proportion est de 11% en France en 2019 et

Das „weiße Gold" – «L'or blanc»

Im Frühjahr beobachtet man in Deutschland ein bemerkenswertes Phänomen. Da entwickelt sich ein ernster Wettbewerb um den besten Spargel. Überall im Land wachsen die Verkaufsschilder und beinah jedes Restaurant bietet eine spezielle Spargel-Karte. Mehr als 100.000 Tonnen werden jährlich gestochen, vor allem in Bayern, Niedersachsen, Nordrhein-Westfalen und Baden-Württemberg. Der weiße Spargel wird traditionell mit Kartoffeln, Schinken und Sauce hollandaise zubereitet, der grüne kurz angebraten als Salat. Ende Juni, am Johannistag, ist die Saison zu Ende für das beliebteste saisonale Gemüse Deutschlands. In dieser kurzen Zeit werden pro Kopf ca. 1,7 Kilo Spargel verspeist.

Au printemps, un phénomène remarquable peut être observé en Allemagne. Une compétition acharnée se développe pour les meilleures asperges. Partout dans le pays, les panneaux de vente se multiplient et presque tous les restaurants proposent un menu spécial asperges. Plus de 100 000 tonnes sont récoltées chaque année, principalement en Bavière, en Basse-Saxe, en Rhénanie-du-Nord-Westphalie et dans le Bade-Wurtemberg. Les asperges blanches sont traditionnellement préparées avec des pommes de terre, du jambon et une sauce hollandaise, les asperges vertes sont brièvement frites et servies en salade. À la fin du mois de juin, le jour de la Saint-Jean, la saison est terminée pour le légume de saison le plus populaire d'Allemagne. Pendant cette courte période, environ 1,7 kilos d'asperges sont consommés par habitant.

55 % der Menschen dazu. Zudem werden Bewegungen gegen das Wegwerfen von Lebensmitteln stärken und ein neues Bewusstsein für den Wert von Lebensmitteln entsteht: Vom Überfluss zu einem verantwortlichen Umgang mit den Ressourcen. Viele Initiativen (organisiert oder wild) setzen sich dafür ein, dass nicht verkaufte oder verwendete Lebensmittel abgeholt und weitergegeben werden können

Regionale Spezialitäten

Abgesehen von den genannten allgemeinen Essgewohnheiten spielt die regionale Küche in Deutschland und Frankreich eine wichtige Rolle, wobei vor allem in den deutschen Regionen der Einfluss der Nachbarländer spürbar ist.

So ähneln sich die Küche des deutschen Südwestens und des Elsaß. Neben den Top-

a doublé par rapport à 2018. En Allemagne, 55 % des personnes affirment le faire. En outre, les mouvements contre le gaspillage alimentaire se renforcent et une nouvelle conscience de la valeur des denrées alimentaires émerge : de l'abondance à une utilisation responsable des ressources. De nombreuses initiatives (organisées ou sauvages) s'engagent à ce que les aliments invendus ou inutilisés puissent être récupérés et redistribués.

Spécialités régionales

Outre les habitudes alimentaires générales mentionnées ci-dessus, la cuisine régionale joue un rôle important en Allemagne et en France, l'influence des pays voisins étant particulièrement perceptible dans les régions allemandes.

Par exemple, les cuisines du sud-ouest de l'Allemagne et de l'Alsace sont assez similaires.

restaurants in den Metropolen wie München, Berlin und Hamburg findet man im südwestlichen Deutschland die größte Dichte an Feinschmeckerlokalen. Die Nähe zu Frankreich lässt sich beim Genuss von Weinbergschnecken und Innereien beobachten, im restlichen Deutschland stoßen diese Bräuche eher auf Unverständnis. Je weiter man Richtung deutscher Südosten vordringt, desto stärker spürt man den österreichischen Einfluss. Mehlspeisen und Knödelgerichte prägen die Speisekarte, zusammen mit den typischen Fleischgerichten wie Tafelspitz, Leberknödel und Weißwurst. Im Nordwesten Deutschlands sind Fisch- und Kartoffelgerichte beliebt, dunkles Brot und Grünkohl. Im Osten ist man stolz auf die Spreewaldgurke, und sogar die Berliner Currywurst hat es zu internationalem Renommee gebracht. Viele der deutschen Spezialitäten sind regional geblieben und finden sich nicht auf den Speisekarten oder in den Supermärkten des ganzen Landes. Auch die berühmte Brezel ist nicht in ganz Deutschland zu finden. Am weitesten hat es vielleicht die Schwarzwälder Kirschtorte geschafft. Abschließend muss der große Einfluss der ausländischen Küche in Deutschland genannt werden. Deutsche Innenstädte sind geprägt von einer großen Auswahl an italienischen, griechischen und chinesischen Restaurants. Türkische Döner gelten schon fast als deutsches Nationalgericht und machen der Currywurst ihre Monopolstellung als beliebtes Schnellimbissgericht streitig. Beliebt sind auch weiterhin die amerikanischen Fast-Food-Ketten.

Auch wenn man in Frankreich insgesamt durch die Verbreitung und Demokratisierung der kulinarischen Standards eher als

Outre les grands restaurants des métropoles telles que Munich, Berlin et Hambourg, c'est dans le sud-ouest de l'Allemagne que l'on trouve la plus grande densité de restaurants gastronomiques. La proximité avec la France s'observe dans la consommation d'escargots et d'abats ; dans le reste de l'Allemagne, ces coutumes se heurtent à l'incompréhension. Plus on va vers le sud-est de l'Allemagne, plus on ressent l'influence autrichienne. Les pâtisseries et les boulettes à base de pain dominent le menu, ainsi que les plats de viande typiques comme le *Tafelspitz*, les quenelles de foie et le boudin blanc. Dans le nord-ouest de l'Allemagne, les plats de poisson et de pommes de terre sont populaires, tout comme le pain noir et le chou frisé. À l'est, les gens sont fiers du cornichon du Spreewald, et même la *Currywurst* de Berlin a acquis une renommée internationale. De nombreuses spécialités allemandes sont restées régionales et ne figurent pas sur les menus ou dans les supermarchés du pays entier. Même le célèbre bretzel ne se trouve pas dans toute l'Allemagne. Le gâteau de la Forêt-Noire est peut-être le seul à avoir acquis une réputation mondiale. Enfin, il faut mentionner la grande influence de la cuisine étrangère en Allemagne. Les centres-villes allemands se caractérisent par un large éventail de restaurants italiens, grecs et chinois. Les kebabs turcs sont presque considérés comme le plat national allemand et contestent à la *Currywurs*t sa position de monopole en tant que plat populaire de restauration rapide. Les chaînes de restauration rapide américaines sont également populaires.

Même si, dans l'ensemble de la France, on peut parler d'une cuisine nationale plus

in Deutschland von einer nationalen Küche sprechen kann, werden regionale Eigenheiten gepflegt. Die Küche des Südwesten Frankreichs hat mit den *confits* und der *foie gras* oder dem *cassoulet* einen ausgezeichneten Ruf. Kenner streiten sich, aus welcher Region am Atlantik die besten Austern kommen, und jedem Franzosen fällt bei der *bouillabaisse* sofort Marseille ein. Und spätestens seit dem Film „Willkommen bei den Schtis" sind auch die nordfranzösischen Frittenbuden und der Maroilles-Käse berühmt geworden. Im Übrigen werden die Hauts-de-France im Jahr 2023 die erste französische Region das Label „European region of Gastronomy" erhalten. Damit einhergehend der Wunsch, das Potential der Region zu zeigen und die Transformation der Region über die Gastronomie voranzutreiben. So sind viele Gerichte untrennbar mit einer Stadt oder einer Region verbunden, auch wenn sie landesweit angeboten werden: die *quiche lorraine,* die *galettes bretonnes* oder *rilletes du Mans*. Wie in Deutschland haben die Einwanderergruppen in der kulinarischen Realität tiefe Spuren hinterlassen. Dabei stehen in Frankreich vor allem Restaurants aus den Maghreb-Staaten im Vordergrund, und *couscous* ist zu einer französischen Spezialität geworden. Asien ist durch chinesische und viele vietnamesische Restaurants vertreten.

qu'en Allemagne en raison de la diffusion et de la démocratisation des normes culinaires, les caractéristiques régionales sont cultivées. La cuisine du sud-ouest de la France a une excellente réputation avec les confits et le foie gras ou le cassoulet. Les connaisseurs se disputent pour savoir quelle région de l'Atlantique propose les meilleures huîtres, et chaque Français pense immédiatement à Marseille lorsqu'on évoque la bouillabaisse. Et au plus tard depuis le film « Bienvenue chez les Chtis », les baraques à frites de la France et le Maroilles sont également devenus célèbres. En 2023, les Hauts-de-France deviendront d'ailleurs la première région francaise labellisée «European Region of Gastronomy» avec l'objectif de montrer le potentiel de la cuisine locale et d'activer la transformation du territoire par la gastronomie. Ainsi, de nombreux plats sont indissociablement liés à une ville ou à une région, même s'ils sont proposés à l'échelle nationale : la quiche lorraine, les galettes bretonnes ou les rilletes du Mans. Comme en Allemagne, les groupes d'immigrés ont laissé des traces profondes dans la réalité culinaire. En France, les restaurants des pays du Maghreb sont particulièrement présents, et le couscous est devenu une spécialité française. L'Asie est représentée par des restaurants chinois et de nombreux restaurants vietnamiens.

Prost! Wein oder Bier?

Wenn man in den letzten 20 Jahren eins feststellen kann, ist es der Rückgang des Alkoholkonsums sowohl in Deutschland als auch in Frankreich zu Gunsten von nicht alkoholischen Erfrischungsgetränken sowie Tee und Kaffee.

A votre santé ! Vin ou bière ?

S'il y a une chose que l'on peut dire sur les 20 dernières années, c'est le déclin de la consommation d'alcool en Allemagne et en France au profit des boissons non alcoolisées ainsi que du thé et du café.

Ernährungsgewohnheiten in Deutschland und Frankreich
Habitudes alimentaires françaises et allemandes

Produkt (in kg oder Liter pro Person und Jahr) Produit (Kilo ou litre par personne et année)	**D**	**F**
Brot / Pain (2018)	21,2	36,96
Kartoffel / Pommes de terre (2019)	57,4	52
Frischgemüse / Légumes frais (2019)	105,6	82
Schweinfleisch / Porc (2019)	31	32,3
Rindfleisch / Bœuf (2020/2021)	9,4	23,6
Geflügel / Volailles (2019/2021)	13,1	28,3
Fisch, Meeresfrüchte / Poisson, fruits de mer (2019/2020)	14,8	33,5
Käse / Fromage (2019/2020)	25,3	23,7
Wein / Vin (2019/2021)	20,7	38,1
Bier / Bière (2019)	99,7	32

Quelle/Source : Insee/ Destatis /IFO/ ZMP

Dennoch bleibt in Deutschland das Bier Nationalgetränk Nr. 1, während die Franzosen weiterhin den Wein bevorzugen (ca. 38 Liter pro Kopf im Jahr 2019). Das Bier hat eine starke regionale Bindung: Im Westen trinkt man hauptsächlich Kölsch und Altbier, im Süden Lager- und Weizenbier, im Norden und Osten Pils. Gebraut wird meist immer noch nach dem deutschen Reinheitsgebot von 1516, und gereicht werden die verschiedenen Biersorten in unterschiedlichen Gläsern, vom typischen schmalen Kölschglas (0,2 Liter) bis zur imposanten, bayrischen Maß (1 Liter). Auch die deutschen Weine haben in den letzten Jahren erheblich an Qualität gewonnen und einige können im internationalen Wettbewerb durchaus mithalten. 87 % der Weinberge entlang der Mosel, des Rheins

Néanmoins, la bière reste la boisson nationale n°1 en Allemagne, tandis que les Français continuent de préférer le vin (environ 38 litres par habitant en 2019). La bière a des liens régionaux forts : à l'ouest, on boit principalement de la *Kölsch* et de l' *Altbier,* au sud de la *Lager* et de la bière blonde, au nord et à l'est de la *Pils*. La bière est encore principalement brassée selon la loi de pureté allemande de 1516, et les différents types de bière sont servis dans des verres différents, du verre étroit typique de la *Kölsch* (0,2 litre) à l'imposante *Maß* bavaroise (1 litre). La qualité des vins allemands s'est également considérablement améliorée ces dernières années et certains d'entre eux peuvent certainement tenir leur rang dans la compétition internationale. 87 % des vignobles le long de la Moselle, du Rhin

und des Mains sind dem Weißwein vorbehalten. Eine erfrischende Variante ist die Weinschorle oder Gespritzter: Weißwein gemischt mit Mineralwasser. Den hessischen Eppelwoi, den baden-württembergischen Most sowie andere Obstweine findet man hauptsächlich in Obstanbaugebieten. Sie sind dem aus der Normandie und der Bretagne stammenden *cidre* ähnlich. In Deutschland trinkt man, im Gegensatz zu Frankreich, gerne kohlensäurehaltiges Wasser. Erst langsam etabliert sich das stille Wasser, vor allem auch mit aus Frankreich kommenden Marken. In beiden Ländern ist ein Trend hin zum jeweiligen Lieblingsgetränk des Nachbarn zu beobachten. Die Deutschen sind große Abnehmer der französischen Weine (zweitgrößte Abnehmer hinter Großbritannien), das deutsche Bier hat in Frankreich einen sehr guten Ruf, und in vielen Bars findet man die großen deutschen Marken.

Geselligkeit

Mit der Entwicklung der Esskultur geht ein Prozess der Zivilisation einher, zu dem auch bestimmte Umgangsformen gehören. Je nach Erziehung, sozialem Status und auch je nach Situation haben sich die früher strenger eingehaltenen Benimmregeln bis heute erhalten. Bei privaten Einladungen zu Hause gibt es einige Unterschiede, auf die man achten sollte. Wie pünktlich sollte man sein, kommt man mit oder ohne Krawatte, bringt man dem Gastgeber einen Blumenstrauß mit, und wie schnell verfällt man ins Duzen? Der sprichwörtlichen Pünktlichkeit der Deutschen steht in Frankreich ein großzügigerer Umgang mit der Zeit gegenüber. Bedingt durch längere Arbeitszeiten in den

et du Main sont réservés au vin blanc. Une variante rafraîchissante est le *Weinschorle* ou *Gespritzter* : du vin blanc mélangé à de l'eau minérale. *L'Eppelwoi* de Hesse, le *Most* du Bade-Wurtemberg et d'autres vins de fruits se trouvent principalement dans les régions productrices de fruits. Ils sont similaires au cidre, qui vient de Normandie et de Bretagne. En Allemagne, contrairement à la France, les gens aiment boire de l'eau gazeuse. L'eau plate ne s'impose que lentement, notamment avec les marques venant de France. Dans les deux pays, on observe une tendance à choisir la boisson préférée du voisin. Les Allemands sont de grands consommateurs de vins français (juste derrière le Royaume-Uni), la bière allemande a une très bonne réputation en France et vous pouvez trouver les grandes marques allemandes dans de nombreux bars.

La convivialité

Le développement de la culture alimentaire s'accompagne d'un processus de civilisation, qui comprend également certains comportements. En fonction de l'éducation, du statut social et aussi de la situation, les règles de l'étiquette ont survécu jusqu'à aujourd'hui, même si elles étaient autrefois plus strictement observées. Pour les invitations privées à domicile il y a aussi quelques différences auxquelles il faut faire attention. Quelle doit être votre ponctualité, venez-vous avec ou sans cravate, apportez-vous un bouquet de fleurs à votre hôte, et à quelle vitesse tombez-vous dans la familiarité ? La ponctualité proverbiale des Allemands est contrastée par une approche plus généreuse du temps en France. En raison des heures de travail plus longues le soir et du trajet souvent long pour rentrer

Abend hinein, und dem oftmals langen Nachhauseweg, lädt man in Frankreich, vor allem in Paris, für 20.30 Uhr ein, erwartet den Gast allerdings nicht vor 21.00 Uhr. Wer Blumen mitbringt, sollte diese in Frankreich in der (meist sehr kunstvollen) Verpackung überreichen und nicht, wie in Deutschland üblich, vorher auspacken. Und wenn etwas mitgebracht wird, ansprechend verpackte Schokolade oder eine Flasche Wein, dann wird das Geschenk in Frankreich auch ausgepackt und angeboten.

Zu einem Essen gehört das Tischgespräch. Untersuchungen haben gezeigt, dass es tatsächlich zwischen einem typisch deutschen und einem typisch französischen Tischgespräch Unterschiede gibt, die immer wieder auftreten. So versucht man in Frankreich, möglichst alle am Gespräch zu beteiligen. Dabei wird oft das Thema gewechselt, man beißt sich nicht an einer Sache fest. Und wenn ein Gespräch als angenehm und gut empfunden wird, dann betont man in Frankreich eher „man habe sich gut amüsiert und viel gelacht", in Deutschland wird man eher herausstreichen, dass man „etwas gelernt" habe.

Das große Fest

Gesellschaften entwickeln kulturelle Gewohnheiten, zu denen auch religiös geprägte Feste gehören. Alle Religionen kennen besondere Feiertage, für die bestimmte Regeln und Rituale tradiert sind. In Europa werden neben Feiertagen des Christentums (Weihnachten und Ostern) vor allem die Feste der Muslime (Fastenbrechen oder Zuckerfest und das Opferfest) und der jüdischen Gemeinden gefeiert (Jom Kippur oder Versöhnungstag).

chez soi, les Français, surtout à Paris, invitent leurs hôtes à 20h30, mais ne les attendent pas vraiment avant 21 heures. En France, si vous apportez des fleurs, vous devez les présenter dans leur emballage (généralement très élaboré) et ne pas les déballer à l'avance, comme c'est le cas en Allemagne. Et si vous apportez quelque chose avec vous, du chocolat joliment emballé ou une bouteille de vin, en France le cadeau est également déballé et proposé aux invités.

La conversation à table fait partie intégrante d'un repas. Des études ont montré qu'il existe effectivement des différences entre une conversation de table allemande et une conversation de table française typiques, et que ces différences se répètent continuellement. En France, par exemple, les gens essaient d'impliquer le plus grand nombre possible de personnes dans la conversation. Le sujet change souvent, les échanges ne restent pas bloqués sur un seul sujet. Et si une conversation est perçue comme agréable et bonne, alors en France les gens ont tendance à souligner qu'ils ont « passé un bon moment et bien rigolé », alors que les Allemands vont mettre en avant qu'ils ont « appris quelque chose ».

La grande fête

Les sociétés sont façonnées par les coutumes culturelles, qui incluent également les fêtes religieuses. Toutes les religions ont des fêtes spéciales pour lesquelles certaines règles et rituels sont transmis. En Europe, outre les fêtes chrétiennes (Noël et Pâques), on célèbre les fêtes des communautés musulmanes (rupture du jeûne ou Aïd et fête du sacrifice) et juives (Yom Kippour ou Jour du Grand Pardon).

Das Weihnachtsfest hat insofern einen besonderen Stellenwert sowohl in Deutschland als in Frankreich, als es auch von vielen Familien gefeiert wird, die keine praktizierenden Christen sind. Weihnachten ist für Viele ein Familienfest und wird zudem in der Gesellschaft als großer Moment im Jahr inszeniert: Ferientage, besondere Konsum- und Reiseangebote gehören zum Weihnachtsfest genauso hinzu wie die kulinarischen Aspekte des Fests.

Was diese angeht, so können wir zwischen Deutschland und Frankreich einige markante Unterschiede feststellen, die wohl auch mit den unterschiedlichen religiösen Hintergründen zusammenhängen.

In Deutschland, das stärker protestantisch geprägt ist als Frankreich, bestimmen die kirchlichen Traditionen den Ablauf der Adventszeit. Der Adventskranz mit seinen vier Kerzen markiert die vier Wochen bis zum Fest. Die Adventskalender versüßen den Kindern die Wartezeit und steigern die Spannung bis zum 24. Dezember. Diese sollen aber möglichst selbst gemacht sein. Der Advent ist eine Zeit der Besinnlichkeit und der Einkehr, in den Kirchen werden Bachs Weihnachtsoratorium oder Händels Messias angestimmt. Familie und Freunde treffen sich zuhause beim Adventstee oder auf den berühmten Weihnachtsmärkten. Es wird gemeinsam gesungen und musiziert. Das heimische Backen der Plätzchen, der Duft von Zimt und Nelken gehört genauso zur Adventstradition wie das rechtzeitige Backen des Stollens. Der Tannenbaum wird zum 24. Dezember geschmückt, teilweise noch mit echten Kerzen, Holzschmuck aus dem Erzgebirge, Glaskugeln, Strohsternen und viel Selbst-

Noël a une signification particulière en Allemagne et en France, car il est également célébré par de nombreuses familles qui ne sont pas chrétiennes pratiquantes. Pour beaucoup, Noël est avant tout une fête familiale et est également mis en scène dans la société comme un grand moment de l'année : Les vacances, les offres spéciales pour les consommateurs et les voyages font autant partie de Noël que les aspects culinaires de la fête.

En ce qui concerne ces derniers, nous pouvons constater des différences frappantes entre l'Allemagne et la France, qui sont probablement aussi liées aux différents contextes religieux.

En Allemagne, un pays où le protestantisme a plus d'importance qu'en France, les traditions ecclésiastiques déterminent le déroulement de la période de l'Avent. La couronne de l'Avent, avec ses quatre bougies, marque les quatre semaines qui nous séparent de la fête. Les calendriers de l'Avent adoucissent le temps d'attente des enfants et augmentent l'excitation jusqu'au 24 décembre.

Cependant, ces derniers doivent être faits maison si possible. L'Avent est un moment de réflexion et de contemplation ; l'Oratorio de Noël de Bach ou le Messie de Haendel sont chantés dans les églises. La famille et les amis se retrouvent à la maison autour du thé de l'Avent ou sur les célèbres marchés de Noël. Les gens chantent et jouent de la musique ensemble. La cuisson des biscuits à la maison, le parfum de la cannelle et des clous de girofle font tout autant partie de la tradition de l'Avent que la préparation du *Stollen*, un gâteau qu'on mange uniquement en décembre.

Le sapin de Noël est décoré pour le 24 décembre, parfois encore avec de vraies bou-

gebasteltem. Die Kinder entdecken den geschmückten Baum zusammen mit den Geschenken zum Heiligabend, im Norden bringt sie der Weihnachtsmann, im Süden das Christkind. Traditionelle Weihnachtsgerichte sind, je nach Region, der Karpfen (im Osten und in Franken), oder die mit Äpfeln gefüllte Weihnachtsgans. Auf keinen Fall fehlen dürfen der Christstollen, die Lebkuchen und andere Plätzchen!

In Frankreich, ein traditionell katholisch geprägtes Land, ist alles aufs eigentliche Fest ausgerichtet. In Deutschland besinnt man sich auf den inneren Kreis der Freunde und Familie, in Frankreich geht man aus sich heraus. Firmen organisieren aufwendige Festessen für ihre Mitarbeiter und guten Kunden, die Restaurants laufen

gies, des ornements en bois typiques de la région du Erzgebirge en Saxe, des boules en verre, des étoiles en paille et beaucoup d'objets artisanaux. La veille de Noël, les enfants découvrent le sapin décoré et les cadeaux. Au nord, c'est le Père Noël qui les apporte, au sud, l'Enfant Jésus. Selon la région, les plats traditionnels de Noël comprennent la carpe (dans l'est et en Franconie) ou l'oie de Noël farcie aux pommes. Les *Stollen* de Noël, le pain d'épice et autres biscuits ne doivent pas manquer !

En France, pays traditionnellement catholique, tout est axé sur les festivités autour du jour de Noël. En Allemagne, les gens se concentrent sur le cercle restreint des amis et de la famille ; en France, la période de Noël est un événement collectif et social. Les entreprises organisent des repas de

Unterschiedliche Konzeptionen einer Mahlzeit

Des conceptions différentes du repas

Quelle/source : Le Monde décembre 1980.

auf Hochtouren, spezielle Weihnachtsmenus werden für den Heiligabend angeboten. Der Tannenbaum wird schon Anfang Dezember aufgestellt und geschmückt mit elektrischen Lichterketten, Girlanden, bunten Schleifen und Kugeln. Der Weihnachtsmann steigt mit seiner Kiepe in der Nacht vom 24. auf den 25. Dezember durch den Kamin, die Bescherung findet meist am 25. Dezember morgens statt. Der 25.12. ist im Übrigen der einzige Weihnachtsfeiertag in Frankreich, der 26. Dezember ist ein normaler Arbeitstag. Das Weihnachtsessen ist der kulinarische Höhepunkt des Jahres. Es besteht meistens aus sechs Gängen (Aperitif, zwei Vorspeisen, Hauptgang, Käse, Nachtisch) und es gehören wenn irgend möglich dazu: Austern oder weitere Meeresfrüchte, Gänsestopfleber, die Pute oder anderes Großgeflügel, und zum Abschluss die *bûche,* ein einem Baumstamm nachempfundener Cremekuchen.

Wie in vielen anderen gesellschaftlichen Bereichen stellt man aber auch beim Weihnachtsfest eine progressive Angleichung in beiden Ländern fest, zunächst durch die zunehmende Kommerzialisierung und Amerikanisierung des Festes über alle europäischen Grenzen hinweg. Darüber hinaus kann man aber in Frankreich eine Entdeckung der deutschen Traditionen beobachten. Tausende von Franzosen fahren zum Straßburger Weihnachtsmarkt, der diese historische Institution beibehalten hat, in Paris findet man zunehmend Adventskränze und -kalender. Auch wenn die

fête élaborés pour leurs employés et leurs bons clients, les restaurants sont en effervescence, des menus spéciaux de Noël sont proposés pour le réveillon. Le sapin de Noël est installé au début du mois de décembre et décoré de lumières électriques, de guirlandes, de boucles colorées et de boules. Le Père Noël descend dans la cheminée avec sa hotte dans la nuit du 24 au 25 décembre, et les cadeaux sont généralement distribués le 25 décembre au matin. Par ailleurs, le 25 décembre est le seul jour férié de Noël en France ; le 26 décembre est un jour ouvrable normal. Le repas de Noël est le point culminant de l'année sur le plan culinaire. Il se compose généralement de six plats (apéritif, deux entrées, plat principal, fromage, dessert) et comprend, dans la mesure du possible, des huîtres ou autres fruits de mer, foie gras, dinde ou autre volaille, et pour finir, la bûche, un gâteau à la crème roulé en forme de tronc d'arbre.

Toutefois, comme dans de nombreux autres domaines de la société, on constate un alignement progressif dans les deux pays en ce qui concerne Noël, tout d'abord à travers la commercialisation et l'américanisation croissantes de la fête à travers toute l'Europe. Au-delà, cependant, on peut observer une découverte des traditions allemandes en France. Des milliers de Français se rendent au marché de Noël de Strasbourg, qui a conservé cette institution historique, et à Paris, on trouve de plus en plus de couronnes et de calendriers de l'Avent. Même si la plupart des Français ne connaissent pas

« 2 janvier. J'ai laissé Noël passer lentement comme en Allemagne. Je me suis laissée aller dans ce sirop doré de miel, de flammes de bougies, de pain d'épice, d'encens, de rubans dorés et de papier brillant. » Brigitte Sauzay, Retour à Berlin. Journal d'Allemagne 1997, Paris 1998, p.9

Zusammen oder getrennt? – Ensemble ou séparément?

Diese Frage kennt jeder, der mal in Deutschland in einem Lokal mit Freunden etwas getrunken oder gegessen hat. Wenn in Deutschland jeder genau abzählt, was er konsumiert hat, kann das leicht kleinlich wirken, ist aber keineswegs unhöflich gemeint. Handelt es sich nicht ausdrücklich um eine Einladung, ist es üblich, dass jeder Gast für sich zahlt. Das Trinkgeld wird meist durch Aufrundung der zu bezahlenden Summe öffentlich angekündigt. In Frankreich kommt die gesamte Rechnung auf den Tisch und in der Regel pauschal durch die Zahl der Anwesenden geteilt, unabhängig davon, wer nun mehr oder weniger bestellt hat. In Frankreich lässt man das Trinkgeld diskret auf dem Tisch liegen.

Tous ceux qui ont déjà pris un verre ou un repas avec des amis dans un bar en Allemagne connaissent cette question. En Allemagne, lorsque chacun fait le compte exact de ce qu'il a consommé, cela peut facilement sembler mesquin, mais ce n'est en aucun cas une impolitesse. S'il ne s'agit pas explicitement d'une invitation, il est d'usage que chaque invité paie lui-même. La plupart du temps on annonce le pourboire en arrondant (à haute voix) la somme à payer. En France, la totalité de l'addition est mise sur la table et généralement divisée par le nombre de personnes présentes, sans tenir compte de qui a commandé plus ou moins. En France on laisse un pourboire éventuel discrètement sur la table.

meisten Franzosen den Hintergrund nicht kennen, finden sie sie schön und dekorativ. In Deutschland wiederum findet man Gefallen an den Delikatessen und Schlemmereien aus Frankreich. So vermischen sich in beiden Ländern immer mehr kulinarische Sitten und traditionelle Riten.

l'origine ni le contexte, ils les trouvent beaux et décoratifs. En Allemagne, en revanche, les gens aiment les délices et les gourmandises de la France. Ainsi, les coutumes culinaires et les rites traditionnels se mélangent de plus en plus dans les deux pays.